식민 욕망

이론, 문화, 인종의 혼종성

탈경계인문학 번역총서 1
식민 욕망: 이론, 문화, 인종의 혼종성

2013년 5월 25일 초판 인쇄
2013년 5월 30일 초판 발행

지은이 | 로버트 J.C. 영
옮긴이 | 이경란 · 성정혜
펴낸이 | 이찬규
펴낸곳 | 북코리아
등록번호 | 제03-01240호
주소 | 462-807 경기도 성남시 중원구 상대원동 146-8
        우림2차 A동 1007호
전화 | 02-704-7840
팩스 | 02-704-7848
이메일 | sunhaksa@korea.com
홈페이지 | www.bookorea.com
ISBN | 978-89-6324-262-0 (94900)
        978-89-6324-261-3 (세트)

값 20,000원

*본서의 무단복제를 금하며, 잘못된 책은 바꾸어 드립니다.
*이 저서는 2007년 정부재원(교육과학기술부)으로 한국연구재단의 지원을 받아 연구되었습니다(NRF-2007-361-AL0015).

탈경계인문학 번역총서 1

식민 욕망
이론, 문화, 인종의 혼종성

Colonial Desire: Hybridity in Theory, Culture and Race

로버트 J.C. 영 지음
이경란 · 성정혜 옮김

북코리아

일러두기

1. 'nation-state'는 '민족-국가'로 번역되지만, 'nation'과 'state'가 각각 따로 사용될 때에는 사용자에 따라 맥락에 따라 다른 의미로 사용되고 있다. 역서에서는 맥락에 맞추어, 각각 민족 혹은 국가, 국가 혹은 정부 등으로 다르게 번역하였다.

2. 원저에는 강조와 인용을 모두 구별 없이 홑따옴표를 사용하고 있어서, 역서에서는 강조와 인용을 구별하지 않고 모두 겹따옴표로 바꾸었다.

3. 원저에는 목차에 장의 제목만 있고 각 장에 들어있는 소제목이 들어 있지 않다. 역서에는 독자의 편의를 위해 목차에 소제목들을 첨가했다.

감사의 말

나는 옥스퍼드, 피트 리버스 박물관의 벨포어 도서관Balfour Library, 보들라이안 도서관Bodleian Library, 브리티시 도서관British Library, 래드클리프 과학 도서관Radcliff Science Library과 로즈 하우스 도서관Rhodes House Library의 사서들에게 감사의 말을 전하고 싶다. 이 분들은 이 책이 다루는 대부분의 기이한 책들을 찾도록 도와주었다. 클래어 브라운Clare Brown은 로즈 하우스에 수집된 사진 자료를 폭넓게 이해할 수 있도록 도와주었다. 덧붙여 이 책에서 언급하고 있는 많은 생각들을 나와 함께 논의하여 발전시켜주고, 내가 새롭고 결실 있는 방향으로 나아가도록 이끌어준 사람들에게 고마움을 표하고 싶다. 필립 바커Philip Barker, 질리안 비어Gillian Beer, 가르기 바타차리아Gargi Bhattacharyya, 사이먼 브룩스Simon Brooks, 테오 댄Theo D'haen, 존 거니John Gurney, 캐서린 홀Catherine Hall, 스티픈 하우Stephen Howe, 로렌 카젤Lauren Kassell, 존 나이트John Knight, 케네스 밀스Kenneth Mills, 톰 폴린Tom Paulin, 아니타 로이Anita Roy, 미네케 쉬퍼Mineke Schipper, 가야트리 차크라보르티 스피박Gayatri Chakravorty Spivak, 린네 터너Lynnette Turner와 미건 보한Megan Vaughan이 그들이다. 또한, 이 지면을 빌려 과거 사우샘프턴에서부터 현재까지 변함없는 동료애로 지원해준 다음의 분들에게 감사를 표하고 싶다. 모든 것을 가능하게 해준 이소벨 암스트롱Isobel Armstrong, 데렉 애트리지Derek Attridge, 조 브리스토우Joe Bristow, 토니 크로울리Tony Crowley, 마우드 엘만Maud Ellmann, 켄 허쉬콥Ken Hirschkop, 케이디 카네Kadie Kanneh, 조 맥도나Joe McDonagh, 로라 마르쿠스Laura Marcus, 빌 마샬Bill Marshall, 피터 미들턴Peter Middleton, 조너선 소데이Jonathan Sawday, 린지 스미스Lindsay Smith와 클레어 윌스Clair Wills에게 감사한다. 매슈 메도우스Matthew Meadows는 수년 동안 그만의 독특한 에너지와 따뜻함으로 나의 문화적 몰두에 대해 질문하고 그것을 증폭시켜주었다. 호미 바바Homi Bhabha는 이 프로젝트에 깊은 관심을 가져주었고 늘 그렇듯이 귀중한 비평과 조언을 아끼지 않았다. 도전 의식을 자극하면서도 친밀한 동지애를 보여준 그에게 나는 빚을 지고 있다. 마지막으로 배드랄 영Badral Young에게 특별히 감사한다.

다음의 그림자료들을 사용할 수 있게 해준 보들라이언 도서관에 감사의 말을 전한다. Robert Knox, *The Races of Men* (1850), 1902.e.48, pp.40, 52; John Beddoe, *The Races of Britain* (1885), 1902.d.86, facing p.252; Bryan Edwards, *The History, Civil and Commercial, of the British Colonies in the West Indies* (1793), pp.61.C.TH, engraving entitled 'The Sable Venus'; Arthur W. Read, Photographic Album, MS.Afr.1493, Folio 2 verso, top, 'Picnic(?)'.

『식민 욕망』 한국어판 서문

이 책은 유럽인들에 대해, 유럽인들이 유럽 제국주의 시기에 만들어낸 문화와 인종이론들에 대해 쓴 책이다. 이 책을 쓴 시기는 1990년대 초반으로, 아프리카와 캐러비안 지역과 아시아에서 유럽으로 이주한 이들이 최초로 자신들의 문화적, 정치적 정체성들을 창조하고 주장하기 시작한 시기였다. 당시 이런 움직임은 자신들 내부에 국한되지 않고 영국의 더 넓은 공공영역 안에서 이루어지고 있었다. 그들이 주장하는 핵심은, 민족문화들이 원래 그러하듯, 문화란 총체적이거나 균일한 것이 아니라 뒤섞여 있고 이질적이라는 것이었다. 하나 이상의 문화에 속해서 혼합된 문화 환경을 만들어낸 이들을 정의하기 위해 종종 사용된 말은 "혼종성"이었다. 흥미롭게도 이 말은 이들이 도전하고자 했던 바로 그 유럽 민족주의와 식민주의의 이데올로기와 실천의 근본에 있었던 19세기 인종주의 이론의 중심에도 있었다.[1]

남의 땅을 전유하고 그곳에 사는 사람들을 지배하며 외부인의 독재를 강요하면서 무역을 활성화하거나 자원을 전용하거나 이주자들을 식민지에 정착하게 하는 식민화 기획은 불가피하게 다른 민족들과 그들의 문화와 조우하게 한다. 즉, 식민주의는 상호혼합을 포함한다고 말할 수 있다. 아마도 이런 식민화 과정의 결과 때문에 19세기에 발전된 인종적 차이에 관한 이론들은 인종적 혼합, 즉 혼종성의 가능성을 부인하기 위해 기존의 길에서 벗어난다. 유럽인과 비유럽인 사이의 결합 가능성에 적용하기 이전에 이 단어는 원래 유럽 인종들 사이의 관계를 설명하기 위해 발전되었었다. 혼종성 이론들과 과거와 현재에 나타난 혼종성의 대립적 징후들 속에서 혼종성 이론들이

---

[1] *Colonial Desire*에서 전개한 유럽 인종이론에 대한 논의는 나의 *The Idea of English Ethnicity* (Oxford: Blackwell, 2008)에 더 확장되어 있다.

인종과 민족에 관한 사유에 미친 영향이 이 책의 주제다.

한국 독자들에게 이 책은 분명 처음에는 매우 유럽적인 이야기로 보일 것이다. 이 책은 인종이론이 발전한 역사 전체를 다루고자 하지는 않는다. 가령, 유럽과 상당히 다른 궤적을 지니는 라틴아메리카의 인종 개념에 대해서는 말하지 않는다. 하지만 한국의 경우, 이 책의 내용은 비교적 긴밀하게 연관되어 있다. 유럽과 미국의 인종이론들은 20세기 전환기에 한국과 일본에 수용되었다. 하나의 민족*minjok*이면서 하나의 인종인 한국인이라는 이론은 이 책에서 서술한 몇몇 사유 형식들을 따라 형성되었다.[2] 일본의 식민적 점령 시기에 민족주의는 일본의 내선일체*naisenittai* 이데올로기에 저항하기 위한 토대를 제공해주었다. 일본은 내선일체 이데올로기를 통해 동남아시아나 동아시아의 다른 민족들, 특히 중국민족과 달리, 한국과 일본 사이에 근본적인 인종적 친족관계가 있다고 제시하였다. 내선일체 이데올로기는 한국인들이 일본의 문화와 사회적 실천의 모든 면면들을 수용하도록 강제하고자 하는 일본의 시도를 포함하고 있었다. 하지만 결국 내선일체 사상은 한국인들의 민족 개념을 더욱 강화시켰을 뿐이다. 인종을 "지배 인종"master races, "우방 인종"friendly races, "손님 인종"guest races으로 구분하는 일본의 인종 이데올로기는, 인종의 위계 개념, 순수 혈통에 대한 강조, 혼혈인들에 대한 적대감 등에서 독일의 인종주의 이론의 계보를 아주 가깝게 따르고 있다. 한국과 일본의 혼종성은 서로 대립하면서 다른 축을 따라 형성되었지만, 19세기 유럽에서처럼, 똑같이 혐오의 대상으로 간주되었다. 하지만 한국과 유럽의 차이는 유럽의 경우 제2차 세계대전 이후 나치 독일에 의한 인종이론의 참상이 드러난 후 이러한 사유 방식이 도전받고 해체되었지만, 한국의 경우는 이런 과정은 없었다는 점이다. 인종이론은 1961년 유네스코에 의해 공식적으로 모든 과학적 차원에서 그 신빙성이 기각되었다.[3] 오늘날 유럽에서 인종이라는 단어

---

2) Hyung Il Pai, *Constructing Korean Origins: A Critical Review of Archaeology, Historiography and Racial Myth in Korean State Formation Theories* (Cambridge: Harvard University Press, 2000), Gi-Wook Shin, *Ethnic Nationalism in Korea: Genealogy, Politics, and Legacy* (Stanford: Stanford University Press, 2006).

3) UNESCO, *The Race Question in Modern Science: Race and Science* [1961] (New York: Columbia Uni-

는 더 이상 진지한 맥락에서는 사용되지 않으며, 대신 생물학적 함의나 "혈통"에 관한 고대 로마의 감성적 메타포(*Jus sanguinis*[혈통주의]에서처럼)에 대한 제휴 전혀 없이 문화적이고 언어적 유대만 강조하는 단어인 민족성ethnicity이 사용되고 있다.

그 사이에, 인종적 신화를 발전시키며 구축된 한국 문화의 동질성은 20세기 내내 일본의 점령, 나라의 냉전에 따른 분단, 그리고 가장 최근에는 이주민 유입이라는 유럽과 비슷하지만 다른 과정들을 통해 도전받아왔다. 오늘날 전 지구화 과정은 늘 그랬던 기존의 상황을 더욱 부각시킬 뿐이다. 즉, 순수한 문화라는 개념은, 순수한 인종이라는 개념만큼이나, 민족주의적 신화이며 환상이다.

로버트 J.C. 영

뉴욕/옥스포드, 2013년 5월

---

versity Press, 1969).

서문: 「남태평양」

코코넛 야자수, 반얀 나무들, 황금빛 해변, 굽이치는 파도. 제2차 세계대전을 배경으로 하는 유명한 뮤지컬. 이국적인 남태평양에서 펼쳐지는 그에 걸맞은 많은 노래들. "마법에 걸린 저녁," "내 머리에서 그 사람을 씻어버릴 거야," "꿀 발린 빵," "봄 보다 젊은"…. 전형적인 평화로운 오리엔탈리스트 환상. 영화를 보았을 때 나는 아이였지만 그 줄거리가 아이들 문제를 중심으로 돌아간다는 것을 이해하지 못했다.

이 영화는 이루지 못한 두 개의 로맨스를 보여준다. 리틀 록 출신의 간호사 넬리 포부쉬 소위는 낭만적인 프랑스인 에밀 드 베끄의 구애를 받는다. 넬리가 마침내 에밀에게 사랑을 고백한 직후 그녀는 근처에서 여러 명의 폴리네시안 아이들을 보게 된다. 에밀이 자신의 아이들이라고 말할 때 그녀는 농담이라고 생각한다. 농담이 아니라는 것을 알게 되자 그녀는 당장 지프차에 올라 기지로 돌아간다.

필라델피아 출신의 잘생긴 중위 조셉 케이블은 보트를 타고 "출입 금지" 지역인 낭만적인 섬 발리 하이로 가서 아름다운 젊은 폴리네시안 소녀 리아와 첫눈에 사랑에 빠진다. 열정적으로 그녀를 품에 안은 그는 마지못해 그곳을 떠나지만, 계속 되돌아온다. 어느 날 그들은 즐겁게 결혼에 대해 이야기한다. 하지만 그녀의 어머니 "피의 메리"가 그들이 낳을 아이에 대해 말하자 케이블은 곧바로 몸을 돌려 자신의 보트로 달려 되돌아간다. 이국적 낭만을 즐기는 것과 그것의 결과인 검은색 인간은 아주 다른 것이다.

영화의 나머지 부분은 이 두 미국인이 자신들의 즉각적인 인종주의적 반응인 욕망과 혐오감을, 끌리면서도 혐오하게 되는 반응을 어떻게 극복하는지 보여준다. 이런 인종주의가 본능적인 것이 아니라 학습된 것임을 그들이 어떻게 이해하게 되는지 말해준다. 케이블은 노래한다. "당신은 배워야 했지요 / 너무 늦기 전에 / 당신이 여섯 살, 아니 일곱 살, 아니 여덟 살이 되기 전에 / 당신의 친척들이 미워하는 모든 사람을 미워하도록". 무엇에 늦기 전에? 욕망이 출현하기 전에.

　　이 책은 역사에서 욕망의 출현과, 인종화된 사고의 역사에서 욕망의 계보와 그에 대한 부인을 추적하고자 한다. 이 가부장적 드라마를 무대에 올리는 기획자는 "문화"라고 불리는데, 그 자체가 새롭게 부상한 자본주의적 유럽 사회의 생산물이다. 힘의 불균형이 생성한 갈등 구조들은 긴장 지점들을 통해, 그리고 서로 겹치는 차이의 형식들을 통해 지속적으로 절합된다. 다시 말해, 계급과 젠더와 인종은 뒤범벅으로 순환되고 교차되면서 서로를 정의하는 비유들로 바뀐다. 이 비유들은 은밀한 문화적 가치들이 뒤엉킨 그물망 안에서 변이되고, 이 비유들이 규정하는 사람들은 그 은밀한 문화적 가치들을 내면화한다. 문화는 늘 그 안에 이런 내적 불협화음의 대립 형태들을 포함해왔다. 심지어 "영국성"도 늘 자신의 타자성으로 인해 분열되어왔다. 표면적으로는 인종을 영원히 분리시키려는 듯한 식민이론도 소위 "식민 욕망"의 비밀스럽고 은밀한 형식들로 변모된다. 범하기 쉬운 인종 간의 성, 혼종성과 흑백혼합에 대한 은밀하지만 끈질긴 집착 ― 이것이 바로 「남태평양」*의 이야기다.

*
1947년 퓰리처 수상작인 James A. Michener의 *Tales of the South Pacific*을 바탕으로 1949년 초연된 브로드웨이 뮤지컬로 1958년, 2001년 영화되었다.

CONTENTS

1. 혼종성과 디아스포라

　템즈강이 마주보이는 그리니치 공원의 웅장한 철문을 지나 걸어가라. 아일 오브 독스Isle of Dogs*와 이스트 런던의 낮고 적막한 아파트들이 내려다보이는 풀이 무성한 가파른 언덕을 따라 올라가라. 구불구불 쉼 없이 흐르는 강을 따라 서쪽의 로더히스Rotherhithe 방향을 바라보면, 거기에 청교도 필그림 선조들이 1620년에 미국으로 떠난 장소를 불경스럽게 표시하는 메이플라워 선술집이 있다. 나무뿌리에 걸려 넘어지지 않게 주의하며 계속 걸어 올라가라. 정상에 다다르면 우아한 조지아풍의 창문이 있는 커다란 18세기 건물이 강을 내려다보고 서 있을 것이다. 당신은 오래된 그리니치 왕립천문대를 마주보고 있는 것이다. 벽을 따라서 빙 돌아 걸어가면 보도에 황동 띠가 설치된 곳이 나타난다. 땅바닥에 있는 매끈한 금색 띠는 경도 0도, 즉 본초자오선**을 나타낸다. 이 작은 언덕 꼭대기에 세계의 0도, 시간 그 자체의 중심이 있다. 역설적이게도 그리니치는 시간의 세계 중심이 되기 위해 장소의 타자

*
아일 오브 독스

출처: http://maps.google.co.kr/maps?hl=ko&tab=wl
(구글지도에서 Rotherhithe, United Kingdom으로 검색)

**
본초자오선

출처: http://prints.rmg.co.uk/art/511208/
Royal_Observatory_architectural

성으로 기입되어야 한다. 황동 띠의 왼쪽에 서면 당신은 서반구에 있다. 그러나 오른쪽으로 40센티미터 정도만 움직이면 동양으로 들어선다. 당신이 누구이든 유럽인에서 동양인으로 바뀐다. 한 발을 황동 띠의 왼쪽으로 다시 옮기면 당신은 결정 불가능한 방식으로 타자성과 섞여 서양인이면서 동시에 동양인이 된다. 1884년에, 새롭게 동질화된 시간의 세계를 동과 서로 나누는 장소로 예루살렘이나 콘스탄티노플이 아닌 사우스 런던 교외를 선택한 것은 정말로 미래를 예시하는 제스처였다. 그 제스처는 총체성, 즉 서구의 동일성이 늘 차이로 분열될 것이라는 예언이었다. 시대가 지날 때마다 런던은 공식적으로 선포된 자신의 이질적인 정체성에 더욱더 성공적으로 부응하였다. 그래서 이제 강 쪽으로 되돌아서서 눈앞에 펼쳐진 공원을 내려다보면 잔디밭에 누워 있거나 자신들만 알고 있는 길을 따라 여기저기 돌아다니는 사람들, 혹은 집으로 가는 중이거나 한 나라에서 다른 나라로 넘나드는 런던사람들을 보면, 이보다 더 다양하게 섞인 민족들을 상상하기 힘들 것이다. 카리브해, 아프리카, 인도, 파키스탄, 방글라데시, 중국, 티베트, 아프가니스탄, 소말리아, 발칸 반도를 기억하는 선조를 가진 민족들이, 앵글족, 켈트족, 덴마크인, 네덜란드인, 아일랜드인, 유대인, 노르만인, 고대 스칸디나비아인, 색슨족, 바이킹으로 영국 제도에서 나타난 선조를 가진 민족들과 섞이고 융합하였다. 남부the South*를 압도하는 북부the North**의 강력한 경제적 매력이 먼 곳의 주변들을 중심으로 끌어당기는 이 도시에, 언덕 위 황동 띠의 동양과 서양의 분리가 점차로 스며들었다. 경도 0도이면서 세계의 중심인 본초자오선은 이러한 역사적 동화의 움직임과 더불어 차이의 파동으로 확실하게 섞이고 퍼졌다.

콘래드Conrad의 소설 『비밀요원』The Secret Agent은 그리니치 왕립천문대를 폭파하려는 시도, 즉 제국주의적인 메트로폴리탄 중심을 그 심장에서 파괴하려는 시도를 그린 이야기면서 동시에 도시의 일상에서 벌어지는 문화의 복잡한 상호작용에 관한 이야기이기도 하다. 1894년의 런던은 이미 관계와 사

*
세계의 남반구에 위치한
개발도상국들

**
유럽 및 북미 등 북반구에
위치한 선진국들

고방식, 젠더와 계급, 국적과 민족들의 어울리지 않는 조합으로 정의되고 있었고, 콘래드는 서사의 무질서한 모호함을 영국 문화 내부의 분열과 동일시한다. 오늘날 과거의 영국성Englishness은 그 자체와 아무 문제없이 동일한 어떤 것으로, 흔히 고정성, 확실성, 중심성, 동질성의 용어로 표현된다. 아주 의심스럽기는 하지만 실제 그런 적이 있었다면 문학의 영역에서 그런 영국성은 늘 타자로, 다른 사람이 소유하고 있는 것으로, 종종 완벽한 남성성의 이미지로 재현되었다. 예를 들어 진 리스Jean Rhys의 소설에서 동요되지 않는 모습으로 재현되는 사람들은 냉정하고 다른 사람과 거리를 유지하는 남자들, 여주인공이 의지하고자 하는 남자들이다.[1] 영국 소설에서는 영국적 경험의 특징이 그와 반대로 나타난다. 유동성의 감각, 타자성에 대한 고통스러운 지각, 혹은 타자성의 필요성이 그려진다. 영국성이 발전시킨 고정된 정체성이란 명성은 사실 그것이 계속해서 부정되기 때문에 일어난 것이고, 자아의 불확실성과 타자에 대한 욕망으로 인해 발생하는 자기소외를 인식하지 않기 위해 고안되었는지도 모른다.[1]

놀랍게도 오늘날뿐만 아니라 과거의 수많은 소설가들이 정체성의 불확실한 횡단과 침투에 대해 거의 강박적으로 글을 썼다. 계급과 성을 다룬 작가로는 브론테 자매the Brontës, 하디Hardy나 로렌스Lawrence가 있고, 문화와 인종에 대해 쓴 작가로는 다시 브론테 자매(저항할 수 없으며 관습을 거스르는 히스클리프는 혼혈이다)와 해거드Haggard, 콘래드(『비밀요원』뿐만 아니라 『어둠의 심연』Heart of Darkness에서도 두 문화가 서로 겹쳐진 구조, "당당한" 아프리카 여성에 대한 매혹, 그리고 다른 많은 소설 중에서도 그의 처녀작인 『올메이어의 우행』Almayer's Folly에 나오는 인종 간 결혼이야기), 제임스James, 포스터Forster, 캐리Cary, 로렌스, 조이스Joyce, 그린Greene, 리스가 있다.[2] 정

---

1) 영국성에 관해서 다음을 참조. Colley, *Britons: Forging the Nation*; Colls and Dodd, *Englishness*; and C. Hall, *White, Male and Middle-Class*. 정치적 이점이 중요하기는 하지만, 중층 결정된 영국성의 역사로 인해, 홀이 그러하듯이, "영국성이 다른 것과 마찬가지로 민족성이다"라고 주장하기는 힘들다.

2) Heathcliff는 영국 문학에 등장한 가장 유명한 리버풀 출신일 것이다. 그는 Nelly Dean과 자신의 인종적 출신에 대해 다음과 같은 대화를 나눈다.
　　"다시 말하면, 나는 에드거 린튼의 아주 파란 눈을 바래야 하는 거겠죠, 그 이마도." 그가 답했다.
　　"정말 그래요. 그렇다고 가질 수는 없죠."

체성의 불확실한 횡단과 침투에 대한 이런 예들은 너무 많아서 사실 많은 영국 소설에서 다루는 지배적인 주제가 바로 그것이라고 주장할 수 있을 정도이다. 과거의 많은 소설들은 그런 불확실성과 차이를 밖으로 투사해왔고, 계급적 타자든 혹은 민족성이나 섹슈얼리티의 타자든 타자의 문화를 만나 통합하는 데 관심을 가지고 있었고, 지킬 박사가 하이드 씨로 바뀔 때처럼 완벽하게 변하는 경우는 거의 없지만 자주 타자의 문화로 횡단하기를 꿈꾸었다.[3] 이러한 횡단과 변모가 식민 욕망이 취하는 형태이며, 식민 욕망의 환상들과 매혹들은 분명하게 식민주의 자체와 연계되어 있다. 영어로 된 많은 식민 소설들은 문화적 타자에 매혹되어 자기 문화를 버리는 욕망을 드러낸다. 버튼Burton, 해거드, 스티븐슨Stevenson, 키플링Kipling, 알렌Allen이나 버컨Buchan의 소설과 여행기들은 모두 문화횡단적 접촉, 상호작용, 타자에 대한 적극적인, 흔히 성적인 욕망, 혹은 하니프 쿠레이시Hanif Kureishi가 "사이에 낀"an inbetween이라고, 키플링이 "동과 서의 괴물 같은 잡종"이라고 부른 상태에 관심을 갖는다.[4] 이러한 대화론dialogism*은 식민지 영역에서 강조되었으나 전반적인 영국 문화정체성의 고유한 특징이라고 볼 수도 있다. 흔히 영국문화에 관한 기본 자료로 여겨지는 매슈 아널드Matthew Arnold의 『문화와 무질서』Culture and Anarchy**(1869)도 영국문화가 결핍되고 무엇인가 결여되어 있다는 사실에 근거를 두고 있으며, 영국문화의 은밀한 분열된 자아를 구성하는 내부적 불협화음을 보여준다. 과거 수세기 동안 영국성은 흔히 상반된 요소들의 이질적이고 대립적인 합성물, 즉 스스로와 동일하지 않는 동일성identity으로 구성되

*
미하일 바흐친
(1895~1975)의 이론을
총괄해서 부르는 명칭.
"차이 있는 것들의 동시적
현존"이라는 대화적
관계를 중시함

**
국내에서는 『교양과
무질서』라는 제목으로
출판되었다. 아널드가
culture를 무질서에 대한
처방으로 사용하였음을
고려하면 "교양"으로의
번역이 적절해보인다.
그러나 본 번역서에서는
아널드의 culture도
로버트 영이 이 책에서
다루는 넓은 의미의
"문화" 논의 안에 포함될
수 있다고 생각되어,
"교양과 무질서" 대신
"문화와 무질서"를
번역어로 선택했다.

"마음을 좋게 먹으면 멋있는 얼굴을 갖게 될 거예요." 나는 말했다. "만일 *보통의* 흑인이라면, 그리고 옳지 않은 마음을 먹는다면 가장 아름다운 얼굴도 끔찍하게 추하게 될 거예요. 이제 씻기도 했고, 머리도 빗었고, 샐쭉해 있기도 하니 말해보세요. 잘 생겼다고 생각하지 않아요? 내가 말해주지요, 나는 그렇게 생각한답니다. 번듯한 왕자님이에요. 아버지가 중국의 황제고, 어머니가 인도의 여왕인지 누가 알겠어요?... 사악한 선원들이 납치해서 영국으로 왔을 수도 있죠."(나의 강조 *Wuthering Heights*, 54)
소설에 나타난 이종출산에 관해서 다음을 참조. Busia, "Miscegenation as Metonymy"; Henriques, *Childeren of Caliban, passim.*

3) *The Strange Case of Dr Jekyll and Mr Hyde*에 대한 Showalter의 뛰어난 분석 참조. *Sexual Anarchy*, 105-26.

4) Kureishi, *My Beautiful Laundrette*, 60, Kipling, *Kim*, 341.

어왔다. 영국성에 대한 문제 전체 — 그런데 이것이 문제였던가? — 는 영국성이 한 번도 성공적으로 타자가 배제된 본질적이고 핵심적인 정체성으로 특징지어진 적이 없었다는 것이다. 영국성은 늘 본초자오선과 마찬가지로 그 내부에서 분리되어 있었고 이것이 바로 영국성이 다양하게 그리고 반작용적으로 구성될 수 있었던 이유이다.

영국성은 그 자체가 모호하게 브리튼적British*이기도 하다. 표면상 정치적으로 올바른 이 교묘한 단어는 다른 왕국들에 대한 잉글랜드 지배의 환유적 확장을 감추기 위해 끌어온 것이다. 잉글랜드가 불법적으로 연합한 이 나라들은 지금은 국제무대에서 축구와 럭비경기에서나 살아남아 있을 뿐이다. 가르기 바타차리아Gargi Bhattacharyya가 말하듯, "영국적"English 대신에 "브리튼적"이라는 단어를 충실하게 사용함으로써 권력관계에 있어서 둘 사이에 아무 차이가 없다는 점이 간과된다. "브리튼적"은 잉글랜드인이 비잉글랜드인에게 부과한 이름이다.[5] (그런 경우에도 배제된 이들이 있다. 영국연합왕국The United Kingdom은 사실상 그레이트브리튼 및 북아일랜드 연합왕국The United Kingdom of Great Britain and Northern Ireland이다. 북아일랜드는 붙어 있기는 하지만 마치 곧 떨어져나가서 에이레Eire**의 나머지와 재결합을 할 것처럼 가까스로 연결되어 있다.)[6] 19세기에 고정된 영국적 정체성이라는 개념 자체는 의심할 여지없이 메트로폴리탄과 식민지 사회 양쪽의 급격한 변화와 변모의 산물이며 반응이었다. 이는 민족주의처럼 그런 정체성이 분리와 갈등과 반대에 대항하기 위해 구성될 필요가 있었음을 보여준다. 오늘날 스스로 유동적이며 복수적이라고 주장하는 정체성들은 현대사회의 유동성과 박탈을 나타내는 표시라기보다는 새로운 안정성과 자아확신, 정적주의quietism***를 나타내는 표시일 수 있다. 정체성을 고정시키려는 시도는 불

*
'영국인의'로 번역한 English와 구별하기 위해 '브리튼적'으로 번역함

**
아일랜드 공화국의 옛 이름

***
17세기 스페인의 종교적 신비주의에서 유래된 것으로 인간의 능동적인 의지를 최대로 억제하고 신의 힘에 전적으로 의지하려는 수동적 사상

---

5) 다음을 참조. Bhattacharyya, "Cultural Education in Britain," 19n; 이에 대한 이데올로기적 전략의 직접적 진술은 다음을 참조. Dilke, *Greater Britain*. 이러한 이유로 나는 'English' Literature를 나타내기 위해 'British'라는 용어를 사용하지 않는다.

6) Willis, *Improprieties*, 78-9. 옥스퍼드 영어사전에 따르면, "Great Britain"이라는 용어는 "England와 Scotland를 연합시키기 위한 노력과 관련하여 실제 정치에서 사용되기 시작하였다. 1604년 제임스 1세는 "King of Great Britain, France and Ireland"라고 선언되었고, 이 어구는 1707년 연합에서 the United Kingdom을 위해 채택되었다.

안정과 분열, 갈등과 변화의 상황에서만 나타난다. 이러한 차이에도 불구하고 근본적인 모델은 변하지 않았다. 즉 고정성은 본질적으로 차이를 내포하고, 다수성이 어떤 의미라도 가지려면 적어도 개념적인 단일성singularity에 대비되어야 한다. 각각의 경우 정체성은 하나의 용어를 다른 용어와 대립시킴으로써 자의식적으로 말해진다. 단지 이제 위계가 뒤바뀌었을 뿐이다. 아니, 뒤바뀌었을까?

정체성이나 사회를 표현할 유기적 비유에 대한 요구는 파편화와 산포에 대한 대항감각을 함의하고 있다. 19세기에 선호되었던 유기적 패러다임은 혼종성과 접붙이기, 즉 공존할 수 없는 것들을 강제로 함께 자라게 하기 (혹은 그러지 못하게 하기) 패러다임과 함께 빠르게 발전했는데, 그러한 발전 뒤에는 숨겨진 이야기가 있다. 우리는 여전히 그것의 폭력과 부패의 유산 내에서 움직인다. 19세기에 자본주의 발전으로 생성된 독특한 문화적 움직임은 통합과 구별이 동시적으로 일어나는 과정이었다. 제국주의적 자본주의 권력의 지구화, 하나로 통합된 경제와 식민 체제의 지구화, 세계시간의 일원화는 민족과 문화들의 전치라는 대가를 치르고 이루어졌다. 이러한 후자의 특징은 유럽인들에게 두 가지 방식으로 가시화되었는데, 식민주의와 강제이주의 결과로 뚜렷해진 인종적 차이와 인종적 아말감화amalgamation에 대한 불안의 증가와 자국 문화의 붕괴다. 계급과 인종에 미친 이 두 가지 결과는 모두 부정적인 것으로 여겨졌고, 더 전통적이고 유기적이지만 이제는 돌이킬 수 없이 상실된, 사회의 문화적 안정성을 분명 훼손하는 이런 요소들에 대항하는 방법을 찾기 위해 상당한 에너지가 소모되었다. 그러나 1850년대에 이미 허버트 스펜서Herbert Spencer와 같은 사람들은 "진보는 동질적인 것이 이질적인 것으로 변화하는 데 있다"고 주장하기도 했다.[7]

오늘날의 상대적 확실성은 이질성, 문화적 상호교환, 다양성이 근대사회의 자의식적 정체성이 되면서 생겨났다. 문화의 상호작용이 일어난 오랜

---

7) Spencer, *Essays*, I, 3. 에세이 "Progress: Its Law and Cause"는 1857년에 처음 출판되었다. Cf. Haller, *Outcasts from Evolution*, 95-152.

역사를 고려해볼 때, 이러한 현상을 분석할 분석틀이 거의 발전하지 않았다는 것은 놀랍다. 19세기에 전파론diffusionism*과 진화론 등은 문화적 접촉을 상대적으로 힘이 약한 사회가 자신의 문화를 잃고 서구 규범으로 변모하는 과정으로 개념화하였다. 오늘날 중요한 분석모델들은 집단들이 상호문화적인 교환과 사회화를 통해 바뀌는 문화변용acculturation**의 과정을 완전히 간과한 채 분리 상태를 강조하곤 한다. 사르트르Sartre, 파농Fanon과 멤미Memmi 이래 포스트식민주의 비평은 식민자와 피식민자, 자아와 타자라는 두 개의 대조군을 구성해왔다. 이때 피식민자와 타자는 불가피하게 거짓된 재현을 통해서만 알 수 있으며, 이러한 대조는 포스트식민주의 비평이 무효화하려는 고정적이고 본질주의적인 범주를 재생산할 위험이 있는 마니교적 구분이다.[8] 같은 방식으로 다문화주의 교리는 각각의 다른 집단들에게 그들의 개별적이고 다른 정체성을 최대한 다른 상태로 구체화시키라고 촉구한다. 플로야 앤티아스Floya Anthias와 니라 유발-데이비스Nira Yuval-Davis가 말하듯, 극단의 집단들을 장려하고 이들이 "대표"가 되게 하는데, 이는 그들이 가장 뚜렷하게 구별되는 독특하게 다른 정체성을 갖고 있기 때문이다.[9] 문화 비평가들이 문화들 간 교류의 생성적이고 파괴적인 복잡한 과정을 구체적으로 보여주는 설명을 발전시키기 시작한 것은 최근에 와서의 일이다.[10]

역사적으로 문화의 접촉, 침입, 융합과 분리가 발생하는 복잡한 역학과정에 대한 관심은 상당히 적었다. 고고학을 예로 들어보자. 이 모델들은 전파, 동화 혹은 분리의 모델들이었지, 상호작용이나 반작용의 모델들은 아니다. 상품, 질병, 치료체계와 종교의 교환에 대해서는 상당한 역사적 작업이 행해져왔다.[11] 그 외에 가장 생산적인 패러다임은 언어로부터 취해졌다. 피

*
단순 진화론에 대항하여 문화의 변동을 주로 전파에 기인한다고 보는 관점

**
상이한 문화집단 간의 접촉으로 새로운 문화유형이 획득되는 과정

---

8) Sartre, *Critique of Dialectical Reason*; Fanon, *The Wretched of the Earth*; Memmi, *The Coloniser and The Colonised*; JanMohamed, "The Economy of Manichean Allegory."

9) Anthias and Yuval-Davis, *Racialized Boundaries*, 175.

10) Bhabha, *Nation and Narration*; Bitterli, *Cultures in Conflict*; Fabian, *Time and the Work of Anthropology*; Hulme, *Colonial Encounters*; Reuter, *Race and Culture Contacts*; Spivak, *In Other Worlds* and *The Post-Colonial Critic*.

11) 다음을 참조. 소비품: Appadurai, *The Social Life of Things*, and Wolf, *Europe and the People Without*

피진어pidgin와 크레올화된 언어들은 강력한 모델이 된다. 문화접촉의 실제 역사 형태들을 간직하고 있기 때문이다.[12] 피진어의 구조는 한 언어의 어휘가 다른 언어의 문법에 조악하게 얹힌 것으로, 피식민자에 대한 식민주의자의 직접적인 지배 권력관계와는 다른 모델을 시사한다. 오늘날 이러한 구조적 장치는 영어로 쓴 소설에서 흔히 되풀이되어 자국 방언이 메트로폴리탄 형식의 권위를 암묵적으로 분해한다. 언어가 접촉의 주된 산물 중 하나를 보존하고 있다면, 덜 보편적인 두 번째 모델은 똑같이 문자적이지만 더 신체적인 것, 즉 성sex으로서 이 책에서 앞으로 재조명해 발전시킬 모델이다. 대영제국에서 "섹슈얼리티는 인종 접촉의 첨병이었다"고 하이엄Hyam은 흥미로울 정도로 솔직한 비유로 말한다.[13] 그러나 언어와 성의 역사적 연결은 근본적인 것이다. 둘 다 "혼종"hybrid 형식으로 여겨지는 것을 생산한다(크레올어, 피진어, 그리고 혼혈아들). 이 형식들은 성적 도착과 퇴행의 위협적 형식들을 구현한다고 여겨졌고, 사회비평의 인종담론에서 끝없이 이어지는 비유적 확장의 토대가 되었다. 예를 들어 「검둥이 문제」The Nigger Question(1849)에서 토머스 칼라일Thomas Carlyle은 이렇게 말한다. 반노예제 로비와 진보적 사회과학은,

흑인해방과 같은 신성한 명분에 이끌려 그것과 사랑에 빠지고 결혼을 해서, 자손과 괴물을 낳을 것이다. 검은색의 대규모 바보들, 이름 붙일 수 없는 유산아들, 넓게 휘감긴 괴물들, 세계가 지금까지 보지 못한 그런 것들![14]

문화적 상호작용의 두 모델인 언어와 성의 산물은 똑같은 특징을 가진

History. 건강과 질병: Crosby, *Ecological Imperialism;* Janzen, *The Quest for Therapy in Lower Zaire;* Macleod and Lewis, *Disease, Medicine and Empire;* Vaughan, *Curing Their Ills.* 종교: Comaroff, *Of Revelation and Revolution.*

12) 최근 논의 중 특별히 다음을 참조. Fabian, *Language and Colonial Power.*

13) Hyam, *Empire and Sexuality,* 211.

14) Carlyle, "The Nigger Question," 354.

다. 즉 혼종성hybridity이다. "혼종"이라는 용어는 생물학적이고 식물학적 기원에서 발전하였다. 라틴어로 그것은 길들여진 암퇘지와 야생 수퇘지의 새끼를 의미하였다. 이후로 옥스퍼드 영어사전OED은 혼종을 "다른 인종의 부모에게서 난 혼혈"로 정의하고 "17세기 초에 이 단어를 사용한 몇몇 예가 있었지만 19세기까지 거의 사용되지 않았다"고 기록한다. "혼종"은 19세기 단어다. 하지만 다시 우리 자신의 단어가 되었다. 19세기에 혼종은 생리학적 현상을 지시하기 위해 사용되었지만 20세기에는 문화적 현상을 묘사하기 위해 부활되었다. 혼종의 생리학적 지위를 결정한 것은 문화적 요소들이었지만, 오늘날 혼종성의 사용은 현대의 사유가 과연 과거의 인종화된 공식들과 완전히 단절했는지에 대해 문제를 제기한다.

혼종은 1828년 웹스터 사전에 "잡종개나 노새처럼 두 종의 섞임으로 태어난 동물이나 식물"로 정의되어 있다. 다른 인종의 사람들 사이의 교배를 표시하기 위해 19세기에 사용된 최초의 기록은 1861년판 옥스퍼드 영어사전에서 찾아볼 수 있다. 너무 늦은 것일지라도(조사이어 노트Josiah Nott가 1843년에 사용함) 이 날짜는 매우 중요하다.[15] 프리처드Prichard는 "혼종"이라는 용어를 1813년에 인간의 생식력 여부의 맥락에서 이미 사용하였었다.[16] 그러나 그의 전체 논지는 인간들이 다른 종이라는 것을 부인하기 위한 것이었기 때문에 그는 결코 인간을 묘사하면서 "혼종"이라는 단어를 직접 사용하지 않는다. 대신 "섞인mixed" 혹은 "중간적intermediate" 인종들이라고 말한다. 따라서 1843년과 1861년 사이에 혼종이라는 단어가 사용되었다는 것은 일종의 인간 혼종과 같은 것이 있을 수 있다는 믿음이 성장하였음을 나타낸다. 이 단어가 최초로 언어학적으로 사용된 때는 1862년으로 "다른 언어들에 속한 요소들로 구성된 합성물"을 의미했다. 1890년 이래 옥스퍼드 사전은 언어적인

---

15) Nott, "The Mulatto a Hybrid." 옥스퍼드 영어사전은 Ben Johnson의 작품에서 이전에 사용된 (상당히 중요한) 예를 제공한다. "그녀는 야생의 아일랜드 출신입니다. 그리고 혼종입니다."(Jonson, *The New Inn, or the Light Heart*, 1630)

16) Prichard, *Researches*, 9 ff, and *The Natural History of Man*, 11 ff.

것과 인종적인 것 사이의 고리를 명백히 밝히고 있다. "아리안 언어가 보여주는 혼종성의 표식은… 인종적 섞임에 상응하는 그런 것이다."[17]

혼종성과 생식력

20세기 말에 그러하듯이, 19세기에도 혼종성은 문화적 논쟁의 주요 쟁점이었다. 이유들은 서로 다르지만 그렇다고 완전히 다른 것도 아니었다. 이 문제는 존재의 거대한 사슬The Great Chain of Being의 위계적 구조에 따라 다양한 인간 변종variety*들을 동물의 왕국의 일부로 구분하였던 18세기에 처음 제기되었는데, 예상대로 아프리카인은 유인원 다음으로 인간과稧human family의 가장 밑바닥에 놓였다. 아프리카인을 유인원으로 구분할 것인지 인간으로 구분할 것인지의 논의도 있었다. 당시에는 다른 종의 인간, 즉 기원이 다른 인간이라는 개념은 성경의 설명과 충돌한다는 생각이 지배적이었다. 게다가 노예제 반대운동의 압력은 인간은 모두 하나의 과에 속함을 강조하였다. 물론 일부 반대의견을 가진 사람들도 있었다. 자메이카 노예주였던 에드워드 롱Edward Long은 1774년 영향력 있는 그의 저서 『자메이카의 역사』History of Jamaica에서 "다른 사람은 모르지만 나에게는 백인과 흑인이 두 개의 구별되는 종이라고 믿을만한 아주 분명한 이유들이 있다"고 주장하였다.[18] 영국의 과학계에서 맨체스터 외과의사인 찰스 화이트Charles White는 『인간의 표준 등급에 관한 기술』Account of the Regular Gradation of Man(1799)에서 최초로 이러한 견해를 공식적으로 제안하였다. 화이트 덕분에 롱의 자의적 편견은 과학이론의 영역으로 이동한다. 그러나 1859년에 진보적 독일 인류학자인 테오도어 바이츠Theodor

*
린네의 분류학에서 사용되는 용어. 동식물의 각 종 내에 존재하는 유전적, 비유전적 요소에 의한 개체 또는 집단 간의 변이, 지방형(地方型) 등을 포함한다.

---

17) Stuart Glennie, "The Aryan Cradle-Land," 554, 옥스퍼드 영어사전에 수록.

18) Long, *History of Jamaica*, II, 336. 일원발생론과 다원발생론에 관해서는 다음을 참조. Haller, *Outcasts from Evolution*, 69-94; Stepan, *The Idea of Race in Science*, 29-46; 혼종성에 관해서는 다음을 참조. Stepan, "Biological Degeneration: Races and Proper Places," in Chamberlain and Gilman, *Degeneration*, 104-12.

Waitz는 그러한 과학적 논의에는 늘 숨겨진 이데올로기적 의제가 있다고 지적하였다. 인간 종이 단일하다는 신념 때문에 점점 고립되었던 바이츠는 인간의 종의 차이에 관한 과학이론에 담긴 정치적, 문화적 관계를 세세히 고찰했다.

> 만일 인간의 종이 다양하다면, 인간 중에는 태생적으로 귀족인 우수한 백인종과 이와 반대로 원래 더 저급한 인종들이 있음이 틀림없다. 이들은 고귀한 인류에게 봉사할 운명을 타고났으며, 길들여지고 훈련되어 가축처럼 이용되거나 혹은 상황에 따라 사육되거나 생리적 실험이나 다른 실험에 거리낌 없이 이용될 수 있을 것이다. 이들을 더 고귀한 도덕성과 지적 발전으로 이끌고자 노력하는 것은 라임 나무를 재배하여 복숭아가 열리게 하거나 원숭이를 훈련시켜 말하게 하려는 것처럼 어리석은 일일 것이다. 어디서든 저급한 인종들이 백인에게 쓸모없다고 여겨지면 그들의 운명이며 타고난 상태인 야만상태로 내버려 두어야 한다. 저급한 종이 백인에게 방해될 때에는 이들을 근절하는 모든 전쟁은 언제든지 용납될 뿐만 아니라 완벽히 정당화될 수 있다.[19]

그래서 인류학의 많은 부분이 이 한 가지 문제에 매달린다. 1850년에 헨리 홀랜드Henry Holland는 "인류의 단일성과 단일기원에 관한 문제가 모든 주제를 결정한다"고 말하였다.[20] 1840년대 이래 종과 혼종성에 관한 질문은 늘 논쟁의 중심에 있었고, 지속적이면서도 포괄적으로 다루어졌다. 서로 다른 종을 확인하는 공인된 테스트는 프랑스의 콩트 드 뷔퐁Comte de Buffon과 영국의 존 헌터John Hunter가 공식화한 것인데, 종들 사이의 성관계에서 태어난 자손이 불임인가 아닌가가 기준이었다. 에든버러 해부학자이면서 인종이론가

---

19) Waitz, *Introduction to Anthropology*, 13.

20) Halland, "*Natural History of Man*," 5. 19세기 인류학에 나타난 근본적 쟁점에 관한 간단명료한 설명은 다음을 참조. Beer, "Speaking for the Others."

인 로버트 녹스Robert Knox는 이를 다음과 같이 요약했다.

> 박물학자들은 같은 종의 동물들은 생식력이 있고 영원히 같은 종류를 재생산한다고 인정한다. 반대로 어떤 동물이 다른 두 종의 산물이라면 그 혼종은 정도의 차이는 있어도 분명히 죽거나 멸종한다…. 그런 혼합의 산물은 생식력이 없다.[21]

혼종은 노새와 버새처럼 두 종 사이에서 태어난 잡종이다. 말과 나귀 사이에서 암말-수나귀의 교배에서는 노새가, 수말-암나귀의 교배에서는 버새가 태어난다. 노새와 버새 모두 불임이고 이로 인해 두 종은 뚜렷하게 구별되므로 자연의 억제력이 분명하게 이들을 분리된 상태로 유지한다고 일반적으로 주장되었다. 이렇게 정의함으로써 인간의 다른 인종들이 다른 종이라는 주장은 다른 인종들 사이의 결합의 산물이 생식력이 있는가 없는가의 문제에 달려 있게 된다. 서인도제도의 대규모 잡종인종 인구집단을 고려해 볼 때 이러한 자손들의 생식력을 의심한 사람은 처음에는 거의 없었다. 그렇다고 화이트나 롱이 자신의 주장을 철회한 것은 아니었다. 화이트는 불임이 종의 차이를 나타내는 충분한 기준이 아니라고 주장한다. 롱은 반대 입장을 취하여 자신의 지역에서 얻은 지식을 이용해서 백인과 흑인 사이의 결합이 생식력 있는 자손을 생산하는 것은 분명하지만 그러한 생식력은 세대를 거치면서 감소된다고 주장한다. 롱은 이렇게 "뮬라토"mulato라는 문화적 용어와 노새의 생물학적 특징을 결합한다.

> 그들[뮬라토] 중 몇몇은 이곳에서 자신과 같은 피부색을 지닌 사람들과 결혼하였다. 그러나 그런 결혼은 대개 결함이 있거나 불임이었다. 이런 점에서 그들은 사실상 노새와 같은 종류로 여겨지며, 뚜렷이 구별되는

---

21) Knox, *The Races of Men*, 2nd edn, 487.

백인이나 흑인과의 성교와 달리 서로에게서 자손을 생산할 수 없다.[22]

롱의 주장에 의하면 생식력이 감소하는 현상은 백인과 흑인이 다른 종이라는 증거다. 당시에 롱의 주장에 관심을 보이는 사람들은 거의 없었으나, 70년이 지난 후 노예 소유주들 집단이 이 주장을 부활시켰고, 그 영향력은 20세기까지 이어졌다. 히틀러는 『나의 투쟁』Mein Kampf에 있는 「민족과 인종」Nation and Race 장에서 "지구 상의 모든 생명체들의 종의 내적 분리"가 자연의 법이며, 이와 같은 자연적 인종분리 정책이 위반되는 곳에서 자연은 "모든 가능한 수단을 동원하여…" 저항하며 "가장 가시적인 저항은 자식에게 더 이상 번식력을 주지 않거나 혹은 후손들의 생식력을 제한한다"고 주장한다.[23]

인류가 하나의 종인지 다수의 종인지와 이에 수반되는 혼종성의 중요성 문제는 대체로 여러 해 동안, 흔히 지나가듯 언급되기는 하지만, 인류가 하나라는 여론을 지지하는 쪽으로 합의가 이루어지는 듯했다. 보편성과 동일성, 평등성이라는 계몽주의의 인도주의적 이상이 군림하였다. 1819년 『생리학, 동물학, 인간의 자연사에 관한 강연』Lectures on Physiology, Zoology, and the Natural History of Man에서 윌리엄 로렌스William Lawrence가 그 문제를 다룬 간결한 논의는 당대에 받아들여졌던 태도를 전형적으로 나타내는 것일 것이며, 그의 인간에 대한 근대 동물학적 이해를 고려해볼 때 아주 중요한 예다.[24] 차이와 불평등을 선포하는 진지한 주장들을 심각하게 공론화시킨 것은 미국에서 남북전쟁 전에 서서히 생겨난 인종논쟁들이었다. 남북전쟁에서 두 가지의 중요한 상반된 입장은 "일원발생론"monogenesis(하나의 종)과 "다원발생론"polygenesis(많은 종)으로 명명되었다. 다원발생론은 아담과 이브로부터 모든 인간이 유래했다는 성경의 설명에 명백히 배치되었기 때문에 성경을 부인하고 싶지 않은 사람들을 위해 다양하고 교묘한 방법들이 마련되었다. 다원발생론의 인종적 주

---

22) Long, *History of Jamaica*, II, 335.

23) Hitler, *Mein Kampf*, 258.

24) Lawrence, *Lectures*, 209-24.

장이 점점 더 격렬하게 주장되면서 19세기 중반에 혼종성이 아주 중요한 것으로 부각되었다. 이는 인류는 하나인지 아니면 여러 인종들(동등하거나 동등하지 않거나, 같거나 다르거나)인지의 주장이 혼종성, 즉 인종 간의 생식력의 문제로 결정되었기 때문이다. 그러나 사실 이 문제는 이러한 논쟁으로는 만족스럽게 해결될 수 없는 것이었다. 이 논쟁은 20세기까지 계속되었는데 1930년대에 『우생학평론』*Eugenics Review*은 여전히 "인간 혼종"human hybrids의 문제를 논의했고, 1931년 E. B. 로이터Reuter는 『인종혼합』*Race Mixture*의 한 장 전체를 「사회적 유형으로서의 혼종」The Hybrid as a Social Type에 관해 저술하였으며, 1974년까지도 인종에 관련된 연구에서 이 주제는 계속 논의된다.[25] 인종차별주의와 섹슈얼리티가 본질적으로 연결되어 있다는 것은 흔히 암시되곤 하였지만,[26] 19세기 인종이론에 관한 논쟁이 혼종성의 가능성과 불가능성에 집중되면서 섹슈얼리티 문제와 백인과 흑인의 성적 결합의 문제에 초점을 맞추었다는 사실은 강조되지 않았다. 인종이론들은 숨겨진 욕망이론들이기도 했다.

1864년에 "흑백혼합"miscegenation이라는 말이 만들어질 때까지 생산이 가능한 인종 간의 융합과 혼합을 나타내기 위해 관습적으로 사용되던 단어는 "아말감화"였다. 예를 들어, 호주와 뉴질랜드의 식민화를 다룬 한 저자는 1838년에 다음과 같이 말한다.

> 냉혹하고 계산적인 속셈으로 보일지 모르지만, 일부 사람들이 추천하듯, 유럽인과 질란드인 두 인종 간의 아말감화를 시도하는 것보다 더 현명한 것은 원주민 인종이 정착민에게 자리를 내주고 점차 물러나 궁극적으로 사라지도록 하는 것이라고 말할 수밖에 없다.[27]

이와 달리, 다른 인종들 사이의 자손을 기술하기 위해 "혼종성"이라는 용

---

25) Rich, *Race and Empire*, 132-3; Reuter, *Race Mixture*, 183-201; Baker, *Race*, 11-21, 89-98, 223-31.

26) 다음의 예를 참조. Hernton, *Sex and Racism*.

27) Anon, "The New System of Colonization," 258. 작가는 계속해서 다음과 같이 기술한다. "이것이 우월한 인종이 열등한 인종으로 구성된 국가에서 자신을 세울 때 발생하는 자연적 과정이다."

어를 사용한다면 이는 그 다른 인종들이 다른 종이라는 것을 의미했다. 따라서 만일 여러 세대에 걸쳐 혼종자손이 성공적으로 생산된다면 이는 모든 인간이 하나의 종이며 다른 인종들은 단지 하위집단 즉 변종이라는 증명으로 받아들여졌다. 즉 그것은 기술적으로 더 이상 혼종성이 아니었다. 그래서 헉슬리Huxley는 1863년에 인종을 변종과 같다고 보고, 그의 강연을 듣는 "노동자"들에게 다음과 같은 주의를 준다.

> 서로 구별되는 인종 사이의 혼혈인 "잡종"mongrels과 서로 구별되는 종 사이의 혼혈인 "혼종" 사이에는 큰 차이가 있다. 잡종은 이제까지 아는 바로는 서로 번식이 가능하다. 하지만 종들 사이에서는 많은 경우 첫 번째의 혼혈도 얻기 어렵다. 어쨌든 혼종들끼리는 절대 자손을 낳을 수 없다는 것은 아주 확실하다.[28]

헉슬리는 이렇게 일원발생론자와 다원발생론자의 차이를 정의하는 두 용어를 엄밀하게 구별한다. 그러나 실제로는 헉슬리가 구분 자체를 촉구한다는 사실이 시사하듯 (라캉의 정신분석학에서 우리가 남근phallus과 음경penis을 절대 혼동해서는 안 된다는 현대의 주장처럼) 이 논쟁은 해결될 수 없었는데, 이는 "혼종성"과 "잡종성" 용어들이 서로 교환적으로 사용되는 경향이 있었으며, 특히 그 구별을 의도적으로 혼란스럽게 하려는 사람들에게 그런 경향이 있었음을 의미한다.[29]

그러므로 오늘날 우리가 이 개념을 다시 사용할 때, 우리는 다른 것을 접붙여서 하나를 만드는 유기적 과정이라는 개념을 사용하는 것만큼이나 빅토리아 시대 극우주의자들의 어휘를 이용하고 있는 셈이다. 1840년대 영국에서 훌륭한 민족학자ethnologist인 J.C. 프리처드 같은 자유주의자들은 인종 간의

---

28) Huxley, *Lectures to Working Men*, II, 423-4.

29) 잡종성과 혼종성 간의 차이에 관해 주장한 사람은 종의 통일성에 대해 주장하는 사람들뿐이었다. 예를 들어, Quatrefages(*The Human Species*, 70-80)는 격세유전atavism과 환원유전reversion 간의 차이에 관해 같은 지적을 하였다(77-8).

차이로 인식된 것은 단지 하나의 종 안의 다양성을 나타내는 것이라고 말하면서, 혼종성 개념을 인간에게 적용하는 것을 거부하였다. 자신의 책 『인간의 자연사』*Natural History of Man*(1843)에서 프리처드는 「종의 결정에 관하여―혼종성의 현상」과 「혼합 인종에 관하여―여러 혼종 인종의 역사」라는 제목의 두 장을 특별히 이 문제에 할애하고, 다음과 같이 말한다.

> 나는 인류, 즉 모든 인종과 변종이 똑같이 상호결혼을 통하여 자손을 번식시킬 수 있으며, 같은 변종 내 개인들 간 결혼이든 혹은 아주 다른 변종 간 개인들의 결혼이든 그러한 연계들은 똑같이 다산적이라고 거의 반론의 여지없이 주장할 수 있다고 믿는다. 혹 차이가 있다면 후자가 더 낫다는 정도다.
>
> 니그로와 유럽인들의 상호섞임에 관한 사실들을 살펴보면 소위 뮬라토들이 증가하는 경향이 분명하게 나타난다. 크레올*과 흑인 사이의 혼종인 유색인들이 서인도제도의 많은 섬에서 빠르게 증가하고 있으며, 순수한 니그로들이 수적으로 우세하지 않다면, 혼종 유색인들이 결국 이 섬들의 영원한 주인이 될 가능성이 아주 높다. 아메리카 여러 지역에서 그들의 수는 엄청나다.

프리처드는 아말감화의 예로 "서로 다른 인종들의 후손인 혼혈종족"의 예들을 제시하면서, "완전히 새로운 중간 혈통intermediate stock이 생산되어 번식되었다"는 사실을 그들이 보여준다고 주장한다.[30]

프리처드는 자신의 주장이 반박될 수 없다고 확신하였지만, 이는 잘못된 것이었다. 1840년대부터 미국, 영국, 해부학에서 비교해부학과 두개골계

*
원래는 신대륙에서 태어난 순수 스페인 사람을 의미하였으나, 북아메리카, 라틴아메리카, 서인도제도 등에서 태어난 스페인인 · 프랑스인, 혹은 이들과 신대륙의 흑인 사이에서 태어난 혼혈을 일컫는 말로 의미가 확대.

---

30) Prichard, *The Natural History of Man*, 18, 19. Prichard의 작업에 대해 가장 잘 설명한 것은 1973년 재인쇄된 Stocking의 개요이다. *Researches into the Physical History of Man*, "From Chronology to Ethnology. James Cowles Prichard and British Anthropology," ix-cx; 그의 다음 저서도 참조. *Victorian Anthropology*, 46-77. Stepan이 지적하듯이(*The Idea of Race in Science*, 33), Prichard는 상호생식력의 기준을 정하는 것이 힘들다는 것을 인정하였으며, 그래서 인간이 동물의 변종과 유사하다는 것을 강조함으로써 자신의 주장을 개선하였다.

측법에 기반을 둔 새로운 인종이론들이 나타나 다원발생론을 지지하였다. 혼종성 문제에 관한 논의는 자연사나 인종에 관한 모든 책의 가장 기본적인 중요 담론이 되었고, 인종이론가라면 누구나 푸코Foucault의 어구처럼 자신이 "진리 안에 있다"고 믿게 만드는 가장 설득력 있는 방법이 되었다.[31] 바이츠는 (새로운 과학에 관한 최초의 실질적 교과서인) 『인류학 개론』Introduction to Anthropology에서 "이전에는 인종만 구별되던 곳에서 현대에는 종의 다수성을 상정하는 경향이 확실히 우세하다. 이러한 변화에 비례하여, 종의 동일성에 대한 결정적 표시로 생식력 하나만을 보는 관점은 영향력을 잃었다"고 말한다.[32] 그래서 1859년에는 인간들 사이에 종의 차이가 있다는 가정 자체가 생식력을 기준으로 종을 정의하는 것에 대항하는 주장이 되었다. 이때쯤에는 혼종성 문제에 대한 논의가 혼종의 자손이 생식력이 있는가 없는가 하는 단순한 문제 이상의 아주 미묘한 문제가 되고 있었다. 특히, 양측 모두 "가장 가까운"proximate 종과 "구별되는"distinct 종 사이에 여러 단계의 혼종성이 있다는 것을 받아들였는데, 이 주장은 어느 쪽에서도 전유할 수 있었다. 한편으로는 이 주장으로 혼종성이 더 이상 종을 판단하는 결정적인 테스트가 될 수 없다는 견해가 받아들여졌고, 다른 한편으로는 다윈Darwin이 지적하게 되듯 종 자체를 어떻게 정의할 것인가도 핵심적인 문제가 되도록 하였다.[33] 『종의 기원』The Origin of Species(1859)에서 다윈은 혼종성의 여러 단계들은 종이 더 이상 절대적으로 구별되는 것으로 간주될 수 없음을 의미한다고 말한다. 다윈 논제의 핵심이며 종이 고정되어 있는 것이 아니라 자연 선택의 법칙에 따라 진화한다는 그의 주장에 중요한 것은 "종과 변종 사이에 어떤 본질적인 구별이 없다"는 주장이었다.[34]

---

31) 혼종성이라는 흔한 주제의 담론적 일관성은 Agassiz, Bachman, Baker, Broca, Brown, Crawfurd, Darwin, W.F. Edwards, Huxley, Knox, Morton, Nott, Nott와 Gliddon, Pickering, Pouchet, Prichard, Quatrefages, Ripley, Hamilton Smith, Smyth, Spencer, Topinard, Tylor, Vogt, Waitz의 참고문헌에 언급된 저서들에서 찾아볼 수 있다.

32) Waitz, *Introduction to Anthropology*, 25.

33) Darwin, *The Descent of Man*, 272.

34) Darwin, *Origin of Species*, 288. 추가 언급은 본문에서 함. 다윈 연구의 복잡한 문화적 맥락은 최근 연

이를 성립시키기 위해 다윈은 변종들이 어떤 상황에서는 다른 종으로 발전될 수 있다고 주장해야 했다. 이를 증명하기 위해 다윈은 박물학자들이 변종들과 종을 구분할 때 겪었던 어려움을 중점적으로 다룬다. 다윈은 『종의 기원』의 한 장 전체를 「잡종」Hybridism에 할애하고, 불임의 일반 규칙이 적용될 수는 있지만 그것이 절대적인 규칙은 아니라고 주장한다. 동물에 관해서는 적절하게 기댈 만한 과학적인 연구가 적었지만, 다윈은 이종교배된 거위처럼 새끼들의 "번식력이 매우 높은" 사례들을 많이 언급한다. 그는 또한 "인간이 키우는 대부분의 가축들은 둘 또는 그 이상의 야생종에게서 태어난 새끼들이며 그 이후 이종교배로 섞였다는 팔라스Pallas의 학설"(271)을 언급하면서 다윈발생론자에게 별로 도움이 되지 않는 견해로 결론을 내린다. "단순히 겉으로 비슷하지 않다고 해서 두 종이 교배될 때 불임이 될 확률의 높고 낮음이 결정되지는 않는다는 것이… 분명하다"(282-3). 과학적 증거가 부족해서 다윈은 주로 식물학자들의 연구에 집중하였고, 변종들의 교배 시 불임이 되는 사례와 종의 교배 시 번식력이 높은 사례들을 인용하여 자세히 설명하고는 다음과 같이 결론짓는다.

종으로 분류될 정도로 충분히 구별되는 형태들 사이의 최초의 교배와 그 결과로 생겨난 혼종들은, 보편적이지는 않지만 아주 일반적으로, 불임이다. 불임의 단계들은 다양하고 종종 너무 사소해서 현존하는 가장 치밀한 두 명의 실험주의자도 이 테스트로 형태들을 분류할 때 정반대의 결론에 도달한다. 같은 종의 개체들에서 불임은 본래적으로 일정치 않으며 상태가 적합한지 아닌지에 따라 예민하게 영향을 받는다. 불임의 정도는 계통적 친연성을 엄격하게 따르지 않고 여러 기묘하고 복잡한 법칙에 지배된다. (288)

불임 문제는 종과 변종의 절대적인 구별과 거의 상관이 없다고 다윈은

구된 두 편의 수작에 언급되어 있음. Beer, *Darwin's Plots*; Young, *Darwin's Metaphor*.

주장한다. 사실들을 보면 오히려 "첫 교배에서 생긴 불임과 혼종들의 불임 모두 단순한 우연, 교배되는 종의 차이, 그리고 주로 생식 체계에서 알려져 있지 않은 차이 등에 기인한다"(276). 유사하게,

> 보편적으로 꼭 그런 것은 아니지만 아주 일반적으로, 변종으로 알려져 있는 형태들, 혹은 변종으로 간주될 수 있을 정도로 충분히 비슷한 형태들 사이의 첫 교배와 그들의 잡종새끼는 생식력이 있다. (289)

따라서 "모든 실제적인 목적을 위해 어디서 완전한 생식력이 끝나고 어디서 불임이 시작하는지 말하기는 매우 어렵다"는 사실과 생식력의 발생도 불임의 발생도 보편적인 것이 아니라는 사실은, 종과 변종 사이의 근본적인 구별은 없다는 자신의 일반적 견해를 확인시켜준다고 다윈은 말한다.[35] 그러나 종의 진화에 관한 자신의 주장을 뒷받침하기 위해 혼종성 논의를 이용하였음에도 불구하고, 다윈은 혼종성 자체에 대한 결정적인 언급은 하지 않는다. 스테판Stepan이 말하듯, 유전학에 대한 이해 없이 "진화에서 혼종화가 하는 역할을 풀어내는 것은 다윈에게 너무 어려운 문제였다."[36]

『인간의 유래』The Descent of Man(1871)의 「인간의 인종들에 관하여」On the Races of Man라는 장에서 다윈은 이 주제로 되돌아가는데, 이번에는 인간과 인종 문제를 직접 다룬다. 그는 인간이 다른 종으로 구성되어 있다는 분류법을 지지하는 모든 증거들을 제시하면서 시작한다. 다윈은 녹스, 노트, 글라이든Gliddon, 아가시Agassiz 등을 인용하면서 혼종의 불임에 관한 분석을 하는데, 이때 다윈이 주로 참조하는 자료는 폴 브로카Paul Broca의 영향력 있는 책 『인류의 혼종성 현상에 관하여』On the Phenomena of Hybridity in the Genus Homo이다. 이 책은 1858년과 1859년에 걸쳐 논문의 형태로 처음 출판되었다. 이 프랑스 인류학

---

35) 이러한 결론에도 불구하고 다윈이 계속해서 "혼종"hybrids, 즉 두 종의 교배와 "잡종"mongrels, 즉 두 변종의 교배를 주의 깊게 구분하고 있다는 것은 주목할 만하다.

36) Stepan, "Biological Degeneration: Races and Proper Places," in Chamberlain and Gilman, *Degeneration*, 119. n.44.

*
같은 종류의 생물의 각 개체 사이에 일어나는 형질의 차이를 변이라고 하며, 주로 환경의 영향에 의한 변이를 의미하며 유전이 되지 않는다.

자는 다윈의 『종의 기원』과 매우 유사하게 혼종성의 개체변이variation*에 관해 논의한다. 이 논의가 진화의 원칙에 관한 더 광범위하고 전반적인 주장과 함께 받아들여진다면 일원발생론–다원발생론 논쟁은 더 이상 성립할 수 없다고 다윈은 설명한다. 다른 민족 집단들이 종으로 분류되든 변종으로 분류되든 그들 사이에 본질적인 차이가 없기 때문이다.

> 곧 그렇게 될 것이지만, 진화의 원칙이 널리 받아들여지면, 일원발생론자와 다원발생론자 사이의 논쟁은 조용히 사라져 무관심 속에서 종말을 맞을 것이다.[37]

실제로 그렇게 되기는 하였다. 다만 그 세기가 끝나기 전은 아니었다.[38] 인종문제와 관련하여 흔히 그렇듯이, 인종적 편견을 지지하는 과학적 논쟁들은 모두 폐기되기보다는 다른 영역으로 이동하였다. "유형"type 이론으로, 정신적, 지적, "도덕적" 차이의 문제로, 사회다윈주의와 유전학의 끔찍한 개념으로, 그리고 인종우월주의와 인종들의 멸종 개념에 진화이론을 적용하는 데까지 옮겨갔다. 이 모든 것이 『인간의 유래』의 「인간의 인종들의 멸종에 관하여」On the Extinction of the Races of man라는 제목의 글에 이미 예견되어 있었다. "멸종은 주로 부족과 부족, 인종과 인종의 경쟁에서 발생한다. 문명화된 민족들이 미개인들과 접촉하면, 그 투쟁은 금방 끝난다."[39]

다윈의 저작이 인종에 미친 영향은 결코 자연과학의 다른 영역에서만큼 결정적인 것은 아니었다.[40] 다윈주의는 일부 인종 이데올로기를 사라지게

---

37) Darwin, *Descent of Man*, 280.

38) 19세기에 걸쳐 다원발생론이 지속된 것에 대해서는 다음을 참조. Stocking, "The Persistence of Polygenist Thought in Post-Darwinian Anthropology," in *Race, Culture, and Evolution*, 42-68.

39) Darwin, *Descent of Man*, 282-3. 인종의 종말에 관한 최근 논의에서 Darwin의 영향력을 보려면 다음의 예를 참조. Bendyshe, "On the Extinction of Races"; Lee, "The Extinction of Races"; Wallace, "The Origin of Human Races."

40) 인종이론 및 문화이론의 영역에 미친 Darwin 저작의 영향에 대한 논의는 다음을 참조. Jones, *Social Darwinism and English Thought*; Stepan, *The Idea of Race in Science*, 47-139; Stocking, *Victorian Anthropology*, 128-273.

하였으나 대신 그 자리에 다른 것을 채웠다.[41] 사실, 처음에 다윈의 주장은 다윈발생론자들의 주장을 지지한다고 여겨졌고(그의 도식에는 왜 모든 인류가 단 하나의 단일한 기원에서 진화해와야 했는지를 시사하는 본질적인 근거가 없었다), 그래서 반反다원적이고 성경을 따르는 단일기원적 퇴행론과 충돌하는 새로운 형태의 과학적 다원론을 가능하게 하는 듯했다.[42] 장기적인 관점에서 볼 때 다윈은 그가 시사했듯이 인종에 관한 논의를 단일 종이냐, 다수 종이냐 하는 문제로부터 멀어지게 함으로써 그 본질을 바꾸었지만, 이 쟁점은 그의 시대에 이미 "유형"과 유형적인 것이라는 개념으로 전환되면서 옆으로 밀려나 있었다. 세기 초에 퀴비에Cuvier, 에드워즈Edwards와 체임버스Chambers가 이미 사용한 "유형"은 1850년대에 이르러 널리 사용되게 된다. 그 이유는 "유형" 개념이 종과 인종 양자 모두에 관한 암시를 깔끔하게 불러내면서 두 개념이 지닌 이론상, 용어상 어려움을 없애기 때문이다.[43] 변화에 대한 다윈의 강조에도 불구하고 종이 아닌 인간의 "유형"에 기대면 인간의 기원이 단일한가 혹은 다수인가 하는 곤란한 질문은 피할 수 있었고, 불변하는 차이들이라는 개념, 즉 "타고난 고정된 것"이라는 개념을 역사에 호소하는 상식에 근거해 다시 설정할 수 있었기 때문이다. 녹스나 이제 살펴볼 그를 추종하는 미국인들 중 한명인 헨리 호츠Henry Hotze가 제안한 주장에 따르면 그러하다.

인간의 삶에 대한 기록을 추적할 수 있는 한, 인종의 차이는 우리가 지금 알고 있는 그대로였으며, 그래서 그 차이는 영구불변하다고 간주해도 무방할 것이다. 여기서 지구 상의 어떤 현상을 영구불변하다고 부를 수 있는 그런 의미에서만 영구불변하다는 것이다. "종의 기원"에 대해서는 우리가 관여할 문제가 아니다. 종의 차이가 있다는 사실만으로 충분하다. 우리가 알고 있는 세계가 존재해온 한, 니그로들은 니그로였고 아시아인

---

41) Cf. Jones, *Social Darwinism and English Thought*, 159.

42) 다음을 참조. Stocking, *Victorian Anthropology*, 148-85.

43) Cf. Banton, *Racial Theories*, 28-64.

들은 아시아인이었고 코카서스인들은 코카서스인이었다. 그러므로 우리는 이렇게 결론을 내릴 수 있다. 인종들이 계속 존재하는 한, 이러한 구별은 계속될 것이다.[44]

이러한 주장은 역사적인 기념물 기록들에 의해 뒷받침되었다. "고대 기념물을 증거로 민족학적 진술을 뒷받침하려는 생각은 내가 보기에는 나에게서 시작된 것 같다. 그 증거로 에드워즈 씨가 역사학자인 티에리Thierry에게 보낸 편지를 들 수 있다"라고 녹스는 주장한다.[45] 파리에 거주하는 영국계 서인도제도인으로, 비교해부학자이며 인류학자인 W. F. 에드워즈는 확실히 녹스의 주장을 확인해주고 있다. 앞으로 살펴보겠지만 그가 참조한 작업은 매슈 아널드의 문화이론에 중요하게 작용한다. 녹스의 우선권 주장에도 불구하고, 인종이론을 증명하는 주요 증거로 이집트 문화 예술품의 중요성을 발전시킨 인물은 의심할 바 없이 노트와 글라이든이다. 이러한 분석 방법은 결국에는 다윈의 진화이론의 어마어마한 시간의 규모가 받아들여지면서 과학적 신뢰를 잃게 된다. 그럼에도 불구하고 문화를 분석할 때, 문화를 그것을 생산한 인종집단의 징후로 분석하는 경향은 계속 이어진다.

유형은 영원히 변함없다는 학설은 종의 문제는 피할 수 있었을지 모르지만 혼종성의 문제와는 여전히 대면해야 했다. 인종적 유형들이 변하지 않는다는 것이 인종 간 결합의 무한한 생식력과 새로운 중간적 인종의 형성에 대한 프리처드의 주장과 어떻게 조화를 이룰 수 있을 것인가? (앞에서 보았듯이, 다윈도 의존했던) 브로카의 새 저서는 생식력이 제한을 받는 형태들을 주장했고, 이로 인해 녹스는 인종 간 생식력을 옹호하는 프리처드의 주장 전체에 이의를 제기하는 이상으로 섬세한 주장을 제안할 수 있었다. 그의 영향력 있는 저서 『인간의 인종들』The Races of Men(초판 1850, 확장판 1862) 개정판에서 녹스는 「인간 혼종 법칙에 관한 질문」An Inquiry into the Laws of Human Hybridité이라는 보론장

---

44) Hotze, "The Distinction of Race," 414.

45) Knox, *The Races of Men*, 2nd edn. 577-8, citing Edwards, *Des caractères physiologiques*, 18-20.

전체에서 이 문제를 다룬다.[46] 인종 간 결합의 후손들이 다산적이라는 프리처드의 주장에 답하는 방식을 취하면서, 녹스는 그에게 반박하기 위해 일련의 주장을 펼친다. 우선, 불변하는 "유형들"이라는 자신의 개념을 옹호하며 『종의 기원』에서의 다윈의 주장을 일축한다("그것은 과학이 아니다"). 그리고 뷔퐁, 퀴비에와 볼테르Voltaire의 권위에 호소하여 "최초의 역사적 시기부터 인간은 이미 완벽하게 구별되는 일정한 수의 인종들로 분리되어 있었다"고 주장한다. 두 번째로, 녹스는 "재생산의 힘"의 문제들은 제쳐두어야 한다고 주장한 푸셰Pouchet의 권위에 호소하여 "후손의 생명력에 관해서는 다른 인종들의 결합에만 관심을 두자"고 말한다.[47] 다시 말해서 녹스는 그 문제를 생식능력 자체에서 여러 세대에 걸친 재생산의 활력의 문제로 전환시킨다. 녹스는 혼종 인종들이 존재한다는 증거로 제시된 예들을 반박하기 위해 이 세상에서 혼종 인종은 전혀 발견할 수 없다고 단도직입적으로 주장한다. 그는 혼종 인종들이 실제로 결코 스스로를 유지하지 못하며, "부모 인종이나 부모 종으로부터 신선한 피를 받아야만 하는 상태"라고 그 이유를 댄다. 분명히 서인도 제도 같은 상황에서는 누구라도 혼종들이 여러 세대에 걸쳐 다른 혼종들과만 짝을 짓는다는 것을 증명하기 어려웠다. 이러한 주장의 결과로 녹스는 에드워즈의 회귀reversion 개념에 의지하여, 인종 간 결합의 산물은 불임이거나, 생식력이 있다 하더라도 몇 세대가 지나면 "그들이 태어난 종의 한 쪽이나 다른 쪽으로 되돌아간다"고 주장한다.[48] 이 논지는 대단한 영향력을 발휘했고, 남은 19세기 내내 그리고 그 이후까지 지배적인 견해가 되었다. 인종 간 혼합이 완전히 불임이라는 주장은 혼합 인종들이 발전하면 할수록 유지하기가 더 어려워진 반면, 회귀이론은 4세대나 5세대, 즉 적어도 150년 이상 인간의 성교로 인한 결과들을 분석하는 대조실험controlled experiment*을 하지 않는

*
실험 재료를 2군으로 나누어 A군에는 실험을 가하고 B군에는 실험을 가하지 않고 두어서 그 실험의 결과를 조사함

---

46) Knox, *The Races of Men*, 481-507. Broca는 1830년대 이래로 이 주제에 관해 저술활동을 계속해왔으며, *On the Phenomena of Hybridity in the Genus Homo*를 1860년에 책의 형태로 출판하였다. 런던 인류학회는 1864년에 이 책의 영어 번역을 시작하였다.

47) Pouchet, *Plurality of the Human Race*, 97. Pouchet는 책 제목이 암시하듯 인류 다원발생론 주창자였다.

48) Knox, *The Races of Men*, 2nd edn. 495.

다면 이를 증명하거나 반증하는 것이 불가능하였다. 마침내, 1853년의 고비노Gobineau처럼, 혹은 유형의 영구불변성을 주장하면서 "다양한 인종들 사이에 어떤 "친밀감affinities과 혐오repulsions가 존재함"을 언급한 1854년의 노트처럼, 녹스도 역시 각각의 같은 종의 남성과 여성들은 서로에게 분명하게 끌리고 자유롭게 짝짓기를 하는 반면 다른 종 사이에서는 그들을 분리 상태로 유지시키는 짝짓기에 대한 타고난 상호혐오가 나타난다고 강조한다.[49] 인종들 사이에서의 매혹과 혐오는 인종적 차이에 관한 논쟁에서 핵심 쟁점이 되었다. 그것은 분명히 섹슈얼리티와 연결되어 있었고, 다윈은 이 요소를 놓치지 않았다.

녹스는 "인간 혼종의 다산성에 관한 진술은 의존할 수 있는 확실한 자료가 전혀 없다. 역사는 인간 혼종이 시간이 흐르면서 멸종되었음을 보여줌으로써 이 주장이 틀렸음을 입증한다"고 지금까지의 자신의 주장을 요약하고, 이미 똑같이 영향력을 발휘하고 있는 다른 주장을 불러낸다.

게다가 혼종은 인류의 퇴행이며, 자연에 의해 거부되었다. 후자의 견해를 지지하는 사례로써 나는 어느 누구도 이제는 그 결과를 부정하려 하지 않는 멕시코, 페루, 그리고 중앙아메리카 국가들을 예로 들었다. (497)

인종 간 결합의 생식력을 증명하기 위해 프리처드가 불러냈던 중남미의 예들은, 여기서는, 녹스가 단언하듯, 세계의 여러 다른 민족들이 이식될 수는 있지만, 기후나 인종 간 결합의 결과로 혹은 둘 다의 결과로 "모든 이국적인 것들이 그러하듯이 퇴행하였다"는 것을 역사가 보여주고 있음을 증명하기 위해 선택되었다. 퇴행에 대한 주장은 인종 간 결합의 생식력을 보여주는 어떠한 증명도 반박하는 결정적인 것, 의심할 여지없이 가장 강력한 것이 되었다. 1855년 프리처드의 『인간의 자연사』Natural History of Man 4판이 에드윈 노리스Edwin Norris의 인종에 대한 "서론적 견해"로 수정되었고, 녹스와 에드워즈

---

49) Nott and Gliddon, *Types of Mankind*, 373; Knox, *The Races of Men*, 2nd edn, 486-98.

의 "분해"decomposition 규칙이 다른 인종들 사이의 감소된 생식력에 관한 규칙과 조화를 이루게 된다는 사실은 이 주장이 승리했음을 나타낸다.[50] 19세기가 진행되면서 혼종들의 생식력이 퇴행한다고 가정한 주장은 점차로 인종적, 문화적 관심과 근심의 초점이 된 혼종성을 흡수하기도 하고 보강해주기도 했다. 그러나 퇴행적이며 문자 그대로 퇴화된 (즉, 인종적 혼합으로 가장 높은 단계인 순수한 백인성으로부터 단계가 낮아진) 것의 사례가 되었던 혼혈 인종은 동시에 종종 모든 인간들 중에서 가장 아름다운 인간으로 환기되기도 하였다.[51]

하지만 한 가지 까다로운 문제가 남아 있었다. 녹스에게 유럽인과 아프리카인은 분명히 다른 인종이고 심지어는 다른 종이었지만, 이 문제가 유럽인 자신과 관련되면 더 어려워졌다. 유럽 자신이 혼종 인종의 예를 제공하지 않았던가? 여기서 녹스는 혼종성에 정도의 차이가 있다고 한 브로카의 주장에 따라 자신의 모델이 수정 가능하다고 인정한다.

> 많은 종의 동물 실험으로 자연적으로 가까운 종들의 자손은 늘 다산적이고 자립적이지만 먼 종들의 혼종은 생식력이 없음이 증명되었다. 사람의 인종도 마찬가지일 것이다. 파푸아니그로나 보스지에맨과 유럽인의 혼종은 불임일 것이다. 그러나 튜턴인이나 켈트인과 스칸디나비아인이나 이탈리아인, 슬라브인이나 고트인과의 혼종은 영원히 지속되는 자립 가능한 혼종 인종을 만들어낼 수 있을 듯하다. (499)

브로카 자신은 생식력의 다른 단계들을 불임인agenesic, 거의 불임인dysgenesic, 생식력이 일부있는paragenesic, 생식가능한eugenesic으로 구분하기까

---

50) Prichard, *Natural History of Man*, 4th edn, I, xviii-xix; Norris가 한 "수정"은 다음에 기록되어 있음. Curtin, *The Image of Africa*, 368-9. Cf. Stepan, "Biological Degeneration," in Chamberlain and Gilman, *Degeneration*, 97-120. Stepan은 이때가 되면 Quatrefages가 유럽의 선두적인 생물학자들 사이에서 가장 마지막까지 남아 있는 일원발생론 지지자라고 지적한다.

51) 많은 예 중에서, Henriques는 유색 여성이 "가장 아름다운 인종의 여성"으로 분류된다고 말한 서인도제도에 관한 한 19세기 해설자를 언급한다(*Children of Caliban*, 110).

*
골 혹은 갈리아. 현재의
북부 이탈리아, 프랑스
등지를 포함하는 유럽
서부의 고대명

지 했다.[52] "가까운" 인종과 "먼" 인종 사이의 이와 같은 근본적인 차이는 광범위하게 받아들여졌고 노트도 『인류의 유형들』*Types of Mankind*에서 이를 부분적으로 받아들였지만, 녹스는 이러한 가능성조차 부정한다. 녹스는 프랑스와 영국을 모델로 삼아 "현대의 골Gaul*은 여러 인종에게 정복당한 후 수세기에 걸쳐 모든 이국적인 요소로부터 스스로를 정화하고 있다"(499)고 신빙성이 떨어지는 주장을 한다. 반면에, 벨기에인, 웨일스인, 튜턴인, 덴마크인, 노르만인들이 섞여 이루어진 영국에 대해서는 유사한 정화의 과정을 주장할 수 없었다. 그러나 녹스는 그렇다고 영국인이 하나의 혼종 인종a hybrid race이 되었다는 의미는 아니라고 주장한다. 왜냐하면 이들 인종들이 "새로운 인종이나 혼종 인종을 생성하기보다는 이러한 모든 요소들과 일부 다른 요소들이… 분명하게 식별되는 혼합된 인구를 만들어냈기 때문이다"(500-1). 인종들은 지금은 서로 섞여 있지만, 별개로 구별되는 상태로 남아 있어서 그들을 구분하는 것이 가능하다. 인종들이 일종의 자연적 인종 분리 상태로 융합되지 않고 개별적으로 살아간다는 것은 사실 녹스가 남아프리카에서 군대에 복무하는 동안 처음 떠오른 생각이다. 그는 1820년대에 그의 친구 에드워즈와 협력하여 이 테제를 공식적으로 발전시켰다. 이를 문자 그대로 믿은 두 사람은 의사이자 아마추어 민족학자인 존 베도John Beddoe를 독려하여 그가 영국을 돌아다니며 주민들의 다양한 골상을 연구하도록 하였다.[53] 앞으로 살펴보겠지만, 매슈 아널드가 1860년대에 다문화적 영국문화이론으로 발전시킨 것은 바로 이 개념, 즉 구별을 유지하며 살아가는 인종적 혼합이라는 개념이다.

병합되었든 융합되었든, 영국인들은 동질화된 민족적 정체성을 지닌 상상의 공동체로 쉽게 전환되지 않았다. 실제로 19세기 후반에 영국인들은 점점 더 자주 "그 이질적인 것, 영국인"that He'trogeneous Thing, An Englishman이라는 디

---

52) Broca, *On the Phenomena of Hybridity*, x. Cf. Latham, *The Natural History of the Varieties of Man*, Latham 은 영국의 "잡종(과도한 혼혈)"과 "단순한 혼혈"을 대조한다.

53) Beddoe, *The Races of Britain*. Beddoe의 작업은 3장에서 보다 자세하게 논의한다.

포Defoe의 설명을 환기하고 자신들을 혼종, 즉 "잡종 혼혈 인종"Mongrel half-bred race으로 정의하였는데, 그것은 흔히 1871년 독일의 통일 이후에 자신들은 순수한 튜턴족이라고 간주한 독일인들에게 대적하는 경쟁 의식에서 비롯되었다. 독일인 해부학자인 칼 포크트Carl Vogt는 1863년에, 순수한 게르만 색슨족과 달리 "앵글로-색슨 인종은 그 자체로 켈트족, 색슨족, 노르만족, 덴마크족이 생산한 잡종 인종이며, 어떠한 고정된 유형이 없는 인종 없는 카오스raceless chaos"라고 주장하게 된다.[54] 처음에는 자신들이 게르만족이라는 다소 타당하지 않은 주장을 했던 영국인들은 19세기 초에 프로이센 사람들과의 경쟁이 어느 때보다 과해지자 자신들의 혼종성을 영국적 미덕으로 내세우는 방식으로 대응한다. 존 크로퍼드John Crawfurd는 1861년에 "기껏해야 우리[영국인]는 혼종에 불과하다. 하지만 최악의 혼종은 아닐 것이다"라고 말한다.[55] 같은 해 『런던 평론』The London Review은 더 열렬하게 "우리 영국인은 잡종 혈통과 혼종 인종이 우리를 이끌어준 결과를 자랑스러워할 것이다"라고 말한다.[56] 몇 년 후 허버트 스펜서는 관계가 먼 인종과 가까운 인종 사이의 구별을 되풀이하면서 인종적 아말감화를 통해 진보한 사회의 예로 "아리아 인종의 다른 부류들이 살고 있는" 영국을 들었다.[57] 1919년까지도 인류학자 아더 키이스 경Sir Arthur Keith은 사람들이 얼마나 "자주 우리 영국인들이 유형과 종족이 섞인 잡

---

54) Defoe, "The True-Born Englishman"(1701), 335, 340, cited by Anderson, *Imagined Communities*, 10; Vogt, *Lectures on Man*, 433.

55) Crawfurd, "On the Classification of the Races of Man," 357.

56) *The London Review*, 16 Feb. 1861, 187(OED). 옥스퍼드 영어사전은 또한 Southey의 *Madoc in Wales*(1805)를 인용한다. Madoc은 다음과 같이 주장한다.
　　　우리는 미개인이지만,
　　　프리레이트 경이시여, 우리는 그리스도의 법을 받아들였습니다.
　　　당신의 해적 조상들이 숲속 동굴을
　　　떠나기도 아주 오래 전에; 우리는 이제 그 법을 배우지 않을 것입니다.
　　　노르만인이나 덴마크인, 색슨족, 주트족, 앵글족,
　　　혹은 당신의 잡종인종에게 어울리는
　　　어떤 이름의 종족으로부터도! (XV, 103-9, *Poems*, 512)
　　Cf. Rodney Hilton, "Were the English English?," in *Patriotism*, ed. Samuel, I, 39-43.

57) Spencer, *Principles of Sociology*, I, 593.

*
영국인의 별칭

종 수집품이라고 말하는지"에 관해 언급한다.[58] 제국주의적인 "불독형 인종" bulldog breed*이라는 경쟁 개념이 오늘날 약화되자 해설자들은 동시대 문화를 특징짓기 위해 다시 혼종성을 불러내고 있다.

만약 혼종성이 다시 한 번 문제가 되고 있다면 우리는 그것이 융합과 동화만이 아니라 반융합과 이접(심지어는 분리된 발전)을 의미하기 위해 환기되어 왔고 또 환기될 수 있다는 사실에 주목해야 한다. 혼종성에 대한 다음과 같은 과거의 논의에는 선택 가능한 일련의 입장들이 있다.

1. 단도직입적인 다원발생론적 종 주장: 다른 민족들이 섞일 수 있다는 자체를 부인한다. 그들의 결합은 어떤 산물도 불임이 되거나 혹은 한두 세대 이후 불임이 된다. 그래서 사람들이 육체적으로 섞이는 곳에서도 그들은 자신의 차이들을 유지한다(이러한 차이들이 결합되어 국가의 총체성을 구성할 수 있기는 하다). (롱, 노트의 초기 논문 「뮬라토」, 히틀러)

2. **아말감화** 명제: 모든 인간은 다산적으로 그리고 제한 없이 이종교배할 수 있다는 주장. 때때로 사람들의 섞임이 새로운 혼혈종을 생산하며 이들은 합쳐졌으나 뚜렷이 구별되는 새로운 신체적, 도덕적 특징을 지닌다는 "용광로" 개념과 함께 쓰인다(프리처드, 고비노의 "제4의" 유형들).

3. **분해** 명제: 사람들 사이에서 일부 "아말감화"가 일어날 수는 있으나 모든 혼혈종은 급속히 소멸되거나 혹은 영구적인 부모의 "유형" 중 어느 한 쪽으로 되돌아감을 용인(에드워즈가 처음에 개진했고, 티에리, 아널드가 승인하였다. 이후 노트와 글라이든이 채택하였으나 4번과 결합).

4. 혼종성이 "가까운" 종과 "먼" 종 사이에 다르다는 주장: 동류의 인종 간의 결합은 생식력이 있고, 먼 것들 사이의 결합은 불임이거나 퇴행하는 경향이 있다(노트와 글라이든, 브로카, 다윈, 스펜서, 갈튼Galton). 이 주장은 1850년대

---

58) Sir Arthur Keith, *Nationality and Race* (Robert Boyle Lectures, 1919), cited in Poliakov, *The Aryan Myth*, 52.

부터 1930년대까지 지배적인 견해가 되었다.[59]

5. 아말감화 명제의 부정적 형태. 즉, 이종 간의 출산은 "인종 없는 카오스"를 구성하는 잡종 집단을 생산한다는 견해. 이 집단은 원형들의 타락일 뿐이며, 퇴행적이고 퇴보되어 있고, 그들이 접촉하는 순수한 인종의 활력과 미덕을 위협한다(고비노, 아가시, 포크트).

우리는 포크트가 명백히 불길한 이 마지막 가능성을 어떻게 암시하는지 앞에서 살펴보았다. 그것은 또한 다윈을 받아들이는 것이 어떻게 다원발생론의 원칙에 장애물이 되지 않는지 보여주는 것이기도 하다. 포크트는 다윈처럼 혼종성에 관한 브로카의 설명에 의존해서 "잡종 인종들은 동종번식을 통해 원래의 인종과 구별되는 항상적인 특징들을 점진적으로 획득한다. 이러한 혼합으로부터 새로운 종이 발생할 수 있다"고 주장한다. 그는 또한 "이질적인 인종들이 상호섞임을 통해 인종 없는 대중raceless masses, 고정된 특성을 보이지 않는 민족들을 생성하기도 했다"고도 시사한다.[60] 역설적으로 혼종화를 통해 새로운 종을 획득하지 못한 이 "인종 없는 대중"은 차이로 인한 차별을 지워버릴 조짐을 보인다. 인간의 섞임을 "퇴행"이라고 명명하는 것은 규범을 주장하면서 동시에 그것을 전복하는 것이 된다. 구별하는 조건들을 무화시키고, 그 자체로서의 "인종"이 덧없어질 전망을 열어놓는다. 여기 인종이론의 바로 그 심장에서, 인종이론의 가장 교활하고 공격적인 운동 안에서, 혼종성은 인종이론의 가장 취약하고 우려되는 장소의 지도를 그린다. 그것은 인종이론의 부당함, 증오, 억압의 변증법이 스스로가 지워지고 삭제되는 것을 목격하는, 인종이론의 가장자리와 중심에 있는 지렛대받침이다.

각각의 경우, 포크트의 경우처럼, 상호혼합의 세분화된 가능성들은 사회 이론으로 발전했다. 그래서 스펜서의 사회학은 "혼종 사회들의 구성은 불완전하며, 완전하게 안정적인 형태로 성장할 수 없다. 반면, 거의 동종인 인

---

59) 다음을 참조. Stepan, *The Idea of Race in Science*, 105-6.

60) Vogt, *Lectures on Man*, 441.

간 변종들의 혼합에서 진화해온 사회는 안정적인 구조들을 취할 수 있고 점점 더 낮게 변화한다"는 가정을 중심으로 형성된다.[61] 그런 사회 이론들은 혼종성 개념을 단지 비유적으로만 사용한 것은 아니었다. 여기에서처럼 그것들은 별개의 몸들의 결합이 가져오는 다른 결과들을 둘러싸고 정교하게 발전하였고, 문자 그대로 인종 간의 성적 상호작용의 문제를 다루는 지식에서 파생되었다. 이러한 성교에서 짜여 나온 상이한 이론적 입장에서, 인종들과 그들의 혼종은 욕망과 반감이라는 양가적 축을 따라 순환한다. 매혹attraction의 구조에서는 사람과 문화들이 서로 섞이고 합쳐지며 그 결과 스스로가 변모된다. 혐오repulsion의 구조에서는 서로 다른 요소들이 구별된 채 남아 있고 서로 대화적으로 대립되어 있다. 여기서 인종 개념은 뿌리 깊게 변증법적임이 드러난다. 인종 개념은 잠재적인 혼합물에 대비되어 정의될 때에만 작동하며, 이는 또한 인종 개념의 예측을 모두 무화시킬 위험이 있다. 이러한 적대적 구조는 인종 이데올로기를 통해 스스로를 정의하는 문화의 갈등과 긴장을 드러낸다. 동시에, 혼종성에 초점을 맞추면 식민적 재생산 양식 내에 노동의 성적 분업과 젠더가 기입된다. 가야트리 차크라보르티 스피박Gayatri Chakravorty Spivak은 "자궁 안에 명백한 생산의 장소를 가지고 있다는 점 때문에 여성은 모든 생산 이론에서 행위자로 위치하게 된다"고 말한다.[62] 섹슈얼리티의 문제를 인종과 문화의 핵심에 도입함으로써, 혼종성은 19세기의 사회문화이론에서 여성의 위치에 관한 규범적 평가가 수정될 필요가 있다고 시사한다. 그러나 그러한 인물은 "역사적으로 침묵당하는 서발턴 여성"으로 남아 있으며, 식민적 폭력 행위에 의해서만 생산자가 된다.[63]

---

61) Spencer, *Principles of Sociology*, I, 594.

62) Spivak, *In Other Worlds*, 79.

63) Spivak, "Can the Subaltern Speak?," 295.

바흐친: 언어적 혼종성

이렇게 젠더화되고 불협화음적인 변증법은 바흐친Bakhtin의 작업이 후에 발전시킨 언어적 혼종성 모델에서 다시 나타난다. 바흐친은 그의 이론에서 특정한 어떤 것을 묘사하기 위하여 언어학적 의미로 "혼종성"을 사용한다. 진부한 낭만주의적 사유 중 하나는 훔볼트Humboldt의 말처럼 "각 언어가 그 자체의 독특한 세계관을 구현한다"는 것인데, 이 개념은 볼로시노프Voloshinov에 의해 "기호를 위한 투쟁"으로 발전한다.[64] 그러나 바흐친에게 혼종성은 언어가 하나의 문장 안에서도 이중의 목소리일 수 있는 방법을 설명한다.

> 혼종화란 무엇인가? 그것은 하나의 발화, 하나의 접촉이라는 한계 내에서, 발화의 무대 내에서, 시대에 따라 사회적 구별에 따라 혹은 어떤 다른 요인에 따라 서로에게서 분리된 두 개의 다른 언어적 의식들 사이에서 발생하는 두 개의 사회적 언어들의 섞임이다.[65]

혼종성은 같지만 다를 수 있는 언어의 근본적인 조건을 나타낸다. 종종 낭만주의적 아이러니Romantic irony라고 말해지는 이러한 통찰은 데리다Derrida와 드 만de Man의 최근 저작의 핵심인데, 이들은 어느 것이 본래의 의미인지 구별할 수 없는 비결정 상태의 진동을 언어의 일반적 특징으로 주목한다. 바흐친의 아이러니는 더 극적이다. 그는 같은 발화 내에서 하나의 목소리가 다른 목소리를 삐딱하게 다루고 감춰진 것을 드러낼 수 있음을 기술하기 위해 혼종화를 사용한다. 그는 이 현상을 "의도적 혼종"intentional hybrid으로 설명한다. 왜냐하면, 후설Husserl에 따라, 그것은 항상 듣는 사람을 향한 모든 발화 행위에서 단어의 의도된 방향성을 포괄하는 "유도됨"directedness을 포함하기 때

---

64) William von Humboldt, "The Nature and Conformation of Language," in Mueller-Vollmer, *The Hermeneutics Reader*, 104; Voloshinov, *Marxism and the Philosophy of Language*, 23.

65) Bakhtin, *The Dialogic Imagination*, 358. 추가 언급은 본문에서 함.

문이다. 바흐친에게 혼종성은 "이중의 억양"과 "이중의 양식"을 지닌 언어로 저자가 다른 이의 발화에서 가면을 벗기는 과정이라고 할 수 있다. 바흐친은 그 과정을 다음처럼 설명한다.

> 우리가 혼종 구조라고 부르는 것은 문법[통사]과 작문의 기호로 볼 때는 한 명의 화자에게 속하지만 실제로는 그 안에 두 개의 발화, 두 개의 화법, 두 개의 양식, 두 개의 "언어," 두 개의 의미론적이고 가치론적인 신념 체계를 담고 있는 하나의 발화다. 반복해 말하지만 이러한 발화들, 양식들, 언어들, 신념 체계들 사이에는 어떠한 형식적인(작문적이고 통사론적인) 경계도 없다. 목소리와 언어의 분리는 하나의 통사론적 전체라는 한계, 흔히는 하나의 문장이라는 한계 내에서 일어난다. 심지어 하나의 같은 단어가 혼종 구조 내에서 교차하는 두 개의 언어, 두 개의 신념 체계에 동시에 속하며, 결과적으로 그 단어는 종종 두 개의 모순된 의미, 두 개의 억양을 지니게 된다. (304-5)

하나의 "피진어" 발화 안에서 목소리가 두 개의 목소리, 두 개의 언어로 분리된다. 이렇게 이중의 목소리로 혼종화된 담론이 목적하는 바는 하나의 목소리가 다른 목소리의 가면을 벗기는 일이다.

혼종성은 그래서 그 자체로 혼종 개념이다. 바흐친은 더 나아가 그런 의도적 혼종성과 그가 무의식적인 "유기적 혼종성"organic hybridity이라고 부르는 것을 중요하게 구별한다.

> 의도하지 않은 무의식적 혼종화는 모든 언어의 역사적 삶과 진화에서 가장 중요한 양식들 중 하나다. 우리는 언어와 언어들이 기본적으로 혼종화를 통해, 언어들의 역사적이고 고생물학적 과거에 하나의 방언, 하나의 민족어, 하나의 어족분파, 다른 어족분파 내의 하나의 집단이라는 경계들 내에 공존하는 다양한 "언어들"의 섞임을 통해, 역사적으로 변화한

다고까지 말할 수 있다. (358-9)

유기적 혼종화에서는 섞임과 융합이 있지만 "그러한 상황에서 섞임은 말없이 불투명하며, 의식적인 대조와 대립들을 절대 사용하지 않는다"(360). 동시에 바흐친은 그것이 문화적으로 생산적인 효과가 있음을 기꺼이 인정한다.

> 유기적 혼종들에서 언어적 세계관들의 섞임이 말없이 불투명한 채로 있는 것은 사실이지만, 그러한 무의식적 혼종들이 동시에 역사적으로 매우 생산적이었다는 것도… 지적되어야 한다. 그것들은 새로운 세계관을 위한 잠재력을, 세계를 단어들로 인식하기 위한 새로운 "내적 형식들"을 가득 품고 있다. (360)

이러한 종류의 무의식적 혼종성은 그것의 충만함이 논쟁보다는 새로운 형태의 아말감화를 낳는데, 이런 혼종성은 브래스웨이트Brathwaite의 용어인 "크레올화"creolization 혹은 프랑스어 이종교배*métissage*를 사용하여 둘 혹은 그 이상의 문화들이 새로운 양식으로 합쳐지는, 감지할 수 없는 과정을 나타낼 수 있다.[66] 바흐친은 그러나 정치화되고 논쟁적인 혼종성, 즉 분열과 분리로서의 혼종성에 더 큰 관심을 가진다. 카니발과 이어성heteroglossia에서처럼, 혼종성을 대화적으로 만드는 것은 예술가의 조직화 의도이다. "의도적인 의미론적 혼종들은 (유기적 혼종들과 달리) 불가피하게 내적으로 대화적이다. 두 관점은 섞이지 않고 서로에게 대화적으로 상반되게 설정된다"(360). 유기적 혼종성에서는 혼합물이 결합하여 새로운 언어, 세계관 혹은 대상으로 융합된다. 하지만 의도적 혼종성은 대립적 구조 속에서 서로에 대해 다른 관점들을 설정하며, 이 구조는 "일정한 기본적인 유기적 에너지와 열린 결말성"(361)을 보유한다. 바흐친은 다음과 같이 결론 내린다.

---

66) Brathwaite, *The Development of Creole Society*, 296 ff.

소설적 혼종의 특징을 요약하면 이렇게 말할 수 있다. 역사적으로 진화하는 언어로 말해진 살아 있는 발화에서 언어들이 불투명하게 섞이는 것과 달리(원래 살아 있는 언어의 살아 있는 발화는 어떤 것이든 어느 정도는 혼종이다), 소설적 혼종은 **다른 언어들이 서로 접촉하게 하려고 예술적으로 조직한 체계이다.** 이 체계의 목적은 또 하나의 언어를 이용해서 한 언어를 밝게 드러내는 것, 또 하나의 언어의 살아 있는 이미지를 조각해내는 것이다. (361)

따라서 바흐친의 이중 형식의 혼종성은 문화적 상호작용에 특별히 중요한 변증법적 모델을 제공한다. 즉, 논쟁적 행위, 문화적 차이들이 서로 대화적으로 맞서는 정치화된 설정을 가능하게 하는 의도적 혼종성과 이와 갈등 관계에 있는 융합을 지향하는 유기적 혼종성이다. 그러므로 혼종성은 인종적 모델에서 그랬듯이 연합과 적대라는 상반된 움직임을 수반한다. 무의식적인 것이 의도적인 것에, 유기적인 것이 분열적인 것에, 생성하는 것이 침식하는 것에 대비되어 설정된다. 혼종성 자체가 혼종성의 예다. 함께 가져와 융합하지만 동시에 분리를 유지하는 이중 상태의 예다. 바흐친 자신에게 혼종화의 핵심적 효과는 후자인 정치적 범주와 더불어 온다. 그 순간은 하나의 담론 안에서 하나의 목소리가 다른 목소리를 폭로할 수 있는 순간이다. 이곳이 권위적 담론이 몰락하는 지점이다. 바흐친이 주장하는 권위적 담론은 분명 단수다. 그것은 "태생적으로 이중의 목소리를 낼 수 없다. 그것은 혼종 구조 안으로 들어갈 수 없다"(344). 혹시라도 그렇게 된다면, 그 단일한 목소리의 권위는 즉시 약화될 것이다.

혼종성의 문화정치학

바흐친에게는 혼종화를 통해 언어에서 권위를 무화시키는 것이 늘 언어의 구체적인 사회적 차원과 관련되어 있다. 호미 바바Homi K. Bhabha는 이러한 혼종화를 통한 권위의 전복을 예리하게 대화적인 식민주의 상황에 전환시켜 "권위에 대한 전통 담론의 근원에 있는 양가성ambivalence을 드러내는" 과정으로 묘사한다. 바바에게 혼종성은 식민적 권위 담론이 의미에 대한 단성적 장악을 상실하고 자신이 타자 언어의 흔적에 열려 있음을 발견하는 계기가 되고, 비평가들이 식민적 텍스트 안에서 무장해제시키는 타자성의 복잡한 움직임을 추적할 수 있게 한다.[67] 바바는 혼종성을 "식민주의적 부인의 효과를 역전시켜 "부인된" 다른 지식들이 지배 담론에 틈입하여 그 권위의 토대를 소외시키는… 문제적인 식민적 재현"으로 정의한다(156). 이렇게 식민 담론의 혼종성은 식민 상황의 지배 구조를 역전시킨다. 그것은 식민 권위의 단일한 목소리가 타자의 흔적을 기입하고 노출시킴으로써 식민 권력의 작동을 약화시키고, 그리하여 식민 권위 자체가 이중의 목소리로 되어있음을 드러내는 과정을 묘사한다. "식민 권력의 효과는 식민주의적 권위의 소란한 명령이나 원주민 전통에 대한 조용한 억압이라기보다는 혼종화의 **생산**으로 볼 수 있다." 그래서 식민 권위의 목소리는 심문받고 전략적으로 전복되어 스스로가 다르게 말하는 것을 듣는다. "만일 식민 권력의 효과가 혼종화의 생산이라면… [그것은] 전복의 형식을 가능하게 하고… 지배의 담론적 조건을 개입의 근거들로 전환시킨다"(154). 바흐친의 의도적 혼종은 바바에 의해 지배 문화 권력에 대항하는 도전과 저항의 실천적 계기로 변모한다. 그리고 나서 바바는 이러한 계기를 "공간을 대체하는 혼종"hybrid displacing space으로 번역한다. 그것은 토착 문화와 식민 문화 사이의 상호작용에서 발전하며, 그가 시사하는 바에 따르면, 이 상호작용은 "강요된 제국주의적 문화에게서 흔히 폭력적으로 그렇게 오랫동안 정치적으로 부과해왔던 권위뿐 아니라 스스로 주장하는 진정성까지도" 박탈하는 효과를 지닌다.[68] 더 최근의 저서에서 바바는 혼종성에 관한 자신의 개념을 확장시켜 대항 권위의 형식들, "제3의 공

---

67) Bhabha, "Signs Taken for Wonders," 154. 추가 언급은 본문에서 함.

68) Bhabha, "The Postcolonial Critic," 57-8. Cf. also 61.

간"Third Space을 포함시킨다. 이것이 개입해서 내는 효과는,

> "혼종적"인 정치적 변화의 계기다. 여기서 변화의 변형생성적 가치는 이것도(통일된 노동계급) 아니고 저것도(젠더의 정치학) 아닌 요소들, 양쪽 모두의 용어와 영토에 대해 경쟁하는 그 외 다른 것에 속한 요소들의 재-절합, 즉 번역에 놓여 있다.[69]

이 지점에서 혼종성은 문화적 차이 자체의 형식, 즉 분화된 문화의 불협화음이 되기 시작한다. 사이드Said의 말로 문화의 "혼종적 대항 에너지들"은 중심화된 지배문화 규범에 "이접적인 간극의 공간"에서 생성된 불안정한 혼란으로 도전한다.[70] 혼종성은 여기에서 제3의 항이 되지만, 실제로는 결코 제3이 될 수 없다. 괴물 같은 전치이며 선조들의 기괴한 변태인 혼종성이 선조들의 차이를 고갈시키기 때문이다.

오늘날 이는 흔히 영국의 새로운 문화적 혼종성, 즉 혼합되고 합성된 양식으로 영국 문화가 변모한 것에 대한 개념으로 제안된다. 그 변모의 조건은 일정한 정도의 문화적, 민족적 차이의 보존이라고 말해진다. 혼종성은 융합을 나타내지만, 동시에 루시디Rushdie의 "잡종화"에서처럼, 변증법적 절합도 나타낸다. 이러한 이중적 혼종성은 모든 포스트식민적 문학과 문화를 특징짓는 싱크레티즘syncretism*의 형식을 설명하기 위해 사용할 수 있는 모델로 유명하다.[71] 권위의 해체라는 더 진보적인 외관을 지닌 혼종성은 점차 소수민족 문화가 가진 심문하는 언어를 상징해왔다. 『말장난하는 원숭이』The Signifying Monkey에서 헨리 루이스 게이츠 2세Henry Louis Gates Jr는 흑인문학 전통에서 반어적으로 이중의 목소리를 내는 "트릭스터"trickster** 담론, 즉 자의식적으로 하나의 관점이 다른 관점에 중첩되고 상반되게 놓이는 담론에 관한 이론을 발

*
언어의 발달과정에서 문법적으로 다른 기능을 가진 두 개 이상의 어형이 하나로 합쳐지는 것, 혹은 이질적인 종교나 문화가 하나로 합쳐지는 현상

**
세계의 신화 · 민화에서 책략 · 사기술을 구사해 활약하는 주인공

---

69) Bhabha, "The Commitment to Theory," 13.

70) Said, *Culture and Imperialism*, 406; Bhabha, "DissemiNation," in Bhabha, *Nation and Narration*, 312.

71) Rushdie, *Imaginary Homelands*, 394; Ashcroft et al., *The Empire Writes Back*, 33-7; Bongie, *Exotic Memories*, 26-9.

전시켰다. 말장난하는 원숭이는 혼종화된 비판적 발화를 생산하기 위해 볼로 시노프가 "기호의 내적 변증법적 자질"이라고 부른 것을 이용한다.[72] 영국의 맥락에서, 스튜어트 홀Stuart Hall은 혼종화가 동시대 문화를 심문하는 효과를 설득력 있게 기술한다. "새로운 민족성들"에 관한 영향력 있는 설명에서 홀은 흑인 문화정치학에서 전환이 일어나고 있다고 말한다. 그 최초의 순간에,

> "흑인"Black이라는 용어가 영국에서 공통의 경험과 주변화를 참조하기 위해 주조되었고, 사실상 매우 다른 역사, 전통, 민족적 정체성을 가진 집단들과 공동체들 사이에 새로운 저항의 정치학이라는 조직 범주를 제공했다.[73]

이것은 동질화의 순간, 백인들의 문화적 · 미적 실천에 지배적인 흑인 재현과 싸울 수 있는 유기적 혼종화, 대항 헤게모니를 구성하는 순간이었다. 홀은 이 경쟁의 형식이 이제 제2의 새로운 재현의 정치학을 동시에 포함하려 한다고 말한다. 이 새로운 재현의 정치학이 포함하는 것은,

> **디아스포라**diaspora 경험으로서의 흑인경험에 대한 인식, 불안정, 재조합, 혼종화와 "자르고 섞는" 과정, 즉 그것이 함의하는… 문화적 **디아스포라-화**의 과정에 수반되는 결과들이다.[74]

흑인 문화정치학은 늘 논쟁적이지만 이렇게 바흐친의 용어로 유기적 혼종화와 의도적 혼종화 양자에, 서로에 대해 비판적으로 설정된 민족적, 문화적 차이들의 융합 과정과 대화화 과정 양쪽에 연루된다. 이 과정들은 홀이 시사하듯 처음에는 이것, 그 다음에는 다른 것 하는 방식으로 서사를 구성하

---

72) Gates, *The Signifying Monkey*, 50-1. Voloshinov, *Marxism and the Philosophy of Language*, 19.

73) Hall, "New Ethnicities," 27.

74) Ibid, 29-30. Cf. Hall, "Cultural Identity and Diaspora."

지 않는다. "차라리 그것들은 같은 움직임의 두 국면이며, 이 두 국면은 지속적으로 겹쳐지고 서로 엮인다." 그것들은 이중의 목소리, 즉 문화정치학의 혼종화된 형식으로 대화적으로 함께 작동한다. 코베나 머서Kobena Mercer는 흑인 영화 사례에서 유사한 "대화적 성향"의 등장을 지적하였다.

문화적 형식들의 전체 영역에 걸쳐 지배문화의 지배코드master-codes로부터 구성요소들을 비판적으로 **전유하고** 그것들을 "크레올화"하는 "혼합적인"syncretic 역학이 있다. 이것은 주어진 기호를 탈구시키고 그것들의 상징적 의미를 다르게 재절합한다. 이러한 혼종화하는 경향의 전복적인 힘은 언어 자체의 차원에서 가장 명백하다. 그곳에서는 크레올어, 파트와어patois*, 흑인 영어가 "영어"의 언어적 지배를 탈중심화하고 불안정화하고 카니발화한다⋯. 크레올화하는 대항–전유 실천들은 비판적인 대화론 과정을 예시한다.[75]

*
피진, 크레올, 방언 등 표준어 혹은 공용어와 다른 모든 형태의 언어를 가리킴. 계층의 구별이 암시됨. 즉, 파트와를 말하는 사람은 표준어를 쓰는 사람과 다르고, 지역적이거나 교육을 받지 못했다는 의미가 포함됨

비록 여기서 굴절은 더 부분적이고 더 지역적으로 인식되지만, 혼종성은 또 한 번 두 가지 방식으로 동시에 작동한다. 즉, "유기적으로" 헤게모니화하고, 새로운 공간들, 구조들, 장면들을 창조하고, "의도적으로" 디아스포라화하고, 전복, 번역, 변신의 형식으로 개입한다. 이러한 이중성은 정치적으로도 이론적으로도 중요하다. 동질화와 디아스포라화의 능동적이고 이접적인 순간과 이동에 대한 강조가 없다면, 19세기 인종이론가들이 흔히 그러했듯이 혼종화가 고정되고 분리된 순수한 선조가 이전에 존재하였음을 가정한다고 반박당하기 쉽다. 하지만 혼종화의 변증법적 구조는 그러한 혼종성이 자신의 문화적 기원들을 여전히 반복하고 있으며, 과거의 역할에서 빠져나오지 못하고 있음을 보여준다. 심지어 흑인 문화이론가들이 혼종성을 전유해서, 노예제도와 식민적 억압의 분열적 실천들을 정당화하기 위해 혼종성을 고안한, 바로 그 문화에 대항하여 사용하더라도 그렇다. 이와 같은 역사적 관점으로

---

75) Mercer, "Diaspora Culture and the Dialogic Imagination," 57.

부터 우리는 이렇게 말할 수 있다. 즉 지배문화에 비판적인 주장을 하기 위해 혼종성을 카니발화와 크레올화에 동일시하는 것은 "인종 없는 카오스"에서 시작된 퇴행과 쇠퇴의 위협이 아직 충분히 재배치되고 재굴절되지 않았음을 나타낸다. 크레올화로서의 혼종화는 융합, 즉 새로운 형식의 창조를 수반하며 이 새로운 형식은 이전의 형식의 일부를 구성하면서 이에 대항하여 설정될 수 있다. 이와 대조적으로 "인종 없는 카오스"로서의 혼종화는 안정된 새로운 형식이 아닌, 바바의 쉼 없이 불안한 틈새적인 혼종성에 가까운 것을 생산한다. 즉 급진적 이질성, 불연속성, 형식들의 영원한 혁명을 생산한다.

어떤 혼종성 모델을 적용하든지, 문화적 묘사로써의 혼종성은 늘 암암리에 이성애의 정치학을 수반한다. 이것이 아마도 동시대에 그것이 누리는 명성에 이의를 제기하는 더 큰 이유가 될지 모른다. 이렇게 성적 정체성을 확인하는 이유는 명백하다. 혼종성에 대한 불안은 인종을 분리된 상태로 유지하려는 욕망을 반영한다. 이 말은 돌연한, 우발적인, 종종 강제적인 결합이 뒤에 남겼던 번성하고 체화된 살아 있는 유산들, 인종 간의 성적 관계로 태어난 혼혈 인종 자손에게 즉각적인 관심이 집중된다는 것을 의미한다. 이런 상황에서 같은 성의 성관계는 인종화된 섹슈얼리티 논의와 동일한 변증법, 즉 같으나-다른 변증법 논리에 명백히 갇혀 있지만 아이들을 생산하지 않기 때문에 위험이 되지 않는다. 그것의 장점은 조용하고 비밀스럽게 표식 없이 유지된다는 것이다.[76] 그러므로 표면에서 혼종성은 늘 단호하게 이성애의 범주여야 했다. 사실 역사적으로 동성의 성관계를 조장하는 어떤 것이 있었다면, 그것은 인종적 아말감화에 관한 우려였을 것이다(제국주의적 게임을 한다는 것은 결국 이미 암묵적으로 동성애적 실천이었다).[77] 게다가 어떤 지점에서는 혼종성과 동성애가 만나 동일한 것, 즉 같은 퇴행의 형식들이 되었다.[78] 섹슈얼리티에

---

76) 인종과 동성애에 관해서는 다음을 참조. Dollimore, *Sexual Dissidence*, 329-56.

77) Cf. Sulreri, *The Rhetoric of English India*, 17, Bristow, *Empire Boys*.

78) 다음을 참조. Talbot, "The Intermixture of Races," in *Degeneracy*, 92-103. Cf. Nordau, *Degeneration*; Gilman, *Difference and Pathology*; Chamberlain and Gilman, *Degeneration*; Pick, *The Faces of Degeneration*; Burleigh and Wippermann, *The Racial State*.

서처럼, 인종의 규범/일탈 모델은 동성애 같은 "변태"perversions가 흑백혼합의 퇴화된 자손과 연계되었다는 것을 의미한다. 도리안 그레이가 런던의 성적인 비주류들과 타락한 유희를 즐긴 것은 필연적으로 "혼혈"half-caste*과의 애매모호한 만남을 포함한다. 성적 퇴화와 인종적 퇴화의 동일시는, 전복적인 구릿빛 몸들이 변태적인 욕망의 일탈적인 행위를 증언하는 그런 사람들에게서 늘 분명하게 중층결정된다.

*
(모욕적) 혼혈을 가리키는 말. 특별히 유럽인과 아시아인(인도인)의 혼혈

혼종성: 인종이론에서 문화비평까지

그러나 가장 간단히 말하면 혼종성은 교란을 의미한다. 서로 다른 생명체들을 강제로 합치고 포도와 장미를 다른 뿌리줄기에 접붙이고 차이를 같음으로 만드는 것을 의미한다. 혼종성은 두 개의 구별되는 것들을 하나로 만든다. 그래서 제라늄이나 장미 한 송이의 혼종성은 눈으로 구별할 수 없다. 그럼에도 불구하고 장미는 포도처럼 다른 줄기에 접붙여진 상태에서만 존재한다. 어느 쪽이든 가지치기를 게을리하면 그 식물은 결국 원래의 상태로 되돌아간다. 19세기에 이와 유사한 주장이 나와서 혼혈 인종의 결합으로 태어난 후손들은 결국 원래 인종 중의 하나로 되돌아가므로 이종 간 결합은 그 본질에 있어서 비자연적일 뿐 아니라 결과에 있어서도 일시적이라고 설명되었다는 것을 앞에서 살펴보았다. 혼종화는 또한 오늘날 주식 시장의 하이브리드 주와 마찬가지로 동일성을 차이로 만들고 하나의 대상을 둘로 분리하고 단일한 전체를 강제로 둘 혹은 그 이상의 부분들로 나눈다. 비록 최후의 분석에서는 그것들이 단지 최종 기한에 다시 불러들여야 할 전체의 부분일 뿐이지만 말이다. 혼종성은 그러므로 차이를 동일성으로 만들고 동일성을 차이로 만들지만 같은 것이 더 이상 같지 않고 다른 것을 더 이상 단순히 다르게 만들지 않는 방식으로 그렇게 한다. 그런 의미에서 그것은 데리다가 "균열"brisure이라는 용어로 구분한 논리의 형식에 따라 작동한다. 즉 같은 시

간, 같은 장소에서 분열하고 결합한다. 차이와 같음이 명백하게 불가능한 동시성으로 존재한다. 혼종성은 이렇게 기이한 이중적 작동으로 구성되어 있다. 이 안에서 각각의 충동은 다른 것에 대비되어 수정되고, 전위와 전치의 순간적 형식들을 논쟁적인 그물망의 복잡한 조직 안으로 몰아넣는다. 이러한 이중의 논리는 이것이냐/저것이냐 이성적인 양자택일의 전통에 반하는 것이지만, 고전물리학과 양자물리학의 양립할 수 없지만 공존하는 논리들 사이에서 분열되어 있는 과학에서 되풀이되고 있다. 이 논리는 대립적인 변증법 논리가 19세기의 특징인 만큼 20세기의 특징이기도 하다는 것을 보여준다.

따라서 혼종성은 현대이론과 동일한 갈등구조 안에서 작동한다. 둘 다 자신들의 문화적 생산의 터를 반복하고 재생산한다. 그것의 불협화음적 논리는 구조적 반복들 속에서 구조적 반복으로 드러난다. 여기서 문화혼종성에 관한 최근 설명들의 복잡한 방식에 대해서는 더 이상 자세히 살펴보지 않겠다. 그보다는 역사적 계보를 살펴볼 것이며, 문화혼종성의 복잡하고 망각된 과거의 낯설고 불안한 관련 문제들을 따라가 볼 것이다. 현시대의 문화적 개념과 우리가 거리를 두고 있다고 생각하는 과거의 문화적 개념 사이에는 역사적 가계도가 있다. 우리는 우리가 사용하는 언어와 개념들 속에서 그것들을 암암리에 다시 진술하고 반복한다. 예를 들어, 어떤 논평자가 "순혈"full-blooded이라는 형용어구를 사용하는 순간마다 그는 순수한 인종과 혼혈 인종의 구분을 반복하는 것이다. 혼종성은 특히 과거의 인종적 범주들과 현대의 문화적 담론 사이의 연결고리들을 보여준다. 혼종성은 다른 변형과 다른 지시물들을 고려하면 다른 방식들로 사용될 수도 있지만 그래도 그것은 늘 같은 갈등적 구조conflictual economy의 역학을 반복하고 재강화한다. 그 구조의 긴장들과 분리들을 자신의 안티테제적 구조 속에서 재연한다. 혼종성에 대해 하나의 개념 혹은 하나의 옳은 개념은 없다. 혼종성은 반복하면서 변화하고, 동시에 변화하면서 반복한다. 혼종성은 우리가 뛰어넘었다고 생각하고 가정하는 문화의 이데올로기적 네트워크에 여전히 갇혀 있음을 보여준다. 문제는 문화정체성이나 인종의 그 오래된 본질화된 범주들이 정말로 그렇게 본질적인 것인가, 아니면 실제보다 더 고정적인 것으로 회고적으로 구성된 것인가 하는 점이다. 인종이론의 텍스트들을 살펴보면, 그것들이 실제로는 모순적이고 분열적이며, 이미 해체되어 있음을 알 수 있다. 여기서 혼종성은 핵심적 용어다. 그것이 등장하는 곳마다 본질주의의 불가능성을 시사한다는 점에서 그러하다. 만일 그렇다면, 오늘날 우리는 그런 본질주의적 인종 개념을 해체하면서 과거로부터 거리를 두거나 과거에 대한 비판을 제공하기보다는 오히려 과거를 되풀이하고 있는지도 모른다. 논평가들은 19세기의 "유사과학적" 인종이론에 대해 마치 "유사"라는 용어로 그것을 손쉽게 묵살할 수 있을 것처럼 말한다. 그러나 사실 그 용어가 암시하는 것은 인종이론이 결코 단순히 과학적이거나 생물학적이 아니라는 것이다. 인종이론의 범주들이 결코 전적으로 본질화하는 것이 아니었던 것처럼 말이다. 오늘날 흔히 그런 문제에서 우리가 생물학주의와 과학주의로부터 안전한 문화주의로 이동하였으며, 본질주의를 비판하고 그것의 불가능성을 보여주는 행위 자체를 통해 거리와 확실성을 창조해왔다고 주장하곤 한다. 그러나 그 전환은 그렇게 절대적인 것이 아니었다. 왜냐하면 인종적인 것은 늘 문화적이었으며, 본질적인 것은 결코 모호하지 않은 것이 아니었기 때문이다. 이것이 어떻게 상상된 과거를 우리가 현대적으로 수정한 것에 영향을 미치는가? 우리 자신과 과거 사이의 간격은 우리가 주장하는 것보다 훨씬 가까울지 모른다. 우리는 우리가 생각하는 것보다 훨씬 더 과거의 범주들 안에 갇혀 있을 수도 있다. 문화와 인종은 함께 발전했고 서로서로 겹쳐 있다. 그것들의 불연속적인 반복의 형식들은 푸코가 말하듯 "우리가 어떻게 우리 자신의 역사의 덫에 걸려 있었는지"를 보여준다.[79] 인종차별주의의 이데올로기들과 범주들의 악몽은 살아 있는 자들에게 지속적으로 반복된다.

---

79) Foucault, "The Subject and Power," 210.

2. 문화와 차이의 역사

아주 드문 예외를 제외하고 거의 모든 사람들이… 우리가 이제 자유를 위해 싸우고 있다는 것을 알고 있다고 나는 믿고 싶다. 자유는 과거 수세기 동안 앵글로–색슨 인종의 특이한 자산이었다. 그것이 없다면, 독일어로 문화*Kultur*로 불리는 진정한 문명의 거짓된 모방이, 세계를 더 진보시키는 기본원리를 제공하여, 한편의 지혜와 도덕, 다른 한편의 배움을 회복할 수 없이 분리시킬 것이다.

크로머 경Lord Cromer, 1916[1]

로마 제국주의가 근대문명의 토대를 세우고 이 섬들에 사는 사나운 미개인들을 진보의 길로 이끌었던 것처럼 우리는 오늘날 아프리카에서 그 빛을 되갚고 있다. 우리 문명에의 물질적 필요를 채우면서…. 야만과 잔인함이 거주하는 지구 상의 그 어두운 장소에 문화와 진보의 횃불을 가져간다. 우리가 이 나라들을 소유하는 것은 우리가 식민화하고 무역하고 지배하는 특별한 재능을 가지고 있기 때문이다.

루가드 경Lord Lugard, 1922[2]

　　문화는 늘 동일성과 차이에 의미와 가치를 부여하는 방법이었던가? 문화가 관습적으로 자연에 상반된 것으로 간주되어왔다면, 문화는 또한 개념적으로 자연적이고 유기적인 것에 대한 권리를 주장하기도 했다. 게다가 놀라운 것은 코울리지Coleridge의 통합시키는 상상력처럼 문화는 항상 역설적으로 대립적인 쌍에 가담하거나 스스로가 둘로 나뉘어져 있다.

　　문화 대 자연;
　　문화 대 문명;
　　문화 대 무질서;
　　고급문화 대 **저급문화**(대략의 역사적 순서로 서민/노동자계급/민중/대중문화)

　　최근에는 다음과 같다.

---

1) Cromer, *Political and Literary Essays*, Third Series, 2.

2) Lugard, *The Dual Mandate*, 618-19.

테크노크라시technocracy 대 대항문화counter-culture
문화 대 하위문화;
고급문화로서의 문화 대 인류학적 문화로서의 문화, 물질 생산으로서의
문화와 상징체계들

여기서 주목할 만한 것은 문화를 정의하는 대립 범주였던 범주들의 외재성이 점차 내부로 향하여 문화 자체의 일부가 되어가는 역사적 움직임이다. 외적인 것과 내적인 것을 같은 것과 다른 것으로 이렇게 분리하는 것은 모순과 갈등의 터라기보다는 문화가 형성되는 가능성의 터다. 문화의 기꺼운 공범자인 젠더, 계급, 인종처럼 문화의 범주들은 결코 본질주의적이 아니며, 심지어 그렇게 되고 싶어 할 때조차도 그렇지 않다. 이것은 문화가 늘 자신의 타자성을 기입하고 퇴출시키는 변증법적 과정이기 때문이다. "문화" 개념의 계보학은 문화가 진보하기보다는 서로 상충하는 부분들을 둘러싸고 스스로를 끊임없이 개혁하고 있음을 보여준다. 문화가 참여하여 늘 그 일부를 이루는 복잡하고 혼종화된 유기적 조직은 결코 스스로와 편안하지 않다. 조너선 돌리모어Jonathan Dollimore의 말처럼 "너무나 유동적이지만 늘 잔혹하게 물질적이며 실제로 폭력적인 그런 결과를 동반하는 전치와 압축의 변덕스러운 과정"을 포함한다.[3] 아도르노Adorno가 벤야민Benjamin에게 고급예술과 대중문화의 관계에 대해 언급한 유명한 말은 이런 의미에서 이해할 수 있다. 아도르노는 고급예술과 대중문화가 각각 동등한 가치를 가지는 변증법 안에서 공존한다고 주장한다. 그것들이 다른 모든 점에서 동등하지 않는다 해도 그러하다.

둘 다 자본주의의 오점을 안고 있다. 둘 다 변화의 요소를 포함하고 있다… 둘 다 통합된 자유의 갈라진 반쪽들이지만, 둘이 더해져서 통합된 자유가 되지는 않는다. 다른 것을 위해 하나를 희생한다면 낭만적일 것

---

3) Dollimore, *Sexual Dissidence*, 344.

이다.[4]

아도르노는 벤야민이 그의 에세이 「기술복제 시대의 예술작품」The Work of Art in the Age of Mechanical Reproduction에서 고급문화의 아우라aura* 상실과 영화 같은 현대의 기계 예술의 민주화 경향의 시작에 대해 한 그의 설명이 이러한 낭만적 희생의 죄를 짓는다고 지적한다. 아도르노는 예술이, 더 일반적으로 문화가, 하나의 특정한 경향이나 총체성으로 존재하는 것이 아니라 해결할 수 없는 변증법적 구조로 존재한다고 주장한다. "문화"는 본질적으로 적대적인 개념을 포함하기 때문에, 이 진실을 지키기 위해서는 비평가들이 문화의 총체화되지 않는 변증법을 유지해야 한다고 그는 주장한다. 이런 분열은 자본주의가 제도화한 노동 분업의 결과이다. 이 말은 이런 분열이 가차 없이 변증법적인 형식들로 문화 자체를 생산할 뿐 아니라, 그 문화에 대해 비판적 입장을 취하는 것도 가능하게 한다는 것을 의미한다. 이렇게 노동 분업이 생산한 소외는 문화를 생산하기도 하고 그에 대한 비판적인 관점도 허용한다.

*
후광, 광채 등의 의미가 있는 그리스어. 신체에서 발산되는 보이지 않는 기나 혹은 사람이나 물건을 에워싸고 있는 고유의 분위기. 독일 평론가 벤야민은 어떤 예술작품이나 물건에서 느껴지는 모방할 수 없는 특유의 기운, 창조성이 느껴지는 유일무이성이라고 정의함

문화와 문명

『키워드』Keywords(1973)에서 윌리엄스Williams는 "culture"라는 단어가 영어에서 가장 복잡한 두세 단어 중 하나라고 말한다.[5] "culture"는 라틴어의 cultura[문화]와 colere[경작하다]에서 유래한 어휘로, 거주하다, 경작하다, 돌보다, 보호하다, 우러러보며 경배하다 등 일련의 의미를 지니고 있었다.

이 의미들은 이후 분리되어 나간다. 기독교와 더불어 cultura의 "우러러

---

4) Adorno to Benjamin, 18 March 1936, In Bloch *et al.*, *Aesthetics and Politics*, 123.

5) Williams, *Keywords*, 87-93. 앞으로 설명하는 "문화"라는 단어의 분석은 Williams가 *Keywords*에서 마련한 항목과 *Culture and Society*와 *Culture*에서 논의한 내용을 따른다. Cf. also Marcuse, "The Affirmative Character of Culture," *Negations*, 88-133. "문명"과 "문화" 개념의 사회발생학을 역사적으로 분석한 것은 특히 다음을 참조. Elias, *The Civilizing Process*, and Stocking, *Victorian Anthropology*.

보며 경배하다"라는 의미는 라틴어 *cultus*가 되었고, 여기서 우리는 영어 단어 "cult"[숭배]를, 프랑스인들은 그들의 단어 *couture*[바느질]를 끌어낸다. 더 중요하게, "거주하다"의 의미는 라틴어 *colonus*[농부]가 되었고 여기서 우리는 "colony"[식민지]를 이끌어낸다. 그래서 우리는 식민화가 문화의 핵심에 놓여 있다고, 혹은 문화는 늘 식민화 형식을 수반한다고 말할 수 있다. 땅을 경작한다는 그것의 전통적인 의미에 관련해서도 그러하다. 사실상 땅의 경작culture은 늘 식민화의 기본 형태였다. 땅에 초점을 맞추면, 탐내게 되고 정복되고 경작되고 대농장으로 전환되어 토착 유목민에게 부적합하게 만들어지는 영토의 물질성이 강조된다.

영어에서 "문화"가 처음에 사용될 때 그것은 과정, 시대착오적일 수도 있지만 대체로 유기적 과정을 나타내는 명사였다. 즉 땅을 갈고 농작물과 동물을 돌보는 "농경문화"agri-culture다. 16세기부터 이러한 자연의 성장을 돌보는 경작cultivation으로서의 문화의 의미는 인간의 발달 과정, 즉 정신의 경작으로 확대된다. 18세기에 문화는 문명의 지적인 측면, 물질적인 것과 대비되는 지성적인 것도 표상하게 되고, 이와 더불어 이 단어는 점차 더 추상적이고 일반적인 사회적 과정을 포함하게 되어, "교양 있는"cultivated에서는 계급을 고착시키는 의미를 띠게 된다. 즉 J.S. 밀Mill이 간결하게 말하듯 "교양cultivation은 어떤 지점을 넘어서면 여가를 필요로 한다."[6] 옥스퍼드 영어사전은 "cultured"란 단어가 처음으로 "refined"[세련된]의 의미로 사용된 시기의 예로 1764년을 든다.

사회적 맥락에서의 교양은 문명인과 미개인 사이의 초기 구별과 관련되어 있다. 문명화된다는 것은 성 바깥의 미개인(야생인) 혹은 멀리 떨어져 있는 저 너머의 땅을 떠돌아다니는 미개인과 대조적으로 도시(가급적이면 벽으로 둘러싸인)의 시민이 되는 것을 의미했다. 그것은 후에 시골과 도시라는 이데올로기적 대립의 용어들 안에서 작동한다. 왜냐하면 도시의 거주자들은 농업적 정체성을 은유적으로 전유함으로써 바깥의 미개인들과 자신을 대비시켰

---

6) *Mill on Bentham and Coleridge*, 106-7, cited in Williams, *Culture and Society*, 68.

기 때문이다.[7] 도시의 사람들은 교양 있는 사람들이 되었고, 사냥꾼들은 문화(농업, 시민성, 지성)의 결핍으로 정의되었다. 이 도시의 세련된 문화를 영어에서 최초로 "문명"civilization이라고 불렀던 사람은 스코틀랜드인 제임스 보스웰 James Boswell이다. 그는 1772년에 존슨Johnson과의 논쟁을 기록한다.

> 3월 23일 월요일 나는 그가 2절판 사전의 4번째 판을 준비하느라 분주한 것을 보았다…. 그는 문명civilization은 인정하지 않고 교양civility만 인정하려 했다. 그를 많이 존중하지만 나는 문명화하다에서 나온 문명이 교양보다 야만의 대립 개념으로 더 적합하다고 생각했다.[8]

"야만의 대립 개념으로 더 적합하다"는 말에서 보스웰은 벤야민을 미리 보여준다. "동시에 야만의 기록이 아닌 문명의 기록은 없다"는 벤야민의 유명한 말은 대개 억압과 관련해서 더 자주 언급되지만, 그것은 문명의 이름으로 행해진 역사의 야만적인 행위뿐 아니라 문명과 야만이 그것들을 분리시키리라 가정되어 있는 대립, 서로를 정의하는 대립 속에 필연적으로 서로 얽혀 있고 서로 의존하고 있다는 것도 보여준다.[9]

교양civility이 "문명"의 개념으로 진화한 곳은 우선적으로 프랑스에서였다. 이때 "문명"은 성취되었지만 여전히 진보하는 세속적인 현대사회의 발전이라는 계몽주의적 의미로서의 문명이었다. 문명은 본래 인류의 진보를 역사적으로 볼 때 종점의 의미를 가지는 상대적 개념이었다. 문명은 이 긴 역사적 과정의 절정인 "교양refinement*과 질서order가 성취된 상태"를 나타낼 뿐 아니라 그 과정 자체를 표현하기도 한다.[10] 역사를 이처럼 일련의 단계로 재공식화 한다는 것은 문명이 극복했다고 간주된 이전 시기들을 재빨리 구성해

*
이 부분에서 로버트 영은 교양이라는 단어로 refinement를 사용한다.

---

7) Williams, *The Country and the City*; Mumford, *The City in History*; White, *Tropics of Discourse*, 150-82.

8) Boswell, *Boswell's Life of Johnson*, II, 155.

9) Benjamin, "Theses on the Philosophy of History," VII, *Illuminations*, 258.

10) Williams, *Keywords*, 58.

야 했다는 것을 의미한다. 즉, 야만성과 미개성의 선사 시대, 고대 세계, 중세와 르네상스 유럽은 이제 모두 현재의 문명을 향한 서사의 일부였다. 이러한 목적론적 관점에서 "문명"을 사용한 사람으로 튀르고Turgot가 있다. 그리고 아마 가장 유명한 사람은 콩도르세Condorcet일 것이다. 콩도르세는 『인간 정신의 진보에 관한 역사적 개요』*Outline of the Intellectual Progress of Mankind*(1795)에서 인간이 문명으로 나아가는 과정을 구성하는 10개의 역사적 승급 단계들을 추적한다. 윌리엄스에 따르면 이 책은 "사회문화적 진화를 사상과 관습과 제도의 합리적 내용의 증가로 해석하려는 전성기 계몽주의의 시도로 여겨졌다." 이와 같은 진보주의자의 입장은 곧바로 세계 역사에 대한 유럽의 일반적인 해석의 일부가 되었다. 지금은 유럽중심주의 때문에 종종 비판받는 역사 해석이지만 인류의 역사에 대한 이 설명은 최소한 보편적 가치와 만인의 동등한 권리를 가정한다. 비록 단선적이고 위계적이지만 이 관점은 어떤 위계도 일시적인 것, 즉 교육을 통해 바꿀 수 있는 현재 단계의 차이일 뿐 불변하는 차이를 구성하는 토대는 아니라고 간주했다. 이러한 맥락에서, 사회 전체가 세련되는 과정에 대한 설명으로 "문명"의 개념이 형성되고 있는 바로 그 시점에 "문화"가 개인이나 집단에 관한 진보적 의미로 지적 발달, 즉 교육과 훈련을 통한 정신 향상의 특정한 유형으로 사용되었다는 점은 주목할 가치가 있다. 이렇게 문화와 교육 사이에는 서로 힘을 주는 관계가 내재되어 있었다. 문화의 개념은 문화화enculturation*로서 교육을 강조하는 계몽주의의 일부로 발전되었다. 로크Locke에게로 되돌아가 그 기원을 찾을 수 있으며, 많은 19세기 자유주의 사상의 토대가 되었던 이 혁신적인 평등주의적 입장은 모든 남성과 여성이 근본적으로 평등하다는 계몽주의의 주장 아래 흐르는 저류다. 이 개념에 따르면 평등이 현재에 현실로 존재하지 않는다 해도, 문화화가 가능하다는 것은 모든 사람이 적어도 잠재적으로는 다른 모든 사람과 평등하다는 것을 의미한다.

이러한 견해를 담고 있는 영국 문학의 예는 헨리 제임스 파이Henry James Pye의 시 『교양의 진보』*The Progress of Refinement*(1783)다. 이 시는 전형적인 방식으로

*
한 사회의 개인이 그 사회의 문화를 내면화하는 과정. 사회화와 거의 같은 말이지만, 문화 내용이 강조된다는 점에서 구별된다.

"인간"의 역사를 추적한다. 자연 상태에서 시작하여 야만성을 거쳐 "예술의 첫 소재지들"인 아라비아, 아시아(교양의 최초 발생지로 인정됨)와 이집트로 나아간 후, 그곳에서 그리스로 나아간다. 그리고 나서 고대 그리스 로마와 중세, 르네상스, 종교개혁을 거쳐 유럽과 세계의 "현재 교양 상태"까지 유럽의 역사를 추적한다. 이렇게 향상만 있는 단일한 도식에서는 유럽의 세계 식민화는 더할 나위 없이 은혜로운 것으로 간주된다.

> 끔찍한 장면이여! — 하지만 유럽의 더 고결한 존재는,
> 깊은 파도와 변덕스러운 바람의 위험을 무릅쓰고,
> 용맹한 뱃머리로 먼 곳 하나하나를 탐험하고,
> 적대적인 해변을 용감하게 거닐며;
> 거친 황무지를 길들이고, 불건전한 태도를 바로잡아,
> 세련된 삶의 제국을 그곳에 고착시킨다.[11]

여기에 건설되고 있는 빛나는 제국은 상업이나 국가의 제국이 아니라, 문명의 더 큰 세계시민주의적 명분인 "세련된 삶"의 제국이다. 파이는 계속해서 다음과 같이 쓴다.

> 유럽의 인종이여 관대한 노고를 추진하라,
> 진실의 넓은 거울을 모두가 볼 수 있게 퍼뜨려라;
> 이성의 목소리에 야만의 정신이 깨어나게 하라,
> 도덕적 오류의 힘을 억제하고 인류를 문명화하라…
> 떨고 있는 부족들을 더 이상 무력으로 파괴하지 말고,
> 부드러운 설득의 더 온화한 힘을 이용하라,

---

11) Pye, *The Progress of Refinement*, II, 751-6. 그러나 동시에 Pye는 다소 모순적이게도 애국적인 제국을 포함시킨다. 또한, Albion은 세계의 식민화를 조사하면서 어떻게 제국의 후손들이 "브리타니아 법을 지구의 반 이상으로 확장"시킬 것인지에 대해 흥분하여 주장한다(770).

왕좌로부터 야만적인 무례함이 던져지고,

교양이 전 세계에 제국을 확장시킬 때까지. (II, 771-4, 779-82)

파이는 이 마지막 행들에서 무력을 통한 식민화와 세계의 교양화를 동일하게 보는 것에 모순이 있다는 것을 분명하게 인식한다. 하지만 이 시에서 두드러진 것은 목적에 대한 전반적인 자신감, 그리고 유럽의 역할이 "이성의 목소리에 야만의 정신이 깨어나게" 하는 것이라고 단언하는 방식이다. 야만인이란 본래 이성에 접근할 수 없는 존재라는 것을 전혀 인식하지 않은 채, 교육이라는 단순한 과정을 통해 인간이 문명화될 것이라고 단언한다. 세계 문명에 대한 이러한 고상한 전망 속에서, 파이가 이보다 조금 앞에서 "문화"라는 단어를 농업적 맥락과 더 현대적인 사회적 맥락을 동시에 포함하는 방식으로 사용하고 있는 것이 눈에 띈다. 특히 아프리카인들의 결핍을 묘사하기 위해 문화를 언급하는 것은 의미심장하다.

검은 아프리카인들은 자랑할 문화가 없다,

그의 태양만큼 강렬하고, 그의 해변만큼 무자비하다;

그곳에서는 가늠할 수 없는 숲들이 퍼져나가

대양의 서쪽 해저를 넘어간다,

비사회적이고 무지한 황갈색의 인종

음울한 야생지를 돌아다니고 쉴 새 없는 추적을 서두른다.[12]

교양이 세계 제국에 대한 자비로운 비전에 도달할 때, 우리는 겨우 제2권의 끝에 있다. 당대 영국 문화에 대한 사회인류학적 분석에 해당되는 마지막 권은 "과도한 무역의 결과"와 "돈만이 유일한 척도가 될 때의 위험," 즉 유

---

12) Ibid., 735-40. 문화의 부재에 대한 언급에는 분명히 농업이 포함되기는 하지만, 여기에는 학습, 사회 제도와 사회에 관한 전체론적 개념도 연관되어 있다. I의 53-5페이지에서 Pye는 문화를 이전의 농업적 관점에서 사용한다.

약한 사치에 대해 전형적인 개신교적 진지함으로 걱정하기 시작한다.[13] 따라서 시는 지나친 교양의 위험성을 경고하는 훈계로 마무리된다.

지나치게 몰린 고양된 힘은 파괴한다
펼쳐진 봉오리를, 날려 보낸다 각각의 약속된 기쁨을. (Ⅲ, 591-2)

병든 장미의 묘사에서 표현된 불안은 물질적 문명과 정신적, 도덕적 가치 사이에서 발생하는 간극을 드러낸다. 이는 몇 년 후에 있을 낭만주의적 반응에 대한 예고다(교양 자체가 낭만주의 예술가의 소모적인 교양으로 지양되고, 그 후에 퇴행에 관한 더 일반적인 문화적 환상으로 변모된다).[14] 파이 자신은 1790년에 계관시인이 되어 보편적 교양을 공손하게 설명한 것에 대한 보상을 받았다.

프랑스의 진보적 문명 개념은 영국에서 파리인의 지적 삶에 가장 밀접하게 제휴되어 있던 도시인 에든버러에서 가장 영향력이 컸다. 정치경제학이 지적으로 지배하면서 문명의 단계가 사냥, 목축, 농업, 상업이라는 경제적 발전의 범주로 인식되었다.[15] 이것이 애덤 스미스Adam Smith의 『국부론』 Wealth of Nations(1776)이 받아들인 도식이다. 이보다 덜 알려진 문학의 예를 들면 리처드 페인 나이트Richard Payne Knight가 1796년에 쓴 시 『시민 사회의 진보』The Progress of Civil Society도 그러하다. 나이트의 시는 경제적 단계에 따라 사회의 역사를 추적한 후, 제5권에서 "기후와 토양"의 영향을 다룬다(비록 그것들의 힘은 제한적이지만, 다원발생론자인 나이트는 북부와 남부에서 "니그로로부터 가장 멀리 떨어진 인종과 가장 가까운 인종이라는 두 개의 다른 인종"을 통해 사회가 발전해왔다고 알려준다).[16] 문명의 가장

---

13) 다음을 참조. Sekora, *Luxury*.

14) 이 연결에서 Coleridge가(*On the Constitution of Church and State*에서) 언급한 것을 상기하면 도움이 된다. 그는 "교양과 문명의 영원한 구별과 간헐적 대조… 어떤 민족이 아주 교양 있는 인종이 될 수는 없으나 과하게 문명화된 인종은 쉽게 될 수 있을 것이다"라고 하였다. Williams, *Culture and Society*, 76. 재인용.

15) 다음을 참조. Meek, *Social Science and the Ignoble Savage*.

16) Knight, *The Progress of Civil Society*, V, 315n. Knight의 공감은 그가 프랑스 혁명의 대재앙의 원인을 "제조업과 상업에 종사하는 군중들"로 추적하고 "강간과 살인이 인간의 권리를 증대시킨다"고 불쾌

초기 단계들이 다양한 발전 단계의 원시족과 연결된 것은 18세기였지만, 경제의 4단계 모델이 3단계로 수정되어 인간의 역사를 미개, 야만, 문명의 문화인종적 범주들에 따라 정의한 것은 19세기에 와서다. 옥스퍼드 영어사전은 영어에서 미개인과 야만인을 최초로 구분한 인물로 매슈 아널드를 들고 있다(1835). 하지만 3단계를 일반적 범주가 아니라 인간의 역사적 단계를 나타내는 위계로 형식화하고, 문명을 인종과 동일시하는 일반화된 유럽의 우월성 구도에 지리와 역사를 함께 통합시킨 것은 다음 해에 나온 J. S. 밀의 논문 「문명」Civilization이다.[17] 이러한 융합의 정점은 프리처드의 인종 차이에 관한 이론에서 볼 수 있다. 여기서 그는 최초의 인간이 검은색이었다고 가정하고 문명 자체가 이후 백색화의 원인이라고 보기 때문에, 하얀 피부는 문명을 나타내는 표식이면서 동시에 문명의 산물이 되었다고 주장한다.[18] 범주들을 정의하는 방식이 각 시대를 전형적으로 나타내는 경제적인 것에서 인종-문화적인 것으로 전환되었다는 사실은 18세기의 4단계 모델과 19세기의 3단계 모델 모두 차이를 통해 문명을 정의하는 방식임을 강조할 뿐이다. 그 차이는 역사적이거나 비유럽적인 다른 사회들의 상태를 환기하는 위계에 근거한 차이다. 이 다른 사회들은, 아무리 아래쪽 단계에 놓여 폄하되어 왔다 해도, 바로 그 이유 때문에 유럽의 자아의식과 문명 개념에 핵심적인 것이었다. 이 지점에서 밀의 에세이는 징후적이다. 그는 말하기를 "문명이란 단어는,"

이중적 의미를 지닌 단어다. 그것은 때로는 인간의 향상 일반을 나타내고, 때로는 어떤 특정한 종류의 향상을 가리킨다.

하게 말할 때 분명해진다(Vi, 428).

17) Mill, "Civilization," in *Dissertations and Discussions*, I, 160-205. "미개인"은 Hume이 1762년에 Cromwell의 "문화화되지 않은 사람"을 의미하면서 최초로 사용하였다. 이처럼 문명과 인종을 동일시하는 많은 예 중의 하나로 Lewis Henry Morgan의 *Ancient Society: Researches in the Lines of Human Progress from Savagery through Barbarism to Civilization*(1877)을 들 수 있다. 이 예는 Marx가 사용하였으며 Engels가 *The Origin of the Family, Private Property, and the State*(1884)에서 펼친 주장의 근거를 형성하였다.

18) Prichard, *Researches*, 233-9. Cf. Stepan, *The Idea of Race in Science*, 38.

우리는 어떤 나라가 더 향상되었다고 생각하면, 즉 인간과 사회의 가장 좋은 특징들이 더 탁월하고, 완벽으로 향하는 길에 더 앞서 있고, 더 행복하고 더 고귀하고 더 현명하다고 생각하면 그 나라가 더 문명화되었다고 말하곤 한다. 이것이 문명이라는 단어의 한 의미다. 하지만 다른 의미에서 그 단어는 부유하고 강한 민족을 미개인이나 야만인에게서 구별하는 그런 종류의 향상만을 의미한다.[19]

여기서 밀은 18세기적인 문명의 의미인 "완벽함"과 문명의 더 근대적 의미, 즉 그것이 아닌 것으로 정의되는 의미를 "문명"이란 단어에 결합하고자 한다. 그는 "우리가 야만적인 삶이라고 부르는 것의 특징이 무엇이든, 이런 것들의 반대, 혹은 사회가 이러한 것들을 버리며 갖게 되는 자질들이 문명을 구성한다"고 결론을 내리면서 정의를 마무리한다. 그리고 미개한 삶과 문명화된 삶의 핵심적인 특징들을 대조한다(예를 들어, 문명화된 중산층들과 달리 미개인들은 "서로의 교제에서 별로 즐거움을 찾지 못한다"). 19세기에 야만성이 어느 정도까지 유럽문명의 가치에 대한 안티테제로 발명되어야 했는가는 점점 더 분명해진다. 산업과 기술의 성취를 광고하기 위해 치러진 1851년의 대박람회에서조차 소수의 민족학적 전시들이 포함되어 있었다. 스토킹Stocking의 말처럼, "동시대 야만성이라는 맥락에서 유럽의 산업적 진보를 제의적으로 확인"하기 위해서였다.[20] 동시에, 바로 그 야만인들을 문명화시키는 임무 자체가 문명 내부의 갈등을 해결하기 위해 고안되었다. 레닌은 1895년에 세실 로즈Cecil Rhodes*를 인용한다.

나는 어제 런던의 이스트엔드[노동자 계층 구역]에서 실업자 집회에 참가했다. 나는 난폭한 연설들을 들었는데 그것은 "빵", "빵!"에 대한 외침

*
1853-1902. 영국의
식민지 정치가.
남아프리카 총독

---

19) Mill, "Civilization," in *Dissertations and Discussion*, I, 160.

20) Stocking, *Race, Culture, and Evolution*, 71. 주요 민족학 전시회는 The Crystal Palace가 1852년 Sydenham으로 옮겨지고 나서야 소개되었다. *Victorian Anthropology*, 47, 53.

뿐이었다. 집으로 가면서 그 장면에 대해 곰곰이 생각하다 그 어느 때보다 제국주의의 중요성에 대해 확신하게 되었다…. 내가 품은 생각은 사회 문제에 대한 해결책이다. 즉 영국의 거주자 사천만 명을 피비린내 나는 내전에서 구하기 위해 우리 식민지 정치인들은 잉여 인구를 정착시키고 공장과 탄광에서 생산된 상품을 위한 새로운 시장을 제공하는 새로운 땅을 확보해야 한다. 내가 늘 주장하였듯이, 제국은 빵과 버터의 문제다. 내전을 피하고 싶다면, 당신은 제국주의자가 되어야 한다.[21]

헤르더와 원주민 문화

돌이켜보면 이중적 의미를 지닌 밀의 어휘는 그 자체 내에 "문명"과 "문화"의 변증법과 둘 사이의 갈등이 내포했던 모든 것을 담고 있다고 볼 수 있다. 18세기 말에 두 단어가 나란히 발전했다면, 19세기 초에 독일인들은 이것들을 분리시킨다. 이러한 현상은 적어도 일정 부분은 프랑스인(과 프랑스의 독일 영토 침공)에 대한 반응이었고, 독일 민족성 개념들과 나란히 발전되었다. 문명과 문화의 분리가 계몽주의 사상에 이미 다양한 방식으로 암시되어 있었다는 사실이 아니었다면, 우리는 문명과 문화가 이처럼 분리되는 것을 인식의 전환으로 규정할 수도 있었을 것이다. 디드로Diderot와 루소Rousseau의 차이는 계몽주의 자체가 전혀 단일한 현상이 아니었다는 사실을 강조한다. 한편으로 문명은 특히 프랑스에서 근대성의 승리를 나타낸다. 근대 세계는 처음으로 고전시대와 동등하거나 우월하다고 스스로를 설정할 만한 자신감을 갖게 되었다. 동시에 다른 세계에 대한 유럽의 탐험은 유럽의 문화와 가치가 상대적일 수 있다는 잠재성을 보여주었고, 유럽의 지배 이데올로기와 비판적으로 관계 맺을 가능성을 열어주었다.[22] 대체로 제국적인 문화였던 인

---

21) Lenin, *Imperialism*, 93-4(Lenin's interpolation).

22) Cf. Anderson, *Imagined Communities*, 67-8.

도, 중국, 페르시아나 고대 이집트와 로마 같은 다른 문화에 대한 계몽주의적 열정은 몽테스키외Montesquieu나 스위프트Swift 같은 작가들에게 당대 유럽을 이데올로기적으로 비판할 수 있는 문화적 거리를 획득할 수단을 주었다. 루소 이후 낭만주의 작가들은 유럽 문명을 이데올로기적으로 탐문하기 위해 원시문화나 대중문화에 의존하였다. 이러한 현상은 유럽 문화가 내부로 방향을 전환하고 있으며, 스스로를 스스로에게 대립적으로 설정하는 내적 분리를 이용하기 시작했다는 최초의 표시다. 18세기 독일에서 쿨투어Kultur라는 단어는 "문명"의 동의어로 간주되었다. 특히 계몽주의 역사가들이 인류 발전의 세속적 과정을 묘사한 보편적 역사에서 설정한 "문명"의 의미로 그러했다. 프로이트Freud의 『문명 속의 불만』Civilization and Its Discontents (Das Unbehagen in der Kultur, 1930)은 이런 방식이 훨씬 나중에도 여전히 사용되고 있음을 보여준다. 프로이트 제목의 안티테제 자체가 문명에 수반된 대립적 관점의 폭발을 시사하고 있는 것만 다를 뿐이다. 윌리엄스와 거의 모든 다른 지식인 역사가들에 따르면, 이는 헤르더가 결정적인 변화를 촉발시켰음을 나타낸다. 즉, 문명을 향한 거대한 주장들에 맞선 낭만주의적 반작용이다. 여기에서 "문화"라는 말은 인류 발전의 다른 종류, 인류의 안녕을 향한 다른 기준, 그리고 결정적으로 복수로 사용되면서 "다른 민족들과 시대들의 특정하고 다양한 문화들"을 표현하는 대안적인 어휘로 사용되었다.[23] 분명한 것은, 헤르더가 하고 있던 작업이 유럽 자본주의의 모순적 발전의 핵심 단계에 등장하고 있던 세속적 인류 진보에 저항하는 반작용을 명확하게 표현하고 있다는 점이다. 문명과 문화 사이에 구체화되었던 긴장은 우리가 지금 "문화"라고 부르는 것이 스스로를 규정하고 경계 짓는 꿈의 작동을 반복해 시연한다. 즉, 문화는 늘 갈등적이고 대립적이며, 실제로 우리가 자본주의의 산물에 대해 기대할 만한 바로 그것이었다. 인종이론에 나타나는 차이화에 대한 욕망은 같은 역사적 글쓰기 현장의 산물이다. 다시 말해, 인종차별주의의 강압적 생산 장소는 문화와 계급의 그것과 일치한다.

---

23) Williams, *Keywords*, 89.

『인류의 역사철학에 대한 개요』*Outlines of a Philosophy of the History of Man*(1784-91)
에서 헤르더는 발생론적이고 보편적인 문화(1800년대 영어로는 "경작"cultivation과
"문명"civilization 등으로 다양하게 번역되었다)의 역사를 제시한다. 역사가 기록되기 시
작한 시점까지 거슬러 올라가 인류의 문화적 기원을 추적하였으며, 서로 다
른 문화들이 지식과 기술에 얼마나 기여했는지, 그러한 것들이 이후에 발생
한 문화들에 의해 얼마만큼 활용되었는지 강조한다. 인류역사의 단계를 기
술발전 쪽으로 전환시킴으로써, 헤르더는 유럽인의 우월성 주장을 분명하게
제한할 인류학적 관점을 설정한다.

> 소위, 예술, 과학, 문화에서 지구의 모든 다른 지역 사람보다 자신들을
> 우위에 두고… 단지 자신들이 이런 발명과 전통들의 합류지점에 태어났
> 기 때문에 유럽의 모든 발명이 자신의 것이라고 여기는 많은 유럽인의
> 자랑은 헛된 것이다.[24]

헤르더는 자민족중심주의를 공격함으로써 낭만주의 사상가들보다 계
몽주의에 확고하게 제휴한다. 토도로프Todorov가 퐁트넬Fontenelle, 엘베시우스
Helvetius, 라브뤼예르La Bruyere, 몽테뉴Montaigne와 루소를 언급하며 지적하듯이,
"자민족중심주의에 대한 비판은… 18세기에 만연하였다."[25] 항상 성공한 것
은 아니지만 헤르더는 인류 역사를 유럽 중심의 인종화된 관점에서 제시하
지 않으려는 시도를 두드러지게 보여준다. 세계의 모든 다른 문화들은 그가
자신의 인류학에서 "우리 종의 아동기, 유아기, 성인기, 그리고 노년기"(v)라
고 부른 일반적 관계 내에서 문화의 발달에 참여하고 기여하는 것으로 간주
된다. 그는 대륙의 학문에서 인종적 차이를 강조하는 경향이 증가하는 현상
을 일축하였다. 오히려 그는 피부색의 이형을 단순히 기후의 영향으로 간주
하고, 모든 인간을 거대한 한 과科의 일부로 보았다. 유기적 형식의 목적론적

---

24) Herder, *Outlines*, 241. 추가 언급은 본문에서 함.

25) Todorov, *Nous et les autres*, 28.

논리의 완벽한 한 예로서 이러한 인간성humanity은 그 자체가 인간 본성의 시작이며 끝이다.

> 인간성으로 운명지어진 인간은 그 기원에서 하나의 형제 같은 인종이며, 하나의 혈통이고, 하나의 지표가 되는 전통에 의해 형성되도록 되어 있다. 따라서 각각 개별 가족이 생성되듯이 전체가 생성되어 한 줄기에서 가지들이, 태초의 한 묘목장에서 묘목들이 생성된다.[26]

이와 같은 보편적 동일성 내에서 헤르더는 역사의 주된 법은 차이의 법과 다양성의 법이라고 주장한다. 그가 상당히 중요한 새로운 비틀기를 더하지 않았다면, 이런 주장은 그가 계몽주의 전통에 제휴하고 있음을 보여주는 또 하나의 예가 되었을 것이다. 헤르더는 개인과 민족의 성격이 지역의 기후와 관계가 있을 뿐 아니라(흔한 계몽주의 주장), 땅과 그 땅에서 발전되어 나온 특정한 대중 전통과 긴밀한 관계 속에서 발전한다고 주장하였다. 이것이 『인류의 역사철학에 대한 개요』의 주된 주장이다.

> 역사의 모든 사건에서 관찰되는 기본적인 법은 무엇인가? 나의 의견은 이러하다. 지구 상의 어디서나 가능한 것은 무엇이든 지역의 상황에 따라, 시대의 환경과 경우에 따라, 그리고 민족의 본성이나 생성된 성격에 따라 실현됐다. (348, 원저자 강조)

지역성에 관한 헤르더의 강조는 순진하기 이를 데 없으며, 그가 살았던 시대에는 의심할 바 없이 진보적인 환경결정론environmentalism*과 연결되어 있다. 그러나 특정한 민족과 특정한 장소의 내재적 연결에 대한 지나친 강조는 후에 "기후적응"acclimatization**과 "비기후적응"non-acclimatization이라는 인류기원의 다원발생론으로 발전한다. 스위스계 미국 생물학자인 아가시의 이론이

*
인간 형성에 있어서 유전보다 환경을 중하게 봄

**
인간이나 생물이 기후환경에 스스로 적응하는 과정, 기후순화라고도 함

---

26) Herder, *Outlines*, 264; cf. 166.

그에 속한다. 아가시는 구별되는 인간의 유형들(즉, 종)이 세계의 다른 지역에서 발전했으며, 그곳으로부터 벗어나면 퇴행한다고 주장하였다.[27] 헤르더에 따르면, 장소와 상황의 결정적인 역할에 관한 이러한 주장에 맞게 모든 문화적 업적이 확실히 지역적이다. "만일 누군가가 다양한 민족들의 예술에 관한 책을 구성하고자 하면, 그는 그것들이 전 지구에 흩어져 있으며 각각 적절한 장소에서 번성하고 있다는 것을 알게 될 것이다"(204).

토착지역에 애착을 가짐으로써 헤르더는 문화라는 말이 담고 있는 모든 의미에서의 문화를 민족의 기초로 보는 그의 핵심 주장을 발전시키게 되었을 뿐만 아니라 명백하게 진보적인 그의 견해들의 근간을 의도치 않게 형성했다. 노예제도에 대한 그의 적대감은 노예제도 자체의 비도덕성이 아니라 민족들을 그들의 토착지에서 분리시키는 부당함에 기인한 것이었다. 같은 방식으로, 식민주의에 대한 그의 공격은 다른 민족에 대한 부당한 억압과 착취에 근거한 질책이라기보다는 식민주의가 식민화하는 민족의 다수를 죽게 할 것이라고 생각했기 때문이다. 헤르더는 영토의 확장이 "각 민족은 자신의 언어뿐 아니라 자신의 민족적 형식을 가지고 있는 하나의 민족이다"(166)라는 기본적인 통합 원리를 불가피하게 파괴할 것이라고 본다. 민족은 다른 무엇보다도 인간 사회의 구성 단위를 만들어낸다. 그리고 이러한 문화적 단위가 정치적 단위인 민족–국가*Volk-state*를 규정한다.

> 가장 자연스러운 국가는 … 하나의 민족적 성격을 가지고 있는 **하나의 민족**이다 … 한 민족은 한 가족처럼 하나의 자연적 식물과 같다. 다만 가지가 더 많을 뿐이다. 따라서 다양한 인종과 민족들을 하나의 왕권 아래 난폭하게 섞어 놓는 국가들의 부자연스러운 확장보다 더 통치의 목적에 직접적으로 대립하는 것은 없어 보인다. 인간의 왕권은 그렇게 어울리지

---

27) 다음을 참조. Agassiz's "Sketch of the Natural Provinces of the Animal World and Their Relation to the Different Types of Man," in Nott and Gliddon's *Types of Mankind*, lviii-lxxvi, and Stepan, "Biological Degeneration: Races and Proper Places," in Chamberlain and Gilman, *Degeneration*, 98-104.

않는 부분들이 접붙여지기에는 너무 약하고 빈약하다. 설령 함께 붙여진다 하더라도 망가지기 쉬운 기계가 될 것이다. 국가라는 기계로 명명되지만 부분들의 내적 생기와 공감이 부족하다. 이러한 종류의 왕국은… 예언자의 비전에 사자의 머리, 용의 꼬리, 독수리의 날개, 곰의 발톱이 애국심 없는 국가의 형태 안에 통합된 군주제의 유형으로 역사에 등장한다. (249-50)

헤르더는 민족들 간의 혼종화된 강압적 통합은 와해되기 마련이며, 식민주의자 자신들도 아프리카인들이 원래 아담의 유럽적 형태에서 퇴행한 것처럼 그들에게 맞지 않는 기후에서 퇴행할 것이라고 말한다. 기후 환경의 중요성은, 이후 녹스와 헌트의 "민족기후학"ethno-climatology에서처럼, 기후가 현지 문화를 만들어내는 역할에서 비롯한다. 그것은 필연적으로 동질성, 통일성, 동일성의 미덕을 지닌다. 인류의 다양성을 지지하는 일반적 주장 안에 현지의 토착적인 민족과 문화의 관계를 강조함으로써 헤르더는 19세기의 많은 보수적이고 인종주의적인 이론들에 상당한 근거를 제공해주는데, 앞으로 고비노와 녹스의 예에서 보게 되듯이, 이 이론들은 또한 종종 똑같이 반식민주의적이기도 했다.[28] 게다가 헤르더에게 인간은 모두 하나의 종이다. 그럼에도 그는 개별 민족들과 그들의 현지성에 대한 관계를 강조한다. 이러한 강조는 인류가 다수의 종이라는 다원발생론자의 생각에 적응하라고 요청하는 듯 보인다. 동시에 문화를 지적 혹은 물질적 진보 자체로 보기보다는 한 민족의 총체로 보는 헤르더의 통합적 강조는 역설적으로 민족 내의 문화와 문명을 분리할 잠재적 가능성을 열어 놓는다.[29]

식민주의와 노예제에 관한 헤르더의 예리한 비판은 그래서 윌리엄스처럼 문명 자체에 대한 반대라고 설명할 수 없다. 같은 방식으로, 문명을 18세

---

28) 다음을 참조. Gobineau, *Inequality of Races*, I, 171; Knox, *The Races of Men*, 42-3.

29) Cf. Herder, "Yet Another Philosophy of History," in *J.G. Herder on Social and Political Culture*, ed. Barnard, 199ff.

기 유럽 문명에서 정점에 다다르는 단선적 과정으로 보는 보편사들의 가정에 의문을 제기한 헤르더의 공은 인정할 수 있지만, 헤르더는 자신의 상대주의에도 불구하고 민족들을 그들의 "문명의 정도"(480)로 판단하였고, 인간의 진보를 인간 이성의 작동 결과로만 보았으며, 인류의 역사적 발전을 독일 민족에게 이르는 창조적 문명들의 연속으로 보았다. 헤르더는 독일 민족들이 분명 "시대의 폭풍으로부터 문명의 유적을 보호해온 견고한 보루로서 유럽의 공공 정신을 발전시켰고, 지구 상의 모든 지역에서 천천히 그리고 조용히 작업해왔다"고 보았다.[30] 때로는 그도 다른 민족과 문명들의 유미적이고 문화적인 가치를 유럽중심적으로 비교하곤 했다. 하지만 인류 최초의 순간부터 문화의 역사를 추적하는 그의 프로젝트에는 문화들이 서로에게서 이익을 얻으며 발전하고, 그래서 문화가 복수로 인식될 수 있다는 개념도 작동한다. 이렇듯 헤르더는 어떤 점에서는 놀라운 문화상대주의를 보여준다. 이는 "문명"과 "미개"로 나뉜 세계라는 개념과는 아주 다르다. 게다가, 헤르더가 다른 문화를 논하며 보여준 공정함은 주목할 만하다. 예를 들어 그는 다음과 같이 언급한다.

> 우리가 흑인들의 나라에 갈 때 우리의 오만한 편견을 버리고 지구 상의 이 특정 지역의 조직체를 마치 다른 것 없는 것처럼 공정하게 여기는 것이 정당하다.[31]

바로 그러한 인류학적 객관성의 정신에서 헤르더는 "문화"라는 단어를 복수로 사용해서(그리하여 그것의 더 상대적인 인류학적 관점을 예시하며) 민족들 사이에서의 문화들의 다양성과 민족들 내부에서의 문화들의 다양성 양쪽 모두를 나타낼 것을 주장한다. 하지만 올렌더Olender의 지적처럼 "헤르더는 그의 역

---

30) Herder, *Outlines*, 562. 이 문장은 Thomas Arnold가 *Introductory Lectures on Modern History*에서 반복한다.

31) Herder, *Outlines*, 146. 이로 인해 얼마 후 그는 좀 더 진전시키게 된다. "아프리카의 형식들이 이상적인 미와 융합할 수 있다는 것은 메두사의 각 머리에서 증명된다"(343).

사 철학의 메커니즘을 작업하면서 공정성에 대한 관심을 잊었다."[32] 비록 다른 모든 것과 차이가 인정되어도 각 문화는 여전히 위계화된 문명의 등급에서 그것이 놓여 있는 단계에 따라 평가되었다. 게다가 헤르더는 문화의 총체성을 문명의 기계 같은 특징에 대비시키지만, 동시에 문화라는 개념 자체에 분할을 도입한다. 헤르더에게 문화는 항상 혼종이다. 비록 그가 특정한 문화를 한 민족의 독특한 성격과 동일시해도 그러하다.

이렇게 헤르더의 주장은 핵심적인 역설에 따라 작동한다. 우리는 고비노가 이를 다시 반복하는 것을 보게 될 것이다. 한편으로 헤르더는 식민화와 인종의 섞임을 치명적인 이질성의 도입으로 간주한다. 다른 한편으로 그는 인류의 진보 자체가 전파주의, 즉 문화적 섞임과 교환의 결과로 온다고 본다. 그것에 의해 사회의 문화적 업적들이 다른 문화에 접붙여지기 때문이다. 헤르더는 로마제국의 종말과 더불어 "모든 곳에서 새로운 민족들이 오래된 줄기에 접붙여졌다. 어떤 새싹, 어떤 과일이 인류를 위해 생산될 것인가?"(525)라고 말한다. 유럽의 어떤 민족도 자신만의 문화적 힘으로는 스스로를 "세련된 상태"로 올리지 못했다고 헤르더는 주장한다. 유럽은 그 문화의 대부분(글쓰기, 수학, 종교 등)을 로마인, 그리스인, 아랍인과 유대인에게서 취했다. 헤르더는 민족들 간의 신체적, 문화적 차이의 토대를 기후의 효과로 설명하지만, 그가 연대기적으로 기록한 역사에서 나타난 전반적인 문화적 변화와 발전은 신체적 상호작용과 문화적 전파의 결과이다.

헤르더 주장의 중심에는 이렇게 갈등하는 긴장이 존재한다. 문화는 문화의 동질성, 땅과 전통과 단일한 언어에 대한 애착 때문에 유기적으로 발전하여 민족이 된다. 하지만 다른 한편, "지구를 둘러싸고 있는 향상의 황금 사슬"은 다른 이야기를 한다. 한 민족이 섞임과 이주를 통해 다른 민족을 교육시키는 문화들 사이에서의 재생적 발전에 의해 문화는 진보한다.

우리 종의 교육은 유전적이면서 유기적이라는 이중의 의미를 지닌다. 전

---

32) Olender, *The Languages of Paradise*, 49.

달된다는 점에서 유전적이고, 전달된 것을 받아들이고 적용한다는 점에서 유기적이다. 이러한 인류의 제2의 창세기를 땅의 재배라는 의미에서 경작이라고 부르든, 빛의 행위라는 의미에서 계몽이라고 부르든 그것은 중요하지 않다. 빛과 경작의 사슬은 지구 끝까지 닿는다. (227-8)

헤르더는 이렇게 문명과 문화를 구별하는 은유적 근거가 개념의 수준에서 중요한 의미를 가진다는 사실을 부인한다. 이는 의심할 바 없이 그에게 문화는 토착적으로 성장하는 것이지만 동시에 문명들 간에 전파되기도 하는 것이기 때문이다. 따라서 그는 암묵적으로 기후, 자연적 장소, 교육에 대한 강조와 이주하고 한 문화를 다른 문화에 접붙이고 섞는 것 사이의 대립을 설정한다. 식민화와 인종의 섞임은 돌이킬 수 없는 이질성을 도입하지만, 문화적 발전은 문화들 사이의 유기적 접붙이기와 전파 그리고 흡수를 통해 작동한다. 헤르더는 이렇게 전파주의적 모델과 고립주의적 모델을 동시에 사용한다. 이 두 모델은 19세기와 20세기의 고고학과 인류학의 문화 발전 이론에서 두 개의 지배적인 대립 이론이 된다.

헤르더는 이렇게 한 입으로 두 말을 한다. 한편으로는 뿌리내림을, 한 민족과 그들의 지역적이고 전통적인 문화의 유기적 통합을 제안한다. 동시에 다른 한편으로는, 인류의 문화적 교육을 제안한다. 그것에 의해 한 문화의 업적들이 다른 문화에 접붙여지는데, 때로는 혁명을 통해, 혹은 국가의 변화(예를 들어, 로마 제국의 종말)나 이주를 통해 발생한다. 헤르더는 이를 역사적 경향으로 인정한다. 이런 방식으로 헤르더는 인류의 단일성이 어떻게 그것의 내적 다양성과 조화를 이루느냐는 주요한 인류학적 질문을 해결한다. 하지만 이후에 헤르더의 역설적 테제를 단일성이나 다양성 하나만을 강조하려고 둘로 나누는 것은 너무나도 쉬웠다. 그의 작업의 양가성은 헤르더가 어떻게 진보적이면서 동시에 원原-파시스트로 보이는지 설명해준다. 이 양가성은 그가 받아들여지고 영향력을 미칠 때마다 꼭 함께 전달된 것은 아니었다. 그를 읽는 사람들은 지역성, 민족, 인종과 문화의 동질성 개념들을 강조하였고, 그들은 또한 헤르더에게서 상대주의, 차이, 독일 문화의 우월성이라는 반계몽주의 개념들을 취하기도 하였다.

헤르더의 상대주의는 그 자체가 지배적인 계몽주의 정신인 문명, 진보, 완전성, 그리고 평등성에 대한 낭만주의적 문제 제기를 나타내는 것이었다.[33] 특히 산업화의 결과 때문에 동시대의 문명을 타락하고 병든 것으로 보고 자연적이고 건강한 삶의 방식으로 돌아가고자 하는 대안적 관점에 무게가 실렸다. 문화는 문명화된 가치에 대한 이러한 안티테제를 나타내게 되었다. 인위적인 수사학보다는 민족적이고 전통적인 문화와 자연스러운 언어를 강조하고, 문명의 고급문화보다는 대중문화가 강조되었다.[34] 그것들이 발생한 토양과 여전히 긴밀한 관계를 맺고 있는 민족과 언어와 민중예술의 순수성과 결합된 민족성에 대한 낭만주의적 열정은, 인종 이데올로기들의 발전과 민족적-인종적 유형들의 불변하는 차이라는 개념과도 밀접하게 관련되어 있었다. 자연적 가치와 문화를 동일시한다는 것은, 문화가 19세기 문명의 기계적이고 과도한 산업화와 지나치게 합리화된 물질주의적 성격을 공격하는 근거가 되었음을 의미한다. 이런 점에서 우리는 데리다의 레비스트로스 Lévi-Strauss 비판의 낭만주의적 전례를 보고 있다. 즉, "문화"는 "자연"에 대립되었던 것이 아니라 "인간적" 발전과 "물질적" 발전을 구별하기 위해 사용되었던 자연/문명 대립항 사이에 끼어든 용어였다.[35]

헤르더는 분명 문화의 개념을 "한 민족, 한 시기, 혹은 한 집단의 특정한 삶의 방식"으로 소개하였다. 비록 세기말에 이것이 쿨투어, 즉 독일 문화 자체와 동일시되었다 해도 그러했다. 하지만 윌리엄스가 논하지 못한 것은, 특정한 사회들의 고유한 형태라는 문화 개념이 애초에 헤르더에서 출발하여

---

33) Montaigne, Rousseau와 Helvétius 같은 18세기 상대주의자의 논의는 다음을 참조. Todorov, *Nous et les autres*, 51-70.

34) 민속 문화의 발명에 관해서 다음을 참조. Shiach, *Discourse on Popular Culture*.

35) 다음을 참조. Derrida, "The Violence of the Letter: From Lévi-Strauss to Rousseau," in *Of Grammatology*, 101-40; 또한 Lévi-Strauss에 관해서는 다음을 참조. Derrida, "Structure, Sign, and Play in the Discourse of the Human Sciences," in *Writing and Difference*, 278-93.

인종과 민족 개념에 초점을 맞춘 우파 인류학으로 발전했다는 것이다. 문명 그 자체가 식민주의와 제국주의 기획과 너무 동일시되어 더 이상 그것의 상대주의적인 비교학적 관점에서 사용될 수 없게 된 세기말이 되어서야, 진보적 인류학은 문화와 문명을 구별하고자 했고, 문명이 파괴한 "미개"와 "야만" 문화들을 설명하기 위해 전자를 사용하고자 했다. 하지만 그렇게 하기 위해서는 "문화" 자체가 독일 민족주의 맥락에서 뿐 아니라 가장 인종차별주의적인 19세기 인류학 학파의 맥락으로부터도 전유되어야 했다.

그러므로 "문화"가 "문명" 개념 내부의 분열들을 분명하게 표현했다 해도, 헤르더의 연구는 애초부터 그것이 결코 단순한 대립 범주가 아니었음을 보여준다. 빅토리아 시대 사회에서 생겨난 소원해진 대립들과 모순들이 문화에 새겨지면서 문화의 복잡성은 19세기에 더욱 증가하기만 했다. 이것들 가운데 가장 복잡한 것은 인종이었다.

"문화, 혹은 문명"

J.S. 밀은 코울리지에 관한 에세이의 한 유명한 진술에서 "인간의 문화의 철학"을 역사와 그리고 하나의 민족을 만드는 "민족 교육의 특성"과 동일시한다. 이때 그는 분명 헤르더에 대한 더 진보적인 해석을 따르고 있다.

인간의 문화는 상당한 높이까지 다다랐었고, 인간의 본성은 그것이 지닌 최상의 고귀함을 여실히 드러냈었다. 기독교 국가들에서만 그런 것이 아니라 아테네, 스파르타, 로마 같은 고대 세계에서도 그러했다. 아니 게르만족 같은 미개인, 더한 야만인인 난폭한 인도인, 나아가 중국인, 이집트인, 아랍인까지 모두 그들 자신의 교육과 그들 자신의 문화를 지녔다. 하나의 문화는 그것의 전체적 경향이 어떠하든 이런 면 혹은 저런 면에서 성공적이었다. 모든 형태의 정치체, 모든 조건의 사회는, 그것이 무엇을

했든, 민족적 성격의 고유한 유형을 형성해왔다.[36]

19세기에 영국의 "문화"는, 여기 밀의 글에서처럼, 일반적으로 가장 원시적인 것에서 가장 문명화된 것에 이르기까지 인간 사회의 특성과 산물들을 지칭하기 위해 사용되었다. 만약 문명이 그 사회들의 역사의 결과이면서 동시에 과정이라면, 각각은 그 틀 안에서 자신의 문화적 수준에 도달한 것이 된다. 문화는 이렇게 개인의 학습 과정에서 특정한 사회들의 학습 과정으로 확장되면서 사회적인 것과 교육적인 것을 결합한다. 즉 "모든 사람에게는 그들만의 교육, 그들만의 문화가 있다." 여기서 밀은 분명하게 개별 사회의 특이하고 특정한 문화를 인류 전반의 산물이라는 더 확장된 문화 개념 안에 설정하고 있다. "문화"라는 단어에서 이 의미가 우세하였던 것은 당시 "지적 문화"라는 구절이 흔히 사용되었던 것에서 입증된다. 문화가 지칭하는 바가 매슈 아널드가 『문화와 무질서』(1869)에서 제안한 방향으로 움직인 것은 그런 수식어를 통해서 만이다. 이 저서에서 아널드는 전형적인 독일 낭만주의 방식으로 물질 문명과 지적 문화를 대립시키고, 이전에는 문명에 연계되어 있던 교육, 향상, 진보, 완전함이라는 지적 교양의 특정한 속성들을 지적 문화라는 말로 지시하며 사용한다.[37] 윌리엄스의 지적처럼, 1852년에 뉴먼Newman은 아널드의 "문화"에 분명하게 상응하는 단어가 영어에 없다고 불평했다. 즉 윌리엄스가 설명하듯, 마침내 "그 전통에 하나의 표어와 하나의 이름"을 붙여준 것은 바로 『문화와 무질서』였다.[38] 그러나 아널드가 어떤 전통에 이름을 주었다는 생각은 잘못된 것이다. 마치 그것이 그 당시에 지배적인 것이었다고 의미하는 듯하기 때문이다. 아널드가 한 작업은 훨씬 오래된 전통, 즉 신사 학자를 귀족과 민중 양자로부터 분리시키는 수단으로 교양을 사용하는 르네상스 인본주의자의 방식을 다시 불러내어 그것에 자신을 제휴시키는 것

---

36) *Mill on Bentham and Coleridge*, 132, cited by Williams, *Culture and Society*, 74-5.

37) *Culture and Anarchy*는 다음 장에서 자세하게 논의한다.

38) Williams, *Culture and Society*, 124. 옥스퍼드 영어사전에 따르면, 이 단어는 1805년 이후부터 이러한 의미로 사용되었다.

이었다. 이러한 움직임은 사실상 계몽주의의 인본주의적 맥락이라는 확장된 범주로부터 문명과 문화를 다시 전유하려는 시도다. 이런 방식으로 아널드는 세기말에 문화 엘리트주의가 뒤이어 발전될 토대를 놓는다.

윌리엄스는 인류학적 관점에서의 "문화"(그의 정의에 따르면, "다른 민족과 시기의 특정하고 다양한 문화들, 그리고 한 민족 내의 사회적 경제적 집단들의 특정하고 다양한 문화들")가 결정적으로 E.B. 타일러Tylor의 『원시문화』Primitive Culture(1871)를 통해 "영어 안으로 도입"되었다고 말한다. 이러한 인류학적 의미가 옥스퍼드 영어사전의 원래 판본에는 없다는 사실로 그 단어가 유행하기까지 시간이 걸렸다는 것을 알 수 있다.[39] 부분적으로는 인류학적 문헌이 옥스퍼드 영어사전에 잘 반영되지 않는다는 사실로도 설명이 가능하지만, 진짜 이유는 19세기에 인류학적으로 통용되는 두 건의 사용법이 이미 있었기 때문이다. 첫 번째는 밀이 사용한 개념으로서, 키츠Keats의 어휘인 "지성의 거대한 행진"과 인류의 문화라는 일반 개념 내에서 개별 사회들이 성취한 문명의 특정한 정도를 나타내기 위해 사용되었다. 두 번째는 타일러의 정의에 더 가까운 문화 개념이다. 하지만 인종의 불평등을 널리 알리려했던 보수주의자들이라고 평할 만한 인류학자들이 사용했던 개념이다.

이 이야기는 인간 사회의 향상이라는 계몽주의 진보 모델과 아주 다른 타 사회들에 대한 현대적인 상대주의적 관점 위에 인류학이 세워져있다고 시사하면서 인류학이 감추려고 했던 이야기다. 레비스트로스의 공식적인 설명을 들어보자.

19세기 초기부터 20세기 전반까지 인류학적 사고는 주로 연구 대상의 가정된 단일성과 그것의 다양하고 흔히 비교할 수 없는 특정한 표현들을

---

39) Williams, *Keywords*, 91. 옥스퍼드 영어사전에서 인류학적 의미에 가장 가까운 것은 "지적 발전의 특정한 형태나 형식"이었다(5b). 두 번째 판에서 이 정의는 "또한, 한 민족이 어떤 역사의 특정 단계에서 성취한 문명, 관습, 예술"로 확실한 인류학적 의미를 갖게 되었다. "culture"라는 단어가 이러한 의미로 최초로 사용된 기록은 Tylor가 아니라, 오히려 "a language and culture which was wholly alien to them"이라고 쓰고 있는 Freeman의 *The Norman Conquest*(1867)이다. 1891년의 한 인용에는 "speaking all languages, knowing all cultures, living amongst all races"라고 기록되어 있다.

타협시키는 방법을 찾는 데 집중하였다. 이를 위해 일단의 일반적이고 보편적이며 전달가능한 능력들을 내포하는 문명 개념이 새로운 의미를 가진 문화 개념에 자리를 내어주어야 했다. 그것은 이제 잠재 능력이 아닌, 기술, 관습, 풍속, 제도, 신념 같은 구체적인 산물로만 파악될 수 있고, 전달될 수 없는, 특정한 삶의 양식들을 의미하게 되었다.[40]

문명 개념에서 "새로운 의미"를 지닌 문화 개념으로 이동하였다는 레비스트로스의 설명은 문화 개념이 예전에 어떤 의미였는지를 간과하고 있다. 그것은 종종 인종과 구별이 불가능한 것이었다. 조지 스토킹George Stocking이 지적하듯, "오늘날의 '문화'의 의미를 상당히 담고 있는 '인종'은 역사적으로 축적된 도덕적 차이들, 세대에서 세대로 지속되며 서서히 수정된 도덕적 차이들의 총합과 같은 것이다."[41]

타일러와 "원시 문화"

몇 해 전 스토킹은 크로버Kroeber와 클럭혼Kluckhohn이 시작하고 윌리엄스가 재확인한 가정, 즉 19세기 이래 문화에 두 가지 개념이 있다는 가정에 도전했다. 넓게 말하면 자민족중심적으로 스스로 완벽하다고 가정하는 아널드식 "고급" 문화와 문화의 인류학적인 상대주의적 개념이다. (타일러를 연상시키는) 후자는 문화를 어떤 개별 사회의 물질적이고 관념적인 체계의 "복합적 전체"complex whole로 본다.[42] 스토킹은 "어떤 면에서는 아널드가 근대 인류학적 의미보다 타일러에게 더 가깝다"(73)고까지 말한다. 그는 윌리엄스와 다른 이들이 문화의 현대적 개념을 소개했다고 인정했던, 타일러가 『원시 문화』

---

40) Lévi-Strauss, *The View from Afar*, 26.

41) Stocking, *Victorian Anthropology*, 138-9.

42) Kroeber and Kluckhohn, *Culture*; Stocking, "Matthew Arnold, E. B. Tylor, and the Uses of Invention," in *Race, Culture, and Evolution*, 69-90. 추가 언급은 본문에서 함.

를 여는 그 정의로 시작한다.

문화나 문명은, 그것의 가장 넓은 민족지학적ethnographic 관점에서 보면, 지식, 신념, 예술, 도덕, 법, 관습, 그리고 인간이 사회의 구성원으로 습득한 다른 모든 능력과 습관을 포함하는 복합적 전체다.[43]

스토킹은 여기서 두 가지 어려움을 지적한다. 하나는 타일러가 문화를 문명과 동의어로 정의한다는 것이다(타일러가 책 제목에서 문명보다 문화를 선택한 것이 사실이기는 하다). 두 번째는 이처럼 명백하게 같이 움직이는 문화의 정의가 그의 책 다른 부분에서는 어디에서도 명백하지 않다는 것이다. 사실 타일러가 문화와 문명이라는 용어들을 상호교환적으로 사용하는 것이 유별난 것은 아니었다. 1871년 이전 여러 해 동안 다양한 주장을 가진 인류학자들이 문명의 정도를 표시하기 위해 문화라는 용어를 사용했다. 문명과 문화에 대한 이 전형적인 등식을 강화한 것은 다음과 같은 사실이다. 즉 현대적인 듯한 처음의 정의에도 불구하고, 타일러의 1장의 나머지 전체는 단선적이고 위계적이며 진보적인 문명(혹은 문화) 개념 안에서 작동한다. 그 개념은 헤르더와 계몽주의 역사학자들의 개념과 유사한 것으로서, 인류의 역사 전체를 포괄하면서 단지 정도와 단계들만 다르다고 간주한다. 스토킹에 의하면, 타일러가 비교학적 방법을 사용한다는 점과 현대적 실천과 달리 그가 "문화"라는 용어를 단수로만 사용한다는 것이 이러한 관점을 분명하게 나타낸다(80-1). 방금 인용한 문장 다음에 타일러는 이어 말한다.

인류의 여러 사회에서의 문화의 상태는, 일반적 원칙에 따라 연구될 수 있다면, 인간의 사고와 행동 법칙을 연구할 수 있는 연구 주제다. 한편으로 문명에 그렇게 널리 퍼져 있는 동일성은 대체로 동일한 명분의 동일한 행동에 기인한다고 할 수 있다. 반면 다른 한편으로 문화의 다양한 정

---

43) Tylor, *Primitive Culture*, I, 1.

도들은 발전이나 진화의 단계들로 간주될 수 있다. 여기서 각각의 단계는 이전 역사의 결과물이면서 미래의 역사를 형성하기 위해 적절한 역할을 하려 한다. 민족지학ethnography의 여러 분야에서 이 두 중요한 원칙을 조사하는 것, 특히 더 발전된 민족들의 문명과 관련해서 하위 부족의 문명을 고려하면서 조사하는 것이 이 책이 하고자 하는 일이다.

요즘 우리는 으레 고도의 유럽 문명이 성취한 상태로 나아가는 단일한 발전의 위계에 따라 인류 전체를 재단하고 평가하는 이런 관점을 비판한다. 하지만 스토킹이 주장하는 바는, 타일러가 실제로는 진보적인 입장을 취하고 있다는 것이다.

이러한 논의의 배경에는 다음 장에서 다시 살펴볼 빅토리아 시대 인류학에서의 개념들이 관련되어 있다. 여기서는 두 쌍의 상반된 입장이 걸려 있다고 말하는 것으로 충분하다. 인간은 야만의 상태에서 문명화된 상태로 점진적으로 진화해 왔다는 (그리고 완벽함에 이를 때까지 계속 진화할 것이라는) "진보론적" 계몽주의 관점과 그에 대비되는 "퇴행론적" 관점이 있다. 후자는 성경에서 유래한 것으로, 인간이 원래 진정한 종교를 계시받은 문명화된 백인으로 창조되었으나 그 이후 어떤 상황에서 야만상태로 퇴행되었다고 본다. 퇴행론자들은 고대 로마의 경우처럼 문명들이 퇴행하는 경향이 있다고 시사하는 역사적 유물들이 전 세계에서 자주 발견된다는 사실을 지적할 뿐 아니라, 성경에 따라 인간이 생존한 지 6,000년밖에 되지 않았다면 이 시간은 인간이 야만의 상태에서 문명의 상태로 진보할 충분한 시간이 될 수 없다는 주장에 의존할 수 있었다. 이집트나 다른 사회들의 유적을 보면 이 사회들은 분명히 문명화되어 있었고, 그 6,000년을 거의 거슬러 올라가 펼쳐져 있다. 두 번째 대립은 인간의 기원에 관한 것이다. 성경은 모든 인류가 하나이며 에덴동산에 있었던 최초의 한 쌍으로부터 비롯되었다고 확언한다. 이런 "일원발생론적" 주장은 인간의 다양성은 인류의 다른 인종들을 다른 종으로 다룰 경우에만 설명된다는 "다원발생론적" 관점에 의해 점점 반격을 받는다. 후자의 입장은 확실히, 다른 인종이 신체적으로 같지 않은 다른 종이라면 그들은 지적 능력이나 사회적 능력 같은 다른 방식에서도 같지 않을 것이라는 부가적인 함의를 받아들이기 쉬웠다. 대부분의 진보주의자가 일원발생론자이기도 하다고 말할 수 있다. 다원발생론은 인간의 단일성에 대한 어떤 개념에도 반대하므로 인류의 진보라는 보편적 서사에 더 이상 적합하지 않기 때문이다. 그러나 일원발생론자가 동시에 퇴행론자일 수는 없다는 논리적 이유는 없으며 많은 사람들이 이를 증명하는데, 이는 양쪽 입장 모두 성경의 승인이라는 득을 볼 수 있기 때문인 듯하다.[44] 다른 한편, 다원발생론자들은 본능적으로 퇴행론자이지만 부분적으로 진보주의자가 될 수도 있었다. 원시 인종은 창조 이래 정지되어 있었지만, 문명화된 인종은 진보하였다고 주장할 수 있었기 때문이다.[45] 하지만 이들 중 상당수가 이후에 퇴행할 것이라는 주장으로 역사적 변화를 설명했다. 이런 논쟁의 결과 지질학적 시간이 크게 강조되었다. 지질학적 시간은 인간의 기원에 관한 성경의 설명과 인종 유형이 불변한다는 이론 모두를 반박하기 위해 진화적 변화의 가능성을 보여주는 방식으로 사용되었다.[46]

보편적 동일성과 인류의 평등성에 관한 계몽주의 정신은 1850년대 무렵에는 인간 사회들의 분명한 다양성이 그 어느 때보다 더 명확해지면서 점차 조롱거리가 되고 있었다. 다원발생론은 전통적인 성경의 교리에 반대되는 현대 과학의 관점으로 널리 받아들여졌다. 이러한 상황에서, 인류의 단일성과 그리하여 평등주의 원칙을 주장하는 유일한 방법은 스토킹이 말하는 것처럼 "인류의 차이를 진화적 단계의 상관물"로 다루는 것이었다(70). 인간은

---

44) Stocking은 퇴행론자들이 다원발생론의 주장을 받아들인다고 주장하지만, 항상 그렇지는 않았다.

45) 제1차 세계대전이 발발할 무렵, 종과 문화적 차이에 관한 논쟁은 게르만인과 영국인의 차이를 구별짓는 방식으로 바뀌었다. 예를 들어, *German Colonies: A Plea for the Native Races*에서 Clifford는 독일인들은 남서 아프리카에 있는 호텐토트인들을 "지구 상의 쓸모없는 방해자에 불과"하다고 생각했으며, 그들의 체계적인 근절은 Kultur라는 신성한 이름으로 결정되었다"(96)고 주장하였다. 얼마 지나지 않아 그는 "암흑의 대륙 전역에서 원주민들이 "백인"과 "독일인"을 완전히 다른 인간의 종으로 여기고, 그렇게 말하는 것에 대해 신에게 감사할지도 모른다"라는 이상한 주장을 한다(113).

46) 이 분야의 주요 자료는 Lyell의 *Geological Evidences of the Antiquity of Man*이었다.

모두 동일하기 때문에 하나인 것이 아니라 그들의 차이가 전체적으로 동일한 과정의 다른 단계를 나타내기 때문에 하나라는 것이다. 이러한 진보주의적 개념은 지금은 엘리트주의적으로 보일지 모르지만 당시에는 인류가 다르다, 비교할 수 없다, 평등하지 않다는 생각에 반대하는 개념이었다. 이런 맥락에서 문화들과 문명들에 대해 복수로 말하지 않는 것이 중요했다. 왜냐하면 그렇게 한다면 문화와 문명은 분리되고 해설자들이 그것들을 창조한 사람들을 불평등한 존재로, 근본적으로 다른 존재로 판단할 수 있게 될 것이기 때문이었다. 역설적으로, 1850년대 이래 문명들을 복수로 언급했던 사람들은 인종주의적 퇴행론자들뿐이었다.

타일러는, 본인보다 앞선 위대한 민족학자 J.C. 프리처드처럼 인간 종의 단일성과 평등성을 주장했다. 프리처드는 전파주의를 통해 이를 주장한 반면, 타일러는 문화와 문명을 동일시하고 분리를 반대하며 유럽 중심적인 가치 위계 안에서 물질적 수준과 정신적 혹은 도덕적 수준 양쪽에서 인류의 진보적 진화를 가정하는 식으로 반응했다. 타일러는 이러한 보편적 진화 체계를 강조함으로써, "원시적" 단계를 발전의 초기 단계로 보지 않고 퇴보로 보는 널리 퍼진 퇴행 이론에 반대하고자 했다. 동시에, 다른 인종들은 사실 다른 종이다라고 암시되는 상황에서, 모든 인종을 같은 체계 안에 수용해야만 그들의 공통 기원과 공통의 동등한 인간됨을 주장할 수 있었다. 퇴행론자들을 반박하기 위해 문화를 독립적으로 진보하는 단위로 분석하는 작업이 곧바로 다원발생론자들의 손안에 떨어졌다는 사실은 역설적이다.[47] 진화론적 방법은 의미심장하게도 다원발생론이 지배적인 과학적 관점이 되고 있던 1860년대에 등장한다. 다원발생론의 우세는 다른 문화들을 그 자체의 특정하고 구별된 용어로 분석하는 인류학의 현대적 방식이 고려될 수 없었다는 것을 의미한다. 왜냐하면 이것이 정확히, 정도의 차이가 아닌 종의 차이를 강조했던 다원발생론자들의 입장이었기 때문이다.

스위스계 미국인 다원발생론자인 헨리 호츠를 예로 살펴보자. 호츠는

---

47) CF. Stocking, *Victorian Anthropology*, 169-85.

1856년 고비노의 『인종 불평등에 관한 에세이』*Essay on the Inequality of Human Races*에 관한 분석적 서론에서 "문화"가 어떻게 가치를 재는 단선적 눈금자로 사용되면서도 인간 발전을 단일 선으로 통합하는 모든 역동적 도식에 절대적으로 반대하도록 만들어졌는지 잘 보여준다. 그는 다음과 같이 기술한다.

> 힌두문명이나 중국문명의 최상의 문화는 그 문화에 속한 사람들이 유럽인의 관념이나 견해에 한 걸음도 더 다가가게 하지 않는다. 중국문명은 그 자체로 우리의 문명처럼 완벽하다. 아니 더 완벽하다. 그것은 단지 어린 아이가 아니고, 아직 성숙하지 않은 어른도 아니며, 오히려 늙은 노인이다. 중국문명도 나름의 단계들이 있다. 자체의 유아기, 성년기, 성숙기의 시기들이 있다… 그런데도 우리는 중국문명이 우리의 문명과 다른 경향을 가지고 있다 해서 이를 준문명semi-civilization이라고 부른다. 세계 역사의 어느 시기에, **문명화된** 민족들이라는 우리가 이런 준문명 단계를 거쳤던가?[48]

1860년대가 되어서야 "문명"이라는 단어를 "문명들"이라는 복수 형태로 사용하는 것이 일반화되었다. 다른 문명들이 있을 수 있다는 개념이 인류 역사에 대한 더 상대주의적 관점이 출현행동을 나타낸다고 생각할 수도 있다. 하지만 서술한 바와 같이, 이러한 맥락에서 그것은 문화 상대주의의 현대적인 진보적 형식을 예고하는 것이 아니라, 인종적이고 문화적인 차이의 절대적인 형식들을 강조하고자 했던 다원발생론자들의 관점을 예고하는 것이었다. 문화는 차이를 위해 발명되었다. 이 단어가 그것의 인류학적 의미로 (1862년 트롤럽에 의해) 최초로 사용된 것이 미국 남북전쟁에서 남과 북의 "다른 문화"를 묘사하기 위해서였다는 것은 의미심장하다.[49]

스토킹은 타일러의 책이 어떤 점에서는 아널드의 『문화와 무질서』에 대

---

48) Hotze, *Analytical Introduction*, 35-7.

49) Trollope, *North America*, 22. Not in OED.

한 직접적인 도전이라고 주장한다. 아널드는 사실, 가치들의 위계라는 규범적 사고를 공유하는 한, 타일러와 아주 유사한 문화 개념을 가지고 있다. 같은 이유로 두 사람 모두 "문화를 진보나 완전을 향한 의식적인 분투로 보았다"(84). 하지만 타일러는 그의 첫 문장에서 아널드가 문명과 문화를, 물질적 상태와 정신적 상태를 구분한 것을 대놓고 문제 삼는데, 이러한 구분 때문에 아널드는 다윈발생론자인 영국성공회 신학자 대주교 웨이틀리Whately(소년 아널드에게 오스트레일리아식 부메랑을 만드는 법을 가르쳐준)와 같은 퇴화주의자들을 지지하는 듯 보였다.[50] 스토킹은 타일러의 1871년의 책『원시 문화』의 제목 자체가 문화와 문명을 다시 묶고자 하는 진보주의자의 반격을 의도한다고 주장하면서, 문화의 수준이 아무리 조악하고 원시적이어도 모든 사람에게 문화는 존재할 수 있으며, 인간의 정신적, 문화적 삶은 물질적 삶과 같은 진보 법칙에 따라 발전한다고 강조하였다. 차이들은 기원의 차이라기보다는 발전의 차이이고, 타일러가 말하듯, "문명은 실제로 인간 사이에 다른 등급으로 존재한다."[51] 분명 이것이 타일러의 일반적인 입장이지만,『문화와 무질서』에 대한 직접적인 도전은 더 문제적이다. 스토킹은 아널드가 교육의 잠재력과 완벽함의 이상을 강조함으로써 퇴화주의자들과 거리를 둔다는 점은 인정한다. 더욱이 원시주의와 문화를 연결시키는 것이 그 자체로 진보적 발걸음이라고 가정하는 것도 잘못된 것이다. 예를 들어, 다윈발생론자이면서 인종주의자인 인류학자 제임스 헌트James Hunt는 칼 포크트의『인간에 관한 강연』*Lectures on Man*(1864)을 번역하면서, 강연 X의 주제 목록에 "원시 민족들의 문명"을 넣는다. 하지만 실제 강연에서 이 주제는 다음과 같은 문장으로 소개된다.

---

50) Honan, *Arnold*, 9. *Miscellaneous Lectures and Reviews*, 26-57의 "On the Origins of Civilization"(1854)에 관한 에세이에서 Whately는 Arnold 자신이 하려고 했던 것처럼 사회의 물질적 진화와 정신적 발전을 구분하였다. Stocking이 지적하듯 Arnold 본인은 강경노선의 다윈발생론자들과 달리 교육의 가능성을 믿었고, 인종 간의 절대적인 뚜렷한 차이는 믿지 않았다. 그러나 Whately와 같은 일부 다윈발생론자들에게 미개인이 교육으로 문명화될 수 있다는 생각은 용납할 수 없는 것이었다. 미개인들이 스스로 문명을 발생시킨 것이 아니라 도움을 받았음을 보여주는 한 그러했다. 다음을 참조. Stocking, *Race, Culture, and Evolution*, 76-8.

51) Tylor, *Primitive Culture*, 23; Stocking, *Race, Culture, and Evolution*, 79.

"인간의 원시 문화에 대해 말하자면, 그것은 분명 좁은 한계 안에 제한되어 있다."[52]

　　이러한 상황은, 인종적 차이를 불가피하게 함의하지 않는 "현대적인" 인류학적 문화 개념은 19세기 말에 다원발생론적 사유가 결국 쇠퇴하고 나서야 비로소 등장할 수 있었음을 의미한다. 그때가 되어서야 비로소 하나의 문화가, 그것을 창조한 사람들이 영원히 열등하다는 암시 없이, 다르며 결정적인 별개로 여겨질 수 있었다. 퇴행적인 다원발생론에 대한 열정은 퇴행하기 시작했는데, 다윈의 『종의 기원』(1859) 때문만은 아니었다. 자연 선택 이론이 인류기원이 다양하다는 이론에 완벽하게 적용될 수 있다는 것을 발견한 사람들이 있었기 때문이다. 그보다는, 1858년에 브릭스햄 동굴^{Brixham Cave}*에서 멸종한 동물들의 뼈와 함께 인간 유골이 발견되면서 인간의 나이가 6,000년이라는 제한이 폐기되고 사회진화론이 성장했기 때문이다.[53] 그럼에도 다원발생론은 그 이후에도 오랫동안 잔존하였다.[54] 문화를 고유하고 구별되는 실체로 보는 더 진보적인 문화 개념이 원시 민족을 전혀 다른 종이라기보다 후진적인 것으로 보는 시도에 도전하게 된 것은 사회진화론이 지배적인 견해가 되면서부터다. 오늘날의 문화 차이의 정치학은 동일성과 평등성도 전제해야 한다.

영국 Devon에 위치한
동굴로 William Pengelly
(영국 지질학자)의 주도로
발굴되었다(1858 - 59).
멸종된 동물의 뼈로 만든
부싯돌과 연이은 켄트
동굴의 발굴(1865 -
83)로 이 지역에
구석기인이 살았음이
증명되었다.

문화와 모더니즘

양차대전 이전에 "최고의 민족"이라고 불리곤 하던 사람들의 문화를 과대평가해서는 안 된다. 그들은 매혹적인 예절을 지녔지만, 백조처럼 무지했다.

클라크 경^{Lord Clark}, 『문명』(1969)[55]

---

52) Vogt, *Lectures on Man*, 262, 294.

53) Stocking, *Victorian Anthropology*, 73-4, 172-3, 181.

54) 다음을 참조. Stocking, "The Persistence of Polygenist Thought in Post-Darwinian Anthropology," in *Race, Culture, and Evolution*, 42-68.

55) Clark, *Civilisation*, 346.

보아스Boas가 "문화"를 비유럽 사회들의 삶의 방식을 전체론적으로 묘사하는 비교적 중립적인 의미로 사용하면서 "문화들"이라는 개념을 소개한 것은 20세기가 되어서였다.[56] 보아스가 이렇게 할 수 있었다는 것은 다원발생론이 마침내 사라졌음을 나타낸다. 문화들을 구별된 것으로 보는 모든 시도를 억압했던 인종주의자의 그림자를 걷어낸 것이다. 사회진화론의 도래는 사실상 18세기의 진보적 기획의 수정 판본이 복구되었음을 의미한다. 인류의 정신적 단일성이 분명해지면서 다양성이 안전하게 인정될 수 있었다. 동시에, 문화의 인류학적 개념을 둘러싼 함의들에 대한 재작업이 "문명"이라는 용어가 더 이상 인간 진보의 일반적인 성취를 나타내기보다 제국주의의 이데올로기적 기획을 의미하게 되면서 일어난다. 즉 오직 이 지점에서야 진보적 인류학은 "문화"를 "문명"과 구분하는 그런 방식으로 재정의한다. 그럼에도 불구하고, 문화가 인종적 차이와 불평등에 관한 일반 이론 속에 더 이상 자리를 차지하고 있지 않아도, 문화를 결정적인 힘으로 보는 20세기의 인류학적 개념은 여전히 차이의 개념을 작동시킨다. 이 차이는 서구와 비서구의 분리를 중요하게 보는 암묵적 위계 내에서 기능한다. 그런 가치평가가 없이 문화 자체를 연구하는 것은 그것이 작동하는 더 큰 맥락에 대한 고려를 배제해야만 가능하다. 하지만 탐구조사를 기록하는 언어와 담론, 현장기록이 출판되는 장소는 게임의 비밀을 드러낸다. 문화를 현대 인류학적 의미로 구성하는 것은 초기 모더니즘과 결합된 원시주의의 문화적 재평가와 불가분하게 연결되어 있다. 사회의 문화를 그 자체로 연구할 가치가 있는 유물로 보는 개념은 20세기 초 모더니즘의 미적 실천을 반영한다. 별개의 문화들이라는 개념과 연계된 인종주의가 더 이상 명백하지 않다고 해서 인종주의가 모두 함께 사라진 것은 아니다. 모더니즘 자체에서 실마리를 찾을 수 있다. 모더니즘의 인종주의는 원시 문화에 공감하면서 반유대주의anti-semitism와 모더니즘의 고급문화적 엘리트주의로 전환되었다.[57] 다른 말로 하면, 전 세계의

---

56) Boas, *The Mind of Primitive Man, Anthropology and Modern Life*, and *Race, Language and Culture.*

57) 모더니즘과 원시주의에 관해서는 다음을 참조. Torgovnick, *Gone Primitive;* Hiller, *The Myth of Primi-*

문명 등급에서 고급이냐 저급이냐 하는 문화들의 위계가 이 지점에서 유럽 문화 자체로 옮겨졌다는 것이다(역설적으로 고급문화는 비유럽의 원시주의에 제휴한다). "문명"이라는 용어가 더 이상 통용되지 않게 되면서 "문화" 자체가 나뉘어졌다. 고급과 저급에 관한 강조를 새롭게 하면서 분리된 부분들이 내부적으로 재조정되었다. 1871년에 타일러가 영어에 "문화"라는 단어를 현대 인류학적 의미로 소개하지 않았던 것처럼, 아널드의 『문화와 무질서』에 고급문화의 구조적 가능성을 설정한 것 이상의 책임, 즉 고급문화로서의 문화 개념에 대한 책임을 물을 수 있을지 의심스럽다. 아널드가 정의한 "문화"는 결국 너무 일반적이고 모호하다. 그래서 좁고 엘리트적인 관점의 문화에 대해 그를 비난하기는 어렵다. 아널드가 나중에 『문학과 도그마』Literature and Dogma에서 정의한 문화의 의미는, 문화가 고급예술, 특히 상류층의 문화와 동일한 것으로 압축될 것을 분명하게 예시한다. "문화란, 세상에서 생각되고 말해진 가장 좋은 것을 아는 것이다."*58) 그러나 아널드는 그보다는 19세기에 문화가 실현되고, 국립 초등학교 체계의 창안 같은 정부 차원의 활동을 통해 문화가 제도화되는 데 더 영향력을 발휘한다. 의무적인 국립교육이 19세기 말에 영국에 소개되었으며 그것의 근거가 제국주의 정신의 상당 부분을 공유하고 있었다는 것은 의미심장하다.59) 국내외에서 열등한 인종들은 문명화되고 국가의 이데올로기적 역학에 문화적으로 동화되어야 했다. 이 과정에는 많은 다른 문화적 제도들, 특히 공공 박물관(1850년대 이래)과 사립대학, 공립학교, 노동자기관의 설립이 포함되어 있다. 제도화는 『문화와 무질서』가 담고 있는 가장 구체적이고 영향력 있는 메시지일 것이다. 개인의 성취로서의 문화가 아무리 모호하게 정의되어 왔어도, 아널드는 그것이 어떻게 물리적으로 명백하게 나타날 수 있는지에 대해 독자들에게 의심의 여지를 남기지 않는다. 그것은 제도들이다. 즉, 옥스퍼드 대학, 영국 국교회, 국가다. 문화 개념의 역

*
"Culture is, To know the best that has been thought and said in the world."

---

tivism; and Kuper, *The Invention of Primitive Society*.

58) Arnold, *Literature and Dogma*, in *Dissent and Dogma*, 162.

59) Viswanathan, *Masks of Conquest*.

사에서 나타나는 의견 차이가 개념적 구조뿐 아니라 여기에 더하여 그것을 체화하기 위해 고안된 제도에서도 지속적으로 작동하는 것이 관찰된다.[60]

문화 엘리트주의는 사실 19세기 말 미학주의의 도래와 함께 그리고 20세기 초 민중 혹은 대중문화의 평등성에 반하는 "예술을 위한 예술" 운동에서의 반작용의 연속인 모더니즘과 더불어 발전한다.[61] 윌리엄스조차 "문화"에 대한 적대감이(그는 이것의 기원을 아널드로 보지만) 19세기 말 20세기 초에 "탐미주의자와 미학에 대한 유사한 적대감과 연합하여" 힘을 키웠다고 말한다.[62] T.S. 엘리엇Eliot은 자신이 보기에 문화가 요구하는 조건들을 정의하면서 이 문제에 정면으로 마주한다.

> 만일 그것들이 독자가 가진 열렬한 믿음과 충돌한다면, 예를 들어 문화와 평등주의 사이의 충돌이 충격적이거나 누군가는 "태어날 때부터 유리하다"는 것이 끔찍하게 보인다면, 나는 그의 믿음을 바꾸라고 요구하지 않는다. 문화에 대해 더 이상 입에 발린 소리를 하지 말라고 부탁할 뿐이다.[63]

인류학에 관심을 가진 미국 남부 출신의 본격 모더니스트 시인인 T.S. 엘리엇은 현대 인류학적 문화 개념이 탄생한 사회적 환경을 보여준다. 즉, 계급 갈등과 인종 갈등이다. 인종들 사이의 고급문화와 저급문화의 위계를 계급들 사이의 문화 위계에 동화시킨 것은 19세기 말 사회다윈주의의 엘리트주의적 이데올로기였다.[64] 동시에 저급한 인종들의 "원시적인" 동물적 활력과 감정적 표현은 지치고 퇴화되고 세속화되고 기계화된 유럽 문명을 재생시

---

60) 제도적 불일치에 대한 분석은 나의 "Idea of a Chrestomathic University" 참조.

61) 다음을 참조. Carey, *The Intellectuals and the Masses*; Huyssen, *After the Great Divide*; 그리고 보다 장기적 관점에서는 다음을 참조. Brantlinger, *Bread and Circuses*.

62) Williams, *Keywords*, 92.

63) Eliot, *Notes towards the Definition of Culture*, 16.

64) 다음을 참조. Jones, *Social Darwinism and English Thought*, 144-59.

키기 위해 복구되어야 할 가치 있는 대상이라는 낭만주의적 역할을 다시 부여받았다. 이러한 움직임이 『황무지』*The Waste Land*(1922)의 내용을 거의 완벽하게 나타낸다. 이는 현대 인류학적 의미의 문화 개념이 고급문화와 나란히 창조되었고, 또 그 일부로 발전되었음을 의미한다. 둘 다 자체의 내부적인 의견 차이들을 수용할 수 없게 된 서양문화가 그것들을 다른 문화들의 인종화된 위계 안으로 들어가도록 밖으로 투사해 만들어낸 것이다.

프로이트가, 문명이 문화적 억압을 통해 성취되고 문화적 억압은 문화적 불만을 생성한다고 주장할 때, 그는 문화의 개념적 조직의 이러한 역설에 매달려 있는 것이다. 대조적으로, 이러한 문명의 변증법이 비억압적 문화로 변화될 수 있다는 마르쿠제Marcuse의 비전에 찬 주장은, 그리스인에 대한 19세기의 우상화, 성에 대한 로렌스적 지지, 제3세계 및 제4세계 민족성에 대한 오늘날 서구의 낭만주의화에서 발견되는 유기적이고 본능적인 문화의 타락하지 않은 세계에 대한 동일한 갈망을 드러낸다.[65] 두 경우 모두 "문화"는 문명과 문화, 문명의 표시인 고귀한 지식과 현대 인류학적 문화 의미를 특징짓는 자연 그대로의 민속문화 혹은 삶의 방식, "고귀한" 인종과 "저급한" 인종, "고귀한" 계급과 "저급한" 계급 사이에서 독일 낭만주의자들이 발전시킨 대립들을 취하고 있는 듯 보인다. 이 역사에서 드러나는 것은 문화의 개념이 발전하여 서구 문명의 주류와 그것에 반대하는 편 양쪽 모두와 동의어가 되었다는 놀라운 사실이다. 문화는 문명인 동시에 문명에 대한 비판이었다. 그리고 이런 자아-소외라는 형식적 특성이 처음부터 문화의 특징이었다.

『키워드』에서 윌리엄스는 이 용어에 대한 사용법을 세 가지의 넓고 활동적인 범주로 구체화하면서 문화에 대한 그의 설명을 마무리한다. 이런 다른 의미들이 어떻게 발전해왔는지에 대한 그의 이야기에는 동의하지 않지만, 그래도 그것들의 차이에 관한 그의 요약은 여전히 유효하다.

---

65) Marcuse, *Eros and Civilization*, 198. "인간에 의한 인간의 문명화된 지배가 쌓은 죄를 자유로 속죄할 수 있다면 '원죄'는 다시 저질러져야만 한다. 즉 '우리는 무죄의 상태로 되돌아가기 위해 선악과를 다시 먹어야 한다'(Kleist, "Ueber das Marionettentheather")."

1. 지적, 정신적 그리고 미적 발전의 일반적 과정(18세기부터)
2. 한 민족, 한 시기, 한 집단의 특정한 삶의 양식
3. 지적인 그리고 특히 예술적인 활동의 작업과 실천들(19세기 말, 20세기 초)

영어에서 1번과 3번은 흔히 서로 가깝고 합쳐지기도 하지만, 2번과는 대개 의미가 분리된다고 윌리엄스는 설명한다. 우리 주장의 요지는 2번이 문화를 인종화된 사고의 역사에 강제로 결합시키며, 1번과 3번에 풀 수 없이 연계되어 있다는 것이다. 이 두 번째 의견은 다음과 같은 윌리엄스의 말에 일부 포함되어 있다.

> 이 단어의 이처럼 복잡하고 여전히 활발한 역사를 마주하게 되면, 하나의 "참된" 혹은 "적절한" 혹은 "과학적" 관점을 선택하고 다른 의미들은 엄밀하지 않거나 혼란스럽다고 간과하는 방식으로 반응하기 쉽다… 그러나… 중요한 것은 바로 의미들의 범위와 중첩이다.[66]

그렇다면 우리는 이렇게 말할 수 있다. 문화는 다양한 사회 집단에 높은 적절성을 가지고 있지만, 그럼에도 불구하고 하나의 단어로서 아주 부적절하게 스스로에 맞서서 분열되어 있다. 그것의 발생과 의미 작용 또한 아도르노의 말을 따르면 자본주의의 오점을 안고 있으며, 그것을 생산한 계급 체제의 대립적 구조를 반복하고 실현한다.

따라서 앞에서 살펴보았듯이 문화는 분명 늘 대립적으로 작동하는 것이 틀림없다. 문화는 절대 홀로 있지 않으며, 늘 같음과 다름, 비교와 구별, 단일성과 다양성, 결합과 이산, 억압과 전복 사이의 긴장을 실현하는 대립적 구조에 참여한다. 문화는 절대로 고정된 상태, 정체상태 혹은 유기적 총체화로 전락하지 않는다. 문화와 문화적 차이들의 끝없는 구축과 재구축에 연료를 공급하는 것은 그것들을 생산하는 자본주의 경제의 불균형 상태들 안에 있는

---

66) Williams, *Keywords*, 91.

끝없는 내부적 불화다. 문화는 그 자체 내에 복잡하고 흔히 모순적인 차이들을 기입해왔고, 유럽 사회는 이 차이들을 통해 스스로를 정의한다. 문화는 항상 타자를 생산하여 문화적 차이를 표시한다. 문화는 늘 비교의 대상이었고, 인종주의는 늘 그것에 포함된 일부였다. 둘은 서로에게 연료를 제공하고 서로를 생산하면서 불가분하게 함께 붙어 있었다. 인종은 늘 문화적으로 구축되어왔고, 문화는 늘 인종적으로 구축되어왔다.

만약 인류학의 대상이 문화적 차이라고 말할 수 있다면, 이는 분명 우리가 사는 동시대의 차이의 문화에서 인류학을 특별하게 중요한 학문분과로 만드는 특징이다. 그러나 여기에서 간과된 점은 문화가 차이의 역사에 참여해온 방식, 오늘날 우리에게 반복적으로 계속되고 있는 방식이다. 역사, 보편성 그리고 이성에 관한 계몽주의적 이상의 기획을 아우르는 더 일반적인 용어인 모더니티와의 연계가 여기서 만들어질 수 있다. 포스트모더니티는 모더니티를 대체하고자 하는 단순한 역사적 발전이기보다는 점점 더 모더니티 자체에 의한 모더니티의 전복으로, 지그문트 바우만Zygmunt Bauman이 말하듯 모더니티의 원리가 자신을 스스로 해체하는 극한까지 몰아가는 그 자체의 추진력에 의하여 전복되는 것으로 보인다.[67] "문명"의 "문화"에 대한 관계는 계몽주의 기획 내에서 빠르게 발전되었던 내적 부조화가 성숙하여 명확하게 표현된 것이 포스트모더니티라는 사실을 보여준다. 그것은 이전에는 낭만주의 같은 다른 이름들로 불린 것이었다. 여기서 문화는 모더니티와 포스트모더니티의 생산적이고 비판적인 불화를 추진하는 역동적인 동력장치의 이름이다. 더 일반적으로 말하면, 200년 동안 문화는 보편적인 것으로서의 문화와 문화적 차이로서의 문화 사이의 길항작용을 내부에 지녀왔고, 서구 문화 자체 내에서 서구 문화에 대한 저항을 형성해왔다고 말할 수 있다. 인종주의의 역사는 같은 궤도를 따라간다. 아도르노의 용어로 말하자면, 문화와 문명은 한 사회의 갈라진 반쪽들이며, 그것은 절대 합쳐지지 않는다.

---

67) Bauman, *Modernity and Ambivalence,* and *Intimations of Postmodernity.*

3. 문화의 공모: 아널드의 민족지학 정치학

레이먼드 윌리엄스Raymond Williams는 "문화"라는 단어에 대해 표현되곤 하던 적대감의 기원이 아널드의 『문화와 무질서』(1869)가 촉발한 논쟁이며 그런 점에서 이 책은 그것이 종식시키고자 했던 바로 그 속물근성을 생성시켰다고 말한다.[1] 문화에 대한 주요한, 아니 기본이 되는 설명으로서 이 책이 영국과 미국의 인문학에 끼친 중요성과 영향력은 과소평가하기 어려울 것이다. 아널드의 문화는 흔히 유기체적 민족주의organicist nationalism *를 위한 고급문화의 확산과 관련이 있다고 간주되지만 사실은 그보다 훨씬 더 복잡하며, 생각보다 더 당시 문화정치학의 어떤 국면에 상당히 밀착되어 있다. 아널드는 완전함을 향한 문명의 진보를 가정하는 계몽주의 영역 내에 상당부분 머물러 있다. 그러나 동시에 그의 설명은 문화를 문명의 발전에 대한 주요한 유물론적 신조에 대립되는 어떤 것으로 보는 헤르더의 설명과 밀접한 관련이 있다.[2] 그래서 아널드는 인간의 완전성을 기계론적 유물론mechanical materialism**에 동화시키려는 어떤 시도도 거부하였다. 그에게 문화는 순문학 belles lettres***이나 미학의 문제도 아니었다. 문화는 더 고귀한 내적 영혼의 원리를 포함하기 때문이다. 그는 칼라일이 그랬듯이 단순히 "기계류"로 지목되곤 하는 산업 생활의 이기적인 물질적 목표들과 문화를 대립시킨다. 하지만 아널드가 산업화의 현실과 동떨어진 도피를 제안한 것은 결코 아니다. 우리 시대의 문화이론가들처럼 아널드도 문화의 사회적 기능과 사회변화를 촉진하는 문화의 역할을 상당히 강조했다. 윌리엄스가 『문화와 사회』Culture and Society

*
국가를 유기체로 보는 관점으로 개인보다 집단(민족)이 우선이며 근본이라고 여긴다.

**
18세기의 프랑스에서 자연과학의 발전에 따라 모든 현상을 역학적인 개념이나 법칙에 따라 설명하고, 질적으로 다양한 현상을 물질의 역학적 운동으로 환원하는 것. 그것이 기계론적 형태를 띠게 된 까닭은 역학 및 수학만이 어느 정도 발달하였을 뿐, 화학이나 생물학 등이 발달하지 않았던 당시의 한계에 따른 것

**
정치나 이념과 상관없이 순수한 것으로 예술적인 가치를 중요시하는 문학론

---

1) *Keywords.* 다음도 참조. *Culture and Society*, 134-5. Arnold, *Culture and Anarchy* (ed. Dover Wilson) 앞으로 본문에서의 참조는 가장 광범위하게 사용되는 판본인 이 책으로 한다.

2) Arnold는 사실상 동의를 표하며 Herder를 인용한다. Arnold, *Culture and Anarchy*, 70-1.

에서 보여주듯이 최초의 문화 비평가들은 버크Burke와 코울리지 같은 낭만주의 작가들이었다. 그 이후 문학 전통 안의 많은 다른 사람들처럼, 아널드도 문학과 미학 자체에서 그것들 너머로, 문학 텍스트에 재현된 그 세계 안에서 더 확장된 기능으로 나아가고자 하는 그들의 열망을 공유하였다. 우리는 이 것을 재현을 물物 자체로 오해하는 돈키호테식 경향의 반복으로, 혹은 그렇지 않다면 문학 자체뿐만 아니라 문학의 대상인 외부세계까지 식민화하고 거주하고 계몽하여 문화의 제도 내에 그것을 융합하고자 하는 욕망으로 특징지을 수 있다.

다른 한편으로, 아널드의 설명은 분명 오늘날 문화정치학이 암시하는 정치와 계급에서의 양극화와는 상당히 다르다. 대중문화나 노동계급 문화는 아널드의 체계에서는 자리가 없다. 그는 정말로 아주 단호하게 노동계급은 문화가 없다고 선언한다. 그리고 문화의 기능은 이를테면 "날것 상태의 교양 없는" 대중을 요리하는 것이라고 자주 암시한다. 이 비유는 아널드가 노동계급과 야만인(똑같이 문화가 없는)을 동일시하는 수사의 일부가 된다. 당시 일반적으로 받아들여졌던 야만인들의 특징은 요리하지 않은 음식을 먹는 것이었기 때문이다.[3] 영국이 무질서, 국내의 폭동들(1867년은 호주로 죄수를 추방한 마지막 해여서 더 이상 반체제인들을 단순히 포장해 보내버릴 수 없었다), 해외 식민지 반란들, 1860년대 중반의 페니언 운동Fenian campaign* 그리고 1867년의 선거법 개정안**으로 위협받고 있다고 느낀 아널드는 코울리지, 밀, 뉴먼이 이미 걸었던 길을 택한다. 즉, 혁명에 대한 예방책으로 문화화로써의 교육을 처방한다. 그러나 『문화와 무질서』에서 구체화된 문화는 "대중들 자신을 더 현명하고 더 낫게 만드는" 밀의 프로그램보다 훨씬 더 나아간 것이었고, 이전의 어느 것보다 더 광범위한 효과를 부여받았다. 영국 사회를 조화롭게 하는 최고의 기능, 영국 사회의 계급 전쟁이 야기하는 붕괴 추세에 대항하여 그것을 새로운 총체성, 즉 민족 국가로 이끌고 가는 능력이 문화에 있기 때문이다.[4] 문화는

*
아일랜드의 독립을 목적으로 하는 재미 아일랜드 사람들의 비밀결사

**
Reform Act of 1867 또는 Second Reform Act로 불린다. 영국과 웨일스의 도시 선거구에서는 구빈세를 납부하는 호주와 10파운드 이상의 연 가치가 있는 임대 숙박인에게 선거권을 부여하였다. 이로써 유권자는 이전보다 2배 이상 증가한 150만 명에 이르렀고 결과적으로는 수많은 노동자에게도 선거권이 부여되었다.

3) 다음을 참조. Stepan, *The Idea of Race in Science*, 37.

4) Mill, *Dissertations and Discussions*, I, 174.

특정한 이해관계 너머에서 질서의 중심을 생산함으로써 이를 행한다. "우리는 문화에서 **실질적인** 이익을 얻어 냈다"[나의 강조]고, "우리는 우리를 위협하는 듯한 무질서aranchy의 경향에 맞서 매우 필요한 원칙, 권위의 원칙을 마련하였다"(82)고 아널드는 선언한다. 문화는 이것을 어떻게 성취하는가? 아널드에게 그 대답은 자신보다 앞선 버크와 코울리지에게도 그러했듯이 제도 안에 있었다. 즉, 학술원, 대학(그에게는 언제나 옥스퍼드다. 실용성을 지향하는 코넬은 가차없이 버려진다), 학교, 영국 국교회 그리고 정부the State다. 후자인 정부의 기능은 사회를 위한 틀, 즉 어떤 특정 계급만의 이익이 아니라 국가nation 전체의 더 큰 이익에 기여하는 더 높은 통제 형식을 제공하는 것이다. 이러한 의미에서 각각의 제도는 왕조, 혹은 아널드의 용어로 국가에 있어서의 정부의 경우에 비길 만한 상위의 지위를 갖는다. 윌리엄스가 날카롭게 지적하듯이, "버크에게 현실이었던 정부가 아널드에게는 개념이 되었다." 즉 정부는 뉴먼이 대학에 귀속시켰던 관장하는 기능을 가지게 되었다.[5] 그러나, 이 정도 수준까지 문화를 제도에 동일시한 최초의 인물은 아널드다.[6] 국가 제도들이라는 문화the culture of national institutions를 새롭게 제시한 사람이 버크였다면, 국가적 문화제도the institution of national culture를 발족시킨 사람은 다름 아닌 아널드였다. 이것은 결코 수월한 일이 아니며, 그것은 아널드에게도 마찬가지였다. 아널드는 제도를 중심과 주변의 구조로, 무질서 속의 질서의 원리로 설정함으로써 문화의 제도적 기능을 억제할 수 없이 변증법적 방식으로 작동하도록 보장한다. 비록 문화가 국가의 토대로 활용되고 그리하여 민족주의와 결합되지만, 그것이 영국성과 동일한 것인지는 전혀 분명하지 않다. 『문화와 무질서』의 전체 논지는 영국에 문화가 부족하다는 것이기 때문이다. 아널드는 특징적으로 문화를 엄격하게 이국적인 용어로 정의한다. 유럽 문화와 동양 문화를 강조하는 것으로 보아 아널드가 문화와 영국성을 단순히 동일시한다고

---

5) Williams, *Culture and Society*, 132. Cf. my "Idea of a Chrestomathic University."

6) Cf. Said, *The World, the Text, the Critic*, 174; 그리고 *Outside Literature*에서 문학적 문화의 제도화를 연구한 Bennett의 주장.

보기는 어렵다. 아널드의 애국심에 대한 세인츠베리Saintsbury의 비난은 그의 주장이 담고 있는 이런 측면에 대한 증언이다.

이러한 특징은 또한 아널드의 문화가 왜 긍정적인 힘이면서 동시에 부정적인 힘이어야 하는지 그 흥미로운 역설을 설명해주기도 한다. 아널드에게 문화의 공적 기능들은 모두 엄격하게 모든 갈등과 불만을 감소시키고 조화롭게 만들어 안정화시키는 것이다. 그러나 동시에 문화의 역할은 또한 역설적이게도 불안정하게 만드는 것이다. 왜냐하면 문화는 기존 개념으로부터의 거리두기를 조장하여 "전복하는"(아널드의 용어로) 비판적 입장을 나타내기 때문이다.[7] 그것은 일반화된 습관과 보수적 가정들로부터 차별화된 거리를 조성하고 이를 가능하게 한다. 오늘날의 용어로, 그것은 반-물화적, 아니 반-이데올로기적이다. 아널드는 끈질기게 "물질에 대한 숭배"라는 엄격한 인류학적 의미로 그가 사용하는 단어인 "물신화"fetishism라고 부른 것에 저항하기 위한 힘으로 문화를 묘사한다.[8] 아널드가 이 단어를 인류학적 의미로 사용하는 중요성에 대해서는 조금 후에 다시 설명할 것이다. 문화는 각 계급의 물신화된 이해관계를 의문시한다. 아널드는 계몽주의의 역사적 구도를 재치있게 전복시키면서 각 계급을 미개인, 속물 그리고 대중이라고 명명한다. 교양 있는 사람들은 자신의 계급에서 "**이방인**"aliens(아널드 강조)이 된다. 이렇게 아널드는 자신을 중산층의 반체제 인으로 묘사하면서, 애덤 스미스의 자기 이익에는 보편적 이익으로, "자유 무역"의 물신화에는 "자유 유희"free play의 개념으로 대항한다.[9]

문학 이론에 관한 우리 시대의 논의가 역사적 인식을 결여하고 있다는 것을 가장 잘 보여주는 사실은 아마도 해체주의에서 주요하게 비난받는 주장 중 하나로 간주되는 "자유 유희" 개념이 실제로는 매슈 아널드가 실러Schiller로부터 영국으로 들여온 개념이라는 사실일 것이다. 프랑스어로 글을

---

7) Arnold, *Culture and Anarchy*, 198.

8) Avebury, *The Origin of Civilization*, 345.

9) Arnold, *Culture and Anarchy*, 109, 99, 106; cf. Sinfield, *Postwar Britain*, 273-4, and Said, *The World, the Text, the Critic*, 15.

쓰는 데리다 자신은 당연히 이 문구를 결코 사용하지 않는다. "자유 유희"는 게임, 즉 놀이를 뜻하는 무해한 *jeu*의 영어 번역일 뿐이다. "자유 유희" 문구를 인용하면서 데리다가 무책임하고 도덕적 의식이 부족하는 것처럼 비난하는 사람들 중에서 그들이 데리다 대신 아널드의 이름을 인용해야 한다면 지금처럼 마음이 편할 사람이 얼마나 될지 의문이다. 그러나 아널드의 "자유 유희" 개념도 난폭한 무책임성을 포함하지는 않는다. 다시 데리다가 명백히 떠올려지는 문구로 그것이 "완전하고 최종적인 진리의 정전들"을 거부한다 해도 그러하다(151). 즉 그것은 자신의 잇속만 차리는 이해관계나 의문시되지는 않지만 아주 제한적인 목표들에게서 스스로 거리두기를 하는 문화의 능력을 포함한다. 그런 의미에서 "자유 유희"는 에드워드 사이드가 주장하는 것과 같이 사회의 비평가가 문화와 제도 사이에서 한 위치를 획득하게 하는 메커니즘을 명명한다.[10] 문화는 비평가의 영역을 넓힘으로써 전체에 대한 외부성의 지점을 촉진시킨다. 문화가 전복을 위한 지렛대로 작동할 수 있으면서 동시에 조화로움이라는 포괄적이고 수용적인 힘으로도 작용할 수 있는 것은 이러한 장치를 통해서다. 이러한 측면에서 우리는 아널드가 여기서 "문화"라는 용어를 미학적이고 문명화된 의미나 인류학적 의미로 제안하는 것이 아니라고 말할 수 있다. 왜냐하면 이 수준에서 아널드의 문화는, 상상력과 마찬가지로, 문명과 연계된 독서와 지식이 생산하는 의식의 범주가 되기 때문이다. 비록 목적을 가진 독서뿐이라고 재빨리 덧붙이기는 하였지만, 아널드는 "문화는 **독서**"라고까지 말한다.[11] 그러므로, 문화의 매력은 교양 있는 사람(그리고 그것은 항상 남성이다)에게 특별한 장소, 사회 바깥의 정신적 장소를 제공하는 것이다. 이 장소에서 그는 대립적인 입장을 통해 전복과 전체화의 이중 기능을 수행하면서 더 높은 혹은 더 넓은 비전의 이름으로 당대 문화의 어떠한 것이든 전복시킬 수 있다. 이러한 위치는 문화가 그 이래로 지식인들에게 엄청난 매력이었던 이유를 설명한다. 그러나 앞으로 살펴보겠지만 거

---

10) Said, "Criticism Between Culture and System," in *The World, the Text, the Critic*, 178-225.

11) Arnold, Preface to *Literature and Dogma*, in *Dissent and Dogma*, 162.

리두기에 대한 이러한 주장에도 불구하고, 아널드의 문화이론은 사실상 그의 시대의 이데올로기 안에 완전히 침잠해 있다.

이렇게 아널드는 소외된 지식인의 주변적 위치를 사회의 중심으로 결정적으로 전환시킨다. 오늘날의 문화적 역동성을 흥미롭게 미리 보여주듯이, 국가의 주변적 타자와 소수자 문화minority culture가 국가의 중심이 된다. 하지만 "소수자"의 범주는 이중의 칼날을 가지고 있다. 여기에서처럼 엘리트라는 그것의 오랜 개념은 소수자가 배제된 계급뿐 아니라 지배 계급도 포함한다는 사실을 부각시킨다. 아널드는 외부성의 지점을 조화로운 전체성을 가능하게 하는 권위의 중심으로 만듦으로써 이를 성취하는데, 이러한 움직임은 권력 관계 전체의 앞뒤를 바꾸거나 안팎을 뒤집어서, 문화를 개별 계급의 과도한 지방적 관심거리에 대한 메트로폴리탄적 중심으로 만든다. 이러한 주변화의 움직임이 의미하는 바는 중산계급(과 정치화된 노동계급)을 "속물"philistines로 부르는 방식에서 가장 잘 드러나는데, 이 용어는 독일에서 학생들이 대학 바깥에서 일하는 마을 사람들에게 붙여준 별칭인 "philister"에서 유래된 용어다.[12] 이 용어는 그 이상의 전복을 담고 있다. 원래 "philistine"은 물론 비유대인을 일컫는 말이었다. 앞으로 보겠지만『문화와 무질서』에서 유대인은 히브리인과 동일시되고, 이들이 속물로 여겨진다. 그래서 유대인이 비유대인이 되고 (교양 있는) 영국인들이 선민의 역할을 차지한다. 아널드에 따르면, 세계는 마을과 대학, 속물과 (암묵적으로) 예술애호가, 추한 자와 아름다운 자, 선택받지 못한 자와 선택받은 자로 나뉜다. 그래서 사회의 바깥이고 너머이면서 동시에 사회의 중심이 바로 문화의 수호자인 대학이다. 이러한 지적인 거리두기 장소인 대학은 그 이래로 문화 비평가의 자리를 나타내는 규범이 되었다.

문화의 기능이 궁극적으로 안정화를 이끌어내는 것이라면, 문화는 이것을 변증법적으로 불안정화의 형식을 통해 달성한다. 아널드에 따르면 문화의 성찰적이고 사심없는 자발성, 즉 용해시키는 사유 행위만이 모든 계급의

---

12) Arnold, *Culture and Anarchy*, 228-9n. Arnold는 Heinrich Heine에 관한 에세이에서 최초로 "속물주의"에 관해 길게 정의하였다. *Essays in Criticism*, First Series, 162-7.

구성원들이 자신 너머의 전체의 이익을 바라볼 수 있게 할 자기 반영성을 고무할 수 있다. 문화는 개개인이 자기 자신의 마음으로 되돌아오게 한다. 비록 이러한 거리두기가 실천적이거나 정치적인 행동에 관여하지 않을 것임을 의미하게 될지라도 그러하다.

아널드의 자유 유희의 상태가 "정치적인 것"과 대립되는 것은 사실이다. 실제로, 문화는 모든 종교적이거나 정치적인 이해관계나 의견 차이, 혹은 버크의 말로, 자코뱅주의의 추상적 이론들과 상반된 것으로 묘사된다. 사실, 유일하게 허락된 의견 차이는 아널드 자신의 것과 아널드가 제안하는 특정한 형식의 문화적 의견 차이, 즉 사회적으로 지위를 상실한 중산계급 지식인의 것이다. 이것이 의미하는 바는『문화와 무질서』가 정치적 텍스트가 아니라는 주장은 사실이 아니라는 것이다. 실제로 이 책은 원래『문화와 무질서: 정치 및 사회 비판론』*Culture and Anarchy: An Essay in Political and Social Criticism*이라는 명시적인 제목이 붙어 있었다. 지난 60년 동안 이 책의 일반적인 형식이었던 J. 도버 윌슨Dover Wilson의 판본에 부제가 빠져있는 것은 의미심장하다. 사심없는 비평적 거리두기의 한계는 아널드의 권위주의적 선언, 특히 공공의 무질서에 대한 선언에서 분명하게 자주 드러난다. 이스트엔드의 끔찍한 빈곤 상태를 강력하게 비난할 때조차도, 그러한 사회적 불평등을 강요하는 경제 체계를 문제삼는 대신 전형적인 중산계급적 맬서스주의에 따라 가난한 자들의 무책임하고 과도한 출산을 비난한다. 이 책의 정치적 목적은 "문화"를 미개나 야만이 아닌 "무질서," 즉 통치의 부재에 대립되는 것으로 명백하게 설정한 제목에 이미 드러나 있다.

아널드는 계몽주의의 진보적인 역사적 도식을 그에 상응하는 정치적 도식으로 변화시킨다. 이는 역사적 차이를 유럽과 비유럽 사회들의 차이로 만들었던 당대의 인류학적 문화 설명을 그가 상당히 이용하였음을 보여준다. 자유당원들이 "물신"fetishes을 숭배한다고 아널드가 끈질기게 묘사하는 목적을 여기서 볼 수 있다(어떤 지점에서는 두 쪽에 이 단어를 7번 사용한다).[13] 폭동을 일으

---

13) Arnold, *Culture and Anarchy*, 168-9.

영국과 웨일스의
영어교육에 관해
Henry Newbolt 경의
주도하에 1921년 발표된
영국교육위원회 보고서

킨 대중이 "야만"이란 단어로 묘사되었음을 상기한다면(사실 노동계급을 야만인에
비교하는 것은 이 시대에 아주 흔한 일이었다), 우리는 아널드가 모든 계급을 "야만인"
이나 "미개인"이라는 준인종적 용어로 표현하였음을 볼 수 있다.[14] "문명"에
는 교양 있는 사람들만 남아있게 된다. 바로 이러한 이유에서 아널드는 문화
가 "계급들을 통합하고자" 하는 것이 아니라――뉴볼트 보고서Newbolt Report*와
그 이후 많은 다른 이들이 아널드를 이렇게 잘못 인용한 것은 징후적이다――
오히려 "계급들을 폐지하고자" 한다고 주장할 수 있다(70). 국가the state는 예
술 작품이 되고, 민족the nation은 그것의 문화다.[15]

저서의 제목은 아널드의 문화가 통치 이론, 혹은 그의 표현에 따라 국가
the State이론이고자 한다는 것을 보여준다. 그리고 여러 면에서 사실 그러하
다. 하지만 누군가 기대했을 법하게 책 제목이 『문화 혹은 무질서』가 아니
라 『문화와 무질서』라는 사실은 의미심장하다. 사실 이 제목은 그 자체로 혼
종이다. 옥스퍼드 대학에서 강의한 「문화와 그 적들」과 뒤이어 발표된 논문
「무질서와 권위」를 합한 것이다. 아널드가 이 둘을 함께 묶었다는 사실에는
앞에서 살펴보았듯이 문화가 상당히 변증법적 개념이라는 아널드의 인식
이 담겨 있다. 즉, 문화는 조화를 이룰 뿐 아니라 그 자체로 무질서 기능을 행
사하며, 무질서 기능은 문화가 사회에 대한 비판적 시각을 고무하고자 할 때
필요한 것이다. 아널드는 더 나아가 문화가 내부의 불협화음으로 힘을 얻는
다고 암시한다. 이 불협화음은 "세계의 제국을 양분하는" 두 개의 경쟁 세력
이라고 그가 묘사한 것의 "지울 수 없는 차이," 즉 갈등의 산물이다. 이 세력
들은 인종적 차이의 힘들로 드러난다. "헤브라이즘과 헬레니즘――영향력 있
는 이 두 지점들 사이에서 우리의 세계가 움직인다."[16]

이러한 인종적 분리는 영국 문화 내에서 변증법적으로 작용한다고 아널

---

14) Stocking, *Victorian Anthropology*, 213-15.

15) *Minotaur*에서 Tom Paulin은 Burckhardt를 인용하면서 "다소 깊이 있고, 문화적으로 전해 내려온 수
준에서 유럽의 상상력이 예술과 국가 사이의 은밀한 연관성을 감지하는 것처럼 보였을 것이다"(4)라
고 날카롭게 지적하였다. 여기에서, 다른 많은 면에서처럼 Arnold는 진정 유럽인이었던 듯하다.

16) Arnold, *Culture and Anarchy*, 131, 129, 130; cf. *Literature and Dogma*, in *Dissent and Dogma*, 164-5.

드는 말한다. 영국 문화는 두 인종의 대립성과 그들의 상이한 인종적, 문화적 특징에 의해 형성되어왔고 추동되고 있다. 아널드는 헬레니즘을 "양심의 자발성"으로 헤브라이즘을 "양심의 강직성"(132)으로 정의하지만, 두 개념이 함축하는 바를 끊임없이 역사적으로 그리고 미학적으로 확장시킨다. 흔히 그러하듯이, 인종 차이는 곧 젠더를 통해 정의된다.[17] 아널드는 헤브라이즘을 남성화된 근육질의 행위로, 헬레니즘을 여성화된 유연한 사유로 특징짓는다. 이러한 젠더 차이로의 귀속ascription*은 즉시 인종적 위계를 유사한 자연법의 형식으로 공식화하고 정당화하는 효과를 유발시키며, 가부장제가 젠더에 이미 강제로 부과했던 모든 문화적 가치를 교묘히 인종에 전이시킨다. 성차는 이렇게 문화의 토대로 인종과 연합한다. 아널드는 헬레니즘을 선택하면서 이러한 차이를 그리스인들의 성적 선호와 연결되도록 유도하고, 문화의 미적 영역을 동성애의 아우라로 은밀하게 표시한다.[18] 동시에, 이 두 위계의 중첩은 젠더 관계를 인종과 "인간의 자연적 역사"로 알려진 더 큰 도식 안에 흡수시킴으로써 점점 더 의문시되는 젠더관계의 불평등을 재확인시켜주는 효과를 가진다.[19]

　이렇게 영국 문화에 관한 매우 영향력 있는 실질적 기초 문서인 『문화와 무질서』는 그 문화의 에너지와 역사를 인종적 차이의 산물로 위치시킨다. 그렇게 해서 이 저서는 그것이 묘사하는 격변의 사회 시나리오에서 매우 분명하게 드러나는 계급갈등을 교묘하게 재위치시키고 자리를 바꾼다. 아널드에게 사실상 4개의 계급들(귀족, 젠트리 중류계급, 급진적 비국교도 중류계급, 그리고 노동자계급) 사이의 투쟁이 인종적 역사의 투쟁 안으로 포섭된다. 여기서 그의 계책의 교활함이 명백해진다. 왜냐하면 아널드가 다른 계급들 사이의 자기 이익을 위한 충돌을 본질적인 인종 갈등으로, 당대의 특정한 정치적 문제(선거법 개정, 아일랜드 자치, 여성의 지위)와 관련된 투쟁을 영원히 풀리지 않는 역사 속 인종의

*
개인의 사회적 위치가 개인에게 미리 정해져 있는 속성(성·연령·혈족관계 등)에 의하여 결정되는 경우를 일컫는 말

---

17) Cf. Stepan, "Race and Gender," in Goldberg, ed., *Anatomy of Racism*, 38-57.

18) Cf. Mahaffy, *Social Life in Greece*, 305-11, and Ellmann, *Oscar Wilde*, 27, 281, 304, 363-4. Arnold와 Wilde가 주고 받은 서신에 관해서는 137-8 참조.

19) 다음의 예를 참조. "The Natural History of Man"에 관한 Holland, Latham, Prichard, Wood.

모순들로 전환시키고 있기 때문이다. 정치적 의견 차이가 불변하는 인종적 차이의 작용으로 설명된다.

이 두 대립적인, 구심적이면서 원심적인, 인종적 힘들 사이에서의 맬서스적인 "견제"cross and the check(143)는 문화와 역사뿐만 아니라 각 개인까지 몰아가는 흐름을 나타낸다. 헤브라이즘은 의식의 엄격한 축소를 수반하는 반면 헬레니즘은 확장해 나가는 자유 유희를 생산한다. 그리하여 사회와 역사 전반에서 작동하는 전체화와 탈전체화, 확장하기와 축소하기, 전복하기와 제한하기를 축소된 형태로 재생산한다. 도덕성과 지성이라는 두 본능은 개개인 안에서 본능들의 양가적인 지킬과 하이드 놀이가 된다. 여기서 엄격한 양심에 의한 욕망의 억제, 즉 헤브라이즘의 도덕적 견제는, 거의 마르쿠제적 용어로 과도한 편파성을 고무하여 이로 인해 삶보다 죽음을 장려하는 전체적인 혼란을 야기하는 것으로 나타난다.

아널드는 그가 살았던 당대 영국에서 사물의 "자연스러운" 과정이 과도한 헤브라이즘으로 왜곡되었다고 보았다. 이러한 상황은 르네상스 시대의 헬레니즘 뒤에 와서 그 이래로 주도권을 놓지 않았던 영국의 17세기 청교도주의로 거슬러 올라간다. 바로 이 양심의 엄격함이 역설적으로 당대의 무질서와 혼란을 만들어냈고 이러한 상황은 오직 헬레니즘으로 복귀함으로써만 치유될 수 있다고 아널드는 보았다. 여기서 헬레니즘은 아널드에게 거의 문화 자체, 구체적으로는 우아함과 지성sweetness and light,* 완전함의 내적 조건으로서의 문화를 표상하는 반면, 헤브라이즘은 점점 더 미개인과 속물의 어둠과 연계되면서 역설적으로 너무 광적이어서 그 자체의 과도함으로 무질서를 가져오고 이제는 심지어 "우리 앵글로-튜턴족의 위대한 성적 부활"까지도 위협하는 엄격함의 원리가 되었다.[20] 대학들은 헤브라이즘에 대항하는 제도적 경비병이 되었고, 헬레니즘 문화를 "보호하고 발전시키기 위해 형성되었으며", 문화적으로 성적으로 인종적으로 그러한 정체성을 갖게 되었다.

<hr/>

[20] *Culture and Anarchy*, 182. Arnold와 그리스인의 동일시는 그가 귀족을 미개인으로 명명한 순간부터 시작한다. 왜냐하면 그리스인들에게 그리스인이 아닌 사람은 누구든지 미개인이었기 때문이다.

*
Mattewh Arnold가 Jonathan Swift의 "The Battle of the Books"(1704)에서 차용하여 『교양과 무질서』 첫째 장의 제목으로 사용하였다. 예술과 문화로 삶에 더해진 미와 지성을 가리킨다. 국내에서는 흔히 "단맛(달콤함)과 빛"으로 번역되고 있다.

아널드의 텍스트를 설명할 때 그가 이러한 문화의 힘들을 역사화했음을 반드시 상기할 필요가 있다. 비록 헤브라이즘과 헬레니즘의 두 "본능"이 궁극적으로는 둘 다 우아함과 지성이라는 동일한 조화로운 질서를 향해 나아간다 해도, 역사의 과정은 변증법적 교대 원리를 따라 "확장의 시대"와 "축소의 시대"에 한 쪽에서 다른 쪽으로 방향을 바꾸며 발전한다고, "이러한 두 힘은 각각 정점에 머무는 시간과 지배의 시기가 정해져 있다"(83, 139)고 아널드는 말한다. 그는 이렇게 이 두 힘 사이의 변증법을 역사의 원동력으로 제시한다. 교대로 확장의 움직임에서는 밖으로 밀고, 집중의 움직임에서는 안으로 미는 안/밖의 구조는 각각에 대한 적절한 반응이 명상이나 행동, 혹은 말하자면, 정신과 육체를 포함하라는 명령 안에 반복된다. 이는 문화에 대한 사심없는 명상이 모든 시대에 대한 일반적인 처방은 아니지만, 아널드는 당시에 이것이 필요하다고 보았음을 의미한다. 이 두 원칙이 번갈아 교대함을 고려할 때, 아널드의 문화이론은 결국 다른 상황에서 가장 적극적인 종류의 직접적인 정치적 개입의 가능성을 허용하고 있다. 그러므로 아널드의 명상적인 사심없음을 뒤집고자 하는 어떤 문화이론도 그가 설정한 헬레니즘과 헤브라이즘의 갈등이라는 역사적 모델에 관한 용어들 안에 온전히 남아있게 된다. 이 흥미로운 삶/죽음의 투쟁은 그 이후로 늘 문화이론의 핵심에 자리한다.

아널드와 인종이론

그러나 인종은 매우 장대한 현실이다…. 위대한 창조적 시대에 대한 어떤 분석도… 이 혼란스러운 지점, 가늠할 수 없는 인종혼합이라는 사실을 그 중심에 담아야 한다.

윈덤 루이스Wyndham Lewis[21]

『문화와 무질서』의 기이한 텍스트 구조textual economy에 대해서도 같은 말

---

21) Lewis, *The Lion and The Fox*, 298.

을 할 수 있다. 그런데 이러한 인종투쟁은 도대체 무엇에 관한 것이며 어디에서 기인하는가? 『문화와 무질서』가 그 중심에 인종을 담고 있다는 사실에 대한 학계의 침묵은 놀라울 정도다. 비록 시대에 뒤떨어졌지만 아주 유용한 파버티Faverty의 『매슈 아널드 민족학자』*Matthew Arnold the Ethnologist*(1951)를 제외하면, 최근의 비평가들 중 아널드의 저서에 나타난 인종적 요소를 언급한 사람은 단지 두 명뿐이다. 프랭클린 코트Franklin Court는 아널드의 교육 이론이 고전 시대의 유물에 관한 체계적 지식을 통해 인종적 기억을 작동시킨다는 독일의 고고학 개념에 상당히 기반을 두고 있음을 강조하였다. 브라이언 체예트Brian Cheyette는 아널드의 헤브라이즘 구축을, 특히 그의 아버지의 반유대주의 맥락에서 뛰어나게 설명하고 있으며, "헬레니즘과 헤브라이즘"에 관한 장들은 "너무 진실이어서 거기에서 다뤄지는 문제들에 관한 영국의 사상과 추론에 일종의 중심이 될 것이다"라고 한 아널드의 언급에 주목하게 하였다.[22] 하지만 『문화와 무질서』의 중심에서 아널드가 사용한 인종적 변증법의 진정한 의미를 숙고했던 비평가는 거의 없다. 사이드는 매슈 아널드를 "인종과 제국주의에 관한 명백한 관점을 갖고 있으며, 이것을 그들의 글쓰기에서 아주 쉽게 찾아볼 수 있는" 작가들 중 한 명으로 언급하지만, 아널드의 문화이론에서 그의 인종주의가 함의하는 모든 것은 어디서도 자세히 논의되고 있지 않다.[23]

아널드와 당시 인종주의적 민족학ethnology과의 관계를 최초로 비난한 사람은 사실 윈덤 루이스였는데, 아널드가 잘못된 인종을 지지하였고 셰익스피어Shakespeare를 순수한 영국 색슨족이 아닌 켈트족으로 설명하였다는 것이 그 근거였다.[24] 트릴링Trilling은 이 문제에 더 진지하게 맞섰다. 그는 아널드가 의존했던 과학은 이제 대체되었고 그것은 그가 살던 시기의 큰 흐름이었으

---

22) "문화에 미친 '피'의 영향을 알기 위해, 역사상 인종의 결정적 역할을 배워야 하였다." Court, *Institutionalising English Literature*, 108-9; Cheyette, *Constructions of "the Jews,"* 14; Russell, *Letters of Matthew Arnold*, II, 11.

23) Said, *Orientalism*, 14.

24) Lewis, *The Lion and the Fox*, 299-326.

므로 아널드 자신이 그것 때문에 유독 비난받을 이유는 없다고 주장하였다. 그 증거로 트릴링은 정도는 다르지만 인종차별주의자였던 동시대 작가들의 긴 목록을 인용하였다.[25] 만일 그가 여기에 이러한 개념들의 추후 변형인 1880년대 이후부터 발전된 반유대주의를 추가했다면, 그는 의심할 바 없이 제임스, 엘리엇, 로렌스, 파운드 그리고 루이스를 포함시켰을 것이다. 오늘날 우리는 융Jung, 하이데거Heidegger와 드 만도 예로 들 수 있을 것이다. 이런 맥락에서 비난의 문제를 더 이상 제기할 수 없다는 점에서는 트릴링이 옳다 하더라도, 다른 모든 이들이 같은 의견이었다고 지적함으로써 이 문제를 넘기기도 어렵다. 사실, 프리처드, 버클Buckle, 헉슬리, 라담Latham, 라복Lubbock, 밀, 카트르파지Quatrefages, 타일러, 바이츠와 같은 많은 아널드의 동시대인들이 인종주의에 반대하였었다. 여기에 단 한 명의 문학가의 이름도 없다는 점은 인정해야 하겠지만 말이다. 어쨌든 아널드에 대한 트릴링의 변호로 대다수의 비평가들이 그 이후에 그의 저서에서 이 문제를 무시할 수 있게 된 듯하다.

예를 들어, 현대에 『문화와 무질서』를 편집한 세 명은 인종문제에 대해 거의 아무런 언급도 하지 않았고, 아널드가 그의 견해를 얻게 된 독서나 출처에 대해서도 어떠한 정보도 주지 않는다. 단지 「켈트 문학 연구」(1867)의 색슨족/켈트족 구분과 에른스트 르낭Ernest Renan에 대해 언급할 뿐이다. 데이비드 데로라David DeLaura는 자신의 책이 인종차별에 토대를 두고 있음을 언급할 필요성을 전혀 느끼지 않은 채, 『빅토리아 시대 영국의 히브리인과 헬라인』 Hebrew and Hellene in Victorian England이라는 저서 전체를 저술하였다. 그러나 아널드의 헬라인/히브리인 구별은 순수하지 않다. 우선, 둘 사이의 차이를 강조함으로써 아널드는 "너희는 유대인이나 헬라인이나 종이나 자유인이나 남자나 여자나 다 그리스도 예수 안에서 하나이니라"(갈라디아서 3:28)라고 선언한 바울 사도의 말씀을 뒤집는다(조이스가 "유대그리스인은 그리스유대인이다: 극단들은 만난다"라고 말하고 나서야 그 구별은 다시 폐기된다).[26] 무엇보다도 아널드는 자신의 헬

---

25) Trilling, *Matthew Arnold*, 232-43.

26) James Joyce, *Ulysses*, 622. 최근의 역사적 접근에 대해서는 다음을 참조. Lambropoulos, *The Rise of*

레니즘/헤브라이즘의 양극성을 정당화하고 그 근거를 세우기 위해 동시대 인종학의 권위에 기댄다.

> 과학으로 인해 이제 모든 사람은 인종에 내재하는 차이의 크고 함축적인 요소들을 볼 수 있게 되었고, 또 그런 요소들이 인도유럽어족의 특질을 셈족의 그것과 얼마나 뚜렷하게 다르게 변모시키는지 알 수 있게 되었다. (141)

아리안 인도유럽어족은 이렇게 셈족과 대조되었다. 사실 역사를 두 지배 인종들의 변증법으로 보는 개념은 19세기 중반 학계에서 흔히 언급되었다. 인도유럽어족과 셈족 사이의 이러한 충돌은 19세기의 마지막 삼십 여년과 20세기 1945년까지의 사유를 지배한 인종 변증법의 근거가 되었다.

이러한 맥락에서 레이먼드 윌리엄스가 아널드에 관한 논의를 결론지으면서 아널드의 문화이론의 문제점을 아널드가 자신의 문화이론을 세울 물질적 토대도 정신적 진리도 가지고 있지 않았던 것이라고 말한 것은 놀랍다.[27] 이 말은 아널드의 논지에서 민족학이 담당하는 핵심적인 기능을 간과하고 있으며, 동시에 아널드가 왜 물신화된 혈통 개념을 공격하면서도 "기원의 과학"이 제공하는 터닦기가 필요하다고 생각하여 민족학의 새로운 개념들을 무비판적으로 취하였는지 보여준다. 아널드는 흔히 그렇듯 여기서 독창적인 사상가라기보다 오히려 당대 수용된 견해들을 전달하는 도관과 같은 역할을 하고 있다. 그가 여기서 제시하는 것은 19세기 인종차별적 문화의 한 형태다. 유일한 차이는 아널드가 그것을 **문화**로 정의한다는 것이다. 사실 그는 옳았다. 인종과 문화에 대한 사회적 개념들이 역사적으로 동시에 발전했다는 점에서 그렇다. 버널Bernal이 『블랙 아테나』*Black Athena*의 가장 흥미로운 부분

Eurocentrism. Lambropoulos는 Derrida의 헤브라이즘이 Arnold의 헬라 문화를 뒤집는 시도라고 주장한다. 그러나 그의 논의에서 그렇게 구별하는 인종적 기반은 Bernal의 *Black Athena*(83-4)를 인용한 것에 지나지 않는다. 이 책에 관심을 갖게 해준 Edward Said에게 감사한다.

27) Williams, *Culture and Society*, 135.

에서 주장하는 것처럼, 괴팅겐 대학(1734년 건립)과 그 후 베를린의 새 대학 등에서 결정적으로 확립된 전문적 학문의 대두와 다른 형식들의 분과학문들로의 지식의 변모가 인종이론의 발전과 인종적 기반을 둔 지식의 재구성과 밀접하게 연결되어 있다는 것은 흥미롭고도 불편한 사실이다.[28] 사이드의 지적처럼 "르낭과 아널드 같은 저자에게 인종에 관한 일반론을 펼칠 권리를 부여한 것은 그들이 갖춘 문화적 교양cultural literacy*의 공식적 성격이었다."[29] 현재에도 외면되는 노골적인 사실은 근대 인종주의가 학문적 창조물이라는 것이다. 우리가 여기서 다루는 것은, 너무 광범위해서 당시의 거의 모든 사유 영역의 조직에 의식적으로 암묵적으로 스며들어가 이데올로기로 작용하였던 인종이론의 지배다. 이러한 지식의 인종화가 보여주는 것은 정치적 통제나 판단의 외부에서 지식 자체를 산출한다는 대학의 주장을 신뢰할 수 없다는 것, 적어도 과거에는 대학이 주장하는 그만큼 객관적이지는 않았다는 사실이다. 대학이 인종과 자신의 관계에 대한 기억을 상실하고 있다는 것은 대학이 적법성을 상실할까 두려워하고 있다는 표시다.

인종이론은 처음에는 독립적이었던 두 기반 위에서 수립되었다. 즉 생리학과 언어다. 코울리지가 1798년부터 1799년까지 괴팅겐에서 제자로 있었던 독일의 자연사 교수인 J.F. 블루멘바흐Blumenbach는 1770년대에 최초로 인종을 28개의 변종들로 분류하였다. 린네Linnaeus가 다른 자연 생명체를 분류한 것과 같은 방식이다. 블루멘바흐는 인간 기원의 다원발생론보다 일원발생론을 지지했다. 그는 인간이 아담과 이브라는 단일한 기원에서 유래하였다는 성경의 설명을 따랐다. 필연적인 결과로 그는 18세기의 퇴화 이론을 사용하여 인종 간의 차이를 설명한다. 르네상스 시기에 인류를 대표하는 인물로 제도화된 이래 보편적 척도가 된 백인 남성이 인간의 순수한 기원이며 모든 다른 형태는 젠더나 지리 혹은 둘 다 때문에 이 이상에서 퇴화되었다는 것이다. 인종적 퇴행의 위협은 물론 19세기 내내 잔존하게 되고, 결정적으

한 사회가 공유하고 있는 정보와 지식을 습득하는 것, 문화소양이라고도 번역됨

---

28) Bernal, *Black Athena*, 220.

29) Said, *Orientalism*, 227.

*
유럽을 중심으로
북아메리카·서아시아에
사는 인류집단.
코카서스라는 유럽의
작은 지방의 명칭에서
유래하는 카프카스인종
(코카소이드)이라는
말로써 전체 백색인종을
가리킴

**
나치즘의 인종차별주의
용어로 아리아인들이 다른
인종보다 우월하다는 견해

로 세기말의 독특한 아우라로 되살아나서 나치의 인종이론에서 정점에 달한다.[30] 블루멘바흐는 (그가 믿기에) 우월한 백인종을 묘사하기 위해 "코카서스인"Caucasian*이라는 용어를 발명했지만, 그 안에 셈족을 포함시켰다.[31] 이렇게 그는 계속 동쪽으로 이동하는 듯한 인간 기원의 순수한 원천을 지리적으로 추적할 수 있다는 널리 알려진 낭만주의적 생각을 미리 보여준다. 흑해와 코카서스해 사이에 있는 산맥에 위치한 "코카서스인" 용어는 헤르더와 쉴레겔이 히말라야 산맥에 있다고 말한 궁극의 기원보다 여전히 훨씬 서쪽에 있다. 그럼에도 불구하고 블루멘바흐는 "코카서스인"이라는 용어를 선택하여 후에 아리안주의Aryanism** 이론이 될 것에 분명하게 동참한다. 이 용어가 이런 방식으로 처음 사용된 것은 1790년대이고, 영어에서 일반화된 것은 19세기 중반에 디즈레일리Disraeli가 그 단어를 대중화시킨 후의 일이다.

인종 차이의 이러한 생리학적 분류는 민족지학의 분류체계에 불과했던 것에서 변모한 것으로, 당대 역사언어학(1780-1820년대)이 인도유럽어족(당시에 때로는 "인도게르만어족"으로 불림)을 발견함으로써 생겨난 변화이다. 인도유럽어족은 유럽 언어들을 아리안 코카서스족 출신지로 추측되는 아시아에 기원을 두고 있는 궁극적인 조상어와 산스크리트어에 연결시켰다. 이전에는 히브리어가 가장 오래된 언어로 추정되었지만, 이러한 발전으로 유럽 언어들은 처음으로 셈족 언어들과 대립되게 된다. 세계를 아리아 인종들과 셈 인종들로 양분하는 방식은 이미 쉴레겔Schiegel이 앞서 말한 바 있다. 하지만 소위 어족families of languages의 차원에서 역사언어학이 그것을 분명하게 확증하자 그 개념은 구조주의 시대에 언어학이 누렸던 지위에 버금가는 엄청난 명성을 갖게 된다. 여기서 언어의 "가족들"을 끈질기게 발생론적으로 강조하고있음을 알 수 있을 것이다. 자주 도표화되는 이 언어 "나무들"은 정복과 통합과 쇠락이라는 계통발생적 인종이론의 모든 토대를 결정하고자 했다. 이는 혼합과

---

30) Gilman, *Difference and Pathology*; Nordau, *Degeneration*; Chamberlain and Gilman, *Degeneration*; Pick, *The Faces of Degeneration*; Burleigh and Wippermann, *The Racial State*.

31) Blumenbach, *Anthropological Treatises*.

융합과 크레올화의 더 명백한 가능성을 부인하려는 의도였다.

초기 민족지학자들은 유럽중심적으로 세계의 다른 인종 집단을 조사했다. 그러나 대체로 그들은 최소한 인류 기원에 관한 기독교의 일원발생론은 받아들였다. 신체적인 인종적 특징과 어족을 결합함으로써 분류 체계와 차이화가 가능해졌는데, 주로 문화적인 차이였다. 19세기 초의 가장 위대한 민족학자였으며 인간 종들의 단일성을 옹호하는 것이 가장 중요한 목표였던 J.C. 프리처드에게 비인종화된 문화 체계로 민족들의 차이를 정의하는 토대는 바로 언어였고, 피부색의 차이를 설명하는 지배적인 요인은 기후의 차이였다. 프리처드와 그의 제자 R.G. 라담 같은 이들에게 주된 민족학적 활동은 역사적 문헌학에서 추론된 계보를 통해 인종들의 기원을 추적하는 것이었다.[32] 하지만 19세기 중반에 이 관점은 점차 소위 인종에 관한 새로운 과학 이론을 널리 알리려는 사람들의 도전을 받았고, 이 새로운 이론은 드레스덴, 파리, 에든버러, 필라델피아 그리고 앨라배마 주의 모빌에서 발전되었다.

런던에서 프리처드의 민족학회를 탈퇴하고 이에 대항하는 인류학회를 설립한 제임스 헌트와 리처드 버튼Richard Burton 같은 사람들이 옹호한 이 새로운 이론은 본질화시키는 생리학적이고 해부학적 차이를 인종적 차이를 분석하는 주요 근거로 부각시켰다. 비교심리학comparative psychology은 인종 간의 정신적 차이를 추적하기 위해 종종 뇌의 크기에 관한 두개학 논의를 문화 발전 정도를 나타내는 평가들과 결합하였다. 새로운 인종이론 지지자들은 처음에 기존의 방법과 구별하기 위해 기존의 방법을 "민족지학"으로 특징지어 새로운 "민족학"과 대립*시키고, 민족학이 범위가 훨씬 더 포괄적이라고 주장했다. 노트와 글라이든은 새로운 인종주의적 미국 인류학의 교과서적인 저서 『인류의 유형들』의 시작부분에서 다음과 같이 말한다. 그들이 이해하기에 민족학은,

*
민족지학ethnography은 하나의 민족을 문화적으로 연구하는 반면, 민족학ethnology은 여러 민족들을 비교하고 대조하는 연구를 말한다.

---

32) Cf. Stocking, *Victorian Anthropology*, 48-53; Banton, *Racial Theories*, 22-4.

다양한 인간 유형들의 사회적 관계와 적응뿐만 아니라 정신적, 신체적 역사 전체를 포함한다. 이러한 포괄적인 측면에서 똑같이 박애주의자, 박물학자, 그리고 정치가들의 관심을 끈다. 민족학이 알고자하는 것은, 각 인종의 원시적인 유기적 구조는 무엇인가? 그러한 인종의 도덕적이고 정신적인 특징은 무엇인가? … 신의 섭리는 각 인간 유형에게 어떤 사회적 단계의 입지를 부과하였는가이다.[33)]

새로운 민족학은 인종학이었으며 대개 다원발생론적이었다. 다른 인종들 간의 신체적이고 언어적인 차이를 묘사할 뿐 아니라 그들의 지적, 문화적 차이를 조사하여, 사회적 삶과 국가적 삶의 정치적 원칙들을 제공하고자 했다. 다시 말해 문화정치학의 실천이었다. 『문화와 무질서』가 나올 즈음, 이러한 현대적, 과학적 견해가 급속히 우세해지고 있었다. 아널드 자신이 영국의 새로운 인종주의에 직접적으로 연관되어 있다고 암시하는 증거는 없다. 스윈번Swinburne과 달리 아널드는 인류학회에 가입한 적이 없다. 하지만 앞으로 보게 되듯 아널드는 새로운 인종주의의 주요 원천들로부터 많은 영향을 받았기 때문에 그에 연루된다.

우선 새로운 과학적 인종이론은 아널드가 잘 알고 있던 이전의 전통에서 출발한다. 이 전통에서 (계통, 혈통과 민족 개념과 밀접하게 결합된) 인종은 역사적 설명의 한 형식으로 소환되었다. 역사적 문헌학의 자료를 통해 민족학적 차이의 계보를 따라가는 방법은 인종적 차이를 역사를 이해하는 다른 형식으로 사용하는 방식에 쉽게 응용될 수 있었다. 이것은 유럽 역사 분야에 적용되었고, 가장 영향력 있는 최초의 예는 로마에 관한 독일 역사학자인 바르톨드 니부어Barthold Niebuhr였다. 그는 민족의 원리가 역사의 변화와 발전의 원동력을 나타낸다고 주장하였다. 니부어의 가장 헌신적인 영국 제자는 토머스 아널드다. 매슈 아널드의 아버지인 그는 럭비 스쿨Rugby School* 의 교장이었고, 옥스퍼드 역사 교수였다. 1841년 옥스퍼드에서의 『취임 강연』Inaugural Lectures

33) Nott and Gliddon, *Types of Mankind*, 49; cf. Hotze, *Analytical Introduction*, 58.

에서 그는 영국문화가 로마, 그리스, 히브리 문화의 합성임을 인정하지만, 영국문화의 위대함은 새로운 요소가 더해져 보충되었기 때문이라고 주장한다. 즉 새로 더해진 것은,

> 우리 영국 인종이라는 요소다. 이 요소가 중요하다는 것은 한 순간도 의심될 수 없다. 우리 영국 인종은 게르만 인종이다… 이제 이 혈통의 중요성은 이러한 사실, 즉 서로마 제국이 붕괴될 때 게르만족이 켈트와 로마인종들과 혼합된 것이 유럽의 얼굴 전체를 변화시켰다는 사실에서 분명해진다… [고대 세계에] 없었던 것은 단지 게르만족과 게르만족을 특징짓는 독특한 자질들이었다. 이 하나의 추가는 집단 전체의 성질을 변화시킬 정도로 강력했으며… 그 요소는 여전히 그 힘을 보존하고 있어서 좋든 나쁘든 세계의 거의 모든 나라에서 느껴진다. 이 영향력이 지구상의 얼마나 많은 부분에 확장되었는지 잠시 멈춰 살펴보자… 아프리카와 인도에 미친 게르만족의 영향력과 전망에 대해서는 언급하지 않겠다. 유럽의 절반과 아메리카와 호주 전역이 인종에서, 언어에서, 제도에서, 혹은 이 모든 것에서 거의 완전하게 게르만적이라고 말하는 것으로 충분하다.[34]

게르만 인종에 대한 이 불길한 설명이 20세기 이데올로기들을 예시하는 듯하지만, 여기서 주목할 만한 차이는 게르만인이 다른 인종들과 융합해서 새롭고 더 강력한 혼합물을 생산하였다고 강조하고 있다는 사실이다(토머스 아널드가 비유럽 인종들에 대해 다원발생론으로 기우는 것을 막지는 못하였다).[35] 사실상 로버트 녹스가 『인종들』(1850)에서 반대한 것은 아버지 아널드 주장의 이 면이다. 아들 아널드처럼 그는 혼합물 안의 적대적인 인종적 차이를 설정하는 것에 더 관심이 있었으며, 그가 말하듯, "켈트족과 색슨족이 그레이트브리튼과 아

---

34) Thomas Arnold, *Introductory Lectures*, 33-5.

35) 다음을 참조. Poliakov, *The Aryan Myth*, 231.

일랜드에서 완전히 통합되어 이제 그들이 하나의 **통일된 인종**을 이룬다!"는 어떤 암시에도 반대하였다. "튜턴족이라는 공동의 이름으로 논박하는 것은 의심할 바 없이 아널드 박사의 큰 실수다. 인종들은 너무 다양하며⋯ 색슨족과 켈트족보다 서로 더 다른 사람들은 없다"고 그는 썼다.[36] 매슈 아널드는 그가 "튜턴매니아"Teutomania라고 이름 붙인, 게르만 인종이 세계 역사에 미친 결정적 영향력에 대한 아버지의 찬양에 대해 경직된 오이디푸스적 방식으로 반응했다. 그 방식은 아버지의 인종주의를 거부하기보다는 프랑스인과 켈트인을 선호하는 방식이었다. 이를 위해 아널드는 에른스트 르낭과 W.F. 에드워즈라는 두 명의 매우 다른 민족학 권위자의 연구에 의존한다.

『켈트 문학 연구』: 르낭

위대한 프랑스 셈족학자이자 언어학자인 에른스트 르낭은 일반적으로 아널드의 사유에 매우 영향을 미친 저술가로 여겨진다. 르낭의 문헌학적 방법은 노트와 글라이든의 용어를 빌리면 그가 민족지학자였음을 나타낸다. 그러나 우리가 르낭의 저서에서 볼 수 있는 것은, 역사적 문헌학을 가지고도 언어적 차이로 정의된 인종적 차이가 문명의 정도에 기반을 둔 위계와 문화적 가치로 특징지어지는 인종에 관한 설명을 강조하기 위해 점점 더 사용되었다는 사실이다(르낭은 이런 언어와 인종의 동일화를 막스 뮐러Max Müller와 공유한다).[37] 위에서 인용했듯이 아널드는 『문화와 무질서』에서 "과학으로 인해 이제 모든 사람은 인종에 내재하는 차이의 크고 함축적인 요소들을 볼 수 있게 되었고, 또 그런 요소들이 인도유럽어족의 특질을 셈족의 그것과 얼마나 뚜렷하게 다르게 변모시키는지 알 수 있게 되었다"고 말하는데, 이 말의 직접적인 참조는 르낭의 저서에서 찾아볼 수 있다. 르낭의 사유가 가진 근본적으로 인

---

36) Knox, *The Races of Men*, 378, 341.

37) Cf. Stocking, *Victorian Anthropology*, 56-62.

종차별적인 토대를 아널드의 비평가들이 완전히 인정한 적은 결코 없었다. 현대에 그것을 처음으로 강조한 사람은 에이메 세제르Aimé Césaire로서, 그는 『식민주의에 관한 담론』Discourse on Colonialism을 시작하면서 르낭의 『프랑스의 지적이고 도덕적인 개혁』La Réforme intellectuelle et morale de la France(1871)을 언급한다. 이 책은 아널드가 호의적으로 논평한 책이었다. 아널드는 르낭과 동의하지 않는 지점들을 여러 개 밝혔지만, 세제르가 인용한 다음 구절이 담고 있는 생각에 대해서는 이견을 제시하지 않았다.

우월한 인종이 열등하거나 퇴화된 인종을 재생시키는 것은 인류를 위한 신의 섭리적 질서의 일부다. 우리에게 보통 사람은 거의 언제나 몰락한 귀족이다. 그의 두터운 손은 하찮은 도구보다 검을 다루기에 더 적합하다. 그는 일보다 싸움을 선택함으로써 최초의 상태로 되돌아간다. "세계의 민족들을 지배하라"Regere imperio populos. 그것이 우리의 소명이다. 중국처럼 외국의 정복을 소리쳐 요청하는 나라에 전력을 다해 이런 행동을 쏟아 부어라. 유럽 사회를 어지럽히는 모험가들을 "신성한 샘"ver sacrum으로, 프랑크족, 롬바르드족, 노르만족 같은 무리로 변화시켜라. 그러면 모든 사람이 올바른 자신의 역할을 하게 될 것이다. 자연은 노동자들의 인종, 중국 인종을 만들었다. 그들은 뛰어난 손재주를 지녔으며 명예의식은 거의 없다. 그들을 정의로 다스리고, 그러한 은혜로운 통치의 대가로 그들에게서 정복 인종을 위한 넉넉한 수당을 징수하라. 그러면 그들은 만족할 것이다. 흙을 경작하는 인종은 니그로다. 그들을 친절하고 인도적으로 대하면 모든 것이 잘 될 것이다. 주인과 군인의 인종은 유럽 인종이다.[38]

---

38) Césaire, Discourse on Colonialism, 16, citing Renan's La Réforme intelletuelle et morale de la France (1871) (CEuvres complètes, I, 390); Arnold, "Renan's La Réforme intelletuelle et morale de la France" (1872), in God and the Bible, 40-50.

식민화에 실패한 국가는 사회주의, 즉 부자와 빈자의 전쟁을 피할 수 없다고 르낭은 경고한다. 그는 한 유럽 인종이 다른 유럽 인종을 정복하는 것은 비난하지만, 영국의 인도 정복처럼 우월한 인종이 열등한 인종의 나라를 합병하는 것은 전혀 놀라운 일이 아니라고 말한다. 아널드는 이런 견해에 이의를 제기하지 않았다. 츠베탕 토도로프Tzvetan Todorov는 최근에 르낭의 인종주의를 모두 드러내 보여주었다.[39] 그는 아널드가 모두 호의적으로 읽고 동의하며 언급한 르낭, 뗀느Taine, 고비노의 작업을 묘사하며 이 세 명이 19세기의 과학적 인종차별주의 원칙의 "가장 열렬한 선전가들"이라고 말한다.[40] 르낭은 동시대인 퀴비에와 고비노처럼 세계의 민족들을 세 종류의 인종, 즉 백인, 황인과 흑인으로 구분하였고, 이들을 다른 종으로 간주했다. 황인종은 부분적으로만 문명을 이룰 능력이 있고, 흑인종은 결코 가능하지 않다. "열등한" 인종에 대한 르낭의 반평등주의적 태도가 모든 면에서 콰시Quashee*에 대한 칼라일의 태도만큼 극단적이었음을 염두에 둔다면, 르낭이 노트와 글라이든의 작업에 호의적이었음을 알게 되어도 전혀 놀랍지 않다.[41] 고비노의 『에세이』에 대한 그의 찬사는 처음에는 제한적이었지만, 나중에는 "어떤 인종들이 다른 인종에 비해 열등하다는 것이 증명되었다"고 주장한다.[42] 르낭은 "우월한" 백인 코카서스 인종의 역사와 기원을 보여주는 것은 다름 아닌 언어라고 믿었고, 이에 근거해서 코카서스 인종을 분리된 "인류의 움직임의 두 개의 축"에 따라 아리안 어족과 셈 어족이라는 두 개의 하부 인종으로 위계적으로 다시 분리했다.[43] 르낭이 보기에 셈 어족은 코카서스인이기는 하지만 열등했다. 아널드가 『문화와 무질서』에서 르낭을 "사물의 단순한 자연적 진리와 이성의 친구"로 묘사하는 등 그토록 존경했던 르낭에게서 자신의 사유의 많은 술어들the predicates을 취하였음을 고려한다면, 그 자신의 인종

*
서인도제도의 원주민

---

39) Todorov, *Nous et les autres*, 129-36, 141-6, 165-78.

40) Ibid., 137.

41) 다음을 참조. Poliakov, *The Aryan Myth*, 222.

42) "Lette à Gobineau" (26 June 1856), *Œuvres complètes*, 10, 203-5; *The Future of Science*, xv.

43) *Œuvres complètes*, 2, 322; cited by Olender, *The Languages of Paradise*, 53.

주의가 비교적 제한적이었다는 사실이 더욱 놀랍다. 그런데 아널드가 르낭에게서 흡수한 개념들 중에는 코카서스 인종이, 그 광대한 언어들의 배열처럼, 내적으로 분리되고 갈라져 스스로에 대립되어 있다고 시사하는 개념이 있었다. 이러한 인종적 분리는 다시 코카서스인 개개인에게 확장된다. 르낭은 자신을 "모순들의 조직, 인식하지 못한 채 자신의 발을 먹었던 크테시아스Ctesias의 우화 속의 괴물처럼 나의 반은 다른 반을 집어 삼킨다"고 묘사하는데, 이는 완전히 부정확한 것은 아니었다.[44] 자신의 시에서 단어들의 어원에 격렬한 튜턴족의 활기를 강요하며 유럽 언어의 아리안 기원이 지닌 원래의 통일성으로 되돌아가고자 했던 홉킨스Hopkins와 달리, 아널드의 방식은 동시대의 소원함과 이질성에 관한 이러한 일반적 이론을 영국성 그 자체의 이론에 적용시키는 것이었다.[45] 동시에 아널드는 르낭을 따라 이를 확장시켜 자신의 개인적 정체성을 묘사한다. 그는 "아, 나의 이름 자체[매슈 아널드]가 전형적인 영국인을 만드는 독특한 셈족-색슨족 혼합을 표현하는구나"라고 외쳤다.[46]

영국인은 인종들의 변증법으로 구성되었고 이 경우 빛과 어둠, 자발성과 지배, 문화와 속물주의의 힘을 나타내는 켈트족과 색슨족으로 구성되었다는 개념을 아널드가 처음 발전시킨 것은 『켈트 문학 연구』On the Study of Celtic Literature(1867)였다.[47] 아널드는 그답게 아일랜드인에 관한 국내의 논의를 무시하고 르낭을 따랐다. 사실 처음에 독자들이, 아널드가 단지 유명한 르낭의 에세이 「켈트 인종의 시」The Poetry of the Celtic Races(1954)의 영국식 버전을 만들었다고 생각했을 수도 있다. 아널드가 르낭의 에세이 형식을 아주 유사하게 따르고 있기 때문이다. 르낭은 켈트족이 사는 땅의 풍경을 "모호한 슬픔이 가득

---

44) Cited by Lewis, *The Lion and the Fox*, 24.

45) Hopkins의 언어 이론에 미친 Renan, Bunsen, Müller의 영향에 관해서는 다음을 참조. Sprinker, *Counterpoint of Dissonance*, 56-62. 1886년에 Hopkins는 인종화된 본질의 언어에서 "본질"inscape을 "종 혹은 개체별로 구별된 양식의 미"로 묘사하기까지 하였다(나의 강조). *Further Letters*, 373. Cf. Paulin, "Hopkins on the Rampage," in *Minotaur*, 90-8.

46) Arnold, *Celtic Literature in Lectures*, 335.

47) Cf. Cairns and Richards, *Writing Ireland*, 43-9, and Lloyd, *Nationalism and Minor Literature*, 6-13.

하다"고 묘사하면서 글을 시작하고 나아가 켈트인들을 "소심하고 내성적인 인종, 겉모습은 무겁지만 깊은 감정을 느낄 수 있고, 종교적 본능은 감탄할 만큼 섬세하다"고 설명하고는 켈트, 특히 웨일스 문학의 영광을 자세하게 분석한다.[48] 아널드는 켈트족의 인종적 "골상"에 대한 다음과 같은 르낭의 설명, 특히 그들의 높은 감수성에 대한 설명을 상당 부분 받아들인다. "어떤 인종도 심장 자체를 파고드는penetrative* 선율에서 이들과 견줄 수 없다"(2). 한 유명한 구절에서 르낭은 이 암묵적인 섹슈얼리티를 명시적으로 발전시킨다. "개인에게처럼 민족에게 성을 부과할 수 있다면, 우리는 켈트 인종이⋯본질적으로 여성적 인종이라고 주저 없이 말해야 할 것이다"(8). 그들은 "무엇보다도 가정적인 인종"(5)이지만, 켈트 민족들이 가장 찬사를 받는 것은 그들의 "상상력" 때문이며, 이것은 또한 그들을 몰락시키는 것이기도 하다. 켈트 인종은 "꿈을 현실로 간주하고 그것의 화려한 비전을 추구하면서 스스로를 소진시킨다"(9). 여성화와 상상적 소모를 이렇게 결합시키는 것을 보면, 르낭이 이러한 자질들을 정치적 효율성의 결여에 연결시키는 것이 놀랍지는 않다.

두 에세이의 유사성에도 불구하고, 르낭은 두 가지 방식에서 아널드와 다른 특징을 보인다. 우선, 르낭은 켈트족이 인종적 순수성을 지속해 왔음을 강조한다. 특히 아일랜드인이 외국 혈통과 섞이지 않았기 때문에 "모든 이질적 혼합에서 더 이상 순수할 수 없다"(4)고 좋게 평가한다. 둘째, 르낭은 "고대 인종"에 대해 "아! 이 역시 사라질 운명이구나, 서구의 바다에 놓인 이 에메랄드"라는 애가의 시구로 시작하여 켈트 문화가 "획일적인 문명의 점점 커가는 격랑 앞에서 시야에서 사라지고"(3) 있다고 인정하지만, 비평의 임무는 "그 먼 메아리들을 되불러오는 것"으로 보면서 켈트족이 문화적 부흥과 정치적 부흥까지 맞이할 가능성이 있음을 찬양하며 마무리한다(59-60).

아널드가 설명한 그 모든 두드러진 차이들은 당대의 인종학의 역할을 증폭시킨다. 우월한 민족과 만난 "열등한 인종"은 반드시 사라진다는, 아니 멸

48) Renan, *The Poetry of the Celtic Races*, 1. 추가 언급은 본문에서 함.

*
영어에서 관통하는, 삽입하는의 의미가 함께 내포된 단어

종된다는 르낭의 더 일반적인 가정에 공감하는 아널드는 게일어Gaelic*를 "패배한 인종의 표지"로 보면서 살아 있는 언어로서의 게일어의 모든 형태가 소멸하는 것을 보게 되어 매우 기쁘다고 말하며 시작한다.[49] 사실상 학교 장학사를 역임하면서 웨일스에서의 교육 언어로 웨일스어 대신 영어를 강요하는 데 중요한 역할을 한 사람이 바로 아널드 자신이었다.[50] 그러나 『켈트 문학 연구』에서 아널드는 자신이 켈트어를 완전히 파괴하고자하는 것은 아니라고 밝힌다. 그는 켈트어가 학문적 연구의 대상, 소멸한 문화의 박물관 유물이 되기를 바란다. 아널드는 켈트 문화가 활동적인 살아 있는 힘으로서는 거의 사라졌다고 혹은 사라져야한다고 본다. 코스모폴리탄적인 아널드는 게일어 부활에 대한 당대의 정치적 주장에 반대한다. 그가 생각하는 민족적, 인종적 역사의 자연스러운 과정은 다음과 같은 것이기 때문이다. 즉 "이 섬들의 모든 거주민이 영어를 말하는 하나의 동질적 전체로 융합되는 것, 우리 사이의 장벽을 붕괴하는 것, 분리된 지방 민족들을 흡수하는 쪽으로 상황이 자연스럽게 진행되어 나아가는 것이 이상적인 결과다"(296-7). 아널드가 바라는 정치적 목적들과 상황의 자연스러운 진행에 대한 그의 가정은 모두 지방분권주의의 명백한 적이다. 이 두 가지 때문에 아널드는 켈트 문화가 영국 문화에 저항하기보다 그 안에 잠겨야한다고 주장한다. 하지만 이 에세이의 힘은 동화주의가 아닌 상호섞임을 제안하고 있다는 데 있다. 아널드는 두 인종 유형의 불변성을 주장하는 동시에 융합을 제안하고 있다.

정치적 소멸에도 불구하고 "과학의 대상"으로, 문화적 형태로 켈트족은 상당히 중요할 수 있다. 아널드는 "과학"이 "화해시키고, 통합시키는 영향력을 행사한다"(335)고 말한다. 『문화와 무질서』가 문화 자체에 속한 것으로 설명하는 그 결정적인 조화의 힘은 여기서는 문헌학이 보여준 인종적-문화적 친족관계에서 발견된다. 켈트 정신은 그것이 학문적 주제가 됨으로써 영국 문화 안으로 퍼질 수 있다고, 그래서 켈트족이 영국 인종의 일부이듯이 영국

* 아일랜드 켈트어

---

49) Arnold, *Celtic Literature*, 293. 추가 언급은 본문에서 함.

50) Ibid., 500, n. 297.

문화의 일부가 된다고 아널드는 주장한다. 19세기에 다른 문화와의 식민적 관계를 이보다 더 명확하게 진술하고 있는 것은 없다. "현대 문명"의 힘은 패배당한 문화를 마지막 자취까지 파괴하고, 그에 대한 교수직이 있는 학문적 연구 대상으로 변모시킨다. 교수직의 기능은 피식민자의 자취를 되살려 식민주의자의 빈사상태의 문화를 변화시키고, 심지어 "아일랜드에 평화의 메시지를 보내기 위해서다." 자신의 설명에서조차 아널드의 켈트 문화 전유는, 게일족 부흥에 대한 그의 거부에도 불구하고 결국 정치적이다. 자신의 영향력을 성공적으로 행사하여 옥스퍼드에 켈트어 교수직을 만들었음에도 오늘날 그 자리가 영문학부가 아니라 중세와 현대 유럽어학부에 남아있는 것은 영원한 아이러니이다. 켈트어 교수직은 아직 아널드가 희망하였던 효과, 즉 아일랜드에 평화를 가져오는 것을 이루지 못했다.

『켈트 문학 연구』: 에드워즈

페니언의 정치적 반감은 이렇게 인종적 통합과 문화적 동화의 논리로 반박되었다. 켈트 문화에 대한 아널드의 양가적인 태도는 여러 면에서 억압적이었고, 아널드 때문에 1860년대 영국에서는 반아일랜드 편견이 만연해 있었다. 그래서 어떤 형식으로든 켈트 문화의 수용을 주장하는 것은 급진적인 움직임이 되었다. 특히 튜턴매니아의 맥락에서는 그러하였다. 아널드 자신이 밝히듯 그의 아버지가 지지했던 이전의 인종이론, 즉 켈트족이 비코카서스 인종 출신의 불법 침입자였다는 인종이론은 그 당시 게일어가 인도유럽어로 밝혀짐으로써 인정을 받지 못하게 된다.[51] 그러나 아일랜드인을 원숭이나 흑인으로 보는 인종차별적 문화적 가정들은 여전히 존재하였다. 예를 들어, 슬라이고Sligo*의 거주자들을 "끔찍한" "백인 침팬지들"로 표현한 자주 인용되는 킹슬리의 묘사는 1860년으로 거슬러 올라간다. 1885년까지도 베

*
아일랜드 공화국 북서부의 주州

---

51) Ibid., 299 and n.

도는 『영국의 인종들』*The Races of Britain*에서 아일랜드인을 "아프리카인적"[52]이라고 묘사한다. 녹스는 아일랜드의 빈곤이 영국의 잘못된 통치에 기인한다는 주장을 부인하면서 다음처럼 주장한다.

> 모든 악의 원천은 그 인종, 아일랜드의 켈트 인종에 있다. 웨일스를 보라. 칼레도니아를 보라. 언제나 똑같다. 그 땅에서 그 인종을 쫓아내야 한다. 가능하다면 정당한 수단으로. 어찌되었든 그들은 떠나야 한다.[53]

켈트족에 대한 녹스의 그림들이 진짜 이야기를 한다(그림 1). 아일랜드 켈트족은 가난하고 과도하게 아이가 많으며, 흑인의 특징을 나타나는 얼굴로 묘사되는 반면, 색슨족 유형은 전혀 묘사될 필요가 없다. 녹스는 "색슨족의 집"을 보여주고 "가능하면 늘 다른 집들과 떨어진 곳에 서있다"는 말을 덧붙인다(그림 2). 그가 보여주는 위엄 있는 저택은 인종적 구분이 근본적으로 계급적 기반을 가지고 있음을 보여준다. 동시에 부르주아 색슨족의 타고난 인종적 순수함을 암시한다.

영국인이 정말로 색슨 튜턴족이며 켈트족은 이미 영국 땅에서 말끔히 제거되었다는 개념(동질성으로서의 영국성을 주장하는 근거가 마침내 여기에 있다)은 당시 여전히 인기가 있었다. 예를 들어 게르만 테제의 주요 지지자인 E.A. 프리만Freeman은 『켈트 문학 연구』가 출판된 같은 해인 1867년에 『노르만의 영국 정복사』*History of the Norman Conquest of England* 6권을 출판한다. 1860년대에는 영국의 진정한 기원을 형성한 것은 켈트족이라는 반대 주장이 아직 드물지만 힘을 얻고 있었다. 아널드의 에세이 외에 이 시기에 가장 주목할 만한 것은 테니슨Tennyson의 『국왕 목가』*Idylls of the King*(1859-85)로 말로리Marlory*의 아더 왕의 전설과 『마비노기온』*Mabinogian***에 기반을 둔 것이다. 그러나 사실 튜턴족 논쟁

*
『아더왕의 죽음』의 저자

**
웨일스의 중세 기사도 이야기집. 샬롯 게스트 부인이 영어로 번역함(1838-49)

---

52) Kingsley, *Charles Kingsley*, III, 111; Beddoe, *The Races of Britain*, 11. Cf. 이 시기의 아일랜드인에 대한 인종차별적 태도의 요약은 다음을 참조. Gibbons, "Race against Time," and Bracken, "Essence, Accident and Race," 90-1.

53) Knox, *The Races of Men*, 379.

〈그림 1〉 "켈트족 집단: 런던, 메릴본에서 언제나 볼 수 있음"
로버트 녹스 『인간의 인종들』(1850)

〈그림 2〉 "색슨족의 집: 가능하면 늘 다른 집들과 떨어져 있음"
로버트 녹스, 『인간의 인종들』(1850)

을 종결지은 것은 문화나 인종학이라기보다는 정치였다. 즉, 튜턴족 논쟁은 1871년 독일이 통일되면서 함께 무너졌다.

르낭은 아일랜드와 프랑스에 켈트족이 생존해 있음을 찬양하였지만, 영국에 관해서는 거의 언급하지 않았다. 아널드는 다른 곳을 찾아보아야 했다. 튜턴-영국인 테제는, 그가 켈트족 생존에 관한 역사적 증거를 제공할 수 있는 누군가를 찾아야 했고, 그렇게 하여야 그들이 이미 영국의 문화적 삶 가운데 살아있는 실질적 부분이라는 주장을 할 수 있었다는 것을 의미했다. 『문화와 무질서』의 주장을 시험적으로 시도할 때 아널드는 그가 "기원의 과학"이라고 부른 민족학을 아주 진지하게 받아들인다. 르낭이 그러했듯이 "이방 혈통의 모든 혼합"으로부터의 켈트족의 순수성을 강조하기보다는, 아널드는 영국인의 혈통 속에 켈트 혈통이 살아남아 있음을 강조한다. 그는 켈틱 브리튼족Celtic Britain이 "완전히 전멸되었어야 했다"라는 생각과 색슨족이 "의도적으로 켈트 인종을 몰살"(337)시켰다는 생각에 이의를 제기했다. 아널드는 "혈통의 주된 흐름"이 게르만족이 되었을 수도 있다고 인정하지만, 그는 "골에서처럼, 영국에서도 켈트족 흐름이 존속하지 못했을 수 있었을까?"

(338)하고 묻는다. 이 지점에서 아널드는 1865년에 읽었던 W.F. 에드워즈의 『인간의 생리적 특성』*Des caractères physiologiques des races humaines*(1829)의 생리학적 데이터를 환기시킨다.[54] 아널드는 날카롭게 그 책이 "대륙에서 지대한 관심을 불러일으켰다. 그 책은 100여 쪽을 크게 넘지 않는데, 그 100쪽은 읽고 다시 읽을 가치가 있다"(339)고 말한다. 앞 장에서 우리는 로버트 녹스의 친구이자 동료로서의 에드워즈를 이미 만났었다. 고비노는 에드워즈의 저서에 동의하며 인용한다. 노트와 글라이든은 『인류의 유형들』(1854)을 시작하면서 자신들의 영원한 인종적·민족적 유형에 관한 이론의 주요 권위자이자 선구자로 에드워즈를 환기한다. "에드워즈의 저서는 많은 부분에서 경쟁 대상이 없다. 박물학자로서의 저자의 높은 평판은 그의 과학적 역량을 보장한다."[55] 어쩌면 다행스럽게도 아널드의 민족학은 사실 아주 최신 이론은 아니었다. 모튼의 『아메리카 두개학』*Crania Americana*(1839)에서 영감을 받은 J.B. 데이비스Davis와 J. 서넘Thurnam이 더 최근에 포괄적인 『브리타니카 두개학. 영국 제도의 토착민과 초기 거주민의 두개골에 관한 서술과 묘사』*Crania Britannica. Delineations and Descriptions of the Skulls of the Aboriginal and Early Inhabitants of the British Isles*(1865)를 출판하였기 때문이다. 승인 하에 빅토리아 여왕에게 헌정된 이 책에서 그들은, 에드워즈의 주장에도 불구하고, "근대 영국인의 두개골과 상당히 유사한 앵글로 색슨의 두개골들은 우리 인종의 진정한 핵심적 특성이 튜턴족에서 기원했음을 증명한다"고 결론 내린다.[56]

에드워즈는 녹스처럼 인종이론을 자국의 유럽적 맥락에 적용시키는 데 관심이 있는 민족학자들 중 하나였다. 유럽의 인종들 즉 "혈통들"에 관한 관

---

54) Edwards, *Des caractères physiologiques des races humaines*; Arnold's list "Read 1865," Notebooks, 578. Edwards의 저서에 관한 자세한 개요는 1835년 *Phrenological Journal*에 게재됨(Anon, "The Physiological Characters of Races of Mankind").

55) Nott and Gliddon, *Types of Mankind*, 93.

56) Morton, *Crania Americana*, Davis and Thurnam, *Crania Britannica*, I, 238. Arnold는 Price의 *Essay on the Physiognomy and Physiology of the Present Inhabitants of Britain, with reference to their Origin as Goths and Celts*를 접하지 못한 것으로 보인다. 이 책은 Edwards의 책이 출판된 해(1929)에 출판되었다. 일반적으로, 1867년까지 켈트족과 색슨족과 관련된 상당한 분량의 자료에 대한 그의 지식은 분명히 제한적이었다.

심은 인종 차이에 대한 더 지구적인 분석과 나란히 발전하였다. 그런 이론가들이 다루어야 하는 질문은 유럽의 민족성을 어떻게 규정할 것인가의 문제다. 예를 들어, 그들에게 유럽인과 아프리카인은 명백히 다른 인종이었다. 심지어 다른 종이기도 했다. 이들의 결합으로 생산된 혼종이 노새와 마찬가지로 불임이라는 사실로 이것이 증명되었다고 가정되었다. 그러나 유럽인들 스스로를 고려하면 문제는 더 복잡해졌다. 유럽 자체가 성공적인 혼종 인종의 사례를 제공하지 않았는가? 그러나 에드워즈와 녹스는 "유럽의 혼합 인종들은 혼종이 아니다"라는 기발한 주장을 하는데, 이는 녹스의 에세이 「인간 혼종의 법칙에 관한 질문」An Enquiry into the Laws of Human Hybridité에서 우리가 이미 본 주장이다.[57] 두 사람은 과학적 분석과 문화적 추론을 독특하게 섞은 방법론을 공유하였는데 이는 사실 퀴비에의 해부학적 정확성을 조프루아 생틸레르Geoffroy St-Hilaire의 더 문화적인 "초월론적 해부학"transcendental anatomy에 결합한 것이다. 에드워즈가 기여한 바는 해부학을 역사 및 민족 문화와, 데물랭Desmoulins을 티에리와 결합시킨 것이다. 그의 저서는 새로운 과학적 인종주의의 발전에 지속적인 영향력을 행사하게 된다.[58] 백인 "영국계" 자메이카인으로 태어난 에드워즈는 파리에서 의학수련을 받았다. 파리에서 여생을 보낸 그는 1839년 민족학회the Société d'Ethnologie를 설립하였다. 그의 『켈트어에 관한 연구』Recherches sur les langues Celtiques는 1844년에 사후 출판되었다. 아널드가 말하듯 그의 형제 앙리 밀른-에드워즈Henri Milne-Edwards도 조프루아 생틸레르의 동물학 교수직을 물려받은 해부학자이며 동물학자였다. 에드워즈는 그의 『인종의 생리학적 특징과 역사 연구』Des caractères physiologiques des races humaines, considérés dans leur rapports avec l'histoire를 아메데 티에리에게 바쳤는데, 그는 『골의 역사』L'Histoire des Gaulois(1828)에서 "인종"과 "계급"이라는 용어를 역사를 이해하는 분석 개념으로 최초로 사용한 프랑스 역사학자였다. 실제로 마르크스는 그를

---

57) Knox, *The Races of Men*, 2nd edn, 506.

58) Blanckaert, "On the Origins of French Ethnology"; Curtin, *Image of Africa*, 363.

"프랑스 역사기술에서의 계급투쟁의 아버지"로 칭송하였다.[59] 이는 아널드의 출처가 기이하게도 마르크스가 발전시킨 바로 그 변증법적 역사 모델이었다는 것을 의미한다. 티에리의 작업은 고대 프랑스 역사에서 켈트인(또는 골 사람)과 벨기에인 사이의 인종적 이주와 갈등이 프랑스 혁명을 낳은 계급투쟁으로 발전되는 양상을 분석하였다. 그의 동생은 티에리의 분석을 영국 역사의 노르만 정복의 결과까지 확장시켰다.[60] 에드워즈가 기여한 바는 티에리 형제의 분석이 문자 그대로 생리적으로 증명될 수 있다고 주장한 것이다. 인종 유형의 불변성 때문에 영국과 프랑스 역사의 인종적 진로는 살아 있는 민족적 인구들 사이에서 아직도 실제로 추적이 가능했다. 녹스와 에드워즈 둘 다 파리와 런던의 거리를 이리저리 걸어 다니며 인종 유형을 분석하기를 즐겼다. 녹스의 첫 전기 작가인 론스데일Lonsdale은 "그가 남자들과 여자들과 무리지어 거리를 걸을 때조차도 항상 인종의 특징을 찾기 위해 바짝 주의를 기울였다고, 그는 보통 사람이 시간을 들여도 거의 구별할 수 없는 것을 한 눈에 알아차릴 수 있었다"고 말한다.[61] 이후 영국의 민족성에 대한 녹스의 관심을 공식화한 사람은 브리스틀의 의사(에든버러에서 수련한)인 존 베도였다. 베도는 나라를 돌아다니면서 아직도 함께 섞여있는 다양한 인종들의 흔적을 목록화하려 하였다. 특별히 고안된 카드들을 손바닥에 숨기고 인종적 특징들을 기록하면서 "흑인화 지수"Index of Nigrescence를 수집하였다. 베도의 연구는 『영국의 인종들』(1885)이라는 제목으로 출판된다. 이 책은 강박적인 분류학적 열정으로 100여 쪽이 넘는 도표에서 영국 제도(그림 3 참조)와 유럽 거주자들의 민족적 기원들과 "흑인화"의 추정된 증가를 추적한다(1904년에 해블록 엘리스Havelock Ellis는 영국의 각 주의 정신적, 감정적 특징을 분류함으로써 베도의 연구를 확장시켰다).[62] 아마도 추측컨대 영국인의 생김새를 읽어내는 것이 어렵다는 사실을

---

59) Cited in Banton, *Racial Theories*, xiii.

60) Thierry, Augustin, *Histoire de la conquête de l'Angleterre par les Normands*.

61) Lonsdale, *A Sketch of the Life and Writings of Robert Knox*, 293.

62) Beddoe, *Races of Brita*in; Beddoe는 Wales 출신이었다. 그의 첫 번째 저서는 *A Contribution to Scottish Ethnology* (1853)이다. Knox와 Edwards와 마찬가지로 인종에 대한 그의 관심은 본인의 민족성에 대

〈그림 3〉 "영국인의 유형들" 존 베도의 『영국의 인종들』(1885)
보스톤. 링컨, 링컨셔. 웨스트–라이딩 유형들. 노팅엄셔. 쥬트 켄트. 서섹스.

과학적으로 강조하게 되면서 그의 알 수 없는 방어적 의연함이 나온 듯하다.

에드워즈의 『인종의 생리학적 특징』은 역사를 생리학과 자연사에 동화시키는 그런 기획을 시작하게 한 책이었다. 에드워즈는 티에리에게 그가 말하는 고대 인종들은 언어를 통해서만이 아니라 신체적, 육체적 형태, 다른 말로 하면, 인종적 형태를 통해서도 현재 유럽에서 아직도 찾아볼 수 있다고 말한다. 아널드는 그의 기획을 다음과 같이 정리한다.

티에리 씨는 『골의 역사』에서 골에 사는 인구를 여러 집단으로 나누었다. 에드워즈 씨의 목적은 이 구분을 생리학으로 시험해보는 것이었다. 그는

한 관심에서 출발했을 것이다. Havelock Ellis, *A Study of British Genius*.

인간의 집단들이 언어뿐 아니라 그들을 구분하는 신체적 유형도 지니고 있다고 말한다. 이러한 신체적 유형의 흔적은 언어의 흔적처럼 지속되며, 생리학은 역사를 증명하는 능력을 갖게 되었다. 따라서 그는 골을 통해 어떤 순서로 분포되었다고 알려져 있는 두 위대한 켈트어족인 게일어족the Gaels과 웨일스어족the Cymris의 신체적 유형을 결정하고는, 현재 프랑스 인구 안에서 이러한 유형들을 추적한다. 그리하여 추정된 원래의 분포 순서를 입증한다. (339)

그러나 아널드가 그렇게 열정적으로 승인하는 "신체적 유형"의 불변성에 대한 증거는 무엇이었는가? 에드워즈는 자신이 어떻게 처음에 이 살아있는 역사 형태를 생각하게 되었는지 말한다. 런던을 방문할 때 에드워즈는 친구인 녹스와 토머스 호지킨Thomas Hodgkin(후에 가이 병원 해부병리학교수가 된 호지킨은 원주민보호학회 설립자이면서 식민화에 관해 다수의 책을 쓴 저자이기도 하다)과 함께 있었다.[63] 에드워즈는 녹스와 호지킨에게 프리처드가 이집트인들을 곱슬머리를 가진 흑인으로 묘사한 어떤 그리스인 저자를 인용했다고 말한다. 녹스는 텍스트에 의존하지 않고 에드워즈를 데려가 이집트 왕의 무덤을 보여 줌으로써 이 진술을 확인해주었다고 에드워즈는 말한다. 그곳의 그림들이 보여준 것은 수 천 년 전 이집트인들이 그려 놓은 다른 인종들이 현대에도 똑같이 발견된다는 것이다. 몇몇 이들은 분명하게 에티오피아인들로 확인할 수 있었다. 다른 이들은 분명 유대인들이었고, 에드워즈는 그들이 그가 매일 런던

---

63) 인류의 멸종에 관한 당시 경향에 반대하는 시도를 하면서 Hodgkin은 1837년 원주민보호학회를 설립하게 되었다(이것은 1843년에 민족지학회가 되었다). Hodgkin은 영국과학진보협회the British Association for the Advancement of Science에서 만든 "여행자들과 기타 사람들에게 질문할 인종에 관한 질문" 목록을 만드는데 중요한 역할을 하였다. Hodgkin이 Knox보다 더 진보적이었음에도, 최초 89개에서 후에 103개로 늘어났던 그의 질문 목록은 유형이라는 동일한 인종이론에 분명하게 기반을 두고 있다. 인종혼합에 관한 질문에는 "아버지나 어머니의 유형이 상대 유형보다 우선하는 경우에 발현되는 뚜렷한 차이가 있는가? 또한, 그런 결혼으로 혼합된 형태는 그 성질이 변함없는가, 혹은 몇 세대가 지나면 그것을 구성하는 유형의 어느 한 쪽으로 치우친다고 알려져 있는가?"와 같은 것이 있다(Hodgkin, "Varieties of Human Race," 334).

거리를 걸으며 볼 수 있는 사람들과 꼭 같다고 주장한다.[64] 녹스는 『인간의 인종들』에서 같은 사건을 두 번이나 되풀이하며, 거칠게 결론을 내린다.

> 내가 깊이 존경하는 친구인 호지킨 씨와 에드워즈 씨에게 인종들의 변하지 않는 특징들을 알려준 것은 내 기억에는 1822년이나 1823년 런던에서 벨조니Belzoni*가 전시한 무덤을 살펴볼 때이다. 시간도 기후도 인종에 아무 영향을 미치지 않는 듯하다.[65]

*
(1778~1823) 이탈리아 출생으로 차력사였으나 우연한 기회로 이집트로 건너가 고대유물 발굴자가 되었다. 아부심벨 신전과 세티1세의 무덤을 발굴하고 7.5톤에 이르는 람세스 2세의 두상과 그외 많은 유물들을 이집트에서 영국으로 운반하였다. 그가 옮긴 여러 유물은 지금도 대영박물관에 전시되어 있다.

녹스는 노트와 글라이든이 아니라 자신이 최초로 역사적 기록을 사용해서 다른 인종 유형들을 분석했다고 주장했다. 그의 주장이 광범위하게 영향을 미쳤음을 고려하면, 그의 "역사적 기록"이 단지 피카딜리 이집트 관에 있는 벨조니의 화려한 이집트 무덤 모형에 전시된 벽화 그림을 현대적으로 복제한 것에 불과하다는 것은 영원한 아이러니이다. 녹스가 기반을 두었던 사실들이라는 것은 단지 벨조니 자신이 작품 전시 도록에서 혼자 추측하여 설명한 인종적 특징들이었다.[66] 이것이 녹스와 에드워즈가 유형의 불변성을 주장하며 다양한 인종적 차이가 기후, 유전, 문명의 영향에 기인한다고 본 프리처드의 주장을 반박한 그 과학적 증거였다. 프리처드의 설명은 인간이 원시인에서 문명인으로 점진적으로 진화한다고 내세우는 반면, 에드워즈와 녹스의 논지는 인간 역사를 통해 판단하는 한, 인간은 현재의 지금과 늘 동일하였으며 결코 변하지 않았다는 것이다.

기후가 인종의 유형학에 아무 영향력을 미치지 않는다는 것을 증명할 수 있었다 해도, "인종들의 교배"에 대해서는 어떠한가? 유럽의 역사를 구성하는 끊임없는 침입과 정복 속에서, 종교나 카스트처럼 인종의 독특성을 유지하는 경계들이 없는 곳에서 그런 유형들은 어떻게 살아남을 수 있었을까? 에

---

64) Edwards, *Des caractères physiolosigues*, 19.

65) Knox, *The Races of Men*, 181. 이 이야기는 *The Races of Men* 2번째 판본(504)에서도 반복된다.

66) Belzoni, *Description of the Egyptian Tomb*, 12; 그림은 다음을 참조. Belzoni, *Narrative*, Plates VI-VIII. 무덤에 관한 현대적 설명에 관해서는 다음을 참조. Mayes, *The Great Belzoni*, 257-63.

드워즈는 인종들이 서로 섞일 때 어떤 일이 발생하는가에 대해 하나의 모델, 혹은 일련의 근본적인 원칙들을 제안한다. 우선, 두 인종이 수적으로 심각하게 균형이 맞지 않는 곳에서 그는 회귀이론theory of reversion을 제안한다. 즉 혼혈 혈통이나 인종은 이후 본래 유형들 중 하나와 결합 할 때 결국 본래 유형으로 되돌아간다는 이론이다. 따라서 흑과 백 사이에 한 번 교배가 발생한 흔적은 일반적으로 4대나 5대가 되면 사라진다. 에드워즈는 한 국가의 인구를 분석할 때 이것은 상당히 편리한데, 소수 집단이 다수를 변화시킬 수 없기 때문이라고 말한다. 고려해야 할 다음 상황은 다른 두 인종이 더 균등한 비율로 구성된 경우이다. 늘 다른 인종과 서로 교배를 하게 되는 있을 법하지 않은 상황을 가정해본다면, 아마 이들에게서는 중간 유형이 태어날 것이다. 하지만 에드워즈는 여기서 흰색 쥐와 회색 쥐를 서로 교배한 어떤 실험을 환기시키는데, 이 때 교배로 태어난 쥐는 "순수한 품종의 다른 특징들을 가진" 흰색 쥐이거나 회색 쥐였다고 밝힌다.[67] 이 실험에 근거하여 에드워즈는 다음과 같은 법칙을 전개한다. 즉 거리가 먼 인종들 사이에서 결합의 산물은 혼종이며, 이들의 자손은 혼종성 명제에 따라 점차 불임이 될 것이다. 하지만 근접한 인종들이 결합하면 그들은 혼혈이 아닌 "순수한, 원시적 유형들" 중 이쪽 혹은 다른 쪽을 생산한다. 그러므로 인종혼합의 두 원칙은 경우에 따라 자연이 유형들을 혼합하기도 하고, 유형을 분리하기도 한다는 것이다. 그는 다음과 같이 결론짓는다.

서로 가장 다른 인종들은 끊임없이 혼종을 생산한다. 그래서 뮬라토는 언제나 흑인종과 백인종이 혼합한 결과이다. 두 원시 유형이 재생산하는 다른 조건, 즉 부모가 근접한 변종일 경우는 덜 알려져 있지만 그렇다고 없는 것은 아니다. 이러한 사실은 유럽 민족들 사이에서 흔하다. 나는 이를 종종 목격해왔다. 그 현상이 늘 일정한 것은 아니지만 그것이 어떻단 말인가? 교배는 때때로 유형을 융합하기도 하고 분리하기도 한다. 여기

---

67) Edwards, *Des caractères physiologiques*, 26.

서 우리는 이런 근본적인 결론에 다다른다. 다르지만 근접한 인종의 변종에 속한 사람들이 서로 결합하면…. 새로운 세대의 일정 부분은 원시 유형을 보존한다.[68]

이 논지를 통해 에드워즈는 다음과 같은 주장을 할 수 있게 된다. 즉 백인과 흑인의 결합은 뮬라토 아이들을 태어나게 하고 이들의 후손은 이미 주장했듯이 점차 소멸해가지만, 켈트인과 색슨인 같이 가깝게 연결된 인종의 결합은 켈트인이나 색슨인을 생산한다. 이러한 방식으로 백인 유럽인은 유대인과 마찬가지로 역사 내내 고대 인종의 혈통을 마술처럼 보존해왔다. 신체적 접촉의 결과로 나타나는 융합의 가능성은 어떠한 것이라도 피함으로써 인종이론의 주요한 문제는 이렇게 해결되었다. 조사이어 노트가 긍정적으로 재생산하는 것은 바로 서로 다른 인종 간의 성적 결합의 장기적 결과에 관한 이 기이하기 짝이 없는 명제다. 이 이론은 녹스, 베도, 심지어 데이비스와 서넘의 민족학 글과 연구조사의 이론적 근거가 된다.[69] 머지않아 정말로 그것은 혼종성의 작동방식에 관한 표준적 설명이 되었으며, 다윈에서 타일러에 이르기까지 모든 주요한 인류학 저서에서 반복적으로 발견된다. 『켈트 문학 연구』에서 영국에 살아남아 있는 켈트족에 대해 아널드의 주장에 근거를 제공한 것도 생쥐의 교배 결과에 대한 이 설명이었다.

에드워즈 저서의 상당 분량은 유럽 대륙에 대한 것이다. 하지만 그는 그레이트브리튼에 대해서도 잠깐 다루고, 아널드가 지적하듯, 색슨족이 켈트족을 추방시켰다거나 멸종시켰다는 널리 알려진 명제에 반대하는 주장을 편다. 아널드가 가장 관심을 보이는 부분이 바로 이것이다. 따라서 그는 자신의 에세이에서 에드워즈의 텍스트의 이 부분을 길게 인용한다. 색슨족이 영토를 정복하였지만 켈트족은 살아남았다고 아널드는 주장한다.

---

68) Ibid, 29.

69) Davis and Thurnam, *Crania Britannica*, I, 8. 아버지가 독일인(존 녹스의 후손이라고 그는 주장한다)이고 어머니가 스코틀랜드인인 Knox가 자신을 켈트족이 아닌 색슨족에 연결시킬 수 있었던 것은 오직 이 이론 덕분이었을 것이다.

그러므로 역사에서 그들은 죽었다. 특히 그때 쓰인 역사에서 그들은 죽었다. 그러나 그들은 사라지지 않았고, 여전히 살아남아 있으며, 위대한 민족이 그들이 겪은 엄청난 불행에도 불구하고 유지하리라 기대할 만한 그 만큼의 수로 분명하게 남아있다···. 그래서 자신이 색슨족이나 노르만족의 후손이라고 생각하는 영국인이 종종 실제로는 브리튼족의 후손으로 드러나곤 한다.[70]

아널드는 단호하게 자신의 비평적 행위를 영국인이 꼭 순수하게 게르만족은 아니라고 증명한 에드워즈의 생리학적 역사에 연결시킨다. "대륙의 게르만족이 켈트족과 접촉한 것은 선사시대의 일이며, 우리가 알고 있는 그 분명한 게르만족 유형은 이후에 결정된 것이고, 결정된 이후에는 켈트족 유형의 영향을 받지 않았던" 반면, 영국에서는 "여전히··· 이런 저런 켈트족의 기질이 아직 우리에게 흐르고 있다"(336)고 그는 쓴다. 그래서 아널드는 영국인들(색슨, 켈트, 노르만)의 역사적인 인종적, 언어적 기원을 영국 문학의 독특하게 정의되는 특성들 안에 발현된 문화적 현상에서 추적한다.

우리가 이 문제를 살펴보기 위해 생리학 테스트와 언어 테스트에만 의존할 수 있는 것은 아니다. 게르만족의 각진 머리, 게일족의 둥근 머리, 웨일스인의 달걀형 머리 같은 한 민족의 유형을 결정하는 생리학적 신체특징이 있는 것처럼 유형을 결정하는 정신적 특징이 있어서, 우리는 비평을 하면서 그리스인 정신, 튜턴인 정신, 켈트인 정신 등등에 관해 말할 수 있다. 여기 우리가 사용할 수 있는 또 하나의 테스트가 있는 것이다.(340)

문학과 문화는 녹스에게서처럼 이렇게 인종적 역사와 동일시된다. 재빠르게 노르만족을 배제하고 인종적 통일체와 정치적 통일체 사이의 동일성을

---

70) Arnold, *Celtic Literature*, 339-40, translating Edwards, *Des caractères physiologiques*, 70-1.

강조하면서, 아널드는 문학 속에서 정신적인 켈트족과 속물적인 앵글로-색슨족의 변증법적 상반관계를 찾아내는데, 흥미롭게도 그렇게 하기 위해 익숙한 경제적 모델을 환기시킨다. 즉 "가시적인 방대한 튜턴 상부구조를 가진 모호하고 방대한 웨일스 토대"(334)을 언급한다. 영국인과 그들의 문학에서 켈트 요소를 추적하면서, 아널드는 켈트 문학의 정신을 찬양하고 그것의 회복을 시도하였던 르낭과는 상당히 다른 쪽으로 나아가고 있는 것이다. 그는 또한 오늘날 우리가 전통적인 문학 비평이라고 이해하고 있는 것과도 상당히 다른 작업을 하고 있다. 르낭이 켈트 인종들의 골상학을 추적한다고 할 때 그 골상학은 비유적 의미("그것의 성격을 나타내는, 어떤 것의 이상적, 정신적, 도덕적, 혹은 정치적 측면": 옥스퍼드 영어사전)로 환기되었다. 반면, 아널드는 구체적으로 에드워즈의 생리학 연구에 자신을 연결시키고, 이 연구가 과학적 방법으로 영국인 혈통의 기원을 "신체적 유형"과 언어의 흔적을 통해 보여줄 수 있었다고 주장한다. 따라서 영국 문학의 인종적 요소에 대한 아널드의 분석은 과학이 찾아낼 수 있는 불변하는 인종 유형의 차이에 대한 가정에 의존하고 있다.

『켈트 문학 연구』는 1864년 랜디드노Llandudno*에서 웨일스 아이스테드바드Welsh Eisteddfod**를 보러간 설명으로 시작한다. 아널드는 여기서 매해 에세이 상이 수상된다고 말한다. 사실 이 상을 심사하는 사람은 스트랭포드 경Lord Strangford이었고, 그는 『켈트 문학』에 권위 있는 문헌학적 각주를 달아주기도 했다. 이 상의 주제는 "영국 민족의 기원, 특히 '이들은 고대 브리튼족에서 얼마나 먼 자손인가?'의 문제에 관하여"였다. 언어와 신체 유형에 관해 투고된 에세이들 중 상당수는 뒤이어 『인류학 평론』에 게재되었다. 아널드가 방문했던 해에는 사실상 수상작이 없었고, 1868년에 가서야 아이스테드바드 에세이 상이 수여되었다. 입선작은 바로 존 베도의 "고전적 저서"인 『영국의 인종들』의 기초가 된 에세이였다.[71] 아널드는 단순히 이러한 동시대 지식

*
웨일스 북서부
아일랜드해에 면한 도시

**
웨일스에서 개최되는
시ㆍ음악 경연 대회

---

71) 다음 책의 서문 참조. Beddoe, *The Races of Britain*. Beddoe는 이 상의 다른 추천 대상에 *The English and Their Origin: A Prologue to Authentic History* (1866)의 저자인 Owen L. Pike가 있었다고 언급한다. Cf. Strangford, "Mr Arnold on Celtic Literature," in *Original Letters*, 223-30, and Faverty, *Matthew Arnold*, 34.

형식들을 섞거나 의존한 것이 아니었다. 그는 훨씬 더 나아가 문학 비평가가 인종의 기원에 관한 과학자로서 그 역할을 할 수 있도록 그들과 나란히 설 자리를 주장하였고, 민족 문학에 나타난 영국인의 표현을 통해 그들의 정신적, 문화적 기원을 보여주었다. 아널드의 유명한 어구, 즉 비평의 목적은 그 대상을 실제 있는 그대로 보는 것이라는 말은 그러므로 단지 영국의 경험주의를 표현하는 것만이 아니라, 비평과 19세기 과학적 지식의 형식들의 관계에 대한 르낭의 정신을 확인하는 것이기도 하다.

아널드는 영국인의 켈트적 기원이 엄격한 과학적 용어로 수립될 수 있다고 주장한다.

> 그 문제는 외적 증거와 내적 증거로 다루어야 한다. 우리 인종의 언어와 신체적 유형은 그런 시도를 위한 자료를 주고, 우리의 문학, 재능, 정신적 산물 일반은 다른 자료들을 제공한다. 두 번째 종류에 속하는 자료가 문학 비평의 영역에 속하며, 첫 번째 종류의 자료들이 문헌학자와 생리학자의 영역에 속한다.(337)

이러한 방식을 통해 문학 비평은 인종을 정의하는 두 개의 다른 학문적 권위들과 한 팀이 될 수 있었다. 다른 인종들은 "모두 한 조각"이지만, 영국인 본성의 특정한 자질은 그 혈통이 "혼합"되고 "합성된" 결과이다. 합성이 진전된 상태는 미묘하고 복잡한 테스트가 필요한데, 문학비평이 이것을 하기에 가장 적절하다. 아널드의 민족학은 외적 증거에 내적 증거가 맺는 관계로 정의된다. 즉 문학 비평가의 특정한 "영역"은 내적인 것의 영역이어서, "비평에는 유형을 결정하는 정신적 표시들이 있다." 아널드의 『켈트 문학 연구』는 "우리 인종의 유형," "영국인의 정신, 영국인의 특질을 표시하는 특징들"을 증명할 "문학적, 정신적 테스트"(340)의 형식을 취하고 있다.

문화와 무질서: 문화와 인종

　『켈트 문학 연구』에서 아널드는 이렇게 티에리와 에드워즈의 주장에 따라 영국을 근본적으로 인종들의 혼합으로 구성된 국가로 간주한다. 영국인의 인종적이고 문화적인 유형 분류체계는 켈트, 게르만, 노르만이 섞여있지만 여전히 구분은 되는 역사적 혼합물로 구성되어있다는 것이다. 그러나 아널드는 『문화와 무질서』에서 이러한 문자 그대로의 역사적 도식을 헬라인과 히브리인의 대화적인 문화-인종 모델로 변화시킨다. 르낭의 문헌학적 민족학에서 아리안 인도유럽족은 셈족과 대조되었었다. 『켈트 문학 연구』에서 아널드는 "우리는 결국 셈적인 모든 것과 유럽적인 모든 것 사이의 다양성에 대해 들었고, 또 충실히 들었다"(333)고 기술한다. 『문화와 무질서』를 쓸 때 아널드는 이 인종적 차이를 영국 문화의 두 갈래 편향을 특징짓기 위해 사용한다. 여기서 중요한 것은 그렇게 함으로써 아널드가 일종의 인종 통합 모델에서 대화 모델(르낭이 선호했던 형식), 혹은 좀 투박하게 말하면, 인종적 갈등 모델로 선회하였다는 사실이다. 인종적 혼합은 이제 인종 간 교배의 문제에서 양립불가능한 문화들 사이의 상호작용의 문제로 이동한다. 영국인의 인종적 정체성에 관한 역사적, 유전적 설명에서 문화적 인종적 정체성으로 중요한 변화를 만들어내면서 아널드는 르낭의 발자취를 따라가고 있는 것이다. 왜냐하면 르낭은 인종적 범주들을 강조하였음에도, 점차 그것들을 신체적 특징보다는 언어(그리고 이후에는 종교와 법 등)의 차이에서 유래된 것으로 간주하였기 때문이다. 르낭 자신은 인종을 다음과 같은 의미로 정의했다.

　역사 과학의 관점에서 볼 때, 한 인종의 핵심적 속성을 구성하는 것은 다섯 가지이며, 이것이 우리가 인종을 인류 내의 개별적 독립체로 말할 수 있게 한다. 한 인종이 자신의 과거를 통해 살아가고 있음을 증명하기도 하는 이 다섯 가지 기록들은 독특한 언어, 특유의 지형이 새겨진 문학, 종교, 역사, 그리고 문명이다.

토도로프는 이 글에 대해 다음과 같이 말한다. "르낭이 '문화'라는 단어를 생각하지 않았다니 놀라운 일이다."[72] 적어도 그것은 아널드의 독창적인 기여라고 할 수 있다. 『켈트 문학 연구』에서 『문화와 무질서』로의 아널드의 전환은 르낭의 사고를 아주 가깝게 따라가는 것이며, 인종에 대한 과학적 설명이 얼마나 쉽게 인종에 대한 문화적 설명으로 이동할 수 있었는지를 보여주고 그 둘 사이의 구분이 얼마나 늘 불분명하였는지도 암시한다. 르낭이 인종의 신체적 형식과 문화적 형식을 아무리 많이 구분했다 해도 그는 "인종"이라는 단어 자체를 사용함으로써 그것의 다른 의미론적 메아리들을 불가피하게 암시하며 그것에 의지하고 있었다. 실제로 그는 아널드가 그러했듯이 이 단어를 계속 모호하게 사용함으로써 언어와 민족에 대해 그것이 지시하는 바가 불가분하게 섞이게 하였다(물론, 곧 인종 이데올로기의 규범이 되는 것은 언어학적 용어들이었다). 만약 "인종"이라는 단어가 사용된 역사에서 변함없는 특징이 하나 있다면, 그것은 아무리 많은 새로운 의미들이 그 단어에 대해 구성된다 하더라도 옛 의미들은 좀처럼 사라지지 않는다는 것이다. 그것들은 오히려 점점 더 증가하는 힘과 반향과 설득에 엉켜 축적된다. 비록 르낭과 그를 추종한 아널드가 인종에 대한 방점을 혈통으로부터 문화의 전통으로 전환시켰음에도, 인종은 그것의 피비린내 나는 과거를 결코 놓아주려 하지 않았다.

『문화와 무질서』의 모호한 탁월함은 그 책이 영국의 삶에 문화 개념 자체만이 아니라 문화를 인종과 민족에 연결시키는 끈질긴 근대적 동일시까지 도입하였다는 점에 있다. 아널드 모델의 인종적 토대를 고려하면, 『문화와 무질서』에서 그가 유대인에게 그처럼 비교적 긍정적인 태도를 취했었다는 사실은 20세기 독자들에게는 놀라운 일일 수 있다. 사실상, 이 당시 고비노나 디즈레일리 같은 많은 이들이 유대인을 코카서스인으로 보았다. 학문적 차원에서 유대인을 경시받는 인종적 타자로 간주하는 경향을 확정한 것은 기본적으로 코카서스인들 내의 두 어족을 구별한 르낭이었다. 아널드는 아리안족과 셈족을 근본적으로 구분한 르낭의 이론에 대해 분명히 알고 있

---

72) Todorov, *Nous et les autres*, 168.

었지만 다음과 같이 말한다. "인도유럽어족 혈통의 민족인 우리 영국인은 자연히 헬레니즘 운동에 속하는 듯"(141) 하지만 그럼에도 "도덕적 기질의 강함과 탁월함에서의 유사성은 큰 차이가 있기는 해도 우리 영국인의 정신과 역사를… 유대 민족의 정신과 역사에 독특하게 접합시킨다."[73] 사실 영국인이 고대 세계의 유대인으로 흔히 간주되었던 페니키아인과 함께 유대인을 닮았다는 개념은 19세기 중반에는 그렇게 이상한 것이 아니었다.[74] 정말로 "영국계 이스라엘인"의 전통은 20세기까지 특히 괴롭힘을 받았던 정착식민지들에서 이어져왔고, 오늘날 북아일랜드에서는 아직도 발견된다. 청교도 선조들은 그들과 구약의 가부장들 사이의 유사성을 보았으며 그들이 건설하는 그 잉글랜드를 블레이크Blake 시에서처럼 새로운 예루살렘으로 생각하기까지 했다. 영국인의 금융기술과 기업경영은 또한 그들을 유대인에 연결시키는 것처럼 보였다. 19세기 말과 20세기 초의 그 강렬한 반유대주의를 역사적으로 되돌아보면 둘 사이의 유사성이 놀랄 만한 방식으로 강화되고 있었음을 알 수 있다. 녹스나 토머스 아널드의 반유대주의 관점은 당시로서는 상대적으로 예외적인 것이었다. 디즈레일리의 총리직과 조지 엘리엇George Eliot의 『다니엘 데론다』Daniel Deronda는 19세기 영국에서 찾아볼 수 있는 유대인을 향한 관대하고 긍정적이기까지 한 태도를 보여주는 명백한 예일 것이다.[75] 이런 맥락에서, 『다니엘 데론다』가 『문화와 무질서』처럼 물질적인 것과 영적인 것, 기독교인과 유대인, 인종들의 역사적 갈라짐이라는 대립적 서사를 전개한다는 것은 주목할 만하다.

『켈트 문학 연구』에서 아널드는 르낭을 따라 인류의 "원시적인" 셈족 시대는 인도유럽어족으로 대체되었고, 따라서 역사는 셈족으로부터 아리안족 시대로 진보하였다고 말한다. 『문화와 무질서』에서는 역사가 시대마다 다른 인종들의 두 개의 대립적인 양극 사이를 오간다고 말한다. 아널드는 르낭

---

73) 142. Cf. Arnold, *Celtic Literature*, 300. 유대인과 유대주의에 관한 아널드의 관심을 보다 자세하게 설명한 것은 다음을 참조. Cheyette, *Constructions of 'the Jew'* 14-23.

74) Cf. Faverty, *Matthew Arnold*, 173-4.

75) 다음을 참조. Cheyette, *Constructions of 'The Jew'*.

에게서 역사가 아리안족과 셈족 사이의 대화, 즉 갈등의 형식을 취한다는 생각을 발견한다. 하지만 그는 이 차이를 헬라인과 히브리인의 차이로 설명한다. 일반적으로는 아널드가 이 용어들을 하이네Heine에게서 가져왔다고 알려져 있지만 분젠Bunsen에게서 취했을 가능성도 있다.[76] 분젠은 문명이 야벳족 the Japhetic(인도유럽족)과 셈 인종들 사이의 역사적 상호작용의 결과라는 생각에서 출발하여 "헬라적이고 히브리적인" 진보적이고 도덕적인 세계 질서에 대한 믿음 쪽으로 움직여간 인물이다. 이러한 인종화된 역사 개념을 널리 알리면서, 동시에 아널드는 자신이 세계의 역사를 강자와 약자, 흰 인종과 검은 인종, 문명인과 미개인 사이의 폭력적이고 적대적인, 그러나 창조적인 전쟁으로 제시한 로버트 녹스나 자기 아버지 같은 색슨우월주의자의 전통으로 되돌아가고 있음을 알게 된다.[77] 아널드의 다른 동시대인들, 즉 프랑스 역사가인 오귀스탱Augustin과 아메데 티에리, 이후의 미슐레Michelet 등은 또한 언어적 분리를 폭력적인 역사적 갈등으로 전환시켰다. 플로베르Flaubert는 『살람보』Salammbô(1862)에서 로마인과 카르타고인 사이의 전쟁을 묘사하면서 이 관점을 반영하는데, 『살람보』는 프랑스인과 영국인 사이의 근대적 경쟁관계에 대한 알레고리다. 역사가 인종적 반목 형식에 의해 결정된다고 가장 극단적으로 주창한 사람은 또 한 명의 프랑스인인 악명높은 고비노 백작이다. 그의 『인종 불평등에 관한 에세이』Essays on the Inequality of the Races는 흔히 파시스트 인종차별 이론의 선구로 여겨지는데, 그에 대해서는 다음 장에서 논할 것이다. 아널드가 고비노의 영향을 받았고, 『비평 에세이』Essays in Criticism의 마지막을 그의 저서에 근거를 두고 영국 독자들에게 다음과 같이 고비노를 소개하고 있다

---

76) Bunsen, "On the Result of Recent Egyption Researches," 268; *Philosophy of Universal History*, I, 5-6, II, 183-96, and *God in History*, 75-7. 헬라인/히브리인 이분법은 보통 Heine에게서 비롯되었다고 보고(e.g. *Culture and Anarchy*, ed. Super, 435n), 때로 로마와 예루살렘의 영원한 차이에 관한 Moses Hess 의 이론과 비교되었다. Arnold는 Taine가 영국인과 "헬라의" 인종들을 동일시한 것을 알았을 것이다. 히브리인이 축소되고 헬라인이 확장되는 시대를 구분하면서 그는 Renan이 *Histoire générale et système comparé des langages sémitiques* (1855) (*Œvres complètes*, VIII, 127-589)에서 아리아인의 복수성과 셈족의 단일성을 구분한 것을 따른다. Cf. Todorov, *Nous et les autres*, 180, 171, 146.

77) Knox는 다음 책에서 역사의 모델을 인종적 갈등의 연속으로 간편하게 정리한다. *The Races of Men*, 2nd edn, 588-600.

는 것은 매우 중요하다.

고비노 백작은… 몇 년 전 중앙아시아의 종교와 철학의 현재 상태에 관한 흥미로운 저서를 출판하였다. 그의 민족학 연구도 호평을 받고 있다. 그의 업적과 지성은 최대한의 존경을 받아 마땅하다.[78]

민족학과 문헌학에 대해 언급하면서 아널드는 『켈트 문학 연구』의 「서론」에서 "단지 문학 비평가라도 그의 안전은 의지할 권위를 선택하는 예민한 감각에 전적으로 달려있다"(387)고 말했는데, 여기서는 아널드의 예민한 감각이 그를 저버린 듯하다. 하지만 아널드는 『문학과 도그마』*Literature and Dogma*에서는 에밀 뷔르누프Emile Burnouf의 연구에 의문을 제기한다. 주로 그의 반유대주의의 근거에 관해서이다. 뷔르누프는 인간이 세 인종(백인, 황인, 흑인)이라는 고비노의 생각을 새로운 생리학적 증거로 실체화하였는데, 아널드는 그가 보여준 궁극적인 서양의 환상, 즉 예수는 사실상 유대인이 아니었으며, 따라서 기독교는 원래 아리아인의 종교라는 서양의 환상을 문제 삼는다.[79] 1880년대가 되어서야 전문용어가 된 용어, 하지만 그 이름 안에 그것의 언어학적 기원을 분명하게 드러내는 용어인 반유대주의는 여기서 19세기 학술 담론의 인종이론에서 핵심적인 부분으로 드러난다.

아널드 저서의 이러한 지적 연계에 대해 학계가 전반적으로 침묵하고 있다는 것은 주목할 만하다. 역사가 아리아 인종과 셈 인종 간의 근본적 분리로 추진된다는 아널드의 이론은 그 근거가 비교적 양호하지만, 이 책과 다른 저서들에서 인종이 놀라울 정도로 강조된다는 것은 분명하다. 아널드는 특이하게 자신이 인종이란 용어로 무엇을 의미하고자 하는지 정확하게 설명한

---

78) "A Persian Passion Play," *Essays in Criticism*, 3rd edn (1875), in *God and the Bible*, 14.

79) Arnold, *Literature and Dogma*, in *Dissent and Dogma*, 239-41, and 479-80n; Burnouf, *The Science of Religions*. 의심하면서도, Arnold는 Burnouf의 *The Science of Religions*을 *Note-Books*(178)에 인용한다. "Origines de la poésie hellénique"의 다음의 발췌문도 인용한다. "Les Hellènes sont un des plus brillans rameaux du tronc Aryen, mais non le seul; il y en a eu deus autres dans l'antiquité, la Perse … et l'Inde" (495).

적이 없다. 때로는 언어적, 생리학적 혹은 민족학적인 "과학적" 설명으로 기울고, 다른 때에는 "우리 인종"이란 구절을 사용해서 민족과 국가의 문화적, 정신적 특징에 훨씬 가까운 어떤 것을 의미한다. 케언스Cairns와 리처즈Richards에 의하면, 아널드가 르낭을 따르지 않은 적인 딱 한번 있었는데, 르낭이 나중에 1871년 프랑스-러시아 전쟁 후에 쓴 에세이 「민족이란 무엇인가?」What is a Nation?에서 인종의 사용법들을 구분 짓자는 긴급한 요청에 대한 반응에서였다. 그러나 르낭의 철회는 막스 뮐러의 그것처럼 때늦은 것이었다. 물론 nation[민족]과 race[인종]를 동일시하는 오랜 전통이 이미 있었다.[80] 아널드는 인종을 "혈통"으로 보는 더 오래된 개념을 "유형," 언어, 정신적 차이, 그리고 무엇보다 문화로 보는 새로운 "과학적" 개념에 흡수시켰다.

아널드는 이렇게 놀라울 정도로 직접적으로 문화와 인종을 결합시킨다. 르낭과 에드워즈, 미슐레의 제자이면서 오리엔탈리스트이자 민족학자인 고비노에게 찬사를 보내는 아널드는 당대 인종학을 이용해서 문화에 대한 자신의 주장에 기반을 닦고 권위를 부여한다. 우리는 『켈트 문학 연구』(1867)에서 아널드가 영국 역사에서의 "여성적" 켈트족과 "남성적" 앵글로-색슨족의 인종적 혼합의 분명한 생산적 결과를 어떻게 영국 문학의 상상적 특징이라는 증거를 통해 추적하였는지 살펴보았다. 『문화와 무질서』(1869)에서 아널드는 더 영향력 있게 인종적 변증법을 통해 영국 문화의 생산이론을 제안한다. 『문화와 무질서』에서는 인종과 문화를 동일시하는 르낭을 쫓아 인종적 혼합이 더 이상 영국의 역사적 과정에서 일어났던 실제의 육체적 혼합으로 묘사되지 않고 은유화된 문화적 이원성으로 바뀐다. 켈트족은 소리 없이 그리스인들을 위해 버려진다. 후자의 문화가 아널드에게는 훨씬 더 동일시하기 편안한 문화였을 것이다. 윈덤 루이스는 이에 대해 다음과 같이 날카롭게 지적한다.

아널드는 켈트족과 색슨족을 대조하는데 민족학적으로 아널드의 책은

---

80) Renan, "What is a Nation?" (1882). Arnold가 사실상 Renan의 글을 알고 있었다는 증거는 없다.

사실 무가치하다. 그는 켈트 문학을 잘 알고 있는 것도 아니다. 다만 정치적 임무를 띠고 "기어가는 색슨족"과의 전쟁에 필요한 탄약을 얻기 위해 서둘러 "켈트"족에게 갔을 뿐이다.[81]

켈트족이 헬라인으로 바뀌었다면, 속물적인 색슨족이 유대인과 동일시됨으로써 아널드는 아버지에게 결정적인 복수를 한 것인지도 모른다. 그러나 놀라운 일은 『문화와 무질서』에 나타난 새로운 변증법이 여전히 인종적 용어들로 정의된다는 점이다. 트릴링은 아널드가 인종이론에 심취하고 있었음에도 불구하고 최소한 인종혼합은 옹호했다고 아널드 편을 들어 말한다. 홀로코스트 이후에 트릴링은 분명 아널드의 도식에 적어도 유대인이 배제되지 않고 포함되어 있었다는 것이 고마웠을 것이다. 그러나 르낭의 예가 보여주듯, 역사를 아리아인과 셈족 간의 변증법으로 이해하면서도 동시에 이러한 마술적 서사에 연루되지 않는 자들에 대해서는 얼마든지 전통적인 인종차별적 태도를 향유할 수 있었다. 르낭과 에드워즈에게서 보았듯이 유럽 내에서의 백인 인종들 간의 혼합은 받아들이면서 이들을 황인이나 흑인과는 철저하게 별개로 간주하는 것이 가능했다. 게다가 아널드는 통합과 융합을 가져오는 아말감화가 아니라 보다 배타적인 대화적 분리 모델을 주창하였다. 통찰력 있는 민족학자나 문학비평가라면 구분할 수 있는 유형들이 여전히 존속한다고 주장하면서 아널드는 각 인종 유형의 독특성을 잃지 않는 인종적 섞임이라는 견해를 유지한다. 이는 그의 입장이 에드워즈, 녹스, 노트와 글라이든과 같은 보수주의자들에게 훨씬 더 가깝다는 것을 보여준다. 그에 대해 호의적으로 말하자면, 아널드는 분명하게 노예무역의 폐지를 지지했고, 칼라일, 러스킨, 디킨스Dickens, 테니슨, 킹슬리와 달리 총독 에어의 1865년 자메이카 반란의 잔혹한 진압을 공개적으로 지지하지 않았다(어느 누구도 우익 정치학이 20세기 모더니스트 작가들의 특별한 특징이라고 여기게 하지 않았다).[82] 아널드가 총

---

81) Lewis, *The Lion and the Fox*, 306.
82) Fryer (*Staying Power*, 178)와 Said (*Culture and Imperialism*, 157)는 모두 Arnold가 공개적으로 Eyre

독 에어Governor Eyre의 행동에 대한 격렬한 논쟁에서 어느 편도 들기를 거절했음에도, 그가 『문화와 무질서』에서 폭동을 다루는 올바른 방식("서민들을 매질해라, 타페이안 바위Tarpeian Rock*에서 주모자들을 던져버려라!")에 대한 언급은 모런트 베이Morant Bay** 폭동 4년 후 자메이카 사람들에게 벌어졌던 일을 어느 정도 묘사하고 있다(85명은 재판 없이 처형당했고, 354명은 재판 후 사형이 집행되었으며, 600명은 "혐오스러울 만큼 잔인하게" 매질을 당했다)는 것은 주목할 만하다.[83] 에어의 행동에 격렬하게 항의했던 자메이카 위원회에 참여했던 밀, 헉슬리, 스펜서, 다윈, 스티븐 등에 아널드는 동조하지 않았다. 같은 방식으로 아널드는 미국 남북전쟁 동안 노예제 문제에 관해 어느 한편을 지지하지 않았다.[84] 문화 비평가의 문화적 거리두기가 어떤 대가를 지불하는지 보여준다.

아널드의 인종주의에 대한 이 설명은 학계에서 유행하는 아널드-때리기 움직임의 일부가 아니다. 그의 사상이 아직도 얼마나 중요하고 활발한지 다시 강조하려는 것이다. 그의 문화 연구는 이제 우리를 당황하게 하지만 떠나기를 거부하는, 명예롭지 못한 손님이 되었다. 의심할 바 없이 우리가 인정하고 싶은 이상으로 그것이 우리 시대 사유의 중요한 부분으로 계속 존재하기 때문이다. 아널드의 인종주의는 19세기의 문화(특히 학제 간 학문적 지식)에 그런 가정이 넓게 퍼져 있었으며, 더 심각하게는 문화가 그것들의 원천이었음을 보여준다. 인종주의가 오늘날 우리의 문화에 그렇게 효과적으로 깊이 새겨져 있는 이유가 바로 그것이다. 만약 오늘날 우리가 다른 문화에 대해 진실한 지식을 확립할 수 없었다고 고민한다면, 우리는 또한 우리 자신의 역사에 대한 지식은 있다는 사실도 확실하게 해 둘 필요가 있다. 학계에서 이 문

*
로마의 카피톨리움언덕의 서남쪽에 있는 바위로 고대 로마인들이 살인자들과 반역자들을 떨어뜨려 처형하는 곳으로 이용한 장소이다.

**
1865년 자메이카 모런트 베이에서 일어난 폭동

를 지지하였다고 말하지만 이에 대한 증거는 제시하지 못한다. Fryer(524)는 타임지를 인용한다(*The Times* no. 25,584 (23 Aug. 1866), 7). 여기에서 Kingsley가 사우샘프턴 연회에서 Eyre의 영국 귀환에 대해 한 연설을 보도하지만, Arnold에 대한 언급은 없다. Semmel의 *The Governor Eyre Controversy*에서는 아널드를 간단하게 언급하지만, 그가 어머니에게 1867년 12월 14일에 보낸 편지에서 모든 폭동을 찬성하지 않는다고 전반적으로 말한 것을 인용할 뿐이다(132-4).

83) Green, *British Slave Emancipation*.

84) Arnold, "A French Eton, or Middle-Class Education and the State" (1864), in *Democratic Education*, 319.

제에 대해 상대적으로 침묵하고 있는 것은 학계가 자신의 과거가 함의하는 바를 대면하고 싶어 하지 않는다는 것을 나타낸다. 폴 드 만이나 하이데거의 사례는 우리가 이런 문제를 제대로 다룰 준비가 되어있지 않음을 보여준다.

동시에 오늘날 아널드의 소위 고급문화를 더 수용 가능한 인류학적 문화 형태로 전환시키려는 시도는 아널드의 문화 설명이 이미 인류학적인 것이라는 사실을 간과하고 있다. 현대의 인류학적 문화 개념은 문화이론에서 그것을 사용하기 시작했던 아널드를 반박하지 않는다. 고급/저급의 구분 자체가 19세기에 고급문화와 저급문화를 사회인류학적으로 구분한 것에서 파생되었다. 아널드의 문화정치학의 민족학적 토대와 인종주의, 민족학, 문화가 그렇게 쉽게 서로 연결되는 방식을 보면, 생물학적으로 정의된 인종적 정체성과 대립되는 것으로 문화적으로 정의된 민족적 정체성을 고취시키고 민족성을 옹호하는 최근의 방식들에 대해서도 주저하게 된다. 19세기에 "민족적" ethnic이라는 단어는 사실 단순히 "인종"race의 형용사적 형태로 사용되었다. 오늘날의 민족성ethnicity은, 비록 긍정적으로 표시되지만(그러나 인종도 19세기에 유럽인들에게는 그러했었다), 단지 동일한 문화적 담론의 대립 버전에 지나지 않는다고 주장할 수도 있다. 아널드의 민족지학 정치학은 오늘날 민족성의 정치학이 그 자체로 필연적으로 과거의 인종주의 이데올로기와 대결한다는 우리의 가정에 도전한다. 동시에, 혼종성과 잡종성이 19세기에 이론화된 그 복잡하고 종종 기이한 형태들은 오늘날의 문화이론이나 학제 간 실천에 은유적 모델을 제공할 수 있다.[85]

아널드의 설명은, 그것을 공식화하는 용어들이 아무리 못마땅할지라도, 최소한 역동적인 문화변화 이론을 제시한다. 역동적인 문화변화 이론은 더 정적인 공간적 정체성과 차이 개념에 기반을 두고 있는 우리 시대 법칙들이 가장 공식화하기 어려워하는 것이기도 하다. 더 중요한 것은 아널드의 문화이론이, 19세기에 민족 이데올로기의 형성에 대한 당시의 몇몇 설명들과 달리, 한 민족의 문화가 그것의 정체성이 정립되기 위해서 타자를 반드시 추방

---

85) Cf. Beer, *Forging the Missing Link*, 3.

해야하는 순수한 기원이나 본질로 구성되어 있다고 말하지 않는다는 것이다. 사실 민족은 변증법적이며, 문화적이고 인종적인 차이가 대립적으로 섞여 구성된다는 것이 아널드의 주장이다. 아널드가 제시하는 영국 문화에 대한 설명에서 영국 문화는 양가적이고 적대적이며 갈등하고 분리된 것으로 등장한다. 아널드는 이렇게 우리가 문화 자체 내에서 작동하고 있음을 발견한 변증법을 재생산한다. 우리는 그 역학을 고급문화와 저급문화, 대문자 C로 시작하는 문화와 인류학적 문화, 종족성, 문화적 차이 그리고 몸의 정치학에 대한 우리의 개념들을 가지고 수정하기보다는 반복하고 있다. 다른 말로 하면, 우리는 아직도 우리 문화의 역사와 공모하며 작업하고 있다.

4. 성과 불평등: 인종의 문화적 구성

두 개의 문학적 인용. 여러 면에서 이번 장은 이 두 인용 사이의 공간에서 움직인다. 첫 번째는 예이츠의 글이다. 여기서 우리는 문화의 공모와 만난다.

아주 여러 번 인간은 살고 죽는다
그의 두 영원성 사이에서,
인종의 영원성과 영혼의 영원성,
고대 아일랜드는 그 모든 것을 알고 있었다.[1]

여기서 "인종"은 가장 전통적인 의미로, 즉 혈통으로 사용되고 있음을 알 수 있다. 비록 1930년대에 와서는 이 개념도 순수하다고, 만연했던 인종 과학의 가르침들과 별개로 작동한다고 주장할 수 없게 되었음에도 그러하다. 두 번째 인용은 테니슨의 것이다. 여기서 우리는 식민 담론의 환상에 마주한다.

나는 야만인 여성을 취할 것이고, 그녀는 나의 거무스름한 인종을 기를 것이다.

이 글에서 몇 줄 더 나아가면 다음과 같은 질문이 나온다.

무시무시한 범죄에 물들어 있을지 모르는 야만인 여성과 나는 결혼할 수

---

1) Yeats, "Under Ben Bulben," *Collected Poems*, 398.

있을까?[2]

매혹과 혐오라는 이 특유의 양가적 움직임 속에서 우리는 인종에 대한 환상 속에 있는 욕망의 성적 경제와 욕망에 대한 환상 속에 있는 인종의 성적 경제를 만난다.

19세기에 문화와 인종주의가 공모관계에 있었다는 것은 전혀 새로운 이야기가 아니다. 그러나 인종에 대한 가정들이 학문과 예술 모두를 어디까지 결정했는지는 시종일관 과소평가되고 있다. 심지어 지금도 빅토리아 시대의 인종 개념은 때때로 마치 "인종이론" 혹은 "인종주의"로 구획된 별개의 것인 양, 과학과 서구지식의 역사에서 나타난 당혹스러운 막간인 듯 논의된다. 이 과학주의는 젠더의 경우에 생물학주의가 버려졌던 것과 같은 방식으로 버려졌지만, 이러한 분야에서 과학의 범주 자체가 문화적으로 결정된다는 점을 고려한다면 이런 식의 거부는 흔히 생각하는 것만큼 효과적이지 않다. 문화사가들이 문화와 인종주의 간의 연결고리를 의심할 여지없이 주장하였음에도 이러한 공모관계를 전반적으로 인식하지 못한 것은, 이에 대한 별로 선하지 않은 무시, 즉 충분히 상상가능하게도, 문화가 자신이 생산되는 장면을 스스로 지우는 기이한 과정에 기인한다.[3] 같은 방식으로 최근에 대중매체는 문화와 제국주의 사이에 관계가 있다는 에드워드 사이드의 주장을 충격적인 제안으로 받아들이는데, 이는 주목할 만하다.[4]

문화에 대한 어떤 개념도 역사의 형태를 포함한다. 자본과 마찬가지로 문화는 역사가 스스로를 현재에 재현하는 형식이다. 살아있는 자들의 사회에 재방문하여 영향을 주는 죽은 자들의 노고이다. 19세기에 문화 개념과 인종 개념이 긴밀하게 관련을 맺으며 발전하였다는 것은 암묵적인 인종주의가 강력하게 감춰진 상태로 서구의 문화 개념 속으로 반복적으로 퍼져나갔다는

---

2) Tennyson, *Locksley Hall,* 168, 177n, *Poems of Tennyson,* 698.

3) Cf. Derrida, "White Mythology," in *Margins,* 213.

4) Said, *Culture and Imperialism.*

것을 의미한다. "인종주의를 근절하자"는 호소가 가정하듯이, 문화의 역사는 서구의 인종주의가 단순히 서구 역사에 나타난 변종일 뿐 아니라 쉽게 도려낼 수 있는 별개의 에피소드로 내세운다. 레비스트로스의 주장처럼 인종에 관한 진술은 **정말로** 문화에 관한 진술이며 그 역도 마찬가지다.[5] 파농은 다음과 같이 말한다.

> 인종주의는 한 집단의 문화적 자료를 조사하는 과정에서 우연히 발견된 부가적으로 덧붙여진 요소가 절대 아니다. 사회의 성좌, 문화 전체가 인종주의로 깊게 변화된다.[6]

우리는 이미 "문화"라는 용어의 의미 영역들이 얼마나 복잡한지 살펴보았다. 시대를 나타내는 의미있는 표상으로 윌리엄스는 『키워드』의 두 번째 판에 "인종"과 "민족성"을 추가하고 이 두 단어가 모두 복잡하게 얽혀있는 어휘들임을 보여주었다. 우리가 "문화"를 "인종"과 함께 묶여진 하나의 의미 단위로 받아들인다면, 그것은 주로 19세기의 산물이라고 할 수 있다. 물론 인종적 편견은 인종주의, 즉 인간에 관한 과학적 지식의 한 형식으로 제안된 인종이론들에 앞서 존재했다. 하지만 이런 구별은 여러 면에서 솔직하지 않다. 인종주의가 광범위한 지식과 문화적 실천의 영역에 스며들어 퍼져나간 것은 아니라고 암시하기 때문이다. 게다가 과학이 인종주의적 가정으로부터 전적으로 자유롭고, 또 자유로웠다고 암시한다.[7] 인종에 관한 명시적 이론화는 18세기 말에 시작되어 19세기에 점차 과학화되었고 1945년 이후 인종에 관한 유네스코 성명과 더불어 이데올로기로서는 공식적으로 종료되었다고 말할 수 있다(그렇다고 이론이나 실천에서 지속되지 않았다는 것은 아니다). 인종이론은 그것의 역사적 순간에서 분리될 수 없다. 그것은 19세기에 영국과 유럽의

---

5) Lévi-Strauss, *Structural Anthropology*, II, 325.

6) Fanon, "Racism and Culture," in *Toward the African Revolution*, 46.

7) 과학에서 인종차별주의의 지속적 작동에 대한 분석은 다음을 참조. Gould, *The Mismeasure of Man*.

식민지 확장으로 지구표면 영토의 10분의 9가 결국 서구의 지배하에 놓이게 된 특정한 시기에 발전하였다. 백인의 우월성을 강조하는 인종이론과 그러한 확장을 정당화하는 것 사이에는 명백한 연관성이 있다. 문화뿐 아니라 과학의 공모에 대해서도 의문이 제기되는 지점이다. 인종주의는 학문들 사이의 구별을 모른다.

상대주의를 강조하곤 하는 오늘날의 가치관에 비춰볼 때 역설적으로, 계몽주의의 보편주의와 동일성 지지가 인간의 평등성 학설을 대두시킨 반면, 덜 유럽중심적인 듯 보이는 19세기의 상대주의와 인간의 차이에 대한 인정은 인간불평등 이론과 실천을 발생시켰다. "같지만 다르다"the same but different는 인본주의적 보편주의의 수사, 인류를 개인들로 구성된 평등한 보편적 범주로 보는 수사였다. 사실 오늘날 우리는 습관적으로 조소하는 듯하면서도 이러한 인본주의적이고 보편화시키는 평균화에 여전히 매달려 있다. 성적 평등과 인종적 평등에 관한 윤리 전체가 그것에 기대고 있다. 즉 다름은 인식되어야 하지만, 같음도 받아들여져야 한다. 이제는 유행이 지난 이 보편주의 주장은 19세기의 더 어두운 경구인 "다르다-그리고 또한 다르고, 불평등하다"different-and also different, unequal에 대립적으로 설정되어 있다. 역사가라면 18세기에서 19세기로 넘어가면서 전자의 지배력이 점차 후자로 전환되는 것을 감지할 수 있다. 이것은 확실히 어느 정도는 경제적 이기주의의 결과다. 노예제도에서 이익을 내고 노예제 폐지론자들과 맞서 노예제도를 옹호하는 것이 서구의 경제에 이득이 될 때까지 어느 누구도 인종 간의 다름에 관해 그렇게 신경 쓰지 않았다. 영국의 공적인 영역에서는 세 가지 역사적 사건이 만나 인종과 인종적 차이에 대한 대중적 인식을 극적으로 변화시켰고 영원한 인종적 우월성이라는 아주 중요한 새로운 주장이 널리 받아들여지도록 기반을 형성했다고 주장할 수 있다. 이 세 가지는 1857년 인도 "폭동"*에 대한 영국 내의 충격적인 반응, 미국 남북전쟁(1861-5)시기에 전개된 노예제 문제를 둘러싼 논쟁, 그리고 에어 총독이 1865년 모런트 베이의 자메이카 폭동을 무자비하게 진압한 것을 둘러싸고 벌어진 논쟁과 관련된 영국 "현지의"

*
1857-58년에 영국의 인도지배를 반대하며 일으킨 반란이다. 영국의 동인도제도회사에서 일하는 세포이(sepoy)들이 시작하여 인도 전역으로 번졌으나 실패하였다.

4. 성과 불평등: 인종의 문화적 구성

문제들이다.[8] 새로운 이론들은 과학적 용어로 제시되었지만, 인종이론은 사실 언제나 그 설명과 어조에 있어서 근본적으로 대중영합적이었다. 인종이론은 의도적으로 대중에 호소를 함으로써 문화적 차원에서 강력하게 발전할 수 있었다. 1880년대 이후 제국주의 단계에서는 문화적인 인종 이데올로기가 너무 지배적이어서, 인종적 우월성과 그에 수반되는 문명의 미덕이 경제적 이익이나 기독교 선교 사업보다 제국을 지배하고 정당화하는 지배 개념으로 더 중요하게 간주되었다.[9] 이 둘은 영국인들이 스스로를 묘사하기 시작한 문구, 즉 "제국의 인종"imperial race에 함께 나타난다. 인종주의는 과학적 개념인 그만큼 문화적 개념이다. 우리는 이를 발터 벤야민을 따라 "식민 복제 시대의 문화 작품"이라고 부를 수 있다.

인종은 그러므로 민족성과 마찬가지로, 늘 정치적, 과학적, 사회적 구조물이면서 동시에 문화적 구조물이었다.[10] 그것들은 비늘처럼 서로 겹쳐있어서 서로 의존하며 분리될 수 없다. 이러한 상황은 특히 19세기에 인종화된 사고가 학계로 스며들고 확산되는 방식에 분명하게 나타난다. 대부분의 문화 영역은 학문적으로 암묵적이든 명시적이든 인종적 범주로 정의되었고, 그 인종적 범주들은 학계가 세계를 나누고 분류하던 방식들을 모방하고 반향했다. 19세기에 인종이론은 다양한 과학 형식들에 의해 "증명"되고 실체화되었는데 비교역사문헌학, 해부학, 인체측정학(골계측법, 두개학, 두개골계측법, 골반계측법을 포함하는), 생리학, 인상학, 골상학 등이 그에 속한다. 이 인종이론들은 다시 다른 과학 형식들, 즉 고생물학, 심리학, 동물학과 성학性學을 비롯해 생물학과 자연사에 널리 퍼졌을 뿐만 아니라, 인류학, 고고학, 고전, 민족학, 지리학, 지질학, 민속, 역사, 언어, 법, 문학과 신학의 이론 등으로 확장되

---

8) 다음을 참조. "폭동"mutiny에 관해서는 Brantlinger, *Rule of Darkness*; 미국에 관해서는 Stranton, *The Leopard's Spots*; 모런트 만에 관해서는 Lorimer, *Colour, Class, and the Victorians*, Hall, *White, Male and Middle-Class*.

9) 제국주의의 이 시기 추정에 있어서는 다음을 참조. Thornton, *The Imperial Idea and Its Enemies*.

10) Cf. de Lepervanche and Bottomley, *The Cultural Construction of Race*. Goldberg의 *Racist Culture*는 안타깝게도 너무 늦게 출간되어 여기에서 논의하지 못하였다.

어 이해의 일반 범주로 사용되었고, 이렇게 거의 모든 학문 분과로부터 퍼져 나가 문화와 민족에 대한 정의에 스며들어 갔다. 제국주의적인 문화전파 이론도 인종에 기반을 둔 이론이 학문에서 학문으로 확산되어 지식 일반을 구성하는 주요 원리가 되는 방식을 잘 설명한다. 인종은 인간의 문화와 역사를 결정하는 근본 요인이 되었다. 정말로 인종은 19세기에 학문적 지식의 공통 원리 그 자체가 되었다고 주장할 여지가 있다. 1850년에 에든버러 해부학자 로버트 녹스는 『인간의 인종들』에서 "인종은 모든 것이다. 문학, 과학, 예술, 한 마디로 문명이 그것에 달려있다"[11]고 말하였고, 후에 수상이 된 디즈레일리는 이보다 3년 전 훨씬 더 간결하게 "모든 것이 인종이다. 다른 진실은 없다"고 말했다.[12]

과학적 주장들이 쇠퇴하기 시작한 이후에도 인종주의적 가정들은 서구의 지식과 서구의 자아 개념에 근본적인 것으로 남아 있었다. 로리머Lorimer나 체임벌린Chamberlain과 길먼Gilman 같은 역사학자들의 저서는 인종이론이 문화적 자아 정의의 한 형태였다는 것을 분명하게 보여준다.[13] 서구 문화는 늘 타자들의 경계에 맞서 정의되었고, 문화는 늘 문화적 차이의 형태로 사고되었다. 문화와 문명은 지속적으로 서구의 근대성을 정의하는 특징으로 이용되었으며, 바로 그 이유로 서구 근대성은 자체 내에 그것이 부인한 문화적 타자를 써 넣는다. 과학적 인종주의는 대부분 과학적 연구가 진행되기 이전에 있었던 확신을 입증하는 방식으로만 사용되었다. 바르칸Barkan의 말대로, 과학적 인종주의는 그것을 존재하게 했던 정치적 요구들이 사라진 후에야 쇠퇴하였다.[14] 인종에 관한 빅토리아 시대의 다양한 과학적 설명들은 각각 차례대로 빠르게 문제시되었지만, 인종에 관한 문화적 구성은 훨씬 더 꾸준하게, 훨씬 더 강력하게 오래 살아남았다. 이렇게 과학은 파농이 어쩔 수 없이

---

11) Knox, *The Races of Men*, Preface, v.

12) Disraeli, *Tancred*, 153.

13) Lorimer, *Colour, Class, and the Victorians*; Chamberlain and Gilman, *Degeneration*.

14) Barkan, *The Retreat of Scientific Racism*; cf. Stephan and Gilman, "Appropriating the Idioms of Science: The Rejection of Scientific Racism," in LaCapra, *The Bounds of Race*, 72-103.

동어반복으로 "문화적 인종주의"culture racism라고 부른 것에 붙잡혀 포함되었다. 인종들의 차이와 그들의 능력의 차이를 측정하는 과학적 이론들은 생겼다가 없어졌지만, 그것들은 늘 인종의 여러 의미들이 서로 접붙여져 증식되는 새롭고 무자비한 경계에 따라 이전의 개념들을 발전시켰다. 바전Barzun은 인종-생각하기race-thinking가 나타나는 모습을 다음과 같이 설명한다.

> 논쟁의 얽힘, 주장의 혼란, 사실과 허구의 매듭이 지성을 배반하고 가장 끈질긴 자의 용기를 좌절시킨다. 그 미로들 안에서, 인종-생각하기는 스스로에 대한 최선의 반박이다. 지각과 논리가 진실에 도달하는 길이라 해도, 인종을 분류하는 어떤 체제도 진실일 수 없다.[15]

그러나 문제는 인종이론의 논리가 가지는 그 도착성이 반박을 어렵게 만들기도 한다는 것이다. 만약 인종이론이 해체될 수 있는 본질주의적이고 생물학적인 범주를 단순하게 확립하였다면 문제는 간단하였을 것이다. 그러나 바전이 가리키는 복잡성은 인종이론이 어떻게 스스로의 모순에도 불구하고 자신을 살아남게 하고, 반박될 때마다 스스로 입장을 바꿀 수 있게 하고, 부정될 때마다 스스로를 변화시켜 적응하게 하는 자체의 몽환적 논리를 가지고 있는지 그 방식을 부각시킨다.

인종이론의 주장들을 논박하는 것은 거의 정신분석학을 논박하려는 것과 같다. 그것은 항상 살아남는다. 인종에 관한 가장 일관된 주장들이 언제나 문화적이고 미학적인 것이었기 때문이다. 인종 간의 차이들을 그리고 필연적으로, 유럽인들의 우월성을 구획하기 위해 문화적(혹은 동시대 용어를 쓰자면 "도덕적") 주장을 사용하는 예들은 흄에서 하이데거에 이르기까지 수없이 많다. 인종은 문명을 기준으로 정의되었는데, 교양 있는 서유럽 백인 남성을 맨 꼭대기에 위치시키고, 그 외 모든 사람을 연체동물에서부터 신에 이르는 존재의 사슬이나 혹은 이후 모델인 여성화된 유아기(미개상태)에서 충분히 성장

---

15) Barzun, *Race*, 11.

한(유럽의) 남자다운 성인에 이르는 진화론적 발전 단계에서의 위계적 단계에 위치시켰다. 다른 말로 하면, 인종은 문화적 차이, 특히 젠더 차이로 정의되었고, 세심하게 단계화되고 계급화되었다. 인종적 위계는 문화적 서열에 근거하여 설정되었다. 가장 문명화된 사람들은 최고의 위치에, 전혀 문명화되지 못하였다고 간주된 사람들, 즉 "원시인"은 맨 바닥에 놓였다. 이렇게 문명과 문화는 가치들의 위계를 측정하는 기준을 부르는 명칭이었고, 유럽 문화는 스스로를 위계의 가장 꼭대기에 위치시킴으로써 자신을 정의했으며 모든 다른 사회들과 사회 내의 다른 집단들은 이에 대비되어 판단되었다. 문명과 야만 혹은 미개를 대립시키는 대립 법칙은 다름 아닌 문명이 질서를 잡는 법칙 바로 그것이었다.[16] 앞에서 살펴보았듯이 이런 점에서 아널드의 문화조차 "문화적 위계" 개념에 기초한 당시의 인류학적이고 민족학적 문화 개념이나 문명 개념과 정확히 같은 방식으로 작동한다고 스토킹은 주장한다.[17] 인종혼합에 대한 두려움은, 이러한 위계가 없다면 문명은 기술적인 의미에서만이 아니라 문자 그대로 붕괴될지 모른다는 생각과 관계가 있다.

이것은 또한 서구문화를 정의할 때 점점 더 인종적 차이화가 필요했다는 것을 의미하였다. 백인종과 문명의 동일시는 (그리고 앞에서 보았듯이, 문명을 백인성의 명분으로 보는 것은) 이집트인들이 흑인이 아니었다는 것이 19세기 내내 왜 그렇게 중요했는지를 분명하게 해준다. 『블랙 아테나』에서 버널은 고대 이집트 문명을 흑인의 것에서 백인의 것으로 바꾸려는 합의된 노력이 19세기에 있었다고 주장하면서 그것을 일반적인 유럽 인종주의의 음모로 제시했지만, 그보다는 위의 설명이 더 직접적인 맥락과 구체적인 논리적 근거를 제공한다. 버널이 논하지는 않았으나, 사실 우리가 살펴볼 것처럼, 백색 이집트 테제를 가장 열렬히 지지한 사람들은 미국 남부의 노예제를 지키고자 했던 미국인들이었다. 흑인 문명들이 있었느냐 없었느냐에 대해 수많은 논쟁들이 있었다(찬성과 반대의 예로 토머스 스미스Thomas Smyth의 『인종들의 단일성』*The Unity of the*

---

16) Cf. Castle, *Masquerade and Civilization*, 78.

17) Stocking, *Race, Culture, and Evolution*, 82-4.

Human Races(1851), 녹스의 『인간의 인종들』, 노트와 글라이든의 저서들). 이는 인종적 평등과 불평등을 믿는 사람들, 인간이 하나의 종인지 다수의 종인지를 증명하려는 사람들 사이의 논쟁이 흔히 두 가지 질문으로 압축되었기 때문인데, 혼종성의 가능성에 대한 질문과 흑인 문명이라는 것이 도대체 존재한 적이 있었는가라는 문화적이고 역사적인 질문이 그것이었다.[18] 이 논쟁의 양쪽 편 모두 마찬가지로 문명이 인종적 능력을 규정하는 특징이라고 기본적으로 동의하였다. 이제 문제는, 무엇이 정확하게 문명 자체를 구성하는가가 되었다.

백인성을 규정하는 특징으로서의 문명Civilization이 그것의 유사 동의어인 "교양"Cultivation과 합쳐지면서, 백인과 다른 인종을 분리했던 차이의 잣대는 급속하게 확장되어 문화는 이제 상류계급과 중간계급을 결정하는 특징이 되었다. 문화는 그들이 노동계급과 다르다는 것을 두드러지게 표시했고 우생학을 활성화시켰다. 우생학을 최초로 발전시킨 사람은 다윈의 사촌인 프란시스 갈튼 경Sir Francis Galton이었다.[19] 사회인류학과 범죄학의 역사가 보여주듯이, 다른 인종들의 신체적 차이에 대한 연구는 19세기 후반에 영국(과 유럽) 사람들을 "유형"으로 집요하게 설명하는 "골상학"이 되었다.[20] 현금만 있으면 중상류계급으로 가는 길을 살 수 있었던 시기에 이러한 인종화된 계급 구분은 계급에 본질적 자질이 있다는 환상과 나름의 위안을 제공했다. 여기서 눈에 띄는 사실은 인종적 차이와 인종들의 불변하는 지적 능력과 무능력이 점점 더 강조되고 계급들 사이에서도 비슷한 차이화가 일어난 것이 1850년대와 1860년대, 즉 1848년 이후라는 점이다. 이는 우연이 아니다.

만약 마르크스주의에서 말하는 것처럼 인종이 계급으로 제대로 이해되어야 한다면, 영국의 상류계급이 계급을 점점 더 인종의 용어로 생각하였다는 것은 분명하다. 문학에서 예를 찾아보면, D.H. 로렌스의 『채털리 부인의 사랑』*Lady Chatterley's Lover* 초판본에서 코니Connie는 자신이 과연 파킨Parkin(최종본의

---

18) Knox, "Africa: Its Past, Present, and probable Future," in *The Races of Men*, 532-62; Nott, *Two Lectures*; Gliddon, *Ancient Egypt*.

19) Galton, *Hereditary Genius*.

20) 다음을 참조. Cowling, *The Artist as Anthropologist*.

멜러스Mellos)과 함께 살 수 있을지 고려해본다. 하지만 그가 집에서 셔츠차림으로 차를 마시고 블로터*를 먹고 "디즈"these를 "대즈"thaese라고 말하던 것을 생각해본다. "그녀는 포기했다. 문화적으로 그는 다른 인종이었다"고 로렌스는 적는다.[21]

여기서 로렌스가 그러했던 것처럼 인종적 차이를 문화적이고 계급적인 것으로 고정시키는 것은 특히 미학적 차원에서 두드러졌다. 미학적 차원은 인종들을 구별할 때 너무나 자주 강조되었다. 논박이 불가능한 듯한 과학적 테스트인 두개골계측법을 개발한 의사인 프란츠 조셉 갈Franz Joseph Gall이 인종을 "아름다움"이나 "추함"의 기준에 따라 단순하게 분류하였던 것은 이런 상황을 효과적으로 잘 보여준다.[22] 미학적 특징은 일반적으로 신체의 차이를 묘사할 때 가장 뚜렷한데, 가능한 한 원숭이를 닮도록 고안된 아프리카인의 얼굴들은 벨베데레의 아폴로 상** 같은 그리스 조각상처럼 묘사되는 유럽인들의 얼굴(혹은 유형)과 대비되었다.[23] 문명과 야만의 차이가 대부분의 독자들이 추측은 하지만 직접 경험할 수는 없는 것이었다면(그 모든 것에 대해 이미 알고 있다고 그들이 아무리 생각했다 해도 그러하다), 서구의 이상적 미와 다른 인종에 대한 고의적이고 저급한 재현의 시각적 구분은 흘깃만 보고도 판단할 수 있는 것이었다. 그런데 다른 인종, 특히 아프리카인을 묘사할 때 작가들이 보통 표현하는 혐오에는 종종 다른 곳에서 인종적 타자의 아름다움과 매력 혹은 욕망의 대상에 대한 의도하지 않은 듯한 강조가 동반되곤 한다. 예를 들어, 『인간의 기원과 전망에 관한 에세이』An Essay on the Origin and Prospects of Man(1831)의 한 장에서 토머스 호프Thomas Hope는 "거의 문명이 없는 인종의" 검은 "변종"에 대해 "역겹다," "혐오스럽다," "비상식적이다," "소름끼치게 추하다"고 묘사하면서 그런 민족들의 존재 자체에 대해 지독한 독설을 퍼붓고는, 갑자기 다음

*
소금에 절인 훈제 청어

**
그리스인 레오카레스(기원전 4세기)의 고대 청동상을 대리석으로 모사한 작품이나, 현존 고대 조각 중 가장 높은 평가를 받는다. 가장 완벽한 비례와 균형미로 인체의 완벽한 아름다움을 추구했던 고전주의 걸작으로 손꼽힌다.

---

21) *The First Lady Chatterley*, 82. 이를 언급해 준 Emiliy Beevers에게 특별히 감사한다.

22) Gall, *Vorlesungen über die Verrichtung des Gehirns*.

23) 인종을 구분하는 미적 근거는 세기 내내 분명하다. 예를 들어 다음의 설명을 참조. Hope, *On the Origin and Prospects of Man*, Nott and Gliddon, *Types of Mankind*, Knox, *The Races of Men*, or Cope, *The Origin of the Fittest* (Chapter IX, "The Developmental Significance of Human Physiognomy," 281-93).

과 같은 단락으로 끝을 맺는다.

아프리카에서 적도 남쪽에 카프레Caffre 부족들이 있듯이, 적도 북쪽에 누비안Nubian 부족들이 있는데, 이들의 용모는 아니 그들의 얼굴 모습도 그 형태가 아폴로 조각의 모델이 됨직하다. 그들의 키는 크고 골격은 우아하며 건장하다. 가슴은 넓게 벌어져있고, 손발은 근육이 발달하였으면서도 섬세하다. 이마는 넓은 아치형이고, 눈은 크고 지성과 감성의 표현을 담고 있다. 오뚝하고 좁은 코, 작은 입술과 도톰한 입술. 피부색은 여전히 검지만 대리석이나 흑옥의 빛나는 검은색으로 손을 대면 가장 눈부시게 빛나는 백인의 피부보다 더 관능적인 흥분을 전달한다.[24]

이 갑작스럽게 언급되는 검은색의 빛나는 관능성은 무엇인가 다른 것이 몽환적 차원에서 진행되고 있음을 시사한다. 즉 섹슈얼리티와의 관련이다. 사실 내가 말하고 싶은 것은 19세기에 문화와 인종이론의 연계가 제3의 매개항으로 섹슈얼리티를 수반한다는 것이다. 논평가들은 종종 섹슈얼리티와 인종주의 사이에 깊은 연계성이 있다고 말해왔다. "한 가지 분명한 것은, 성이 인종주의의 바로 그 핵심에 있다"고 하이엄은 말한다.[25] 논평가들은 또한 문화와 인종주의를 연결했다. 그들이 지적하지 않았던 것은 세 가지 모두를 명시적으로 같이 가져온 것이 인종이론 자체라는 사실이다.

샌더 길먼Sander Gilman은 성과 인종의 연결고리들이 19세기에 문화적 스테레오타입들에서 파생된 환상을 통해 발전되었던 방식들을 설명하였는데, 이 스테레오타입들에서 흑인성은 매력적이지만 위험한 섹슈얼리티, 분명 풍요롭고 무한하지만 위협적인 생식력을 불러낸다.[26] 환상이 욕망이 아니라면 무엇을 암시하는 것이겠는가? 환상과 욕망을 잘 보여주는 것은 존 배럴John

---

24) Hope, *On the Origin and Prospects of Man*, II, 400-1.

25) Hyam, *Empire and Sexuality*, 203. Cf. also Hernton, *Sex and Racism*, and Stember, *Sexual Racism*.

26) Gilman, *Difference and Pathology*, 76-128.

Barrell이 인용한 드 퀸시De Quincey의 예다.[27] 배럴은 드 퀸시의 많은 욕망의 꿈들에 대해 말하면서, 끝없이 겹쳐지며 요동치는 "무수한 여자들의 얼굴" 사이를 헤치며 군중 속에서 무엇인가를 찾는 꿈들이, 수없이 떼지어 있는 비인간화된 아시아 사람들이라는 널리 퍼진 문화적 환상과 어떻게 결합되는지 설명한다. 드 퀸시는 다음과 같이 기술한다.

나의 공포의 근원은 깊은 곳에 있다. 그것들 중 일부는 다른 사람들에게도 분명 똑같을 것이다. 남아시아는 일반적으로 경외스러운 이미지와 연상들의 장소이다. 인류의 요람으로서 오직 남아시아만이 그것과 연결된 희미하고 경건한 감정을 보유하고 있을 것이다. 그러나 다른 이유들이 있다. 어느 누구도 인도스탄Indostan* 등의 오래된 기념비적이고 잔혹하고 정교한 종교에게서 영향을 받는 방식과 아프리카나 다른 곳의 미개부족의 야생적이고 야만적이며 변덕스러운 미신에 의해 영향을 받는 방식이 같은 척 할 수는 없다. 아시아의 사물들의 오래됨은 그 자체만으로도… 너무 인상적이어서, 나에겐 그 인종과 이름의 오랜 나이가 개인 안의 젊음의 감각을 압도한다. 젊은 중국인이 나에겐 새로 태어난 태고의 사람처럼 보인다. 영국인조차도… 그렇게 기억할 수 없을 정도의 오랜 시간 동안 섞이기를 거부하며 분리되어 내려온 카스트의 신비로운 숭고에 전율하지 않을 수 없다.[28]

*
힌두들의 땅, 인도

드 퀸시의 아시아에 대한 희미하고 경건한 감정은 마침내 여기서 인종의 "신비로운 숭고"에, 기억할 수 없을 정도로 오랜 시간동안 서로 다른 카스트들이 섞이기를, 혼혈 낳기를 거부하였다는 사실에 집중된다. 심지어 영국인도 이러한 영속적인 아시아의 인종적 순수함이라는 숭고에 경련을 느낀다. 그런데 이러한 인종적 성적 위반, 혼종화와 잡종화의 순결한 억제에는 압도

---

27) Barrell, *The Infection of Thomas De Quincey.*

28) De Quincey, *Confessions*, 73.

적인 성적 생산이 징후적으로 수반된다.

이러한 느낌들, 즉 남아시아가 지구 상에서 인간이 아주 가득한 곳, 지난 수천 년 동안 그래 왔던 곳, 즉 거대한 민족들의 작업장*officina gentium*이라는 느낌에 상당히 기여한 것은 이것이다. 인간은 이러한 지역에서는 잡초다.

"Officina gentium," 즉 동양은 "민족들의 작업장"이다. "노예 창고"보다 낫기는 하지만, 사람들이 만들어지는 공장, 끊임없는 자기번식의 기계, "다산이거나 널리 퍼지는" 무제한의 통제할 수 없는 생식력의 거대한 기계이다.[29] 허버트 스펜서의 생물사회학에서처럼, 인종의 차이를 재는 척도는 문명화된 인종을 압도하는 미개인의 "생식력의 과잉"이다.[30] 이 다산의 이미지가 서구 백인에게 불러내는 두려움은 당연히 동양인의 정력이 아니라 서구인의 풍부한 환상과 관련되어 있다. 드 퀸시가 동양적 인간-기계를 정중하고 완곡한 라틴어 *officina gentium*으로 가릴 필요를 느꼈다는 사실은, 동양을 인간 공장으로 보는 개념이 여기서 식민화라는 번식기계의 철저히 억눌린 요소, 즉 성의 부인된 이미지로 표면화되고 있음을 드러낸다.

식민주의는 기계였다. 전쟁의 기계, 관료제도와 행정의 기계, 그리고 무엇보다 권력의 기계였다. "모든 종류의 엔진과 기계장치… 투입된 거대한 힘과 극복된 저항을 표현한다."[31] 그러나 드 퀸시의 꿈이 시사하듯, 그것은 환상의 기계이기도 했고, 또 욕망의 기계이기도 했다. 그 욕망이 사회적으로 집

---

29) Cf. Majeed, *Ungoverned Imaginings*, 163-4.

30) 사실 Spencer는 문명화된 인종들이 그렇지 않은 인종들보다 생식력이 좋다고 주장한다. 그러나 이 주장은 그의 일반적인 진술과 상반되는 것으로, 그는 "인간의 환경에서 늘 발생하는 변화에서 생식력의 과잉은 그 자체가 인간이 더 진화하게 되는 원인이다. 여기에 필연적으로 동반되는 명백한 결론은 그렇게 야기된 인간의 진화 그 자체로 인해 생식력의 감소가 일어난다"고 하였다(*Principles of Biology*, II, 501). Spencer는 "생식력의 과잉"이라는 그의 논지를 "A Theory of Population"에서 최초로 발전시켰다.

31) De Quincey, *Confessions*, 70.

합적으로 구성된 욕망이라는 것을 식민주의에 관한 서구의 문화적 재현에 대한 많은 분석들이 보여주고 있다. 식민주의는 요약하자면 전쟁과 행정의 기계일 뿐만 아니라 욕망하는 기계이기도 하다. 이 욕망하는 기계는 영토의 확장과 "끝없는 성장과 자기 재생산에 대한 무한한 욕구를 가진 기계이며, 분리된 영토, 역사, 사람들을 강제로 한밤중의 이질적인 몸들처럼 함께 몰아넣어 지속적으로 결합들과 이접들을 만들고자 하는 무한한 욕구를 지닌 기계다. 그런 점에서 그것 자체가 자신의 가장 어두운 환상인 "부자연스러운" 결합의 통제할 수 없고 한계가 없는 생식력을 만든 도구였다.

고비노: 인종의 환상, 성, 그리고 불평등

놀랍기도 하고 또 충분히 예측가능하게도, 식민 욕망에 관한 가장 단도직입적인 이론가는 『인종 불평등에 관한 에세이』*Essay on the Inequality of Races*(1853-5)의 저자인 악명 높은 고비노 백작이다.[32] 유럽의 인종이론에서 고비노 텍스트가 가지는 선구적 지위는 흔히 히틀러와의 관계에서 언급되지만, 1976년 영국의 노동당 정부가 우리 자신의 인종 기관인 인종평등위원회를 설립하였을 때에도 분명히 인식되었다. 히틀러가 고비노의 이름을 언급하지는 않았지만 일반적으로 고비노의 사상이 『나의 투쟁』에 드러난 히틀러의 사상에 영향을 주었다고 인정된다. 바로 이것 때문에 고비노는 심한 반유대주의라는 오해를 받지만, 사실은 그렇지 않다(사실, 인종차별주의에 있어서 그에 못지않고 심지어 어떤 저자가 고비노의 인종 개념의 주요 원천이라고 주장하기도 했던 동시대인 디즈레일리와 마찬가지로 고비노는 유대인을 코카서스인으로 분류했다).[33] 그래도 눈에 띄는 것은 히틀러가, 고비노와 다른 많은 저자들에게 일반적이었던, "문명"과 "문화"의 기

---

32) Gobineau, *Essay on the Inequality of Races* (vol. I). 추가 언급은 본문에서 함. II-IV권에 대한 참조는 번역되지 않은 원문(*Essai sur l'inegalité des races humaines*)으로 함.

33) 다음을 참조. Poliakov, *The Aryan Myth*, 233.

본적인 구분을 지속적으로 서구의 근대성을 정의하는 기준으로, 그리하여 인종과 인종 간의 불평등을 정의하는 기준으로 사용했다는 사실이다.[34]

『인종 불평등에 관한 에세이』에서 고비노는 단순히 인종이론 자체를 제안하는 것이 아니었다. 『에세이』는 그 무엇보다도 문명의 쇠퇴와 몰락에 관한 이론서다. 그래서 역사이론을 개진한다. 그 점에서 인종은 부수적이다. 인종이 고비노에게 중요했던 것은, 3년 전 『인간의 인종들』을 쓴 녹스(고비노는 녹스의 연구를 몰랐던 것 같다)처럼, 그가 인종을 역사를 결정하는 원동력으로 파악했기 때문이다. 이로 인해 고비노는 루소가 『제2담론』*Second Discourse*에서 "인간들 사이의 불평등의 기원은 무엇인가, 그리고 그것은 자연법에 의해 권위를 부여받는가?"라는 질문에 답한 진보적인 견해와 상반된 주장을 펼치게 된다. 역사적 관점에서 고비노의 자연은 루소의 그것과 다른 이야기를 한다. 역사는 사실상 백인종의 활동을 통해서만 존재한다고 그는 주장한다. 즉, 이집트, 인도, 중국의 문명을 포함한 세계의 모든 문명은 (기발한 주장을 통해) 아리아인에게서 시작되었다고, 대부분 다른 인종들과의 "다산적인 혼인"*hymen fécond*을 맺음으로써 이루어졌다고 주장한다.[35] 이와 반대로 그들끼리만 남겨진 흑인은 "깊은 타성에 젖은 채" 유지되었다(II, 348). 그의 많은 견해가 그랬듯이, 여기서 고비노는 다른 저자들에게서도 광범위하게 찾아볼 수 있는 생각을 명확하게 표현하고 있는 것이다. 예를 들어, 호프는 1831년에 "어디에서도 그들['니그로들']이 백인종의 선례와 가르침의 도움을 받지 않고 타고

---

34) 그래서 Hitler는 인종 간 자연적 혐오 개념을 중요하게 생각한다. 그는 이 개념을 같은 종끼리 짝짓기하는 생물학적 현상에서 취하고 있으며, 그가 아리아인과 유대인 사이의 대립을 발전시키는 것도 무엇보다도 이 사실에 기반을 둔 것이다. Hitler가 아리아인(게르만이나 인도게르만인이 아니라)을 강조하는 것, 그의 주된 주장(모든 문명들은 아리아인의 독점적인 산물이며 유대인은 한 번도 그들 자신의 문명을 이룬 적이 없다), 그리고 "피의 오염"과 불순물화의 비유적 설명으로 묘사되는 문화-생성 인종(즉, 아리아인)과 문화-수용 인종(문화를 빌리거나 받아들이지만 생성하지는 못하는 인종-역주) 혹은 문화를 파괴하는 인종 사이의 이종혼합으로 문명들이 사라진다는 논쟁은 Gobineau의 영향을 결정적으로 시사한다. 그러나 Hitler는 인종혼합이 문명을 생성시키는 기반을 구성한다는 Gobineau의 주장은 받아들이지 않는다. Gobineau는 피를 섞으려는 아리아인들의 본능적 욕구를 설명하였으나, Hitler는 "인종의 순수성을 향한 충동"이 자연스러운 것으로 주장한다. 민족의 운명은 피의 순수성을 보존하는 문제를 중심으로 전개된다. 다음을 참조. *Mein Kampf*, 258-99.

35) II, 247. Gobineau의 연구가 너무 멀리 가지는 못한다. 그는 남아메리카의 문명들의 존재는 인정하지만 그것들이 어떻게 발생하였는지에 대해서는 설명하지 않는다.

난 힘으로 과학의 진보나 예술적 세련됨을 조금이라도 이룬 곳은 한 곳도 없다"고 썼다.[36]

백인우월주의 논지에도 불구하고 고비노의 인종적 편견은 단순한 것이 아니었다. 그가 사람들이나 인종들 사이의 모든 평등 개념을 논박하고, 그들 사이의 차이를 생산하는 물질적, 문화적, 환경적 요인에 아무런 실질적 역할을 주지 않으려했다는 것은 사실이지만, 오리엔탈리스트 학자가 으레 그러하듯이 그는 종종 유럽보다 뛰어난 다른 문화들의 성취, 특히 인도의 성취에 찬사를 보낸다. 비록 고비노가 보여주는 이러한 놀라운 자민족중심주의의 결핍이 계몽주의적 관용의 유산이 아닌 평등주의적이고 산업화된 서구에 대한 낭만주의적 혐오 때문이기는 하지만 말이다. 고비노에게 모든 문명은 어찌되었든 아리아인이 만든 것이었으므로 동양의 문화에 대한 그의 사랑은 스스로에게 모순이 아니었다.[37] 그의 논지 전체는 문화 상대주의의 입장에서, 문명들의 필연적 일시성에 대한 깨달음과 유럽문화의 몰락을 예상하는 비관주의에서 전개된다.[38] 이러한 의미에서, 대파국에 대한 고비노의 예언은 19세기 말 사상의 뚜렷한 특징이 되는 문화 비관주의의 초기(그리고 영향력 있는) 형태를 나타낸다. 이것은 볼네Volney와 기번Gibbon까지 거슬러 올라가고, 앨런 블룸Allan Bloom이나 미국 대중언론의 뚜렷한 특징을 이루는 크리스토퍼 래시Christopher Lasch 같은 문화적 비관주의자들의 기본적 태도로 오늘날까지 이어지고 있다. 파멸과 침울함에는 늘 모호한 위안이 있는데, 몰락을 재확인하면서 불가피하다는 위로를 제공해주기 때문이다.

만약 백인들이 모든 역사를 창조했다면, 고비노의 논지는 문명들의 쇠퇴를 과도한 사치나 제도들의 역할, 기독교 같은 문화적 요소로 설명할 수 없다는 것이다. 헌사에서 그는 그 주장에 대한 증거를 전혀 제시하지 않으면서 열정만 보여주는데, 이 주장은 분명한 남근중심적 선포의 형식으로 그에게

---

36) Hope, *Origin and Prospects of Man*, II, 399.

37) 예를 들어 다음을 참조. vol. II, chapter 3.

38) 예를 들어 Gobineau의 상대주의는 다음을 참조. I, 45, 90, 104, 161, 167.

다가왔다.

나에게 점점 침투해 들어온 확신은, 인종 문제가 역사의 다른 모든 문제들을 압도하고, 그 모든 것에 대한 열쇠를 쥐고 있다는 것이다. 여러 인종들이 융합해서 하나의 민족을 형성할 때 인종들의 불평등이 그 민족의 운명 전 과정을 설명하기에 충분하다는 것이다.

이처럼 잔인한 사상이 고취되는 이 순간에 무슨 일이 일어난 것인가? 여기서 고비노가 한 일은 두 개의 다른 담론을 하나로 합친 것이다. 즉 문명들의 쇠퇴와 몰락이라는 역사적 문제에 퇴행이라는 인종적 개념을 덧붙인 것이다.[39] 고비노 자신은 결코 언급하지 않았지만, 바로 일 년 전에 열역학 제2법칙*이 공식화되면서 퇴행 개념이 부가적인 동력과 결정적 권위를 얻게 되었다는 사실은 주목할 만하다. 이 법칙에 의하면 일에 사용할 수 있는 우주 안의 에너지의 합은 늘 감소하는 반면, 무작위성과 무질서는 이에 상응하여 증가한다.[40] 세계가 엔트로피entropy**로 서서히 사라진다는 관점은 논박 불가능한 듯 보였다.

뷔엔조드Buenzod는 고비노가 『에세이』에서 논한 인종문제의 주요 출처를 볼테르, 몽테뉴, 몽테스키외와 그의 동시대인인 르낭이라고 말한다.[41] 그러나 고비노는 당대 인종이론을 더 많이 섭렵했고, 니부어나 토머스 아널드의 방식으로 인종과 역사를 연결시킨 저자들에 익숙했다. 프랑스에는 르낭은 빼고라도 티에리, 에드워즈와 미슐레가 있었고, 인류학자이며 역사학자인 괴팅겐의 크리스토프 마이너스Christoph Meiners와 철학자 칼 구스타브 카루

*
열역학 제2법칙은 독일의 이론 물리학자인 클라우지우스가 처음 수학적으로 표현한 것으로, 고립계에서 총 엔트로피(무질서도)의 변화는 항상 증가하거나 일정하며 절대로 감소하지 않는다는 법칙이다. 에너지 전달에는 방향이 있어서, 자연계에서 일어나는 모든 과정에서 비가역과정(어떤 현상의 역반응)은 일어나지 않는다는 것이다.

**
자연 물질이 변형되어, 다시 원래의 상태로 환원될 수 없게 되는 현상. 에너지의 사용으로 결국 사용 가능한 에너지가 손실되는 결과를 가져옴

---

39) 일반적으로 Gobineau가 Blumenbach에게서 퇴행의 개념을 취하였다고 말해진다. 만일 그것이 사실이라면, 그는 인류의 느리고 진보적인 발전을 설명한 Blumenbach의 긍정적인 논지를 뒤집은 것이다. 다음을 참조. Imhoff, "L'idée de "dégénération" chez Blumenbach et Gobineau." 이집트학에 대한 영향은 아래의 Nott 논의를 참조.

40) 다음을 참조. Kern, *The Culture of Time and Space*, 104-5.

41) Buenzod, *La Formation de la pensée de Gobineau*, 339.

스Carl Gustav Carus(두 사람 모두 나치당the Nazis*의 찬양을 받았다)의 독일에서의 연구를 그는 알고 있었다. 그는 두뇌의 크기와 문화 발전의 상관관계를 제안하였던 미국의 두개학자 S.G. 모턴Morton의 영향력 있는 연구도 잘 알고 있었고, 그의 연구 대부분에 동의한다고 선언했었다.[42]

*
히틀러가 이끈 국가
사회주의 독일 노동자당
(National socialist
German Workers' Party,
1919-45)

우리가 살펴보았듯이 19세기 초, 중반 인종이론가들의 주된 논쟁은 일원발생론과 다원발생론에 관한 것이었다. 일원발생론의 주장은 성경의 설명처럼 다른 인종들이 하나의 기원에서 유래되었다는 것이며, 이 경우 인종적 차이는 퇴행 테제를 통해 설명된다. 인간의 순수한 기원은 백인 남성—모든 것들의 보편적 평균이며 척도인—이고 모든 다른 형태들은 이 이상적 상태에서의 퇴화라는 것이다. 그 퇴화는 젠더나 지리 때문에 혹은 양쪽 모두 때문에 나타난 결과다. 반면 다원발생론은 서로 다른 인종은 사실 다른 종이었고, 늘 달랐다는 주장이다. 이러한 주장은 그들이 다를 것이고 또 달라야한다는 주장을 가능하게 했다. 앞으로 살펴보겠지만, 이러한 생각은 가장 극단의 인종적 차이화의 형식을 유지하고자 했던 사람들이 품고 있었던 생각이었다. 미국 남부의 노예제도 옹호자들과 그들을 지지한 런던인류학회의 영국인들에게 이런 생각이 인기가 있었다는 것은 놀랄만한 일이 아니다.

인종에 관한 논쟁들은 이렇게 다른 인종들이 사실상 다원발생적인가 아닌가, 즉 인간과 원숭이만큼 다른 종인가 아닌가의 문제를 둘러싸고 전개되었다. 이러한 논의의 결과로 19세기에 인종적 차이의 문제는 인간 사교의 아주 특정한 부분인 성이나 성의 결과인 다른 인종들 사이의 결합의 생식력 정도에 집중되었다. 그러므로 인종의 분리를 지속시키고자 했던 인종이론은 공교롭게도 가장 멀리 떨어져 있다고 간주되었던 인종인 흑인과 백인 사이의 성적 결합의 결과에서 시작해야했다. 바로 이러한 이유 때문에 우리는 인종이론의 중심에서 혼종성의 문제를 발견하고, 그것의 핵심 문제가 인종 간의 성적 결합으로 태어난 산물이 생식력이 있는가, 없는가의 문제임을 알게

---

42) Gobineau의 *Essay*에 언급된 작품들의 전체 목록을 보려면 다음을 참조. Buenzod, *La Formation de la pensée de Gobineau*, 601-9.

4. 성과 불평등: 인종의 문화적 구성

된다. 혼종성의 문제는 이 시기 인종에 관한 책에서 거의 언제나 중요하게 나타나고, 거의 집착적으로 아주 자세하게 다뤄진다. 다원발생론의 문제는 성경과 상충된다는 문화적 어려움 외에도, 종의 기술적 정의가 당나귀와 말의 새끼처럼 다른 종과의 교배로 태어난 어떤 자식도 노새처럼 생식력이 없다는 것이었다. 그러므로 두 진영의 논쟁에서 주요 쟁점은 인간 혼종들, 즉 혼혈 자손이 생식력이 있느냐 없느냐의 문제로 옮겨졌다. 만일 혼종들이 몇 세대 동안 생식력이 있다면, 다른 인종들이 언제나 불변하는 유형들로 고정되어있다는 다원발생론은 약화될 것이다. 문제는 여러 세대를 거쳐 생식력을 추적하는 데 필요한 시간의 규모로 인해 (편리하게도) 유추나 일화를 통해서만 이 문제를 해결할 수밖에 없었는데, 유추나 일화들은 보통 비생식력 테제를 지지하기 위해 환기되었다. 혼종성에 관한 논쟁은 인종 간 성의 문제를 빅토리아 시대 인종이론의 중심에 위치시켰다. 많은 저자들이 두 번째 혹은 이후 세대의 불임을 강하게 주장하였지만, 기질적으로 강력한 다원발생론 지지자일 듯했던 고비노는 "인간과(科)의 다른 부문들이 손쉽게 혼종들을 생산하고 이 혼종들이 생식력을 갖는다"(I, 116)고 인정하였다. 사실 식민지에서 일어나는 일들을 고려하면 인간이 "생식력 있는 혼종들을 낳는 힘"이 어떻게 그렇게 큰 소리로 부인될 수 있었는지 오늘날에는 상상하기 어렵다. 혼종 인구의 수가 빠르게 증가하던 식민지에서는 백인 식민주의적 가부장제의 신체적 유산이 정말 문자 그대로 혼종의 무한한 생식력을 증명하고 있었기 때문이다.

앞 장에서 살펴본 로버트 녹스의 경우처럼, 다원발생론자들은 생식력을 어느 정도 인정해야했기 때문에 인종들 사이에서 태어난 자손이 과연 몇 세대동안이나 번식이 가능할 것인가의 문제에 초점을 맞추고 가까운 집단들의 결합과 먼 집단들의 결합을 구별하기 시작한다. 고비노는 혼종자손의 생식력은 인정하면서도, 인종 간 결합의 후손은 흔히 "퇴보"degradation 개념과 연결된 상태인 퇴행의 명백한 표식들을 곧 드러낸다고 주장한다. 이 주장은 점차 일반적인 주장이 되었고, 심지어 타일러 같은 진보주의자들도 공유하게 된다. 혼종성과 종에 관한 논쟁들이 결국 사라진 후에도 오랫동안 퇴행에 관한 문화적 신화는 살아남아 있었음을 고려하면, 이 주장은 그답게 교묘했었다.『에세이』에서 고비노는 재빨리 이 개념을 지역집단에, 나아가 민족들 전체에까지 적용시켰다.

고비노가『에세이』내내 일관되게 사용하는 유기적 심상은 문명들의 탄생과 소멸이라는 중심 은유 주위에 몰려있다. 출산을 강조함으로써 불가피하게 그것의 필연적인 결과로 기원도 강조하게 되지만, 번식을 강조한다는 것은 초점이 특정한 종류의 임신에 맞추어져 있음을 의미한다. 그의 인종이론에 관한 일반적 가정에서 보면 이상하게 보일지 모르지만, 놀랍게도 고비노의 인종이론에 근거를 제공하는 것은 혼종성, 더 구체적으로는 인종적 성적 위반의 결과로 생긴 흑백혼합이다. 그는 인간이 하나의 종이라는 일원발생론 테제를 받아들인다. 하지만 그는 인간의 공통된 기원에도 불구하고 인간이 처음 출현한 직후 발생한 우주의 대변동으로 인해 영원히 유형들로 분리되었다는 교묘한 주장을 한다. 이 개념은『인간사 소묘』*Sketches of the History of Man*(1774)에서 케임스 경Lord Kames이 처음 제안하고 이후 포크트나 토피나드 Topinard 같은 인류학자들이 발전시킨 것으로, 진화론적 변화를 인종 유형의 불변성 신조와 양립할 수 있도록 하는 방법이었다.[43] 고비노는 바벨탑이 언어들을 분리시킨 것처럼 추락 자체가 "인종들의 영원한 분리"를 야기했다고 암시한다(I, 125-40). 이러한 근거로 그는 "유형들의 불변성," "피의 교차를 통해서만 상실될 수 있는 불변성"을 제안한다. 즉, 인종들은 이종출산을 하지 않는 한 고정되어 있을 테지만, 당연히 이종출산을 한다. 이런 방식으로 고비노는 인간의 "생식력 있는 혼종들을 낳는 힘"을 인정하면서, 인종적 분리로 잃어버린 순수성이라는 견해를 가까스로 보존한다.

고비노는 생리학적 근거에서 세계의 인종을, 그때는 이미 관습적인 것이 된 퀴비에의 구분, 즉 백인, 황인, 흑인으로 나눈다. 그는 인간 인종의 역사적 단계를 3단계로 가정한다. 최초는 아담의 단계, 두 번째는 전략 이후에 백인

---

43) 다음을 참조. Stepan, *The Idea of Race in Science*, 88.

과 흑인과 황인이라는 3개의 불변하는 유형들이 고착된 단계, 그리고 세 번째는 인종적 상호섞임으로 "제3의 유형들"이 나타나는 인간 역사의 단계다. 이는 그가 순수한 백인 아리아 인종 개념이 역사적으로 결코 존재하지 않았던 이상이라는 것을 인정한다는 의미이다. 그는 백인, 흑인, 황인의 세 범주를 계속 사용하지만, 백인종조차 오늘날 "혼종 집합체"임을 인정한다. 순수한 백인종은 전혀 없다. 그들은 모두 다른 조합들로 뒤섞여왔다. 유사하게, 민족도 인종적 순수함을 주장할 수 있을 것 같지 않다. 어떤 민족의 신체적 특징과 성격의 일관성은 차라리 "그것을 구성한 다수의 요소들이… 충분히 동질적인 단일성으로 융합되었다"는 표시일 것이다(I, 147). 기껏해야 이 혼합물은 인위적인 "네 번째의" 유형이 형성되었다는 것을 의미하며, 만약 이 과정이 성취되지 않았다면, 그 민족은 퇴행하기 시작하면서 "혼란"과 "무질서"(I, 148) 상태에 놓일 것이다. 혼합을 그 구성요소들이 구별된 상태로 남아 있는 것으로 생각하는 에드워즈나 아널드, 노트와 글라이든과 달리, 고비노는 인종들이 유기적 총체로 융합되어 구성된 민족을 당연시한다. 헨리 호츠가 고비노의 저서에 대한 그의 『분석적 개요』*Analytical Introduction*에서 요약하듯이, "각 민족적 요소는 자체의 특징과 본능을 수반한다"(표 1). 한 민족을 이루는 각각의 개별적인 인종적 융합의 특정한 구성은 그것이 강한 인종이 될 것인지 약한 인종이 될 것인지 그 운명을 설명해줄 것이다. 그는 민족들의 구성을 피비린내 나는 용기와 힘의 이야기로 설명한다. 즉, 부족들이 영토를 정복하고 땅과 그 곳의 토착 주민 양쪽 모두에 대한 소유권을 주장하는 이야기다. 두 인종의 사람들은 서서히 어울리고 피가 섞인다. 그리고 그 지역의 인구는 "점점 단일한 통합체로 융합되고"—"이 순간에 진정한 민족이 형성된다." 그러나 같은 방식으로 파괴의 씨앗도 뿌려진다. "정복이 성취되고 융합이 시작된 바로 그 날부터, 주인들의 피 속에 눈에 띄는 질적 변화가 나타난다"(I, 28-31).

---

44) Hotze, *Analytical Introduction*, 94. Hotze는 이 표를 Latham의 *Natural History of Man*(14)에서 가져왔다고 하였으나, 둘 사이의 유사성은 인종을 셋으로 구분한 것뿐이다.

<표 1> 호츠가 요약한 고비노의 인종들의 특징들(1856)[44]

	흑인종들	황인종들	백인종들
지성	허약	평범	왕성
동물적 성향	매우 강함	보통	강함
도덕적 표상	부분적 내재	상대적 발달	매우 고양

한 민족 내의 삶과 죽음의 원칙, 결국은 민족의 죽음을 가져올 내부의 "독" 즉 "재앙"은 인종들이 점점 더 섞여 피가 지속적으로 "불순물화"adulteration* 가 되면서 생긴다. 불순물화는 성적 위반 개념인 간음adultery과 그것의 어근의 미인 ad+alter, 즉 자아와 타자의 섞임인 타자성alterity을 결합한다. 한 민족의 사람들이 점점 퇴행하는 것은 무엇보다도 그들의 피에 불순물이 섞임으로써 다. 퇴행한 인간은 "그리고 그와 더불어 그의 문명은 원초적인 인종-단위가 외부 요소의 유입으로 휩쓸려 붕괴되는 그 날 분명히 소멸될 것이다"라고 고비노는 말한다(I, 25). 여기에 보이는 익숙한 인종차별주의 이미지가 고비노에서 시작되었다고 말할 수는 없지만, 그의 연구가 상당히 조장했음은 분명하다. 18세기에 인종적 혼합에 관한 불순물화와 오염의 위험은 프랑스와 영국에서 찾아볼 수 있다.[45] 녹스는 리비우스Livy가 골 사람들을 "퇴행한 잡종 인종"이라고 말하면서 "아시아의 유혹적인 기쁨"과 연관된 "전염"에 대해 경고한 것을 인용한다.[46] 그러나 새로운 것은 인류 역사의 모든 성취에 공적이 있다고 인정한 아리아 인종의 지대한 역할에 대한 고비노의 두 번째 신념에 이런 언어가 연결되는 방식이다. 그들의 자질을 분석하고 그들의 기원을 연구하면서 고비노는 다음과 같이 쓴다.

나는 마침내 과학과 예술과 문명에서 지구 상에 있는 인간의 작업 중 모든 위대하고 고귀하고 유익한 것은 단 하나의 출발점에서 파생하고 하나

* 진짜와는 다른 재료를 써서 제품을 만들어 불순하게 하거나 상태를 악화시키는 것, 특히 음식과 관련하여 많이 사용됨. 위화라고도 함

---

45) 예를 들어, 다음을 참조. Fryer, *Staying Power*, 153-7.

46) Knox, *The Races of Men*, 482-3.

의 세포에서 발전하였으며 하나의 사상의 결과라고 확신하게 되었다. 그것은 하나의 과科에만 속해 있으며, 그 과의 다른 가지들이 우주의 모든 문명국을 통치해왔다. (I, xv)

아리아 인종은 이렇게 문명 자체와 동일시된다. 이 주장은 결코 고비노에게만 국한된 주장은 아니었다. 예를 들어 녹스는 "그렇게 불리는 것이 마땅한 야만 인종들만 문명을 이룰 수 없을 것처럼 보이는 것은 아니다. 동양 인종들은 알렉산더 대왕 시대 이래 어떠한 진보도 이루지 못하였다. 이것의 궁극적 원인은 의심할 바 없이 인종이다."[47] 모든 좋은 것이 아리아 인종에게서 온 것처럼, 고비노에게 퇴행은 그에 상응하는 단순한 기원을 가지고 있다. 즉 하나의 민족이 인간의 몸처럼 유기적으로 작동하듯이, 퇴행은 원인을 분리시킬 수 있는 질병의 용어로 설명된다.

고비노가 민족과 몸 사이에 만드는 기본적 비유는 피를 특별히 강조함으로써 수행된다.[48] 피의 개념은 노예제도 폐지론자들이 이미 광범위하게 사용하고 있던 것으로, 그들은 ("인류의 모든 족속을 한 혈통으로 만드사 온 땅에 살게 하시고"[사도행전 17:26]라고 한 바울 사도를 따라서) 외적인 차이들에도 불구하고 모든 인간은 혈관 속에 똑같은 피가 흐른다고 주장하였다. 고비노는 피에 대한 강조를 그것의 다른 연계인 가족과 인종으로 전환한다. 어떤 의미에서 그의 책 전체는 "인종"이란 단어의 옛 용법과 새 용법 함의들의 영리한 혼합에 기대고 있다. 즉 전통적인 의미는 말의 순혈종처럼 귀족적 족보를 가진 오래된 가족의 "혈통"lineage인 혈족을 포함한다. 그런 가족의 계통은 아버지에게서 아들로라는 생식 행위를 통해 혈관을 흐르는 피로, 그것의 번식으로 구별된다. 고비노는 이러한 오래된 혈통stock으로서의 귀족적인 인종 개념을 어족,

---

47) Ibid., 599. 아리아인들의 역할에 관하여 Gobineau 보다 앞선 논의는 다음을 참조. Poliakov. *The Aryan Myth*.

48) Cf. Coetzee가 피에 대한 Gobineau의 환상을 논의한 것은 다음을 참조. "Blood, Taint, Flaw, Degeneration," in *White Writing*, 145-9. 피의 사회에서 섹슈얼리티의 사회로 진행 과정 중 인종차별주의에서 극에 달하는 상징적 중첩들에 대한 Foucault의 분석은 다음을 참조. *The History of Sexuality*, I, 146-50.

즉 인종의 가족들이라는 개념에서 파생된 근대적 개념에 적용하고, 그 규모가 얼마나 방대하든지 그들도 역시 세대에서 세대로 재생산 행위를 통해 전달되는 "번식"으로, 그들의 혈관을 따라 흐르는 특정한 피에 의해 구별된다고 가정한다(세기말에 이 주장은 뒤바뀌어, 브람 스토커Bram Stoker의 『드라큘라』*Dracula*(1897)에서처럼, 하층 계급의 건강한 붉은 새 피로 옅어지는 귀족적 혈통을 회복하는 문제가 되었다).[49]

신체적 차이로서의 인종과 문화적 차이로서의 인종을 르낭이 다소 주저하며 구별했다면, 그 구별은 이렇게 다시 깔끔하게 재융합되어, 지시적인 것과 비유적인 것, 물질적인 것과 문화적인 것, 기질적인 것과 성적인 것을 구별할 수 없게 함께 묶는 엄청난 잠재력을 지닌 메타포를 만든다. 고비노 텍스트가 가지는 힘과 영향력의 상당 부분은 "인종"이라는 용어의 이 두 가지 의미와 모델들이 이렇게 매력적으로 동화됨으로써 나온다. 사실 그의 주장이 인종들의 섞임에 초점을 맞추어야 한다는 것은 징후적이다. 왜냐하면 개념적 차원에서, "인종"이란 단어의 두 가지 의미에 대한 고비노 자신의 아말감화가 재생산되고 있기 때문이다. 그의 역설적 이론은 이렇게 그것이 설명하는 "잡종성"을 반복한다.[50]

이 지점에서, 고비노 주장의 복잡성이 분명하게 드러나기 시작한다. 문명들의 소멸할 수밖에 없는 운명은 "죽음의 씨앗"에서 유래한다. "죽음의 씨앗"은 모든 사회에서 발견될 수 있고, 모든 사회의 삶에 내재한다. 사회들은 삶/죽음 원리를 통해 움직이는데, 그 원리들은 프로이트에서처럼 서로에게서 분리될 수 없으며, 삶 자체의 동력이고, 섹슈얼리티에서 유래하는 듯 보인다. 그렇다면 고비노의 문명 이론은 인종적이고 문화적인 융합에 관한 이론인 것이다. 그 융합이 패혈증septicaemia*을 일으킨다면, 그것은 삶의 창조성도 생성한다. 그렇다고 질병이 치료법이기도 한 것은 아니다. 퇴행은 생성의 불

*
혈액 속이나 임파액 속에 세균이 침입하여 그 독소 때문에 심한 중독증상을 일으키며 여러 가지 급성염증을 일으키는 질병

---

49) Stoker, *Dracula*. 예상할 수 있듯이, 동일한 끌림과 혐오의 성적 변증법을 *Dracula*에서도 볼 수 있다. "그 아름다운 소녀는 무릎을 꿇고 내 위로 몸을 숙였다. 상당히 흐뭇해했다. 의도적인 요염함이 있었는데, 전율이 느껴지기도 했고 역겹기도 했다. 목을 둥글게 구부리면서 그녀는 정말로 자신의 입술을 동물처럼 핥았다"(52).

50) "mongrel"(그리고 mongrelity) 용어는 16세기부터 사용된 것으로 부모들의 계급, 국적, 혹은 인종이 다른 자손을 가리키기 위한 것이었다.

가피한 다른 면으로 발전한다. 문명에 있어서 모든 삶은 그 속에 죽음의 씨앗들을 담고 있다.

아리아 인종의 우월성 주장은 고비노가 피의 불순물화를 민족을 몰락시키는 기본 원인으로 제시하면서 동시에, 앞에서 살펴보았듯이, 이 세상에 존재하였던 모든 문명을 그 안에 내재한 아리아적 요소의 결과라고 보고 있음을 의미한다. "모든 문명은 백인종에서 유래한다… 어떤 문명도 그것의 도움 없이 존재할 수 없다"(I, 210). 몇 천 년 동안 순수한 아리아 문명들이 없었음을 그가 인정한 사실을 고려한다면, 이 말은 이후 문명들의 탄생 자체가 간음을 통해서만 가능했다는 것을 의미한다. 고비노는 말하기를 "두 가지 중요한 점이,"

점점 더 명백해진다. 첫째, 대부분의 인종들은 섞이지 않고 남아있는 한 영원히 문명을 이룰 수 없다. 둘째, 그런 인종들은 그들을 향상시키는데 필요한 내적 충동이 없을 뿐 아니라, 다른 면에서는 활력 있는 어떤 외적 힘도 그들의 타고난 불모성을 생식력으로 바꿀 만큼 충분히 강력하지 않다. (I, 63)

원시적인 민족들("문명을 이루는 것이 불가능한")이 지속적으로 존재한다는 것은 "황인종들과 흑인종들"의 순혈성을 증명한다. 이들이 이러한 상태로 남아있는 것은 그들이 "인간과 동물이 똑같이 느끼는 혼혈에 대해 자연적 혐오감을 극복할 수 없기"(I, 27-8) 때문이라고 그는 주장한다. 그들이 상호교배를 통하지 않고 문명화될 가능성을 그는 완전히 부인한다. 교육, 선교 사업, 심지어 식민 지배까지도 모두 똑같이 한 인종의 기본적인 능력을 변모시키는 데 쓸모가 없다. 강한 인종이 더 약한 인종과 상호 교배를 시작하지 않는 한, 그런 일은 일어나지 않는다.

고비노는 상당한 시간을 들여 문명은 전달 불가능하며 미개한 민족들의 "문명의 흔적들"은 단지 문명화된 인종에 의해 과거에 지배받은 것을 나타내는 표시일 뿐이라고 주장한다. 그는 문명들이 서로 융합될 수 있는 가능성을 철저히 부인한다. 그의 기본적 주장은, 인종이 아직 부족일 때 다른 부족을 정복하고 이종 간 출산을 통해 융합함으로써 독특한 자신만의 문명을 발전시킨다는 것이다. 완전히 형성된 문명이 다른 문명과 생산적으로 융합하는 것은 논의의 여지가 없다. 이런 상황에서 상승혼hypergamy*, 즉 우월한 인종의 남자들이 열등한 인종의 딸들을 받아들이는 것은 우월한 인종의 퇴행을 야기할 뿐이다. 고비노에 의하면, 아랍 문명과 근대 식민주의가 가장 좋은 예다.

> 문명은 전달 불가능하다. 야만인들에게만 그러한 것이 아니라 더 계몽된 민족들에게도 그러하다. 인도에서 영국인들의 경험, 자바에서 네덜란드인들의 경험과 더불어, 현재의 알제Algiers**의 고대 왕국에서 프랑스의 선의와 회유의 노력이 이를 보여준다. 인종들의 불평등과 다름을 이보다 더 충격적이고 결론적으로 입증하는 것은 없다. (I, 171)

그는 흔히 사용되는 예인 산도밍고St Domingo(아이티)와 샌드위치 군도Sandwich Islands***를 증거로 들면서, 식민지 권력이 없다면 문명은 없다고 주장한다.

고비노의 논지는 민족들이 발생하고 퇴화하고, 동질화되고 사라지고, 전체화하고 해체되는 역사적 움직임이 성적 매혹의 결과인 "피"의 교차로 생산된다는 것이다. 그러나 그는 또한 이에 대하여 인종들 사이의 타고난 혐오도 주장한다. 그는 모든 인종에 대해 이것을 주장할 수는 없었다. 그의 전체 이론이 혼혈로 나아가는 경향에 의존하고 있기 때문이다. 그래서 그는 같은 종과 짝짓기를 하는 경향이 있는 종의 생물학적 현상에서 유래된 개념, 즉 모든 인종은 "피의 교차에 대한 숨겨진 혐오(I, 29)"를 가지고 있다고 결론을 내리면서도, "거의 완벽하게 이러한 개념의 굴레를 벗어던진" 민족들만이 "우리 종 가운데 그나마 문명화될 수 있는 유일한 구성원들"(I, 30)이라는 역

*
힌두교도 여성이 자기보다 높은 카스트의 남성과 결혼하는 관습, 즉 여성이 남편의 카스트로 이동하는 것이 허락되는 관습

**
알제리아의 수도

***
하와이제도

설에 대면해야 했다. 인종은 두 법칙에 순응하며 산다. 하나는 혐오이며 다른 하나는 매혹이다. 고비노가 인종들이 구별된 상태를 선호했음을 고려한다면, 문명의 수준까지 끌어올리는 그런 인종을 생산하는 힘이 오직 인종 간의 성적 매혹의 힘이라는 것은 아이러니다. 문명 자체가 과도한, 그리고 부적절한 사교의 결과인 것이다.[51] 고비노의 주장의 핵심이 여기에서 드러난다. 즉, 다른 인종에게 성적으로 끌리는 경향이 있는 이들은 백인종들이다. 그것이 백인종이 다른 인종과 섞이는 이유이다. 대조적으로 황색 인종들과 갈색 인종들은 혐오의 경향이 더 강하다. 이것이 그들이 비교적 덜 섞인 채로 남아있는 이유이다. 즉 백인이 황인종과 갈색인종에게 느끼는 매혹의 힘을 통해 문명의 수준까지 올라가는 민족들이 생산된다.

그러므로 혼인을 통한 피의 융합은 문명에 필수적이다. 불순물화가 문명을 파괴한다 해도 그러하다. "불모성을 생식력"으로 변화시키는 것은 인종들의 섞임이기 때문이다. "이 선택된 [아리안] 민족들의 문명화하는 본능이 계속해서 그들의 피를 다른 이들과 섞게 한다. 흑인 유형이나 황인 유형의 경우, 그들은 단지 미개인이며 역사가 전혀 없다"(I, 149)고 고비노는 말한다. 고비노가 제시하는 법칙은 "문명화되는 인종들은 특히 그들의 피를 섞으려는 경향이 있다"는 것이다. 피를 섞는 책임은 백인종에게 있다. 다른 인종들에게 성적으로 끌리는 것이 그들이기 때문이다. 그렇지 않으면, 황인종과 흑인종은 혐오감 때문에 계속해서 문명의 경계 저편에 고립상태로 남아있게 된

---

51) Gobineau는 인종들의 지적 차이를 강조하고, "다름과 불평등"을 암시하는 것이 틀림없는 그들 사이의 "타고난 혐오"를 중요하게 여기지만(I, 179), 이와 동시에 그는 늘 개인들에게 작동하며 "인종들을 함께 섞곤 하는 움직임을 계속해서 만들어내는" "위대한 두 힘"도 인정한다. 첫 번째 힘은 육체적 매혹과 신체적 화합성이며, 두 번째 힘은 "목소리의 조절로 생각과 감정을 표현해내는 공통의 힘"(181), 즉 언어이다. 그러나 언어가 신체적·정신적 의사소통의 또 하나의 방식을 허용하더라도, 고비노는 다음과 같이 결론 내린다. "나는 이제 확실히 인종들의 고유한 특징에 관한 한, 문헌학이 생리학과 역사의 모든 사실들을 확증한다고 말할 수 있다…. 한 민족의 언어는 그것의 사고방식에 상응한다"(I, 203). Gobineau는 언어가 "피"와 꼭 같은 문화적 모델을 따른다고 주장한다. 즉, 초기에는 인종의 지력과 언어 사이에 완벽한 조응이 있다. 수정이 발생하는 것은 혼합 때문이다. "이질적인 요소들이 넘쳐나면, 그들의 자질과 장점들은 한 민족의 피가 그러하듯이 사라지거나 흡수된다"(I, 204). 동시에, Gobineau는 "니그로들과 일부 소수의 황색 집단을 제외하고, 우리가 기록된 역사에서 만나는 인종은 제4의 인종들뿐이다. 그러므로 우리가 아는 모든 언어는 파생적이다"(I, 203). 이러한 역설은 특징적이다.

다. 문명은 그래서 자체의 비극적 결함을 담고 있다. 아리아 인종은 자신들을 추락시킬 바로 그 인종과 피를 섞으려는 문명화 본능에 의해 추동된다.

이것의 필연적 결과로 인종의 불순물화가 백인이 흑인이나 황인에게 느끼는 매혹에서 비롯된다는 것이고, 혼종 아이들의 생산이 문제이므로 백인 남성이 흑인이나 황인 여성에게 느끼는 매혹에서 비롯된다는 것이 된다. 이 결합이 가능한 이유는 백인 남성이 강하고 정복하는 인종에 속함으로써 권력의 위치에 있기 때문이다. 고비노의 논리에 따르면, 백인 남성이 느끼는 본능적 매혹이 흑인이나 황인 여성이 느끼는 자연발생적이라고 추정되는 혐오를 극복하게 하는 것은 오직 이 결합뿐이다. 바로 이 지점에서 우리는 담론적 욕망과 식민적 욕망의 폭력적 실행 사이의 이접을 엿보지만, 동시에 둘 사이의 연결고리도 엿본다. 위계적 권력관계 속에서 이국적인 흑인 섹슈얼리티의 매혹에 대한 백인 남성의 반응은 정복과 지배이며, 이것에 불을 지피는 것은 말할 것도 없이 흑인 여성의 저항이다. 흑인이 백인에게 느끼는 반감이 크면 클수록 증가하는 이런 사디스트적 책무는 정복당하고 대상화된 여성의 마조히즘적 굴복을 필연적으로 요구한다. 동시에 백인 남성은 여전히 다른 인종에 대한 반발 의식의 "몇몇 마지막 흔적들을 떨쳐버릴 수 없다" (I, 30)고 고비노는 말한다. 인종들 사이의 매혹과 혐오의 관계는 이렇게 헤겔적인 지배와 노예상태의 구조를 구성하지만, 사도-마조히즘적 관계는 (항상 그렇듯이) 뒤집힐 수 있다. 주인은 노예를 강간하여 자신의 문명의 자식을 생산하지만, 주인에 대한 노예의 마지못한 복종은 궁극적으로 문명의 종말을 가져올 퇴행을 야기할 자손을 생산한다. 식민시기의 인종 간 성관계의 이러한 사도-마조히즘적 구조는 결코 고비노에게 국한된 것이 아니다. 예를 들어 제임스 그랜트James Grant의 『첫 사랑과 마지막 사랑: 인도 폭동 이야기』*First Love and Last Love: A Tale of the Indian Mutiny*(1868)나, 북 보르네오와 골드코스트Gold Coast의 총독과 총사령관 등을 지낸 휴 클리포드Hugh Clifford의 이야기들, 특히 『갈색인간 연구: 암갈색, 흰색, 황색의 얼룩과 낙서』*Studies in Brown Humanity: Being Scrawls* and Smudges in Sepia, White, and Yellow(1898)에 나타나는 성적 사디즘을 보라.[52] 고비노는 다른 인종들이 상반된 성적 특징들을 갖고 있다는 개념으로 백인종이 황인과 흑인에게 통제할 수 없이 끌리는 복잡한 기제를 자연화시켰다. 고비노는 정력적인 아리아인들을 "출중한 남성집단"으로, 욕망의 대상이 되는 황인과 흑인종들을 "여성이나 여성화된 인종들"로 특징화함으로써 아리아인들과 세계의 다른 인종들 사이의 억누를 수 없는 듯한 성적 관계를 합리화한다. 흑인과 황인 여성들에 대한 백인 남성들의 성적 매혹은 이렇게 문명의 발생과 쇠퇴 둘 다의 토대에 놓여 있다. 유럽의 식민주의 역사에 너무나 근본적인 우화화된 성애적 관계는 이렇게 자연법의 지위가 부여되고, 역사와 문명 자체의 원동력이 된다. 동시에, 인종적 차이를 젠더화한다는 것은 서구인이 끌리는 인종들의 성이 중요치 않다는 것을 의미한다. 인종적 섞임에 관한 고비노의 논지에서 그가 설명하는 백인과 흑인/황인의 기본적 관계가 남성과 여성의 관계라는 것은 분명하다. 하지만 만약 모든 흑인과 황인이 "여성이거나 여성화된다면," 백인 남성은 본능적으로 양쪽 성 모두에 끌리게 된다. 단지 한 종류의 성적 관계가 우연히도 혼혈 자식을 생산할 뿐이다. 식민적 영역에서 흔히 그러하듯이 문명은 이제 인종 간 호모–에로티시즘homo-eroticism과 합류하기 시작한다.

문명

다른 많은 인종이론가들처럼, 고비노는 인종적 차이와 다른 인종들의 상

---

52) Grant, *First Love and Last Love* (cf. Brantlinger, *Rule of Darkness*, 209-10); Clifford, *Studies in Brown Humanity*. Clifford에서, 흑인의 섹슈얼리티에 대한 백인의 반응을 특징짓는 매혹/혐오의 변증법의 관점에서 가장 도발적인 이야기는 "The Strange Elopement of Châlang the Dyak"이다. 이는 Dyak이 결혼식 날 오랑우탄에게 납치되어, 결국 오랑우탄을 칼로 찌른 이야기이다. 사도-마조히즘과 백인-흑인 관계에 대해서는 Paulhan의 에세이 "A Slave's Revolt: An Essay on *The Story of O*"를 참조. 이 에세이는 *The Story of O*를 해방에 반대하는 노예들의 반란과 비교한다(Huston, "Erotic Literature in Postwar France"에서 논의됨). 6장도 참조.

대적 가치에 관한 자신의 선언의 근거가 "문명"의 속성이 있는가 없는가에 의존하고 있다는 것을 인정한다. 결국 아리아인들의 우월성 주장은 이러한 성취에서만 가능하다. 그렇다면 고비노는 그렇게 중요한 이 용어를 어떤 의미로 사용하는가? 그는 두 장을 할애하여 그것을 정의한다. 그의 논의는 문명과 문화의 특질들이 어느 정도로 인종적 유형분류체계를 수립하는 방식으로 정의되고 설정되었는지를 정확하게 보여준다. 이러한 인종적 도식이 이후 젠더와 계급 차이로 확대되었던 것은 놀라운 일이 아니다.[53]

고비노는 상당히 학문적인 방식으로 기조Guizot와 훔볼트의 앞선 사례들을 논의하며 시작한다. 전자가 문명을 강조한 것과 후자가 문화를 강조한 것을 대조한다. 『문화와 무질서』에서 아널드가 했던 주장보다 앞서서, 고비노는 프랑스와 독일의 가치를 종합하고 모든 인간에게 기본적인 것으로 그가 설명하는 두 가지 본능, 즉 "물질적인" 본능과 "도덕적인" 본능에 따라 자신의 정의를 확립한다. 이것들은 분명히 앞장에서 우리가 "문명"과 "문화" 사이에서 살펴보았던 구별에 해당하며, 고비노에 따르면 어떤 특정한 민족의 문명 수준을 결정하는 것은 이 둘 사이의 균형이다. 초기에 인류의 "가장 낮은" 수준의 "가장 원시적인 민족들"에게서 "그것들의 강도는 결코 동일하지 않으며" 둘 중 하나가 우위를 차지한다(I, 84-5). 그런 후 고비노는 우연적인 혼합의 단계를 통과해 "위쪽으로" 움직이며, 마침내 영토를 정복하고 지배하는 강한 인종적 요소들을 가진 부족을 발견한다.

처음으로 우리는 **문명**이라고 부를 수 있는 것에 도달하였다. 처음 두 단계에서 끌어낸 동일한 내적 차이들이 세 번째에도 나타난다. 그것들은 사실 이전보다 훨씬 더 두드러지며, 이 세 번째 단계에서만 그것들의 효과가 실질적 중요성을 지닌다. 처음에 단순히 한 부족으로 시작된 사람들의 모임이 사회관계의 지평을 확장시켜 **민족**a people이라는 명칭으로 불릴 만하게 되는 순간부터, 이제는 하나로 합쳐진 개별 집단들이 본래 어

---

53) I, 93-4.

느 쪽을 지니고 태어났는가에 따라 물질적인 것과 지적인 것이라는 본능의 두 흐름 중 하나가 그 이전보다 훨씬 더 강력한 힘으로 흐르는 것을 우리는 본다. 사고력이 우세한지, 행동력이 우세한지에 따라 다른 결과들이 따라오고 민족의 다른 자질들이 표면에 떠오를 것이다. (I, 86)

비록 문명의 단계가 강한 인종이 약한 인종을 흡수하는 인종적 융합으로 특징지어지지만, 그렇다고 토도로프의 주장처럼, 고비노가 문명을 단순히 생명력과 힘에 등치시키는 것은 아니었다. 이러한 자질들이 분명히 필요하다해도 그러했다.[54] 문명이 안정적인 인종적 융합과 더불어 온다면, 사고와 행동이라는 그 안의 다른 요소들이 문화적 차원에서 상호작용을 지속한다. 아널드도 영국인을 사고와 행동, 켈트와 앵글로-색슨, 헬라인과 히브리인로 분리하지만 이러한 분리에 성적 특징을 부과하는 것은 암묵적으로만 한다. 반면, 고비노는 문명의 내적 분리에 관한 설명 뒤에 그의 글에서 가장 독특하지만 많은 것을 드러내는 진술을 덧붙인다. "우리는 여기서 힌두의 상징주의를 사용할 수 있다. 내가 "지적 흐름"이라고 부른 것을 프라크리티Prakriti, 즉 여성적 원리로, "물질적 흐름"으로 부른 것을 푸루샤Purusha, 즉 남성적 원리로 나타낼 수 있을 것이다"(I, 86). 이것은 너무나 도전적인 암시여서 고비노 저서를 번역한 미국인 헨리 호츠는 이 두 가지 원칙을 "사색적인" 혹은 "실용적인" 것으로 다르게 번역할 수밖에 없었다.[55]

고비노가 문화의 중심에서 발견한 섹슈얼리티는 인종에 관한 그의 문화적이고 생물학적 주장들과 연관되어 있다. "여성적이거나 여성화된" 인종들과 남성다운 인종들의 생식력 차이, 나중에 아리안, 게르만 및 다른 "뛰어난 남성집단들"(I, 93)과 그 외 나머지 세계 사이의 관계로 단순화된 이 구분을 실체화하는 것은, 고비노가 인정한 것처럼 분명 상호교배할 수 있는 인간의 능력이다. 인종들 간의 이런 차이는 각 개별 민족의 인종적 융합 내부에서 작

---

54) Todorov, *Nous et les autres*, 158-9.

55) Gobineau. *Moral and Intellectual Diversity*, 268.

동하는 변증법으로 변모되어, "상호호혜적 출산" 행위 안에서 "하나의 원리가 다른 원리에 의해 비옥해진다." 여기서 고비노는 자신이 클렘Klemm과 카루스Carus의 『자연철학』Naturphilosophie을 끌어오고 있음을 인정하는데, 다른 인종들이 상반된 성적 특징을 가지고 있다는 계몽주의 사상을 그들 사이의 "결혼"과 상호작용을 통한 문화발생이론으로 발전시켰던 사람들이다.[56] 젠더의 특징들을 인종에 전위시키는 이러한 논리에 따르면, 백인 남성들이 흑인과 황인 여성들에게 끌린다는 고비노의 중심 주장은 아주 일관성 있는 것으로 드러난다. 성적 차이가 인종의 성적 분리로 번역되면서 백인 남성이 욕망하는 대상은 인종 분리를 가로질러 재배치된다. 아널드가 그랬던 것처럼, 이러한 성적 차이의 원리와 성적 특징을 지니게 된 인종들 사이의 상호작용은, 기존의 젠더 관계 위계에 따라 문화와 문명의 토대를 제공한다. 유럽사회의 "자연스러운" 젠더 관계는 또다시 인종들 간의 관계를 결정하는 자연법의 권위를 수립하기 위해 이용된다. 백인 남성은 국내에서 지배하듯 해외에서도 주인으로 행동한다. 젠더의 전통적인 위계는 인종의 차원에서 승인되고 재확인되며, 흑인종과 황인종의 남성과 여성은 똑같이 여성화된다. 백인 남성이 맨 꼭대기에 있기만 하면, 모든 위계들과 그것들의 문화적 가치들은 받아들여질 수 있는 듯하다.

동시에, 고비노는 세계가 두 성적 원리에 따라 움직인다는 주장을 바탕으로 남성과 여성의 성적 차이를 역사의 리비도libido* 적 욕동drive** 으로 발전시킨다.

> 나아가 우리는, 한 민족의 삶의 여러 시기에, 두 원리들 중 하나가 교대로 다른 것을 지배하는 강력한 진동을 볼 수 있다. 이러한 변화들은 다양한 시기에 불가피하게 발생하는 피의 섞임에 좌우된다…
>
> 이러한 흐름들 중 어느 쪽의 영향을 주요하게 받는가에 따라, 나는

*
프로이트가 정신분석학에서 쓴 용어로, 욕망이나 생명적 충동 등 인간의 모든 행동 속에 숨어 있는 근원적 욕망

**
인간의 행동을 촉발시키는 유기체의 내적 상태 또는 조건을 총칭하는 개념. 동인, 동기라고도 함

---

56) Carus에 따르면 인종들은 신체 기관에도 연결되어 있다. 예를 들어 백인은 두뇌, 흑인은 성기 같은 식이다. 다음을 참조. Burleigh and Wippermann, *The Racial State*, 24.

민족들을 두 부류로 나눌 수 있다. (I, 86-7)

그러한 특징들은 내면화된다. "민족들을 시대를 따라 연구해보면, 거의 모든 경우 그들의 문명이 두 원리를 오가는 진동으로 수정되어왔음을 알 수 있다." 다시, 아널드가 그러했듯이, 한 민족의 역사는 한 쪽에서 다른 쪽으로, 남성적에서 여성적으로, 실용적에서 도덕적으로, 객관적에서 주관적으로 그 우세함이 왔다갔다 흔들린다. 고비노는 다음과 같이 결론짓는다.

> 모든 인간 활동은, 도덕적이든 지적이든, 다음 두 가지 흐름, 즉 "남성적" 혹은 "여성적" 흐름 중 하나에 그 원천을 지닌다. 이 요소들 중 하나를 풍부하게 지닌 인종들만이(물론 나머지 하나가 아주 부족한 것은 아닌 상태에서) 사회생활에서 만족할 만한 문화의 단계에 다다를 수 있고, 그래서 문명을 이룰 수 있다. (I, 88)

성의 두 원리의 융합은 이렇게 문화적 생산의 토대가 된다. 인종들의 차이는 문명의 단계들에 따라 문화적 용어로 정의되는 반면, 문화 자체는 성적 차이의 산물이 되고, 성적 차이는 인종들의 이성애적 결합과 동일시된다. 그러므로 문화는 끊임없이 이종교배된 자손의 퇴행적 힘을 발생시키는 남성적 인종과 여성적 인종 사이의 성적 관계의 바로 그 과정, 인종들의 혼합물을 생산하는 바로 그 같은 과정을 통해 생산되며, 그래서 문화 자체가 문명의 쇠퇴를 초래하기도 한다. 이것이 고비노의 양가성을 설명한다. 『에세이』의 1권 마지막에서 그는 그런 혼합이 주는 이익들로 되돌아가고 있는데, 그 안에는 문화 자체의 창조, "예술과 위대한 문학의 세계," "열등한 인종들의 발전과 고귀해짐"만이 아니라, "예절과 신념의 세련됨, 특히 열정과 욕망의 제어"가 포함되어 있다(I, 209).

하지만 욕망은 그렇게 쉽게 제어되지 않는다. 앞에서 살펴보았던 문명과 문화, 물질적이고 기술적인 진보와 정신적 원칙들 사이에서 발생하는 대립에서, 고비노는 후자에 대한 낭만주의적 긍정을 분명하게 지지한다. 사실, 문명들의 생성과 퇴행에 대한 그의 인종적 논지 전반의 변증법은 여러 모로 루소의 똑같은 역설적 논지의 인종화된 버전이다. 인간이 완전하게 인간으로 구성되는 것은 사회에 의해서만 가능한데 그 사회는 또한 인간들을 타락시킨다는 루소의 주장은, 문명은 문화적이고 정신적인 삶의 변하지 않는 "자연적" 가치를 대가로 치루며 물질적 진보를 가져온다는 낭만주의적 개념의 기원이다. 물질적 진보를 남성적 원리에, 문화적 삶을 여성적 원리에 동일시하면서, 고비노는 그의 인종 테제를 뒤집어 여성화된 흑인종에 대한 역설적인 선호로 기울기 시작한다. 고비노는 "남성적 민족들은 주로 물질적 안녕을 추구하며, 여성적 민족들은 상상력을 더 필요로 한다"(I, 89)고 말한다. "니그로"는 "욕망의 강도"가 극심하고 감각적 본능이 과도하게 발달하여, 감각의 "격렬함에서 열등하고" 지성의 영역에서 그에 상응하는 "엄청난 우수성"을 지닌 백인 민족들과 균형을 이룬다는 틀에 박힌 주장을 한다(I, 205-7). 백인의 지적 장점은 그저 실용적인 장점일 뿐이다. 감각과 미학과 상상력의 영역에서 우월한 것은 흑인종이다. 여기서 보이는 흑인종에 대한 고비노의 예상치 못했던 열정은, 모순적으로 보이지만 당대에 의외의 것은 아니다. 뷔엔조드에 의하면, 고비노는 『에세이』를 쓸 때 한 번도 유럽을 떠나 본 적이 없었다.

> 그러나 5년 후인 1855년, 처음으로 흑인 부족인 동아프리카 연안의 소말리아인들을 만났을 때… 그는 열광적으로 흥분하여 "그렇게 아름답고 그렇게 완벽한 창조물들"을 결코 본 적이 없다고 선언했다.[57]

아널드가 좀 후에 여성적인 켈트 요소가 상상력의 차원에서 속물적인 실용적 영국 문화에 기여한다고 주장하는 것처럼, 고비노에게도 상상력은 "여성적" 흑인 인종에게서 나오고, 위대한 예술과 문학 작품은 신체적 아름다움처럼 남성적-여성적 백인-흑인 결합에서 비롯된다. "예술적 천재성은 흑과

---

57) Cited in buenzod, *La Formation de la pensée de Gobineau*, 377.

백의 결합 이후에만 등장한다"고 그는 말한다.[58] 그래서 예를 들어 이집트 문화에 대해 논할 때, 고비노는 이집트의 코카서스적 기원에도 불구하고, 흑-백의 결혼 바로 그것이 "상당한 지성과 결합된 감수성과 상상력을 무한하게 부여받은 인종을 형성했다"고 주장한다(II, 100).

하지만 인종적 혼합의 산물에 대한 열정적인 강조에도 불구하고, 아니 어쩌면 바로 그것 때문에, 이종교배의 전망 그 자체가 역설적으로 고비노를 공포에 잠기게 한다. 이 공포는 프랑켄슈타인이 그가 만든 괴물의 여성 배필이 "인간의 우월한 미"를 위해 자신의 종을 버릴 때 야기될 결과를 숙고하면서 느끼는 공포를 상기시킨다. "무한한 혼합의 가능성이 촉발하는 공포 이외에는, 인류 전체를 구성하는 이러한 혼종적인 가지각색의 인종들의 수를 제한할 수 있는 것은 없다"(I, 208). 이러한 혼종화된 유형은 "혼란"과 "무질서"라는 끔찍한 상태를 만드는 혼합 형태를 계속 만들어가는 특성이 있다.

> 이러한 산물이 스스로 재생산하면 할수록, 피를 섞으면 섞을수록, 혼란은 점점 더 늘어난다. 그런 사람들이 너무 많아 어떠한 균형상태도 이룰 수 없을 때, 무한대에 도달한다…. 그러한 민족은 인종적 무질서를 보여주는 끔찍한 예에 불과하다…. 위대한 문명국들의 오늘날의 모습이 이러한데, 특히 항구, 수도, 식민지에서 그 증거를 볼 수 있다. 이런 장소들에서는 피의 융합이 훨씬 쉽게 일어난다…. 상업, 평화와 전쟁, 식민지들의 건설, 연속적인 침입들이 모두 차례로 무질서를 증가시키는 데 일조하고 있다. (I, 149-50)

파리와 런던 모두 도시에서 인구가 인종적으로 퇴행하는 현상을 보여주는 예들로 제시된다. "인종적 무질서"라는 오염을 만들어 내는 것은 바로 이

---

58) I, 208; 또한 다음을 참조. II, 97-100. Gobineau가 흑인종에게 가졌던 역설적인 열정은 Frobenius가 발전시켰고, 이후에 Léopolod Senghor의 Négritude 이론으로 이어진다. Cf. Miller, *Theories of Africans*, 17-18.

국가들의 상업적, 군사적, 식민적 성공인데, 고비노가 주장하듯 인종적 무질서는 "하위계급들"에서 더 두드러지게 나타난다. 이로써 고비노는 프랑스와 영국의 문명과 문화를 인정하면서도 그들의 인종적 혼돈을 한탄할 수 있었다. 문명은 하위계급에 실제로 "침투"하지 않았으며 하위 인종들처럼 하위계급에도 문명은 전달될 수 없다고 그는 주장한다. 인종은 이렇게 한 번 더 계급과 동일시되고, 무질서한 혼합 인종은 노동계급과 동일시된다. 여기서 고비노는 "문화" 대 "무질서"라는 기본적인 패러다임을 제시하는데, 이 안에서 인종적으로 더 순수한 상류계급의 문명화하는 정신적 힘은 퇴행적이고 이종교배하는 무질서한 노동계급, 물질주의적이고 민주주의적인 경향을 가진 노동계급과 충돌한다. 심각하게 보수적인 고비노 입지의 토대가 이 지점에서 아주 분명하게 드러난다. 그가 오랫동안 정교하게 다듬은 인종들의 다른 측면들, 즉 인종들의 "불평등"이 의미하는 바는 모든 인종이 모든 다른 인종과 평등해지는 가능성은 존재하지 않는다는 것이며, 이 주장에 관한 한 인종은 계급과 구분되지 않는다.[59] 그러므로 문화와 무질서를 대비시키는 고비노의 설명에서는, 아널드에서와는 달리, 문명화하는 힘에 영향을 미칠 어떤 교육의 가능성도 없다. 지적 능력이 영원히 서로 다르기 때문이다.

문명을 이루는 유일한 가능성은 인종혼합에 있다. 하지만 일단 문명이 발전되고 나면, 상업과 식민지 건설을 통해 늘어나는 이종교배가 점차 그 문명의 타락과 쇠퇴를 유발한다. "뮬라토와 백인 여성의 아이들은 혼종문화 이상의 어떤 것도 제대로 이해할 수 없다"고 그는 말한다(I, 179). 하지만 고비노답게 그는, 책의 끝에서 우리가 알고 있는 문명의 종말을 예고하게 하는 혼종성에 의한 쇠락을 선언하면서도 여기에 인종적 혼합의 긍정적인 면을 덧붙인다. "니그로 인종"은 추하고 유럽인은 가장 아름답다고 주장하면서 그는 아름다움에 있어서 유럽인에게 가장 근접한 사람들은 "흑인종에 의한 오염이 가장 적은" 아리안과 셈족 혈통에서 나온 사람들이라고 주장하지만, 이 말에 다음과 같은 의미심장한 각주를 붙인다.

---

59) Cf. I, 180.

아름다움이라는 관점에서 볼 때, 가장 행복한 결합은 백인과 흑인의 결혼이 만든 결합이라고 말할 수 있다. 러시아인과 헝가리인 같은 황인과 백인 혼혈 옆에 다수의 뮬라토, 크레올, 쿼드룬quadroon* 여성들의 놀라운 매력을 나란히 두기만 하면 된다. 이러한 비교는 황인과 백인 혼혈에게 유리하지 않다. (I, 151)

* 백인과 반백인과의 혼혈아. 흑인의 피를 1/4 받은 사람

다수의 "뮬라토, 크레올, 쿼드룬 여성들"의 "놀라운" 성적 매력을 갑자기 강조하는 것은 고비노가 이종교배 개념의 성적 암시에 은밀하게 매혹되고 있음을 나타낸다. 여기에는 고비노의 전기적인 사실과 흥미로운 상관관계가 있는데, 『제인 에어』Jane Eyre의 로체스터의 경우처럼 고비노의 부인도 순수한 백인성을 늘 의심받았던 크레올이었다.[60]

인종적 혼합의 긍정적인 점을 이렇게 받아들이는 것은 긍정적인 것을 부정적인 것과 섞고, 발전과 퇴행을, 삶과 죽음을 서로 섞는 고비노의 일관된 경향에 부합한다. 앞에서 살펴보았듯이 그가 보기에 근대적 조건을 생성한 것은 바로 자본주의와 식민화의 발전인데, 그 근대적 조건은 지속적으로 증가하는 인종혼합을 촉진하면서, 인간 종의 향후 진화는 소위 원시 인종들을 이롭게 하기 위해 전 세계로 확장되고 있는 "인본주의"와 "문명"을 완벽하게 만든 바로 그 백인 유럽 인종들의 종말이나 최소한 퇴행을 포함하리라는 전망을 강요한다. 같은 방식으로, 인종차별주의의 핵심에 자리한 듯한 매혹과 혐오의 양가적인 이중적 태도에서, 고비노는 인종혼합의 공포를 분명하게 표현하면서 동시에 갈색인종과 황색인종에 대한 백색인종의 성적 욕망을 문명의 토대 자체로 제안한다. 여기에서 우리는 사회적으로 억압된 것은 상징적으로, "부르주아의 환상세계의 기본적으로 성애화된 구성요소"로 되돌아온다는 스탈리브래스Stallybrass와 화이트White의 주장을 떠올릴 수 있다. 문명화된 유럽 주체는 더럽고 천하다고 표시된 것을 배제함으로써 특정하게 자신을 정의하지만,

---

60) Biddiss, *Father of Racist Ideology*, 45.

역겨움은 늘 욕망의 각인을 담고 있다. "타자"로 추방된 이 천한 영역들이 향수와 갈망과 매혹의 대상으로 되돌아온다. 숲, 박람회, 극장, 빈민가, 서커스, 해변 리조트, "미개인," 문명적 삶의 경계 밖에 놓여있는 이 모든 것들은 부르주아 욕망의 상징적 내용이 된다.[61]

인종 간 성적 위반에 대한 고비노의 은밀한 집착은 스탈리브래스와 화이트가 기술한 바로 그 구조를 드러낸다.

상당히 많은 것을 여백에서 읽을 수 있다. 그러나 명시적으로 강조되는 것은 인종적 융합이 유럽의 문명과 제국의 쇠락을 가져오리라는 위협이다.

> 피의 섞임이 어느 정도 인류 집단에 이롭다면, 인류를 성장시키고 고귀하게 한다면, 이는 인류 자체를 대가로 이루어지는 것일 뿐이다. 인류의 가장 고귀한 자손들의 성장이 저해되고, 비하되고, 무기력해지고, 수치스럽게 된다. (I, 210)

그러므로 문명은 전반적으로 내리막길에 있다. "사라진 고귀한 인종들의 영광스러움"에 비교할 만한 것은 아무 것도 없다. 이상화된 그 위대함은 "수백 번 이상의 혼종인 현재의 민족들"이 결코 획득하기를 바랄 수 없는 것이다. 결국 고비노는 오래전에 상실한 과거에 이상적인 상태를 부여하고, 문명들의 흥망성쇠를 야기하는 원인에 대한 그의 이론은 현대 세계의 퇴폐라는 더 일반적인 의미에 자리를 내준다.

> 일단 평범한 사람들이 더 위대한 사람들을 희생시키며 창조되고 나면, 그들은 다른 평범한 사람들과 결합하게 되고, 그렇게 점점 더 등급이 낮아지는 결합을 통해 혼돈이 발생한다. 그 혼돈은 바벨탑의 경우와 마찬가지로 완전히 무기력 상태가 되어 사회를 無의 심연으로 이끈다. 지구

---

61) Stallybrass and White, *The Politics and Poetics of Transgression*, 5, 191.

상의 어떠한 힘도 그 심연에서 그들을 구할 수 없다.

　　이것이 역사의 교훈이다…. 그런 무질서보다 더 엄청난 저주는 없다. 그것이 현재 상태를 아무리 끔찍하게 만들었다 해도 더 나쁜 미래만이 약속되어 있기 때문이다. (I, 210-11)

　　퇴보라는 고비노의 종말론적이고 결정론적인 관점은 인간의 완벽성과 (오늘날 더 비난받는) 보편적인 인간 본성이라는 계몽주의적 테제들에 대한 주요 공격으로서, 이와 유사한 것은 영국의 맬서스의 관점밖에 없다.[62] 그런 문화적 비관주의는 고비노에게만 국한된 것은 결코 아니었다. 19세기와 20세기 유럽 문화에서 인종 및 문화의 퇴행이라는 위협적인 개념의 암울한 역사는 잘 기록되어 있다. 배리 스미스Barry Smith가 말하듯, 19세기 말 영국에서 "이 엄청난 두려움 때문에 성적 오염은 사회적 혼란의 위협 및 제국의 붕괴에 직접적으로 연결되었다."[63] 육체적이고 인종적인 퇴행의 위협에 영국인들이 보인 반응에는 해외에서의 식민 욕망을 억제하려는 시도가 포함되어 있었다. 식민지 이주자들과 원주민 여성들의 관계를 금지하는 식민부Colonial Office의 직원회람 같은 것이 있었고, 국내에서는 순결운동과 우생학 운동이 있었다. 이와 더불어 영국의 인종적 혈통을 개선하기 위한 선택적 교배, 성적 위생, 남성 할례, 자위행위 금지, 보이스카우트 운동, 체육 수업과 보조금이 지급된 학교 급식—물론 진정제를 넣은 차와 더불어—등에 대한 요청들이 있었다.[64]

　　고비노의 『에세이』를 논했던 책들, 논문들, 신문기사들을 통해 판단해 보

---

62) Malthus, *Principle of Population*.

63) F.B. Smith, "Sexuality in Britain, 1800-1900," *University of Newcastle Historical Journal* (New South Wales) 2 (1974), 29, cited in Hyam, *Empire and Sexuality*, 65. 19세기 후반의 문화적 퇴행에 관해서는 다음을 참조. Hirsch, *Genius and Degeneration*; Nordau, *Degeneration*; Talbot, *Degeneracy*. 현대에 대한 설명은 다음을 참조. Chamberlain and Gilman, *Degeneration*; Pick, *Faces of Degeneration*.

64) 다음을 참조. Hyam, *Empire and Sexuality*, 65-79; Davin, "Imperialism and Motherhood"; Jones, "The Eugenics Movement," in *Social Darwinism and English Thought*, 99-120; Weeks, *Sex, Politics and Society*, 128-40.

건데, 그의 저서가 프랑스에서 대중적인 영향력을 가지게 된 것은 1890년대가 되어서이다. 최초의 독일어 번역은 1898년까지 등장하지 않았고, 『에세이』 1권 전체를 정확하게 영어로 번역하여 출판한 것은 1915년이나 되어서였다.[65] 고비노는 파시즘의 선구자로 인용되어 왔는데 이는 대체로 나치당이 고비노를 정치적으로 올바르다고 생각했다고 간주되곤 하기 때문이다. 하지만 나치당이 1944년에 고비노를 기념하는 박물관을 폭파하였던 것도 상기해야 한다.[66] 나치 사상에 고비노가 영향을 미쳤다는 증거는 주로 아리안족의 우월성 개념에 기반을 둔 문명들의 흥망성쇠에 관한 그의 이론에 기대고 있다.[67] 고비노에게는 이종교배와 그리고 인종과 문화가 점점 더 퇴행한다는 비관적 테제가 이 모델의 구조에 중요한 역할을 하였다. 나치당은 이종교배에 대한 일반적인 주장은 수용하였으나, 필연적인 퇴행이라는 고비노의 테제는 받아들이지 않았다. 그때쯤엔 퇴행에 대한 예방법으로 우생학이 발전하긴 했다. 고비노의 초기 추종자들 중 일부는 이런 상황을 미리보여주었다.

우생학 운동의 인종차별적 목적이 나치 독일에만 한정되었던 것은 결코 아니었다. 예를 들어 1890년에 미국에서 유명했던 고생물학자이면서 진화생물학자인 E.D. 코프Cope는 "인도유럽인의 두 가지 위험"을 경고하는데, 그것은 "미래의 인종 관계와 성적 관계"였다. 코프가 서술하기를, 가장 시급하게 중요한 문제는,

> 백인들과 흑인들의 인종혼합의 문제다. 이것은 불가피한 것이고, 몇몇 사람들은 이것이 문제 전체의 궁극적 해결이 되리라 믿는다. 이것이 바람직한 전망이며 그로 인해 양쪽 선조들보다 더 우수한 인종이 생산될 수도 있다고 보는 이들도 있다. 하지만 증거들은 이러한 관점에 상반된

---

65) Gobineau가 독일에 끼친 초기의 영향은 Michel Lémonon이 1967년부터 *Etudes Gobiniennes*에 발표한 일련의 논문에 자세하게 분석되어 있다.

66) 다음을 참조. Banton, *Racial Theories*. 51.

67) 다음을 참조. Burleigh and Wippermann, *The Racial State*, 27-8.

다. 몇몇 훌륭한 예외를 제외하고는, 혼종은 백인만큼 훌륭하지 않으며, 어떤 점에서는 종종 흑인들보다도 못하다. 특히 건강한 신체에 동반되는 강인한 요소들에서 그러하다. 최고의 인종은 가장 저급한 인종과 피를 섞어 수 만년 동안의 땀과 노력으로 획득한 장점들을 잃거나 타협할 여유가 없다. 그것은 인류 전체에 폐해를 주는 수치스러운 희생이 될 것이다. 고귀한 출생권을 죽 한 그릇*에 팔아버리는 용서할 수 없는 행위다⋯. 이 나라에 니그로가 존재함으로써 나오는 가장 큰 위험은 인종이 확실하게 오염될 것이라는 것이다.[68]

코프의 해결방법은 미국식민화협회American Colonization Society가 오랫동안 진행해 온 기획, 즉 "아프리카인들을 아프리카로 되돌려 보내기" 기획을 지지하는 것이었다. 그는 두 명의 상원의원이 "우리 니그로들을 아프리카로 이주시키고자 하는" 두 개의 법안을 국회에 이미 발의하였다고 말한다. 1940년에 나치당은 유대인들을 마다가스카르**로 강제 이주시키는 문제를 의제로 삼는다.[69] 그보다 백 년 전에 영국인들은 아일랜드 인구의 상당수를 강제로 몰아냈었고, 그보다 앞선 세기에는 마찬가지 방식으로 스코틀랜드의 하이랜드*에서 인구를 감소시켰었다.

오늘날 인종차별주의는 계속해서 쉼 없는 정치문화적 분할들을 수행하고 실연하고 있다.

---

68) Cope, "Two Perils of the Indo-European," 2052, 2054. Cope의 연구는 다음 책에서 논의됨. Haller, *Outcasts from Evolution*, 187-202.

69) Burleigh and Wippermann, *The Racial State*, 99.

5. 미국의 이집트, 런던의 남부연합

　고비노의 『인종 불평등에 관한 에세이』가 처음 출판되었을 때 그 반응은 흑백혼합과 퇴행에 대한 그의 주장이 인종을 논의하는 두 주요 진영 사이의 차이를 가로지르는 방식 때문에 복잡하게 뒤얽혀 있었다. 영국에서 18세기 말부터 1840년대 말까지 인종적 차이에 대한 대중의 태도는 비교적 온화했으며, 대체로 반노예제 운동의 긍정적 분위기 안에서 움직였다. 인류는 하나라는 계몽주의의 강조가 인간 가족에 대한 복음주의적 기독교 신앙과 제휴되어 있었다. 인종이론가들은 성경이 인가한 일원발생론에 동의하면서 인종적 차이를 나타내는 신체적 표지들을 기후와 환경의 영향으로 보곤 했다. 훌륭한 민족학자인 J.C. 프리처드와 R.G. 라담은 언어적 차이가 인종을 구별하는 가장 효과적인 모델이라고 강조했다. 이는 언어가 인간의 동일성과 차이 양쪽 모두에 맞는 기준을 충족시키기 때문이다. 모든 인간은 말을 하고 언어와 기호를 사용한다는 점에서 다른 모든 동물들과 구별되지만, 언어의 다양성이 서로의 차이를 나타낸다. 체임버스Chambers의 『창조의 자연사의 흔적들』 Vestiges of the Natural History of Creation(1884) 같은 혁명적인 책에서도 「인류의 초기 역사」Early History of Mankind장에서 저자가 프리처드와 그의 언어적 패러다임을 따라 인류의 기원이 하나임을 지지했다는 것은 주목할 만하다.[1] 이 모델은 신체적 차이보다 문화적 차이를 더 강조하고 있으며, 19세기 초반에 세계 민족들의 역사적 기원과 그들의 차이를 조사하고 분류하는 개념적 기반은 인종이라기보다는 민족성ethnicity이었다(민족성이란 용어는 근대에 발명된 것이다). 1843년 프리처드를 회장으로 민족학회가 설립되었을 때, 회원들은 대체로 인류는 하나의 기원에서 발전되었고 하나의 동일체를 이루었다는 데 동의하고 있었다.

---

1)　Chambers, *Vestiges of the Natural History of Creation*, 277-323.

민족지학회의 가부장적이지만 자유주의적인 입지는 이 새로운 학회가 이전의 원주민보호학회에서 갈라져 나온 것이라는 사실에서 간파할 수 있다. 비서구 인종들에 대한 태도는 모든 인간이 하나라는 가정에 근거를 두어, 비록 위계적이기는 하지만 호의적이라는 특징을 보였다. 다른 민족들은 유럽 문명의 기준에 비추어 문화적으로 후진적이라고 간주되었지만, 시간이 지나면 유럽의 기준에 이르기까지 문화가 변용되고 교육되리라 가정되었다. 무엇보다도 반노예제 압력단체의 담론과 관점이 인종에 대한 태도를 지배했는데(그들은 기독교로의 개종 가능성을 자신들의 명분에 부수적으로 필요한 것으로서 간주했다), 그런 사실을 보여주는 유명한 슬로건은 "내가 남자인데 형제가 아닙니까? 내가 여자인데 자매가 아닙니까?"이다. 하지만 이 민족지학자들과 노예제 폐지론자들의 자유주의적 담론도 인종에 대한 태도에서 양가적이었는데, 캐서린 홀Catherine Hall이 지적하듯 "백인이 우월하다는 가정과 결합된 형제애와 영적 평등에 대한 믿음"이었기 때문이다.[2] 여기서 보이는 문화적 인종주의는 형제애와 영적 평등에 대한 믿음을 훨씬 더 취약하게 만들었고 여러 면에서 평등주의적 주장들이 이후 붕괴되는 계기를 제공했다. 브랜트링거Brantlinger가 시사하듯 "역설적으로 노예제 폐지론은 제국의 씨앗을 포함하고 있었다."[3]

1850년대까지는 영국의 반노예제 운동이 아직 기억에서 멀리 사라지지는 않았다. 사실 1852년의 놀랍도록 성공적인 『톰 아저씨의 오두막』*Uncle Tom's Cabin* 덕분에 활기를 되찾기도 했다. 그럼에도 이후 여러 해 동안 보편적 형제애에 대한 강조는 제국주의적 위계 개념에 자리를 내주었고, 태도들이 눈에 띄게 경직되었다.[4] 영국에서는 이미 시사했던 것처럼 세 건의 고도로 인종화된 사건이 발생하면서 다른 인종들에 대해 적대적인 태도가 더욱 일반화되었다. 1857년의 인도 "폭동," 미국 남북전쟁(1861-5) 그리고 1865년의 자메이카의 반란이다. 하지만 1848년은 이미 전환점이었다. 과학적 영역

---

2) Hall, *White, Male and Middle-Class*, 214, 계급에서 평등에 대한 양가성에 대해서는 239.

3) Brantlinger, *Rule of Darkness*, 174.

4) 노예제 폐지의 설득력이 약해진 것에 대해서는 다음을 참조. Curtin, *The Image of Africa*, 385; 인종적 태도가 확고해지는 현상에 관해서는 다음을 참조. Hyam, *Britain's Imperial Century*, 78-85.

에서 반 암링그Van Amringe의 『동물 유사성에 토대를 둔 로렌스, 프리처드 등의 인간의 자연사 이론에 대한 조사: 역사, 해부학, 생리학, 그리고 인간 유사성에 기반을 둔, 인간의 새로운 자연사 개요』*An Investigation of the Theories of the Natural History of Man, by Lawrence, Prichard, and others, founded upon Animal Analogies: and an Outline of a New Natural History of Man, founded upon History, Anatomy, Physiology, and Human Analogies*(1848)라는 제목 안에 그 전환의 신호가 있었다. 반면, 1850년에 에든버러 해부학자인 로버트 녹스는 영국에서 최초로 매우 인종차별적인 과학적 작업이며 1846년부터 뉴캐슬, 맨체스터 등에서 강연하여 상당한 대중적 지지를 얻었었던 글, 『인간의 인종들』을 출판했다. 19세기에 발전된 많은 인종적 개념들, 특히 색슨족, 켈트족, 유대족 그리고 "인간의 검은 인종들" 사이의 적대적인 관계들에 관해 모은 이 글은 이후 과학적 인종적 사고에 상당한 영향을 행사했다.[5] 1862년에 『인간의 인종들: 민족의 운명에 미치는 인종의 영향에 대한 철학적 고찰』*The Races of Men: A Philosophical Enquiry into the Influence of Race over the Destinies of Nations*이란 제목으로 이 책을 재출간하면서 녹스는 "나는 여러 해 동안 혼자만 그 문제를 생각하고 있었다. 혁명적 시점인 1848년이 되어서야 언론은 가까스로 "인종"이 인간사와 관계있다고 인정하게 되었다"고 언급했다.[6] 그 때부터 신문들이 그의 생각을 그의 것으로 인정하지 않고 널리 재생산하였다는 것이 그의 주장이었다. 사회주의처럼 민족주의와 인종이 그 당시 1848년의 사건들을 이해하는 개념적 범주였다는 점에서 그는 분명 옳다. 1848년은 정말로 "계급에 대한 계급"의 투쟁만큼이나 "인종들의 전쟁"의 해로 특징 지워지곤 한다.[7] 하지만 녹스가 파리에 머물면서 아주 잘 알게 된 것처럼, 인종적 적대감으로 결정된 역사에 대한 분석은 이미 프랑스에서 티에리 형제 등에 의해

5) 다음을 참조. Stocking, "What's in a Name?"; *Victorian Anthropology*, 64-5; Stepan, *The Idea of Race in Science*, 41-3.

6) Knox, *The Races of Men*, 565. Curtin은 인종에 대한 태도의 변화가 Knox, Nott와 Gliddon의 작업이 호의적으로 평가받은 문예평론에서 특히 두드러졌다고 말한다(*Image of Africa*, 381-2).

7) 예를 들어 다음을 참조. *Quarterly Review* 84 (1848-9), 547; *Edinburgh Review* 90 (1849), 238-9; Milnes, *The Events of 1848*, 66; and Hotze, *Analytical Introduction*, 101-3. Cf. Stocking, *Victorian Anthropology*, 63.

어느 정도 이루어지고 있었다. 1850년에 콩트는 신랄하게 "우리의 소위 사상가들이 모두 이 이상한 설명에 중요한 기여를 했다"고 말한다.[8] 프랑스에서는 많은 사람들이 역사를 설명하는 중요한 원칙으로 인종적 차이를 받아들였다. 인종적 차이는, 폴리아코프Poliakov가 시사하듯, "인간의 삶에 대한 신학적 설명을 과학적 설명으로 대체하는, 다른 말로 하면, 섭리를 "생리학"으로 대체하는 한 방법"이었다.[9] 따라서 인종은 근본적인 설명의 원리를 기독교 교리 대신 자연의 법칙에서 끌어낼 수 있게 하였고, 자연법칙의 결정론은 그것으로 아널드와 같은 사람들이 그토록 예민하게 느꼈던 흉포한 개인주의의 위협에 대항할 수 있음을 의미했다. 새로운 인종주의는 성경의 설명에 대한 믿음의 상실과 그를 대체한 권위적인 것처럼 보이는 과학 법칙, 즉 유럽이 문화적, 기술적으로 우월하다는 의식이 만나고, 이에 국내의 노동 계층의 동요, 해외의 혁명과 식민지 반란, 노예제 문제에 집중한 미국의 남북전쟁이 수반되면서 중층적으로 결정된 산물이라고 말할 수 있다.

〈에스파냐 대해안〉

- Spanish main
- Spanish territory

*
스페인의 식민제국시절 캐러비안해와 멕시코만을 포함하는 아메리카 대륙의 본토를 가리킨다.

출처: http://en.wikipedia.org/wiki/File:Spanish_Main.PNG

영국의 문화적 영역에서 토머스 아널드보다 훨씬 더 "튜턴매니아"인 토머스 칼라일은 그의 악명 높은 「니그로 문제에 관한 특정 담론」 Occasional Discourse on the Negro Question을 1849년에 출판했으며, 1853년에는 의도적으로 「니거 문제에 관한 특정 담론」Occasional Discourse on the Nigger Question이라는 더 공격적인 제목으로 재출간했다.[10] 칼라일은 이후 「서인도제도와 에스파냐 대해안」The West Indies and the Spanish Main*(1859)에서 트롤럽이 그

8) Cited in Poliakov, *The Aryan Myth*, 224.
9) Poliakov, *The Aryan Myth*, 224.
10) Carlyle, "The Nigger Question"; 다음을 참조. Hall, *White, Male and Middle-Class*, 286. Carlyle의 후기 팜플렛, "Shooting Niagara: And After"(1867)는 그의 입장을 강화하였다. 노예제와 서인도제도에서의 노예제 여파에 관해서는 다음을 참조. Curtin, *Two Jamaicas*; Temperley, *British Anti-Slavery*; and Walvin, *Slavery and British Society*.

식민 욕망: 이론, 문화, 인종의 혼종성
•

랬던 것처럼 당대 자메이카 경제의 붕괴를 이용한다. 그 사건은 아프리카인 노동자들은 자유노동을 실행할 수 없다는 노예제 찬성 압력집단의 주장을 확인해주는 듯했다. 디킨스의 소설 「어떤 영국 죄수들의 위험」The Perils of Certain English Prisoners은 인도의 폭동을 "서인도제도"로 대체하고, 1857년의 사건들에 대한 작가 자신의 격렬한 반응을 허구화한다.

> 나는 내가 인도의 총독이었으면 한다. 그 오리엔탈 인종을 경악시키기 위해 내가 우선적으로 하고자하는 것은 (그들이 런던의 스트랜드가나 캠든 타운에 살았던 적이 전혀 없었던 것처럼 간주하며) 그들에게 그들의 언어로 선언하는 것 이다. 즉 나는 신의 허락으로 내 자리를 임명받았다고 생각하며 그것은 최근의 잔혹한 사태를 야기한 인종을 내가 최선을 다해 박멸해야한다는 의미라고, 나는… 이제 아주 신속하게 처리하고 자비롭고 빠르게 실행하 여 인류에서 그 인종을 지우고 지구 표면에서 남김없이 없애버리려 한다 고 선언할 것이다.[11]

이 글에는 애매모호함이 전혀 없다. 이러한 사건과 반응과 재현들은 인 종에 대해 충분히 발전된 가정과 편견, 그리고 인종적 차이에 대한 문화적 함의가 발전하고 받아들여지게 했다. J.S. 밀이나 퇴행주의자 토머스 스미 스의 반응처럼 그것에 대항하는 단결된 노력에도 불구하고 이러한 태도는 1860년대에 일반 공적 영역을 지배하게 된다.[12]

1857년 이래로 식민지에서의 역사적 사건들은 의심할 바 없이 인종에 대한 대중의 태도가 복음주의적 관용에서 제국주의적 편견으로 전환된 순간 을 나타낸다. 하지만 이런 움직임은 1840년대부터 인종이론의 강조점이 변

---

11) Dickens, "The Perils of Certain English Prisoners"; *Letters*, 4 Oct. 1858, II, 889, 다음에서 일부 인용됨. Brantlinger, *Rule of Darkness*, 207.

12) 신 인종주의를 비난하는 저서로는 다음을 참조. Mill, "The Negro Question"; Bachman, *The Doctrine of the Unity of the Human Race*; Smyth, *The Unity of the Human Races*; and Waitz, *Introduction to Anthropology*. 일부 동시대인들은 Pickering의 *Races of Man*이 인류의 단일성을 옹호한다고 잘못 받아들였다. 실 제로, 국회도서관 위원회는 이 저서를 검열했다(다음을 참조. Stanton, *The Leopard's Spots*, 92-6).

화하면서 준비되어 있었다. 중요한 변화는 인종이론가들이 이중의 전략을 발전시킨 방법이었다. 한편으로, 인류에 대한 연구는 점차로 동물학의 적절한 일부로 강조되었고, 인간의 차이는 비교해부학을 통해 분석되었다. 다른 한편으로, 과학과 사실에 대한 이러한 강조는 역설적으로 훨씬 더 가치평가적인 문화적 판단을 동반하여 기존의 차이들을 분석하고 설명하였다. 프로이트와 같은 새로운 인종이론가들에게 해부학은 운명이었다. 전에는 영국에서 인종을 분석하는 지배적인 양식은, 우리가 시사했던 것처럼, 민족학적으로 분류하고 기원의 지역을 찾는 방식이었고, 문헌학적 증거 위에서 수립되었다. 이것이 해부학적인 차이에 기반을 둔 분류와 나란히 존재했다. 후자는 다소 동물학의 영역 안에 남아있었다. 1840년대부터는 이러한 인종적 설명에 대한 비교학적 형식들이 점차로 문화적 위계라는 전제 조건에 기반을 둔 가치평가에 의해 증가되었다. 프리처드와 관련된 인종에 대한 중립적인 언어학적 설명은 르낭과 고비노의 문화주의에 자리를 내주었고, 문화주의는 녹스 등에서 비교해부학에 대한 새로운 생물학적 강조와 결합되었다. 푸코에 의하면 이 시기의 의학 담론의 특징은 보이지 않는 것을 보이도록 만드는 것, 즉 몸의 안을 밖으로 뒤집어 의학적 눈으로 몸을 살펴볼 수 있게 하는 방식이었다.[13] 인종이론에서 전에는 인종적 차이를 분석하는 분리되고 구별된 양식들이었던 언어와 해부학 영역들이 두개골의 능력에 대한 새로운 강조를 통해 함께 연결되었다. 두개골의 능력은 머리뼈와 두뇌의 재생산을 통해 측정되고 제시된 다음, 문화적 성취의 차이와 문명의 정도에 연결되었다. 이렇게 해서 생물학적인 것이 문화적인 것과 설득력있고 강력하게 긴밀하게 융합되었다. 필립 커튼Philip Curtin이 말하듯 "이전 저자들이 인종을 인간의 문화에 영향을 미친 **하나의** 중요한 영향으로 보았다면, 새로운 세대는 인종을 문화 뿐 아니라 인간의 성품과 모든 역사를 결정하는 **바로 그** 핵심적인 결정요인으로 보았다."[14]

---

13) Foucault, *The Birth of the Clinic*, 135-6.

14) Curtin, *Image of Africa*, 364.

비교해부학을 통해 더 강력한 인종이론이 발전했다는 사실로 영국에서 새로운 인종이론이 주로 에든버러에서 나온 이유를 설명할 수 있을 듯하다. 이 스코틀랜드 수도는 당대 파리와 독일의 과학적 발전과 상당한 접촉을 유지하고 있음을 자랑으로 내세웠고, 특히 의학의 경우 에든버러는 현대적인 과학적 접근방법을 구체화하고 있었다. 『미들마치』Middlemarch에서 조지 엘리엇은 날카롭게도 매우 과학적인 의사 리드게이트Lydgate가 옥스퍼드와 캠브리지가 아닌 런던과 에든버러와 파리에서 교육을 받은 것으로 했다.[15] 이 시기 옥스브리지Oxbridge*에서의 의학 교육은 현대적인 의미에서 의학적이라기보다는 대체로 고전적인 방식으로 이루어졌고, 에든버러는 영국에서 가장 진보된 의대였다. 파리는 19세기 내내 대학원 의학 연구에서 탁월했는데 특히 퀴비에와 비샤Bichat가 선구적으로 이끈 해부학에서 명성을 날렸다. 그러한 기회는 영국에서는 제한되어 있었다. 유죄를 선고받은 살인자의 몸만 법적으로 해부에 사용될 수 있었기 때문이다. 녹스가 에든버러에서 악명이 높았던 것은 그의 책 『인간의 인종들』 때문이 아니라 그가 버크Burke와 헤어Hare에게서 사체를 샀기 때문이라는 사실은 주목할 만하다. 이들은 해부용 사체를 원하는 녹스의 요구를 충족시키기 위해 피해자들을 살해했다.[16] 녹스는 기소되어 그의 사체가 법적으로 해부에 사용되어야 마땅했을 운명을 간신히 모면했다(폭도들이 그의 집 밖에서 그의 모형을 목매달기는 했다). 이 사건이 일어날 때까지 녹스는 에든버러 대학 의대에서 "비교 및 일반 해부학과 민족학"Comparative and General Anatomy and Ethnology에 대해 강의를 하고 있었다. 그는 파리에서 퀴비에와 생틸레르 밑에서 공부를 했었고 자메이카 백인인 에드워즈의 친구가 되었고, 에드워즈는 다시 매슈 아널드와 조사이어 노트의 민족학적 사유에 중요한 영향을 주게 된다. 민족학자이며 두개학자인 S.G. 모턴은 흔히 미국

*
옥스퍼드와 캠브리지

---

15) Eliot, *Middlemarch*, 174.

16) Knox에 관해서는 다음을 참조. Lonsdale, *Robert Knox,* Stephan, *Robert Knox,* and Rae, *Knox the Anatomist.* 이들은 모두 Knox의 인종차별주의에 동요하지 않았던 것 같다. Knox는 분명히 모순적인 인물이다. 남아프리카에서 1817-19년에 반투족에 맞서 the Fifth Kaffir War에 복무하는 동안 그는 독립을 하려는 반투족의 권리를 지지하였다.

인류학의 창설자로 간주되지만 에든버러에서 의학 학위를 받았다(필라델피아에서 이미 학위를 받았었다). 그와 그의 동료 노트는 둘 다 파리에서 대학원 수련을 받았다. 조프루아 생틸레르의 "초월해부학"의 문화적 가정들과 결합한 퀴비에의 유명한 인종주의는 비교해부학자, 두개학자, 골상학자들을 위한 기조를 마련한 듯 보이고, 이들은 이후 칼 포크트나 찰스 해밀튼 스미스Charles Hamilton Smith의 작업에 분명히 드러나는 백인 우월성에 대한 문화적 가정에 신체적 차이에 대한 과학적 관찰을 결합했다. 찰스 해밀튼 스미스는 퀴비에를 영어로 번역하고 1848년 에든버러에서 자신의 『인간 종의 자연사』*Natural History of the Human Species*를 출판했다. 이 저서는 영국에서는 처음으로 서로 다른 인종은 분리된 기원을 가진 다른 종이라고 가정하는 동물학적 원칙으로 인간과 인간의 차이들을 분석한 것이었다.[17] 그러나 이 새로운 형태의 인종이론은 결코 단순히 생물학적, 동물학적 혹은 해부학적인 것만은 아니었다. 비교해부학과 더 특화된 두개골계측법은 거의 언제나 어느 정도는 비교심리학과 결합되어 있었는데, 이는 인지된 해부학적 차이에 문화적 의미를 부여했던 골상학(에든버러는 골상학의 중심이기도 했다)에서 분명하게 나타났다. 그러한 심리학은 다시 역사와 미학, 그리고 문화와 문명의 문제들을 불러냈다. 만약 우리가 흄Hume, 케임스, 스코트Scott, 칼라일과 드퀸시의 인종에 대한 태도와 조지 쿰George Combe의 골상학의 작업을 환기한다면, 에든버러의 비교해부학자들이 일반적으로 인종차별주의에 대해 합의한 듯한 문화에 가담하였음이 분명하며, 이러한 합의는 스코틀랜드 계몽주의의 사회진화론적 저자들 사이에서 발전되었다.[18] 유럽의 다른 지역에서처럼 이 인종차별주의는 자국 내부의 이해관계와 긴밀한 관계를 가지고 있다. 즉, 스코클랜드인들은 영국에 군사적으로 패배하면서 자신들의 다름을 민족주의적이고 인종차별적인 민족

---

17) Smith, *The Natural History of The Human Species*. 골상학에 관해서는 다음을 참조. R.M. Young, *Mind, Brain, and Adaptation in the Nineteenth Century*, 9-53, and Stepan, *The Idea of Race in Science*, 21-8.

18) Hume의 인종차별주의는 다음을 참조. Fryer, *Staying Power*, 152; Beer의 "Carlylean Transports"은 Carlyle의 저서에 나타난 전반적 태도를 가장 잘 이해하고 있다(*Arguing with the Past*, 74-98). Carlyle의 인종차별주의, Trollope, 그리고 Mill의 반인종차별주의에 대한 일반적인 설명은 Jones, "Trollope, Carlyle, and Mill on the Negro" 참조.

성 모델에 따라 정의했으며, 나폴레옹Napoleon에게 패배한 이후 독일에서 인종이론은 억압받는 소수민족 문화에 의해 발전된 민족성에 대한 낭만적 열정으로 시작되었다. 프리처드는 이런 주장의 중요한 예외로 보인다. 그는 에든버러에서 훈련을 받았지만 인간 종의 단일성을 증명하는 데 평생 헌신했다. 하지만 스토킹이 시사하듯, 그로 하여금 평생 동안 성경의 견해를 옹호하도록 이끈 것은 바로 에든버러의 다원발생론적 분위기였다.[19] 이러한 사실은 『인간의 신체 역사 연구』*Researches into the Physical History of Man* 서문에서 프리처드가 한 다소 의외의 언급, 즉 대륙인들은 종이 단일하다는 믿음으로 나아가는 경향이 있는 반면 영국에서는 인간의 기원 문제를 다루는 몇 안 되는 저자들이 "인류에게는 대체로 여러 개의 구별되는 종들이 존재한다는 의견을 유지하고 있다"는 지적을 설명해준다.[20] 이 관점에서 볼 때 프리처드의 작업 자체가 인간의 기원이 하나라는 과학적 합의를 끌어낸 주된 원인이었고, 이러한 과학적 합의는 그의 『연구』의 첫 판본이 나온 해인 1813년에서부터 세 번째 판본이 나온 해인 1848년까지 지속되었다.

하지만 인종들은 점차로 분리된 것으로 간주되었다. 해밀턴 스미스의 1848년의 책, 녹스의 1850년의 책, 베도의 『스코틀랜드 민족학에의 기여』 *Contribution to Scottish Ethnology*(1853) 그리고 노트와 글라이든의 영향력 있는 『인류의 유형들』에서 그러한 증거를 찾아볼 수 있다.[21] 『인류의 유형들』은 1854년에 출판되어 인종적 차이에 대한 미국의 규범적인 과학적 설명이 된 녹스를 인용하며 시작하는데, 이러한 책들과 다른 출판물들의 성공(『인류의 유형들』은 1860년까지 8판까지 갔다)은 다원발생론이 지지를 얻기 시작한 순간을 나타낸다.[22] 일원발생론과 다원발생론이라는 (개념은 아니어도) 용어를 발명한 것은

---

19) Stocking, "From Chronology to Ethnology," in Prichard, *Researches*, ed. Stocking, xliv, and *Victorian Anthropology*, 49.

20) Prichard, *Researches*, i.

21) Nott and Gliddon, *Types of Mankind*. Stanton의 *The Leopard's Spots*은 이 시기의 미국 인류학을 가장 잘 설명하고 있다.

22) 1848년에 Morton은 마침내 공개적으로 인종의 분리된 기원에 대한 그의 신념을 밝혔다("Account of a Craniological Collection"); 1850년에 아가시도 같은 행동을 하였다("The Diversity of Origin of

미국인들이었다. 미국인들이 이 문제에 관심을 가지게 된 것은 분명 노예제도의 실천을 점점 더 옹호해야했기 때문이었다. 우리가 보아온 것처럼 논의는 문화적인 것과 생물학적인 것이라는 두 개의 연관된 문제에 초점을 맞추고 있다. 이 두 측면은 늘 나란히 갔으며 늘 동시에 평가되었다. 문화적 문제는 흑인 문명이라는 것이 있었던 적이 있었는가였다. 만약 흑인 문명이 없었다면 백인 인종의 우월성과 흑인의 본래적인 열등성에 대한 주장이 입증되는 것일 것이다. 생물학적 문제는 두 인종들 사이의 결합에 의한 혼종 자손이 생식력이 있는가 없는가이다. 만약 없다면 이 사실은 그들이 서로 다른 종이며 백인과 흑인이 정말로 다르다는 것을 증명할 것이다. 이러한 이유로 이 시기 인종에 대한 글들이 주로 강조한 것은, 흑인 문명들의 역사와(배타적으로 이집트 문명만 강조한 것은 아니었지만 특히 이집트 문명을 강조했다) 인간 재생산에서 혼종성의 문제였다. 노트와 글라이든의 책이 성공한 것은 이 두 영역을 특히 기술적으로 잘 결합시켰기 때문이다. 노트는 의학자였다(루이지애나 대학의 해부학 교수였으며 앨라배마 주 모빌에서 개업을 했다. 모빌은 앨라배마 주 노예무역의 중심지면서 아프리카로부터 오는 노예선이 도착하는 항구이다. 노트 자신도 9명의 노예를 소유했으며 그 중 6명은 24살 이하였다). 글라이든은 영국에서 태어나 카이로에서 오래 거주한 이집트학자였다.[23] 그들의 작업은 과학적이면서 동시에 문화적인 인종이론을 널리 알리기 위해 과학적인 것과 문화적인 것을 함께 모았다는 데 의의가 있다. 생물학과 이집트학이 **함께** 새로운 "과학적" 인종이론의 기반을 구성한 셈이다.

　　미국 남북전쟁 이전과 그 이후 노예제에 대한 논의들이 영국에서 인종에 대한 논의의 용어들을 변화시키는 데 중요한 역할을 했다는 것은 의심할 바가 없다. 여기서 중요한 요소는 미국의 설명에서는 비교적 손쉽게 흑과 백이 나뉘어졌고 서로 대립적으로 위치지어졌다는 것이다. 이 분명한 절대적

Human Races").

23) Horsman, Josiah Nott, 57-8, Stanton, *The Leopard's Spots*, 45-8. Gliddon의 형제는 Leigh Hunt의 딸과, Gliddon의 누이는 Leigh Hunt의 아들 Thornton과 결혼하였다. G.H. Lewis와 부인은 그들과 함께 런던에서 같은 장소에서 살았다. Lewis 부인이 남편을 떠나 Thornton Hunt에게 갈 때까지 그러하였다. 그 이후에 Lewis는 Mary Ann Evans(George Eliot)와 살았다.

인 대립상태는 이제 백인이 비백인 세계와 맺는 모든 관계에 대한 지배적인 이론적 모델이 되었다. 그것은 흑과 백을 구별하는 것에만 관심이 있는 대중적 인종차별주의와 적절하게 잘 들어맞았다.[24] 인종들 사이의 차이의 등급을 보여주는 일반적인 도식과 달리, 이 새로운 모델은 백인을 절대적인 특정한 인종으로 설정하고, 모든 비백인 인종들은 이렇게 우수한 코카서스인 기준에서 얼마나 벗어나 있는가하는 조건으로만 고려했다.

종에 관한 이 새로운 모델 때문에 종의 구성적 차이가 인종이론의 주된 초점이 되었다. 이유는 아주 단순했다. 미국의 헌법은 "모든 사람들이 평등하게 창조되었다"고 선포했다. 노예 제도는 그 원칙의 명백한 침해다. 하지만 만약 사람들의 종이 서로 다르다면, 서로 다르게 창조되었고 비백인들이 적절하게 인간적인 모든 특징들을 공유하지 않는 더 저급한 종으로 분류된다면, 헌법상의 평등은 그들에게 적용되지 않는다고 주장할 수 있었다. 그래서 우리는 1840년대부터 일원발생론 대신 다원발생론을 수립하기 위한 온갖 노력이 계속 가속화되는 것을 볼 수 있다. 백인이 규범을 제공하고 모든 다른 인종들이 그것에서의 일탈로 간주되는 모델, 인종들 사이의 절대적 차이라는 이 새로운 모델은 프리처드의 설명처럼 인간의 다양한 변종들의 미묘한 차이를 섬세하게 구별하지 않고 몇몇(대체로 세 개의) 인종 집단을 크게 구별하는 모델이 자리를 잡게 되었음을 의미한다. 하지만 절대적 차이에 대한 주장은 다시 이러한 경계를 넘어서는 혼혈 인종들을 각별한 주의를 기울여 규제해야 한다는 것을 의미하기도 했다.

고비노의 작업이 미국에서 가장 열렬하게 수용된 것은 바로 이러한 맥락에서다. 고비노 자신은 미국이 "민족적 무질서"ethnic chaos 때문에 불가피하게 쇠락하리라 예언했고 그것은 미국 남부 백인들의 신경을 건드리는 말이었다. 그는 무엇보다도 평등과 민주주의라는 미국의 정치적 원칙 때문에 미국에 적대적이었다(고비노는 늘 평등과 민주주의를 무절제한 혼종-인종 민족들과 연결시켰

---

24) Cf. Williamson이 *New People*에서 미국의 인종차별에 나타난 "두 피부색" 체계의 발전에 관해 논의, 61-109.

다). 그래서 그는 노예제를 실시하면서 평등주의 원칙에 기반을 두고 있는 국가의 위선적 역설을 지적하기를 매우 즐겼다. 그럼에도 고비노가 놀랄만한 일이지만 미국의 노예제 폐지 반대 운동은 재빠르게 그의 작업을 받아들였다. 캠벨Campbell의 『니그로매니아: 다양한 인종의 평등성이라는 잘못된 가정에 대한 조사』*Negro-Mania: Being an Examination of the Falsely Assumed Equality of the Various Races of Men*(1851)와 같은 미국의 당시 출판물에 대해 고비노가 알고 있었더라면 그는 자신의 작업이 왜 미국에 적절했는지 더 쉽게 이해했을 것이다. 프랑스에서 마지막 권이 출판된 다음 해인 1856년에 고비노의 『에세이』제1권 영어본이 미국에 등장했는데, 1855년에 노트의 고향인 앨라배마의 모빌로 이주한 스위스계 미국인 헨리 호츠가 상당히 편집한 번역본이었다.[25] 영어본에는 호츠가 쓴 백여 쪽의 「분석적 소개」Analytical Introduction, 호츠와 조사이어 노트가 (때로 여러 쪽에 달하는) 내용을 수정한 주들, 그리고 노트가 쓴 3개의 부록이 붙어 있었다. 고비노 책의 미국 제목인 『인종들의 도덕적, 지적 다양성』*The Moral and Intellectual Diversity of Races*은 강조점을 불평등에서 차이와 개체 발전으로 전환시켰다.[26] 호츠와 노트는 텍스트를 상당히 바꾸어 그것의 비관주의적 어조를 미묘하게 완화시켰다. 노트에게 이런 일은 처음이 아니었다. 『인류의 유형들』에 인용된 원전들을 살펴보면 이 책의 인용들이 반쯤은 만들어졌고 노트 자신의 견해를 나타내는 진술이 의도적으로 삽입되었음이 드러나곤 한다. 호츠와 노트는 고비노의 미국에 대한 언급을 삭제하고 그를 백인우월주의적 견해에 합류시킨다. 이러한 특징은 히틀러의 『나의 투쟁』에서도 반복된다. "지금도 민족의 위대한 몸은 튜턴 인종이다."[27] 「종의 단일성과 복수성에 관한 최신 과학적 사실의 요약」*A summary of the latest scientific facts bearing upon the*

---

25) Wakelyn, *Biographical Dictionary of the Confederacy*, 239-40. Hotze에 관한 최고의 자료는 다음을 참조. Owsley, *King Cotton Diplomacy*, Hotze, *Three Months in the Confederate Army*, Oates, "Henry Hotze: Confederate Agent Abroad" and Jenkins, *Britain and the War for the Union*.

26) Gobineau, *The Moral and Intellectual Diversity of Races*. 추가 언급은 본문에서 함. 이 책에서 Hotze의 이름은 전체적으로 "Hotz"와 같이 미국식으로 기술하였으나, 다른 곳에서는 Hotze로 쓰일 때도 있음.

27) Gobineau, *The Moral and Intellectual Diversity of Races*, 241; Hitler, *Mein Kampf*, 260. 미국의 앵글로 색슨주의에 대해서는 다음을 참조. Horsman, *Race and Manifest Destiny*.

question of the unity or plurality of species을 포함한 부록들은 미국의 다원발생론자들에게 고비노의 책이 가지는 기본적인 문제들을 정면으로 공격한다. 즉 그가 혼종들의 생식력을 인정한다는 점이다. 흑백혼합의 결과로 문명이 쇠락한다는 그의 가정 전체가 거기서 나온다. 고비노가 인종적 섞임의 지속가능성을 인정한 것은 "자연사에서 **혼종성**의 법칙들과 종의 명칭을 다루는 부분에 대한 정확한 지식의 결여"로 생긴 오류라고 노트는 주장한다.[28] 노트는 이 주장을 논박할 준비가 잘 되어 있었다. 왜냐하면 혼종성이 그의 전공이기 때문이다. 하지만 혼종성에 대한 노트의 설명을 이해하기 위해서는 이집트로 잠깐 우회할 필요가 있다.

미국의 이집트

마틴 버널이 『블랙 아테나』에서 지적하는 이집트의 백인화는 19세기 학계가 일반적으로 묵인하는 유럽 인종차별주의 뿐 아니라, 미국 남북전쟁이 일어나기까지 시기에 노예제를 정당화하고 합리화하려는 19세기 미국 인종이론의 특정한 맥락에서도 그 정당성을 찾는다. 버널은 이집트의 탈아프리카화에 이의를 제기한 초기 아프리카계 미국 작가들(디오프Diop, 뒤부아Dubois, 제임스James)의 기여를 약화시키는 자신의 경향에 발맞추어, 『블랙 아테나』 독자들에게는 익숙한 그 주장이 미국의 인류학에서 그렇게 대담하게 명시적으로 진술되었음에도 미국 인종이론에서 이집트학의 중심 역할에 대한 모든 논의를 삭제한다.[29] 중요한 것은 이집트에 대한 학계의 설명이 인종차별주의와 인종주의 때문에 영향을 받거나 변화되었다는 것만이 아니라 그 논쟁에 열쇠를 제공했고 인종이론 자체의 증거가 되었다는 점이다.

---

28) Nott, Appendix to Gobineau, *The Moral and Intellectual Diversity of Races*, 464.

29) Bernal, *Black Athena*. 그가 미국 인류학을 생략한 의미에 대한 논의는 나의 논문 "Egypt in America" 참조.

1848년 노트는 「혼종 뮬라토―흑백 상호결혼 허용시 두 인종의 멸절 가능성」The Mulatto a Hybrid—Probable Extermination of the Two Races if the Whites and Blacks are Allowed to Intermarry이라는 제목의 첫 논문을 출판한다.[30] 여기서 노트는 미국에서 서로 다른 인종들의 상태를 비교하는 1840년 인구조사 이후 발생한 당대 논의를 언급한다. 노트는 인종 간 결합의 생식력 문제를 제기하며 이 논의에 접근한다. 그와 다른 사람들이 미국 남부의 주에서 관찰해보니 뮬라토가 백인이나 흑인보다 생식력이 적다는 것이다. 노트는 다음과 같은 주장으로 결론을 내린다.

- **뮬라토**는 모든 인종 범주 중에서 가장 수명이 짧다.
- **뮬라토-여성**들은 특히 섬약하다. 다양한 만성 질병에 잘 걸린다. 그들은 결함 있는 번식자이자 양육자이며 유산이 잘되고 그들의 아이들은 어려서 잘 죽는다.
- **뮬라토**들이 서로 결혼하면 서로 다른 종의 부모 혈통들이 결혼했을 때보다 생식력이 감소된다.[31]

결과적으로 뮬라토는 두 분리된 종의 혼종임에 틀림없다고 노트는 주장한다(어떻게 그들이 만들어졌는지에 대해서는 직접적인 언급을 피한다). 만약 인종들이 전반적으로 섞이게 되면 미국은 문화적으로만이 아니라 육체적으로 쇠퇴할 것이라고 결론 내린다. 뮬라토들의 생식력 감소를 주장하면서 노트는 미국 문화 자체의 전락을 협박하기보다는 흑인과 백인 사이의 성 관계가 확산되면 미국인들이 쇠락해서 문자 그대로 모두 죽게 될 것이라는 개념을 더 강조한다. 순수한 흑인이나 백인과의 결합을 통해서만 뮬라토들은 그들의 생식력을 증가시킬 수 있고, 그런 경우 그 자손은 그들 부모 혈통 중 하나로 되돌아가려는 경향을 지닌다고 노트는 주장한다. 이렇게 해서 노트의 주장에서 섹

---

30) Nott, "The Mulatto a Hybrid."

31) Ibid., 253, *Types of Mankind*, 373의 요약.

슈얼리티와 흑백혼합은 미국 남부주들의 노예 체제에 대한 은밀한 옹호의 핵심이 된다.

노트가 명시적으로 분리 창조separate creation의 원리를 제시한 것은 그 다음 해였다. 여기서 이집트의 증거가 핵심적이다. 노트는 고대 이집트인이 코카서스인이었을 뿐만 아니라 이집트에서 흑인과 백인은 역사가 기록된 시간인 5천 년 내내 서로 다른 인종이었기 때문에 인종적 차이가 환경적 요인의 점진적인 효과라는 프리처드의 주장을 논박하는 증거가 된다고 주장한다. 1844년 일련의 "대중 강연들" 중 하나를 시작하면서 노트는 이집트가 그의 인종이론에서 담당하는 핵심적 역할을 강조한다.

> 인류의 자연사로 들어가기 전 예비단계로서 반드시 연대기의 몇몇 지점들을 살펴보고 이집트의 초기 역사를 일별할 필요가 있다. 나는 코카서스인 즉 백인과 니그로 인종들이 아주 먼 시기에 구별되어 있었으며, **이집트인이 코카서스인이었음**을 보여주고자 한다. 이 점을 성립시킬 수 없다면, 논쟁은 포기해야 한다.[32]

이집트는 가장 최초의 문명으로서 아프리카에서 발전했다. 이는 흑인 인종이 영원히 열등하다는 주장에 중요한 잠재적 걸림돌이다. 흑인 인종은 가치있는 것을 창조하거나 생산한 적이 없다고 가정되었기 때문이다. 글라이든이 그의 베스트셀러 『고대 이집트』*Ancient Egypt*(1843)에서 분명하게 밝혔듯이 아프리카적 이집트를 주장한 사람들은 실제로 "문명의 아프리카적 기원"을 옹호한 것이 되며, 그러한 옹호는 "우리가 고대의 모든 알려진 예술과 과학의 기원을 이집트에서 찾으면서 최초의 지식과 발명의 빛을 준 것에 대해 검은 니그로 혹은 거뭇거뭇한 베르베르인에게 감사해야 한다"는 (그가) 환영하기 어려운 결과를 가져온다.[33] 칼라일에 대한 밀의 반응은 아프리카인들의

---

32) Nott, *Two Lectures*, 8; 강조는 원저자.

33) Gliddon, *Ancient Egypt*, 58-9. 5년간 Gliddon의 책은 미국에서 2만 4천부가 팔렸다.

본래 능력에 대한 논쟁에 이집트의 역할이 중요함을 보여준다. 밀은 다음과 같은 관찰을 근거로 아프리카 후손들의 본래적 열등함과 교육불가능성에 대한 칼라일의 주장을 논박한다.

> 가장 최초로 알려진 문명이 니그로 문명이라는 강력하게 믿을 만한 이유가 있다. 원래의 이집트인들은 그들의 조각품을 증거로 볼 때 니그로 인종이었으리라 추정된다. 그러므로 그리스인들은 바로 니그로들에게서 문명에 대한 최초의 가르침을 받은 것이다.[34]

그래서 이집트의 인종적 정체성은 아주 중요하다. 다원발생론자에게는 그것이 백인문명이어야 했다. 노트가 솔직히 인정하듯 이집트인들이 코카서스인이라는 것을 증명하는 것은 아주 중요했다. 노트와 글라이든은 "이집트의 거주자들은 원래 코카서스 인종이었다"는 자신들의 주장을 입증하기 위해서 그들의 저명한 동료인 미국인 S.G. 모턴의 골상학 연구에 의존했다. 해부학자이면서 이집트학자인 모턴의 『이집트 두개학』*Crania Aegyptica*은 그의 영향력 있는 『아메리카 두개학』보다 5년 후인 1844년에 등장하는데, 그는 이 책에서 최초로 서로 다른 인종의 다른 두개골 크기의 치수들을 공표했다.[35] 인종의 차이를 최초로 정확하게 과학적으로 측정할 수 있게 되었다고 인정받은 방식이다. 이집트인들의 머리뼈에 대한 두개학적 연구에서 모턴은 "나일강 계곡은 이집트와 누비아*Nubia* 두 곳 모두에서 원래 코카서스인종의 한 분파 사람들이 살았었다"고 결론 내린다.[36] 사실 모턴의 연구를 위해 이집트

---

34) Mill, "The Negro Question," 29-30; cf. Smyth, "On the Former Civilization of Black Races of Men," *The Unity of the Human Races*, 353-75.

35) Morton, *Crania Americana*, 260. *Crania Americana*에는 당시 탁월한 골상학자인 George Combe의 골상학 에세이가 수록되어 있다.

36) Morton, "Observations on Egyptian Ethnography," 157. Stanton은 Morton이 "이집트인들은 코카서스인도 아니었고 흑인도 아니었다"(*The Leopard's Spots*, 51)고 말한다고 부정확하게 서술한다. 사실상 그는 그들이 혼혈 인종인 콥트인the Copts(이집트 원주민, 이집트의 기독교인—역주)이었다고 말한다 (158).

인 두개골을 제공하면서 그의 해부학적이고 두개학적 기술을 이용해 이집트 문명의 코카서스인적 토대를 증명하라고 적극 권고한 사람이 바로 글라이든이었다. 그는 1841년 모턴에게 다음과 같은 편지를 쓴다.

내가 반대하는 것은 이집트인들이 **아프리카**에서 기원했다는 견해다. 내 말은 **상류계급**, 즉 왕들, 사제들, 군인들을 의미한다…. 상형문자 연구자로서 **지금의** 우리는 모든 그리스 저자들이나 로마인들보다 이집트를 더 잘 안다. 이러한 근거에서 내가 전혀 알지 못하는 학문인 비교해부학을 통해 확신하거나 명백한 증거로 지지를 받는 것이 아니라면 잠시 멈춰서서 이집트인들이 아시아족이 아니거나 아시아족의 후손이 아닐 수도 있는 이유를 생각해보기를 강력하게 권한다. 내 생각에 당신의 편지들의 취지로 보건데 이것이 당신의 현재 결론인 듯하다. 어쨌든 그들은 현재 아프리카인이 아니고 과거에도 아프리카인인 적이 없었으며 니그로는 더욱더 아니었다.[37]

모턴은 이에 동의하고, 이집트인들이 원래 코카서스인이었음을 증명하기 위해 1844년에 머리뼈들을 사용했을 뿐 아니라, 이집트 벽화들을 환기하면서 "이집트에 니그로들의 수는 많았지만 고대에 그들의 사회적 지위는 지금과 같았다. 즉 하인과 노예였다"고 주장했다.[38] 그렇다면 여기에 흑인 노예를 가진 백인 사회에 대한 고대의 역사적 선례가 있는 것이다. 노트와 글라이든은 모턴의 이집트에 대한 설명을 이용해서, 영원한 자연적 인종분리 이론을 통해 미국 사회에서 하인이나 노예로서의 "니그로들"의 자리를 정당화했다. 그들은 인종의 사회적 관계들의 영원한 본질을 강조했고, 1840년대 미국에서처럼 고대 이집트에서 코카서스인과 니그로 인종이 달랐다고 주장했

---

37) Nott and Gliddon, *Types of Mankind*, xxxvi-xxxvii.

38) Morton, "Observations on Egyptian Ethnography," 158; cf. Nott, *Two Lectures*, 16. Snowden's *Before Color Prejudice* 는 현대적 시각을 제공한다.

다. 1844년 강연에서 노트는 이미 분명한 절대적 확신을 가지고 선언한다.

내 생각에 그 결론은 저항할 수 없는 것이다. 이집트 문명의 기원은 이러한 코카서스인의 지적 능력에 기인한다. 역사적으로 우리가 아는 한, 코카서스인이 아닌 다른 인종에 의해 문명이 이 정도의 완벽함까지 다다른 적이 결코 없었기 때문이다. 합리적인 정신이라면 어떻게 다른 결론에 도달하겠는가?

그렇다면 분명한 것은 역사, 이집트 기념물, 이집트의 그림과 조각, 퀴비에, 모턴 등에 의한 두개골의 조사, 유사성, 그리고 이 나라와 관련된 모든 다른 것이 결합하여 고대 이집트 인종이 코카서스인이었음을 분명하게 증명한다는 것이다.

노트의 설명에서 고대 이집트인들의 정체성이 코카서스인이라는 의미는 인종적 이론에 늘 존재하는 다른 면을 구성하는 중요한 필연적 결론으로 발전한다. 즉 오염이다. 그는 코카서스인 혈통에 불순물이 섞임으로써 이집트 문명이 쇠락했다고 말한다.

실증적인 역사적 사실들도 이집트가 초기에 여러 열등한 부족들에 의해 정복당했음을 증명한다. 이집트 국민들의 혈통에 불순물이 섞였다. 힉소스Hykshos*, 이디오피아인들, 페르시아인들 등에 의한 정복 외에도 더 최근에는 그리스인, 로마인, 터키인들에 의해 정복당했다.

하지만 그리스와 로마의 순수한 혈통조차 이집트가 받아들였던 도덕적이고 신체적인 검은 오염을 씻어낼 수 없었다.

박물학자들은 이상하게 인종적 혼합의 결과를 간과한다. 동물들의 교배에서 이끌어 낸 사례들이 그토록 분명하게 말하고 있는데 — 인간은 기껏해야 다른 동물을 지배하는 똑같은 생리학적 법칙을 신체에 지닌 동물에 불과하다.

*
기원전 1720-1560에
이집트를 정복하고 말과
마차를 소개한 아시아
민족. 셈족으로 추정됨

이 혈통의 불순물화가 이집트와 바르바리 제국Barbary States*이 결코 다시 일어날 수 없는 이유다. 현재의 인종들이 멸절되고 코카서스인으로 대체되기 전까지는 그러하다.

세계 역사에서 열등한 인종들이 코카서스인을 정복하고 그들과 섞였을 때 후자는 야만상태로 침몰했다.[39]

* 모로코, 알제리, 튀니지, 트리폴리 등 북아프리카 여러 나라의 옛 이름

이집트 문명은 인도에서 아리안족이 도착한 결과다라고 주장하면서 노트가 여기서 언급하는 문제는, 어떻게 그 이론을 현대 이집트인들의 인종적 정체성과 일치시키는가 하는 것이다. 19세기까지 이집트의 인구가 분명하게 아랍인들과 아프리카인들의 혼합으로 구성되어 있다는 사실은 코카서스인 테제를 논박하기보다는 이집트의 오랜 쇠락을 설명한다.[40]

노트는 그의 서문에서 "인종 교배의 결과를 다루는 부분들은 더 특별히 관심을 끌고자 하는 부분이다. 지금까지 이러한 사실들이 충분히 고려되지 않았기 때문이다"라고 말한다. 고비노를 상기시키는 언어로 노트는 여기서 분명하게 그의 테제를 자세히 말한다. 혼종들의 생식력을 받아들였던 고비노는 그것을 역사에 기록된 모든 문화적 쇠락의 근거로 간주한다. 그는 무질서한 인종적 섞임을 현대 산업사회의 불가피한 결과로 본다. 그것의 결과는 서양 문명의 빠른 전락일 것이다. 노트는 같은 노선을 취하여, 코카서스인들이 이집트의 문명을 창조했고 그 이후 인종들의 섞임이 그것의 질을 낮추고 전락을 가져왔다고 주장한다. 코카서스 인종들의 모든 섞임이 그들을 "야만상태"로 전락시켰다고 결론 내림으로써, 그의 이집트 역사에 대한 이론은 인종이라는 결정적인 원리에 따라 국가들이 성장하고 멸망하는 일반적인 역사 이론으로 확장된다. 그런데 여기에 고비노와 중요하게 다른 점이 있다. 이것이 고비노의 『에세이』 미국판에서 "교정"되어야 하는 핵심이다. 노트는 아리아인들이 이집트 문명을 창조했고 이후 인종들의 섞임이 그것의 질을 떨어

---

39) Nott, *Two Lectures*, 16.

40) 당시 이집트에 미친 식민의 영향에 관해서는 다음을 참조. Mitchell, *Colonising Egypt*.

뜨렸으며 전락을 가져왔다고 주장한다. 고비노는, 다시 반복하자면, 이집트 문명의 쇠퇴가 아리아인과 흑인종과의 섞임 탓이라고 했다. 하지만 고비노는 또한 역설적으로 이집트 문명의 승리와 성취를 바로 이 똑같은 섞임 덕분으로 돌린다. 고비노에게 인종들의 교차는 퇴행적일 뿐 아니라 생성도 한다. 반대로 노트는 스스로가 궁극적인 백인지상주의자임을 드러낸다. 그에 의하면 코카서스인들은 홀로 모든 것을 했으며, 인종적 섞임은 쇠퇴와 불모와 야만상태만을 가져올 뿐이다. 이집트는 현재 섞인 인종이 "멸절"될 때까지 결코 다시 일어나지 못할 것이다. 이러한 인종적 "멸절"이라는 으스스한 전망은 사실 빠르게 사라지고 있는 북미 원주민들과 관련해서 이 시기 미국인들 사이에서 흔하게 논의되는 주제였다. 인류학자들 또한 백인들과의 접촉 이후 토착 인구들이 멸종해가는 이상한 경향이라는 맥락에서 그 주제를 논의했다.[41]

　　　1856년에 출판된 고비노 "번역본"의 긴 부록에서 노트는 이 프랑스인이 받아들인 인종 간 생식력을 수정한다. 하지만 이때쯤 그의 원래의 테제는, 『인류의 유형들』의 한 장인 「인류의 자연사와의 관계에서 본 동물들의 혼종성」Hybridity of Animals, Viewed in Connection with the Natural History of Mankind에 수정되어 있었다.[42] 노트의 견해에 영향을 준 것은 모턴이 목사인 바흐만Bachman 박사와 토론한 혼종성 주제에 대한 광범위한 출판물들이다. 바흐만은 기독교인, 인도주의적 자유주의자와 노예제 폐지론자들을 대변하면서, 모든 인간은 한 종이며 그래서 평등하게 다루어져야 하고 신과 법 앞에서 평등한 권리를 주장할 수 있다고 말했다. 그들 사이의 차이들은 변종의 현상, 즉 같은 부모를 가졌다고 생각되는 같은 종 안의 하부집단의 현상으로 설명될 수 있다고 주장하였다. 바흐만은 증거로 특정한 생산성 테스트를 인용한다. 이와 반대로 모

---

41) 예를 들어 다음을 참조. Lee, "The Extinction of Races," and Bendyshe, "On the Extinction of Races." 이 맥락에서 *Heart of Darkness*의 Kurtz가 "The Suppression of Savage Customs"에 관한 그의 보고서 마지막에 휘갈겨 쓴 메시지 "Exterminate all the brutes!"에서 선택한 용어는 특별한 것이 아니었다고 말할 수 있다(즉, Kurtz가 아프리카인들을 지칭한다는 가정 하에서 그러하다).

42) Nott and Gliddon, *Types of Mankind*, 372-410. 추가 언급은 본문에서 함.

턴은 최신의 과학적 견해를 제시하고 노예제를 옹호하는 노트와 같은 사람들을 포함한 우파들의 지지를 받으면서 인종들 사이의 차이가 너무 근본적이어서 그들이 사실은 영원히 다른 종임을 시사할 정도라고 말한다. 그는 다른 인종 사이의 이종교배의 산물을 "혼종"이라고 불렀다. 그리고는 다른 종의 생산성 있는 혼종들에 대한 증거가 자연 과학에 몇몇 존재한다고 주장한다. 자연적으로 다른 종들 사이의 생식력의 사례들을 보여줌으로써 그는 종에 관한 기준으로서의 생식력을 비판할 수 있었고 이렇게 결론내린다.

다양한 동물의 종들이 모여 다산적인 혼종 자손을 생산할 수 있으므로 혼종성은 종의 친연성의 기준이 되지 못한다.
결과적으로 인류의 여러 인종들이 섞여 생식력이 더한 혹은 덜한 후손을 생산한다 해도 그 사실 자체가 인간 종의 단일성을 증명하지 못한다.[43]

모턴을 따라 노트는 고비노 『에세이』의 흑백혼합 테제를 인종혼합의 근접성과 거리에 따라 생식력의 정도가 서로 다르다고 주장함으로써 논박하고자 했다.[44] 흑백혼합의 자명한 증거가 주어진 상태에서 노트는 이제 서로 다른 인종들 사이의 어떤 생식력은 인정하지만 그들 간의 근접성의 정도에 따라 "종들의 생식력에 규칙적인 점진적 변화"(490)가 있다고 말한다. 흑인과 백인 사이의 결합은 생식력이 없는 후손을 생산하는 반면, 유럽 인종들 사이에서는 비록 차이는 있어도 어느 정도 생식력이 있다는 것이다. 이는 에드워즈의 주장과 가깝다. 같은 방식으로 우리는 녹스가 이러한 논리를 이용해서 모든 혼종 인종의 퇴행을 시사하는 일반적인 주장 안에서 혼종 유럽 인종들의 존재를 설명하는 것을 보았다.

---

43) Morton, "Hybridity in Animals," 212.

44) Cf. Broca, *On the Phenomena of Hybridity.* Broca의 책은 다윈의 *The Descent of Man*에서 광범위하게 인용된다. 혼종성에 관한 설명은 1장을 참조.

다윈이 1859년에 제안하게 될 주장의 노선을 따라, 노트는 속들, 종들, 변종들 사이의 만족스럽지 않은 정의와 구별에 문제가 있다고 말한다. 다윈은 "종들과 변종들 사이에 어떤 핵심적인 구별이 없다"는 자신의 주장을 지지하기 위해 모순된 증거를 불러낸다(이는 그 결과 다윈이 종들을 변이시키는 주된 원인으로 잡종, 즉 종들 사이의 섞임을 환기시킬 수 없었다는 것을 의미한다).[45] 이와 대조적으로 노트는 종과 변종 사이의 견고한 차이를 공격하기 위해 모순된 증거를 사용하는 대신, 종을 구분하는 절대적 기준으로서의 인종 간 생식력intrafertility 테스트를 포기해야 한다고 제안한다.[46] 다윈이 제안하는 방향과 아주 반대 방향을 택하면서, 노트는 퀴비에가 처음 도입하고 이후 에드워즈 등이 강조한 "유형들"이라는 범주를 불러낸다. 이것은 속들, 종들, 변종들 사이의 구별을 완전히 무시한다. 『인류의 유형들』의 「잡종」에 대한 장에서 노트는 에드워즈에 기대어 어떤 종들(즉 유형들, 인종들)은 서로 너무 멀리 떨어져 있어서 불모적이라고 주장한다. 서로 더 가까운 다른 종들은 부분적으로 다산적일 수 있지만, 원래 인종 중 어느 쪽과 결합함으로써만 이후 영속될 수 있다. 이후의 자손은 결국 원래의 유형들 중 하나로 되돌아간다. 반면, 혼종들로만 이루어진 짝들 사이에서 여러 세대 계속된 결합들은 결국 불모상태가 되어 멸절한다. 이러한 방식으로, 유형 이론은 분리된 유형들이 변함없고 구별된다는 중심 주장을 포기하지 않으면서 혼종화의 가능성을 끌어안을 수 있었다. 이런 주장을 하면서 노트는 5천 년이나 된 이집트의 그림들과 두개골의 증거를 크게 강조한다. 그는 그것이 "유형들의 불변성"을 증명한다고 주장했다. 프리처드와 반대로 호츠는 고비노의 텍스트에 대한 그의 많은 주석들 중 하나에서, 이러한 방식으로 "우리는 인간과의 실제 변종들이 **변하지 않는다**는 것

---

45) Darwin, *Origin of Species*, 288.

46) Darwin은 또한 종을 고정된 범주로 보는 개념의 문제점을 공격하였으나 그의 반발은 그 개념을 완전히 거부하려는 것이 아니라, 종이 다른 종과 절대적으로 구별되는 것이 아니기 때문에 개념적인 문제가 발생함을 보여주기 위한 것이었다. 그는 이 주장을 지지하기 위해 생식력의 정도들에 관한 Broca의 논지를 이용하였다. 그러나 성 선택과 종의 유연성을 강조하고, 이에 적자생존과 멸종의 개념을 더하면서 Darwin의 개념은 우생학의 방향으로 움직였고, 19세기 후반 이후로 점차 인종 간 성관계의 금지가 장려되었다.

을 증명했으며 나는 그것이 일반적으로 인정되고 있다고 생각한다"(369)고 말한다. 이 주장의 이점은, 밴튼Banton이 시사하듯, 어느 정도의 인종적 섞임은 허용하면서 "불변하는" 유형의 견고함을 주장할 수 있다는 점이다.[47] 두 미국 편집자들은 이렇게 인종들 사이의 영원한 차이, 그들의 상호 적대성과 지속적인 분리의 필요성을 주장하기 위해서 고비노의 텍스트를 수정했다. 자연 법칙은 이제 인종들 사이의 매혹을 설명하기 위해서가 아니라 그들을 분리 상태로 두기 위해 환기되었다.

인종들(과 계급들)을 구별하기 위한 방법으로의 "유형" 개념이 대중에게 성공적으로 받아들여졌음에도 남부의 노예제 옹호에 유용했던 노트와 글라이든의 주장은 혼종성 문제에서는 취약한 상태로 남아있었다. 성은 고대 이집트보다 통제하기가 어려웠다. 유형들이 영원히 변하지 않는다고 주장하면서도, 노트와 글라이든이 『인류의 유형들』에서 인종혼합의 끔찍한 결과에 대한 위협으로도 되돌아가야겠다 느끼고 있다는 점이 눈에 띈다.

하지만 인간의 신체의 역사에서 우월한 인종이 열등한 인종과의 상호섞임에 의해 불가피하게 질이 저하된다는 것은 분명한… 듯하다…. 혼종성 법칙 하나의 작동으로 인간과栍는 현재 지구에 존재하는 인류의 모든 다양한 유형들의 완전한 아말감화로 인해 멸절될 가능성이 있다.[48]

그들은 그래서 이중적인 주장일 뿐 아니라 실은 모순적인 주장을 한다. 즉 종들 사이의 차이는 영원하고, 이러한 불변성은 종들 사이의 어떤 자손도 퇴행하고 궁극적으로는 불임이 되는 혼종성 법칙을 통해 보존된다. 역으로 인종 간 결합이 널리 발생하리라 생각되었던 미국 사회에서는 흑과 백 사이의 분리가 붕괴된다면 나라 전체가 혹은 두 인종 중 하나가 결국 소멸될 것이다. 루이 헨리 모간Lewis Henry Morgan 같은 사람들은 적극적으로 노예제 폐지

---

47) Banton, *Racial Theories*, 41.

48) Nott and Gliddon, *Types of Mankind*, 407.

를 지지했는데, 이는 노예소유주의 가부장적 자비의 보호를 받지 못한 해방된 노예들이 자유 때문에 멸절될 것이라고 생각했기 때문이다.[49] 노트는 노골적으로 말한다. "흑인들이 우리에게 쓸모없게 되는 것보다 더 나쁜 때가 틀림없이 온다. 그때는 어떻게 할 것인가? 노예해방을 시켜야한다. 우리 앞을 비추는 빛으로 보면 그것은 멸종의 또 다른 이름일 뿐이다."[50]

영국의 남부연합

인종이론이 불변하는 인종적 차이를 제안하면 할수록 그 주창자들은 혼종성의 문제와 인종 간 성관계의 가능성에 더욱 더 사로잡히게 된다. 우리가 혼종성에 대한 가장 큰 강박과 편집증을 미국에서 발견할 수 있다면, 그것은 "인종의 과학"으로 위장하고 진실인 척하며 노예제를 옹호하는 미국의 환상적인 인종 이데올로기를 통해서인데, 이것은 고비노의 저서를 통해 영국에 아주 직접적으로 소개된다. 1861년에 역사적으로 놀랍게 맞물려, 고비노의 "번역가" 헨리 호츠는 새롭게 결성된 남부연합에 의해 런던 주재 무역사무관으로 공식 임명되었다. 그는 영국정부가 남부연합을 인정하도록 설득하라는 (그가 결코 성공 못한) 지시를 받고 남부연합 비밀요원으로 행동하게 된다. 12월에 2년 전 마지막 아프리카 노예선인 클로딜드호the Clothilde가 미국에 닻을 내린 그 항구로부터 북부의 봉쇄를 뚫고 앨라배마 주의 모빌의 집을 떠난 호츠는 1862년 1월 29일 런던에 도착했으며 바로 공식적인 남부연합 대사인 제임스 머레이 메이슨James Murray Mason과 접촉한다. 면화의 수입을 막았던 북부의 봉쇄에도 불구하고, 처음에 호츠는 영국의 여론이 남부의 명분에 "차갑

---

49) 다음을 참조. Harris, *The Rise of Anthropological Theory*, 139. 1850년에 Morgan은 "우리 중에 있는 이 흑인종의 번식을 제한할 때가 왔다"라고 주장하였다.

50) Cited by Smyth, *The Unity of the Human Races*, 45. Cf. Frederickson, *The Image of the Black in the White Mind*, 4-36, and Stepan, "Biological Degeneration: Races and Proper Places," in Chamberlain and Gilman, *Degeneration*, 101-2.

고 무관심하다"는 것을 알게 된다.[51] 그러나 아주 활동적인 호츠는 곧 남부연합에 대한 공감을 조성하는 데 성공하기 시작한다. 화려한 새빌 로Savile Row*에 자리를 잡은 그는 메이슨의 소개로 빠르게 런던 사교계로 들어갔으며, 곧 런던 신문에 글을 쓰기 시작한다. 2월 22일이 되었을 때 그는 『모닝 포스트』 Morning Post에 주요 논설을 썼다. 다음날 호츠는 남부연합의 국무장관인 R.M.T. 헌터Hunter에게 편지를 쓴다.

19세기 후반부터 주목을 끌기 시작한 런던의 고급 신사복 가게들이 있는 거리로 영국 전통의 메카

> 고백하건대 내가 일해야 하는 현장에 다가가면 갈수록 내 입지의 어려움이 더욱 느껴집니다. 친구도, 소개편지도 거의 없이, 나의 길을 평탄하게 해 줄 폭넓은 정치적 혹은 문학적 명성도 없는 채로 세계에서 가장 까다로운 언론을 통해 우리 상황을 옹호하기 위해 여기 도착했을 때 나는 참으로 낙담했습니다. 이제 가장 어려운 장애가 극복되었습니다. 내가 가장 접근하고 싶어 했던 잡지들의 칼럼이 내게 열렸습니다. 이것으로 나는 혹시 필요할지 모를 다른 잡지들을 열 수 있는 "열려라 참깨" 비밀을 얻은 것입니다.[52]

호츠의 계략은 그의 논설을 신문사에 직접 보내지 않고 전문적인 사설 담당 기고자들에게 보내는 것이었다. 그들은 신문을 위한 글을 쓰고 2기니에서 10기니의 수수료를 챙겼다. 호츠는 분명 수완이 좋은 사람이었다. 그는 곧 스스로 『더 타임즈』The Times, 『스탠다드』Standard, 『해럴드』Herald에 남부연합의 명분을 지지하는 글을 쓰게 된다. 6월이 되었을 때 호츠는 글래드스톤 Gladstone과 식사를 하고는 그가 "남부에 우호적"이라고 보고한다.[53]

호츠가 런던에 거주하는 동안 새로운 인종 과학이 남부연합을 지지하기 위해 이용되었다. 호츠는 남부의 명분에 공감하는 사람들과 접촉하기 위해

---

51) 28 Feb. 1862, in US War Dept, *Official Records*, III, 352.

52) 23 Feb. 1862, ibid., III, 346-7.

53) 4 Aug. 1862, ibid., III, 506.

서 우선적으로 제임스 헌트 박사Dr. James Hunt에게 전략적으로 접근하였다. 헌트는 녹스의 제자로서 영국에서 새로운 과학적 인종이론을 가장 적극적으로 옹호하는 사람이었다. 민족학회가 언어연구에 몰두하고, 여성들을 회원으로 인정하려는 계획에 자극받은 그는 1863년에 리처드 F. 버튼 등과 함께, 마치 남부연합이 연방에서 분리되었던 것처럼 민족학회에서 분리하여, 경쟁하는 인류학회를 설립한다. 인류학회는 스스로를 현대적 개념의 기관으로 제시했고 성경이나 신학적 믿음에서 나온 가정을 존중하지 않고 과학과 사실을 추구하고자했다. 동시에 이 학회는 미국 인류학자들과 그들의 견해를 널리 알리는 특정한 관심을 공유했고 이 전략은 중요하고 눈에 띄는 성공을 거두게 되었다.[54] 이 학회는 과학과 순수한 사실에 자신을 국한시키는 척하였고 반대 견해들의 표현을 허용하였음에도 그 이념적 헌신은 분명했다. 자신이 어떻게 인류학회 회원으로 뽑혔으며 위원회에 자리를 제공받았는지 남부연합 지휘자들에게 소식을 전하면서 호츠는 새 학회가 영국에서 급진적인 민주주의 여론과 노예제 폐지론이 약화되고 있는 것을 나타내는 중요한 징표로 보았다.

나는 이 세기의 어떤 광신적 믿음들에 저항하는 반작용이 빠르게 자리를 잡아야한다고 느낍니다. 그런 징조들이 이미 자리를 잡는 것을 보면서 내 희망이 헛되지 않으리라 생각합니다. 이것들 중 한 가지는 여러분에게는 별로 중요하지 않을 수 있지만 나에게는 아주 시사적인 것입니다. 저명한 명사들로 구성된 새로운 과학 학회가 과학과 정치에 널리 퍼진 인종들의 평등이라는 이론異論을 폭로하는 임무를 내세우며 런던에서 조직되었습니다. 그 학회는 유명한 민족학회가 분파, 아니 분리된 것입니다. 회장은 위원회의 자리를 제게 제공하는 편지에서 다음과 같이 말합니다. "당신은 우리의 목적에 강한 관심을 가져야 합니다. 자연에서 니그

---

54) 다음을 참조. Stocking, *Victorian Anthropology*, 248. 인류학회에 관한 설명은 다음을 참조. Burrow, *Evolution and Society*, 118-27; Stocking, "What's in a Name?"

로의 자리가 과학적으로 주장되고 두려움 없이 설명되리라는 당신의 유일한 희망이 우리 안에 있기 때문입니다.[55]

노마드적인 호츠 덕분에 고비노와 미국 인류학 학파의 견해가 미국과 영국의 문화적 삶에 상당히 퍼져 나갔다. 그 토대는 영향력 있는 녹스의 책 『인간의 인종들』이 잘 닦아놓은 상태였다.

1863년 가을 이 편지가 남부연합에 전달된 직후 회장인 제임스 헌트James Hunt는 그의 논문 「자연에서 니그로의 자리」On The Negro's Place in Nature를 처음에는 영국과학진보협회British Association for the Advancement of Science에, 다음에는 인류학회에 전달했다. 헌트가 에세이를 쓴 맥락은 분명 그 전 해 10월에 있었던 링컨의 니그로 노예해방선언이었다. 이 선언으로 미국 대통령은 연방을 방어하는 전쟁을 노예제 폐지를 위한 전쟁으로 변화시켰다. 이 움직임은 영국이 정치적으로 남부를 인정할 모든 가능성을 효과적으로 막아버렸다. 이 논문은 "니그로와 유럽인 사이"의 해부학적, 생리학적, 지적 차이에 대한 길고 자세한 인류학적 설명으로 구성되어 있다. 헌트는 프루니에 베이Prunier Bey의 『니그로 회고록』Mémoire sur le Nègres(1861)을 거의 전부 인용하였고, J.H. 밴 에브리에Van Evrie의 『니그로와 니그로 "노예제"』Negroes and Negro 'Slavery'(1861)와 캠벨의 『니그로매니아』Negro-Mania(1851)뿐 아니라, 칼라일, 트롤럽, 모턴, 포크트, 노트와 글라이든에게도 기댄다. 헌트의 흑인과 백인 사이의 본래의 고유한 차이에 대한 논의는 곧 불가피하게 "인간의 혼종성" 문제에 도달한다.

인간의 종이 단일하다는 가정은 주로 인종들이 섞인 모든 경우의 자손들이 다산적이라는 주장 때문이다. 이 주장은 아직 성립되지 않은 것을 가정하고 있다. 현재에는 몇몇 인종들의 후손들은 일시적으로 다산적이라는 것이 증명되어 있고, 니그로와 유럽인의 후손들이 무한히 다산적이지는 않다는 믿을 만한 훌륭한 증거가 있다. 이 문제는 분리해서 다루어져

---

55) 27 Aug. 1863, *Official Records*, III, 878. Hotze의 동료인 Josiah Nott는 인류학회의 명예 회원이 되었다.

야 하고, 사실로 증명되어야 하는 문제다. 현재 일단 사실이라고 간주되는 모든 증거는, 특히 그 인종들이 아주 가깝지 않다면, 영원한 혼혈종이 만들어질 수 있다는 가정에 불리하다…. 그러므로 우리는 그 주장된 진술에 동의할 수 없다. 특히 최근에 이 주제에 가장 관심을 두었던 두 과학자, 브로카 씨와 노트 씨가 니그로와 유럽인의 후손이 무한히 다산적이지 않다는 결론을 내렸음을 알게 되면 더욱 그러하다.[56]

헌트는 더 나아가 생식력 결여의 필연적 결과로서 "뮬라토와 다른 혼혈들 사이에 존재하는 강한 부도덕성을 주장한다."[57] 끝이 없어 보이는 열등한 점들을 더 논한 후, 헌트는 "우리가 이해하듯 니그로는 문명에 부적합하다"며 마무리한다.[58]

헌트가 뉴캐슬에 있는 영국협회에서 그 논문을 발표했을 때 관중들이 야유를 하였고 도망 노예이면서 노예제 폐지 운동가인 윌리엄 크래프트William Craft가 직접 도전하였다는 것은 고무적이다.[59] 헌트는 크래프트가 자신의 주장에 의문을 제기할 정도로 명백한 지적 능력을 보여준다고 해서 그 자체가 자신의 주장을 논박하는 것은 아니라고 대답한다. 왜냐하면 그는 "순수한 니그로가 아니기" 때문이다. 나중에 리처드 버튼 경에게 바친 『에세이』의 서문에서 그는 "유사과학적인 대중의 마음에 존재하는 니그로 인종에 대한 깊은 무지를 완전히 깨달은 것은 바로 그때였다"고 말한다.[60] 이후 T.H. 헉슬리가

---

56) Hunt, *The Negro's Place in Nature*, 24-6.

57) Ibid., 34.

58) Ibid., 60.

59) *Anthropological Review* I (1863), 388-9. *Anthropological Review*는 Craft가 영국협회에서 발표한 Dahomey 방문에 대한 논문을 게재하기를 거절했다. 그 이유는 논문의 일관성이 부족하다는 것이었다. 그러나 이후의 논문에 대한 반응으로, Craft가 "아프리카인 각각은 영국인 각각과 마찬가지로 서로 아주 다르다. 그는 모든 영국인이 Shakespeare가 아님을 알았다"(410)고 신랄하게 말했다고 분명히 기록되어 있다. Craft 자신의 노예 서사에 관해서는 그의 저서 *Running a Thousand Miles for Freedom*을 참조.

60) 그러나 Hunt는 푸념하는 듯한 추신을 덧붙인다. "N.B. 나는 Newcastle의 청중들 가운데 상당한 수의 지지자가 있었다고 말해야겠다…. 조만간 진실이 밝혀질 것이며, 그렇게 되면 대중은 눈이 열릴 것이며 '니그로 해방'이라는 이름으로 알려진 거대한 사기의 참 모습을 보게 될 것이다"(Hunt, *The Negro's*

헌트의 논문을 비과학적이라고 공격했을 때 호츠는 인류학회 회장*에게 열렬한 지지를 보낸다.[61] 헌트가 호츠의 『인종의 도덕적, 지적 다양성』*Moral and Intellectual Diversity of Race* 판본에 담겨있던 메시지를 흡수한 것은 분명했다. 그는 1864년 인류학회 기념연설에서 인류학의 유용성에 대해 다음과 같이 주장했다. "국가의 운명은 인류학을 진정으로 인정하는 데 달려 있다. 인간의 인종들의 상호섞임을 규제하는 법들이 위대한 국가들을 전복시킨 원인을 해결하지 않았는가?"[62] 새로운 인류학회는 호츠의 격려를 받으며 미국 남북전쟁 동안 남부를 지지했고 노예제도에 대한 토론에 적극적으로 개입했다. 헌트 자신은 그 제도에 대한 자신의 지지를 공적으로 진술했으며, 같은 방식으로 1865년의 회장 연설에서 이 학회의 일원이며 1865년 자메이카 반란을 잔혹하게 억압한 에어 총독의 행동에 대해 "강력한 찬사"를 보냈다.[63]

호츠는 인류학회를 물질적으로 지지했고 그 기부금을 남부연합 기밀비에 청구했다.[64] 그는 학회 안에서 인류학 문제에 관해 아주 적극적이지는 않았던 것 같다. 『인류학 평론』의 기록에 의하면 그는 논문을 제출한 적도 없다. 부회장인 리처드 F. 버튼 경을 위한 시끌벅적한 환송만찬에 손님으로 참석한 것만 기록되어 있다. 사실 호츠는 더 명백한 정치적인 문제로 훨씬 바빴다. 1862년 5월 그는 미국 남북전쟁 동안 운영되었던 남부연합 신문을 런던에 설립한다.[65] 『인덱스, 정치와 문학과 뉴스의 주간저널: 영국과 미국남부연합의 정치적 상업적 상호이해 해설』*The Index, A Weekly Journal Of Politics, Literature, and News; Devoted to the Exposition of the Mutual Interest, Political and Commercial, of Great Britain and the*

Place in Nature, v-viii).

61) *The Index*, 4 (24 Mar. 1864), 189; cf. Adams, *Great Britain and the American Civil War*, II, 222; and Huxley, "Emancipation Black and White."

62) Hunt, "President's Address," (1864), xciii.

63) Hunt, "President's Address," (1866), lxxviii.

64) Jameson, "The London Expenditures of the Confederate Secret Service," 818. 그 자신의 설명에 덧붙여, Hotze가 기여한 바는 다음에도 기록되어 있다. *The Journal of the Anthropological Society*, II (1864), lxxix.

65) 1863년 말이 되면, Hotze가 영국에 남아있는 유일한 남부연합 대표였지만, 그는 계속 매우 적극적으로 1864년에 Peace Petition을 조직하고 1865년 8월까지 *The Index*를 출판하였다.

*Confederate States of America*이라는 제목이 붙은 이 신문은 영국을 남부에 제휴시키는 경제적 이해관계(특히 면화의 공급)를 강조하였을 뿐 아니라 둘 사이의 긴밀한 민족적 유대를 강조하는 특징을 보인다. 호츠는 다음과 같이 썼다.

남부는 과거 여러 세대 동안 전 세계의 잉여 인구로 잡다하게 구성된 북부보다 영국적 부모 혈통과 더 가까운 인척관계를 자랑해왔다.[66]

이런 개념을 고무하기 위해서, 『인덱스』는 재빨리 호츠 자신이 편집한 고비노의 『인종들의 도덕적, 지적 다양성』*The Moral and Intellectual Diversity of Races*에 대한 긴 "서평"을 출판하고 그 글에 「인종의 구별」*The Distinction of Race*이라는 제목을 붙인다. 자신이 신문의 대부분의 글을 쓴다고 인정한 것을 고려하면 이 글의 저자는 아마 호츠 자신일 듯한데, 이 글의 저자는 고비노와 호츠를 이 책의 공동저자로 기술하며 시작하지만 끝낼 때에는 호츠에게만 그 공을 돌린다. 이 서평은 『인덱스』의 모든 글처럼 영국의 독자에게 조심스럽게 맞추어져 있다. 계급의 본래적 차이들을 환기하면서 시작한 후에야 그와 유사한 국민성과 인종의 차이들로 나아가고, 아리안 인종과 비-아리안 인종 사이의 차이로 마무리한다(호츠는 편지에서 다음과 같이 쓴다. "국내의 계급적 위계와 해외의 오만한 지배에 익숙한 영국인들이 보편적 평등성의 주창자인 프랑스인보다 인종의 위계를 더 쉽게 이해한다.")[67] 서평자는 기원에 대한 토론을 갑작스럽게 끝내면서 현재 사실로 존재하는 인종적 차이를 주장하는 데 만족하고는, 이 책에 늘 암시되어있는 미국 남부에서 흑백 관계의 의미라는 문제를 꺼낸다. 서평자는 평등하게 함께 살아가는 실험이 자메이카에서 시도되었지만 "완전히 그리고 끔찍하게 실패했다"고 말한다.

그렇다면 남부의 주들처럼 서로 다르고 멀리 분리되어 있는 두 인종의

---

66) *The Index*, 1 (15 May 1862), 40, cited in Jenkins, *Britain and the War for the Union*, II, 44-5.

67) 26 Sept. 1863, *Official Records*, III, 916.

많은 무리들이 서로 섞일 경우 세 가지 가능성만 남아 있다. 즉 약한 인종의 멸절, 두 인종의 아말감화, 혹은 열등한 인종의 종속이다.

두 인종 중 하나가 제거되거나 멸종되는 가능성을 거부하며, 서평자는 계속한다.

아말감화는 우월한 인종의 모든 일원들의 감정을 몸서리치게 할 것이라고 생각한다. 뮬라토 혈통의 성격이 어떤지 아는 모든 사람은 분명 아말감화가 완성된 상태를 진심으로 비난할 것이다.

인종들의 아말감화에 대한 거부는 슬며시 스며 나오는 문학적 메아리에 무심코 드러난다. 즉, 햄릿의 "열렬하게 바라는/죽음"consummation/Devoutly to be wished처럼 다시 한 번 혐오가 욕망의 흔적을 담고 있다. 자신을 드러냈음을 모르는 서평자는 "그렇다면 결국 니그로 인종은 백인의… 지배와 후견 하에 영원한 종속 상태로 존재해야하는 것인가?"라며 마무리한다.[68]

아주 최근에 일어났으며 아직도 영국인의 의식에 영향을 미치고 있는 인도의 "폭동"에 대한 잔혹한 억압을 이용해서 호츠는 인도에서 인도인들에 대한 영국의 지배와 미국에서 아프리카 노예들에 대한 남부인들의 지배 사이에 유사성이 있음을 암시하려고 애쓴다. 『인덱스』는 링컨의 노예해방법이 1857년 인도에서 일어난 것과 유사하게 백인들에게 저항하는 노예반란을 야기할 것이라고 주장했으며, 이 생각은 영국 신문들에서 재빨리 반복되었다.[69] 호츠는 계속해서 영국과 유럽의 신문에 선전하는 글을 제공했다. 『인류학 평론』의 「인류학 잡록」Miscellanea Anthropologica에 발표된 다음의 기괴한 글 뒤

---

68) Hotze, "The Distinction of Race," 414.

69) "The Last Card of the North," *The Index*, 1 (7 Aug. 1862), 233-4; Jenkins, *Britain and the War for the Union*, II, 158. 이 책은 *Morning Herald*를 인용한다. Hotze가 종종 기고하던 신문으로, 같은 개념을 8월 7일과 13일에 제안하였다; *The Times*, on 19 Sept. 1862. Trollope은 이전에 아일랜드가 더 나은 비교대상이라고 생각하였다(*North America*, 23).

에는 분명히 그의 손길이 있다.

노예제의 폐지. 어떤 통신기자가 우리에게 작년 10월[1862년, 즉 링컨의 니그로 노예해방 선언이 있던 달] 어떤 청년 토론회 모임에서 노예제 폐지를 주장하기 위해 한 연설을 정확히 그대로 보고하는 것이라며 다음의 얘기를 전해주었다. 우리 통신원의 진실성을 충분히 믿으면서 너무나 기이한 일부를 발췌하여 삽입한다. 이 부분은 걱정스럽게도 니그로 노예제에 대해 이 나라에 존재하는 무지를 너무나 사실적으로 드러낸다.

"회장님, 오늘 저녁 저는 남부 즉 자유주들이 북부 즉 노예주들을 정복하는 것이 보편적 선을 위한 것임을 보여드리고자 합니다. 노예제는 모든 정직한 마음과 기독교인들에게 끔찍한 것임에 틀림없습니다. 하지만 노예를 소유하는 모든 주 중에서 미국의 북부주들은 세계의 저주 대상이 되어왔습니다. 그들이 그렇게 극악하게 노예화시킨 그 비참한 힌두인들에 대한 끔찍한 행위와 그들이 저지른 잔혹함 때문입니다. 하지만 우리는 이제 희망합니다. 보복이 가까이 왔다고. 용감한 남부의 맥클레란 McClellan 장군이 이제 뉴욕의 문 앞에서 문을 열라고 두드리고 있으며 그를 보좌하는 대통령 제퍼슨 데이비스 Jefferson Davis가 곧 그 불운한 브라만들을 그렇게 오랫동안 고통스럽게 하고 뉴욕의 어두운 지하 감옥과 토론토의 그 "끔찍한 습지"에 족쇄와 사슬로 묶어 두었던 그 구속들을 파열시키고, 이 불운한 사회의 일원들을 그들이 그렇게 오랫동안 받아야 마땅했던 인간의 사회적 등급에서의 우위로 회복시켜줄 것입니다. 그들의 사회적 삶과 그토록 높은 재능을 지닌 인간 일원들이 획득한 그 높은 문명은 너무나 잘 알려져 있어서 이에 대해서는 더 이상의 논쟁이 필요하지 않을 것입니다."[70]

---

70) *Anthropological Review* I (1863), 182. Nott의 "니그로 인종"을 인류학회의 *Popular Magazine of Anthropology*에 출판하도록 한 사람이 Hotze였음이 분명하다.

여기서 "힌두들"과 아프리카계 미국노예들 사이의 유비는 기본적으로 인도에서 지배하는 영국과 남부연합의 남부 백인들의 공통적인 인종적 관계를 강조하려는 의도다. 호츠는 영국과 남부연합 사이의 정치적 제휴를 가져오는 데는 성공하지 못하였으며, 그러한 움직임은 파머스톤Palmerston*이 권력을 가지고 있는 한 가능할 것 같지 않았다. 그러나 그의 활발한 노력은(한번은 새롭게 채택한 남부연합기와 유니언 잭Union Jack**이 교차하는 포스터로 런던을 도배했었다) 분명 영국 대중의 여론이 남부에 공감하도록 전환시키는 데 중요한 역할을 했다. 남부의 상황이 더 절박해질수록 남부에 대한 공감은 증대되는 것처럼 보였다.[71] 밀은 격분하여 "노예해방 운동의 선두에 있는 국가가 노예를 유지하려는 음모에 저항하여 싸우는 사람들에게 공감하지 않을 뿐 아니라 그것의 성공을 실제로 바라다니 도대체 왜 그런 것인가?"라고 묻는다.[72] 그 이유 중 하나는 1860년대에 보편적 평등이라는 자유주의적이고 계몽주의적인 개념에 대해 일어난 갑작스러운 반발이었다. 호츠가 인식한 것처럼 새 런던인류학회는 이러한 반발은 보여준다.

『인류학 평론』과 관련 출판물의 글들을 읽을 때 충격적인 것은, 오늘날의 인류학이라고 인정될만한 것이 거의 없다는 사실이다. 세계의 다른 민족들에 대한 인류학적 연구는 상당히 드물다. 이 잡지는 그 대신 생리학, 동물학, 비교해부학, 심리학, 역사, 지리학, 지질학, 고생물학, 고고학(특히 이집트학), 문헌학, 골상학과 두개학의 문제들을 다룬다. 인류학은 인간 연구에 관여하는 이 모든 다른 지식들을 융합하는 새로운 학문으로 자신을 내세웠다.[73] 이 모든 다른 자료들을 통합하는 일관된 관점은 인종에 대한 관점이다. 그리고 그 학회에 주된 관심 주제를 제공했던 것은 편재하는 인종적 결정론이다. 초기 논문과 서평의 제목을 보면 얼마나 그 주제에 몰두했는지 알 수 있다. 헌트 자신의 「자연에서의 니그로의 위치」The Negro's Place in Nature 외에

*
(1784~1865)
외무장관과 수상을 여러 차례 지낸 19세기 영국을 대표하는 정치가. 영국 민족주의의 상징으로 유명하다.

**
영국 국기

---

71) 6 June 1863, *Official Records*, III, 785.

72) Mill, "The Slave Power," 503.

73) 인류학이 마침내 V섹션(지리학과 민족지학)에서 분리되어 IV섹션(해부학과 생리학)에 통합된 해에 Wallace가 영국협회("인류학")에 한 연설을 참조.

게재된 논문들은, 「유형의 불변성에 대하여」On the Permanence of Type, 「인종이 예술에 미치는 영향」The Influence of Race on Art, 「역사 속의 인종」Race in History, 「의학 속의 인종」Race in Medicine, 「음악 속의 인종」Race in Music, 「식민지와 기후—예언」Colonies and Climate—A Prophecy, 「문명의 진보와 인종혼합」On the Commixture of the Races of Man as Affecting the Progress of Civilization, 「인종문제와 켈트어」The Celtic Languages in Reference to the Question of Race, 「아일랜드의 인종문제」The Race Question in Ireland, 「인종 특징인 인간의 머리카락」On Human Hair as a Race-Character, 「셈족과 르낭」Renan on the Shemitic Nations, 「혈족 간 결혼과 순수 인종 연구」An Inquiry into Consanguineous Marriages and Pure Races, 「전기 작가를 위한 민족학과 골상학」Ethnology and Phrenology as an Aid to the Biographer, 「혼종성 현상」On the Phenomena of Hybridity, 「인종과 손금」The Folds in the Hand as Indicating Race, 「인간과 인간사회에 적용된 종과 인종 개념」On the Ideas of Species and Race Applied to Man and Human Society, 「노예제도」Slavery, 「유형의 고착성」On Fixity of Type, 「니그로의 발성기관」The Larynx of the Negro, 「이집트 인종의 민족 관계」The Ethnic Relations of the Egyptian Race, 「인종의 소멸」On the Extinction of Races(두 개의 논문), 「니그로 뇌의 무게」Weight of the Brain in Negroes, 「인종의 기원과 자연선택론」On the Theory of Natural Selection with Reference to the Origin of Races, 「문명과 니그로 인종의 능력」On the Capabilities of the Negro Race for Civilization, 「인종적 적대감」On Race Antagonism 등등이 있다. 이런 종류의 자료를 통해 인류학회는 제국과 인종에 대한 영국의 사유에 영향을 주기 시작한 새로운 인종학을 촉진했다.[74] 하지만 이 논문들의 그 많은 제목들이 분명하게 보여주는 것처럼, 과학적 인종 구성은 문화적 주제를 인종적으로 구성하는 기반으로 이용되었다. 문화적 차이를 결정하는 요인으로서 인종이라는 개념은 아주 빠르게 경험적 증거로 유지될 필요가 없는 "상식"의 일부가 되었다. 사실 그것은 이미 섹슈얼리티와 욕망의 애매모호한 형식들에 의해 잘 유지되고 있었다.

동시에, 과학적 주장들 자체가 오래 지속되었다. E.B. 타일러와 같은 더 자유주의적이고 진보적인 사상가들 사이에서도 이 주장의 많은 부분이 무조

---

74) Cf. Rich, *Race and Empire in British Politics*.

건적으로 다시 나타나는 것을 볼 수 있다. 예를 들면, 『인류학: 인간과 문명 연구 입문』*Anthropology: An Introduction to the Study of Man and Civilization*은 1881년에야 출판된 것인데, 학생 교과서로 계획된 이 책에서 타일러는 이전의 에드워즈, 녹스와 노트와 글라이든과 마찬가지로 인종적 유형들이 불변한다는 예를 보여주기 위해 이집트의 기념물을 불러내며 시작한다. "이런 고대의 인간 유형들이 아직도 인식가능하다는 것은 놀라운 일"이라고 말하면서 계속 다음과 같이 말한다.

〔다음 그림〕 a에는 람세스Rameses*의 조각상 머리가 그려져 있다. 아주 세심한 초상화이며, 약 3,000년 전의 것이다. 반면 b는 현재의 이집트인이다. 그런데 고대인과 현대인이 흥미롭게도 유사하다. 정말로 피라미드를 세웠던 고대 이집트 인종은… 아직도 이집트 마을의 농민들에 의해 거의 똑같이 재현된다…. 또한 초기 이집트인 조각들에 있는 이디오피아인들도 그에 해당되는 사람들을 아직도 백나일White Nile** 부족들 사이에서 찾아볼 수 있고, 페니키안이나 이스라엘 포로들 모습에서 오늘날의 익숙한 유대인 윤곽을 알아볼 수 있다. 이렇게 한 인종이 그 특별한 특징들을 거의 삼천 년 동안 혹은 수백 세대 동안 유지할 수도 있다는 증거가 있다.[75]

*
고대 이집트 왕을 일컫는 말. 특히 제19왕조 초대왕부터 람세스1세(재위 BC 1292~BC 1290)로 부르기 시작하였다.

**
아프리카 대륙의 동북부를 흐르는 강이다. 청나일 강과 함께 나일 강의 주요 지류 중 하나이다. 빅토리아 호에서 발원하여 북쪽으로 우간다를 가로지르며 흐르다가 수단의 하르툼에서 청나일 강과 합쳐진다.

책을 여는 앞의 여러 장에서 타일러는 혼종성 문제를 논하고, 니그로, 유럽인, 사모예드족 두개골의 긴머리, 중간머리, 짧은머리 지수들을 비교한다. 아프리카인의 턱을 튀어나온 턱으로 유럽인의 턱을 수직턱으로 구별하고, "니그로 피부"를 아주 크게 확대한 사진을 보여주고, 일본인, 독일인, 아프리카 니그로, 파푸아인의 머리카락 부분을 비교하고, 마지막으로 다시 인종적 유형들의 불변성 문제로 되돌아간다. 그는 변화를 일으키는 주된 이유를 "외국인들과의 상호결혼"에서 찾아야 한다고 말하지만 이렇게 인정하고 나서는 다시 회귀 테제를 주장한다.

---

75) Tylor, *Anthropology*, 4, 80.

인종들이 섞이는 상호결혼의 결과는 모든 영국인들에게 익숙하다. 가장 두드러진 예 중 하나는 백인과 니그로 사이의 혼잡인 뮬라토다. 뮬라토의 피부와 머리털은 부모 사이의 중간이다. 그리고 새로운 중간 정도의 피부색이 백인과 뮬라토 사이의 아이들에게 나타난다. 쿼드룬, 아니면 사분의 일 혈통… 등등으로 불린다. 다른 한편으로, 삼보라고 불리는 니그로와 뮬라토의 후손들은… 완전한 니그로 유형으로 되돌아간다. 이러한 중간적 특성은 혼종들의 일반적인 경향이다. 하지만 부모 유형들 중 하나로 회귀하는 경향을 다소 가지고 있다.[76]

타일러가 "뮬라토"라는 단어의 어원을 써서 암시하는 것 외에는 불임 테제를 건드리지 않는 것이 눈에 띄지만, 회귀한다는 주장은 여전히 암묵적으로 그것에 근거를 두고 있음이 분명하다. 더욱이 "말레이 어머니와 아버지가 스페인 사람인 그녀의 혼혈 딸들"의 초상화를 제공하면서는 자신의 핵심적 요점을 드러내지 않을 수 없다. 여기서 타일러는 "모든 아이들은 그들의 혼혈 인종을 보여주지만, 때로는 유럽적 특징이 때로는 말레이적 특징이 지배적이다"라고 말한다.[77] 타일러는 더 많은 그림들을 가지고 "뮬라토의 꼬불거리고 곱슬곱슬한 머리"에 주목하면서 머리카락에서 인종 간 상호혼합을 추적하는 논의를 계속한다. 아파르트헤이트를 실시하는 남아프리카공화국에서 진짜 백인성을 판가름하는 기준은 연필을 사람의 머리에 놓았을 때 그대로 머물러 있는가 아니면 바닥으로 떨어지는가였다.

지울 수 없는 듯 번성하는 인종주의의 유산들은 그것을 만들어낸 문화들을 그런 방식으로 계속해서 생산한다.

---

76) Ibid., 81-2.

77) Ibid.

6. 하얀 권력, 하얀 욕망: 흑백혼합의 정치경제학

태양이 어둠과 짝을 이룰 수 없으므로, 백인도 흑인과 그럴 수 없다.
라이더 해거드Rider Haggard, 『솔로몬 왕의 보물』King Solomon's Mines(1885)[1]

　　1860년대에 인종 문제에 집착하던 분위기에서 인종들의 개별성이 점점 더 강조된다는 것은 과학적인 혼종성 문제와 그 뒤에 놓여있는 인종적 섞임을 상상하는 환상이 더욱 더 고착되고 있었음을 나타낸다. 우리는 노트와 글라이든이 혼종성의 불가능성을 주장하면서도 자신들의 마음속에서 혼종성을 배제할 수 없음을 보았다. 대조적으로 몇몇은 아말감화의 이점을 주장할 정도로 더 혁신적인 입장을 취할 준비가 되어 있었다. 앤서니 트롤럽Anthony Trollope은 『서인도제도』The West Indies(1859)에서 식민화가 백인과 흑인의 다른 속성들을 요구한다는 근거로 인종적 "아말감화"의 이점들을 주장했다.

　　나의 이론은… 이러하다. 신이 백인 남성들과 흑인 남성들을 이 지역에 보낸 것은 그들에게서 문명에 적절한 지적 능력과 열대지방의 노동에 적절한 신체적 조직을 가진 인종이 태어날 수 있게 하기 위해서이다.

　　카리브해 지역에서 앵글로-색슨 인종에게 주어진 일은, 트롤럽에 의하면, "불편없이 그 기후에서 살고 일할 수 있는" 새로운 인종을 창조하는 것이

---

1)　Haggard, *King Solomon's Mines*, 281. Haggard의 "저서 내내 혼종들을 다루는 것을 보면, 혼종들에 대한 "과학적" 주장이 [인종 간 결혼에 대한] 그의 반대 뒤에 놓여있음을 보여 준다"고 Street는 말한다 (*The Savage in Literature*, 101).

다(마법처럼 백인 남자와 흑인 남자만으로 창조되는 듯하다).

> 우리의 피가 저 태양의 아이들의 혈관 속에 충분히 주입되면, 그 때가 우
> 리의 애국심에 오점을 남기지 않고 우리의 모자를 벗어 서인도제도에 안
> 녕을 고할 준비가 된 때라고 나는 생각한다.[2]

트롤럽의 아프리카인 비하와 노예제도 이후 시기에 자메이카가 대면한 경제적 어려움 때문에, 경제성이 사라진 식민지에서 명예롭게 물러나올 수 단으로 아말감화라는 실용적인 방법이 제안되었음이 분명하다. 기후적으로 거주하기 어려운 땅을 식민화하면서 만나는 어려움에 대해 이러한 해결책을 제안한 것은 트롤럽만이 아니었다.

예를 들어 1866년에 제임스 브룩 경Sir James Brooke의 손아래 조카이자 법정 상속인, 사라와크의 왕Rajah이자 인류학회 명예회원이기도 한 찰스 브룩Charles Brooke은 『사라와크에서의 십년』Ten Years in Sarawak에서 유럽인들이 인도의 기후 에 영구히 적응하기는 도무지 불가능하다고 주장했다. 그 증거로 W.J. 무어 Moore의 『열대에서의 건강』Health in the Tropics(1862)의 한 장인 「유럽의 인도 식민 화에 대하여」On European Colonization in India를 인용한다. 거기서 무어는 기후 때문 에 인도를 정착식민지로 만들 수 없다는 사실을 지적한다. "우울한 사실은 유 럽 인종은 멸종한다는 것이다." 그 의사는 인도에서 "우리 인종이 아시아인과 섞이지 않고는 몇 세대도 생존할 수 없다"고 분명히 말한다. 하지만 그러한 섞 임으로 후세는 생존하겠지만 그들은 토착민으로 전락하게 될 것이다.

> 토착 혈통의 주입은 종의 지속에 꼭 필요하다. 일단 장벽이 무너지면 유
> 럽 조상에서 멀어진 후손들은 주변의 더 검은 인종들처럼 빠르게 나약해
> 지고 약삭빠르고 정욕적이며 게으르게 된다.[3]

---

2) Trollop, *The West Indies*, 75, 96, 84.

3) Moore, *Health in the Tropics*, 277, 280, 277. 기후와 식민화에 대해서는 다음을 참조. Hunt, "On

브룩은 무어의 주장을 뒤집어, 영국인들은 아시아 혈통과 섞이지 않고는 생존할 수 없기 때문에 "유럽인의 혼혈자손"이 그들을 대신해야 한다고 제안한다. "결혼을 통한 상호섞임과 아말감화의 결과로 인종들이 변화되어 그런 나라를 자신들의 영원한 고향으로 삼을 주민들이 나타날 때가 오리라 나는 확신한다"고 그는 쓴다. 그는 유럽인의 두뇌에 현지인의 기후 저항성을 가진 후손들이 점차 나타난다고 예언한다.

그들에게 요구되는 의무를 모든 면에서 더 잘 실행할 자질을 갖춘 더 계몽된 인종이 등장할 것이다…. 바라는 바처럼 이러한 나라에서 견고한 인구집단과 지도자가 나오는 것은,… 다수의 인종들 사이에서 자질들이 결합되는 충분한 변모가 일어날 때인데, 이러한 자질들은 그들의 후손 안에서 변모되고 아말감화된다.

브룩은 그런 정책이 인도에서 충실하게 유지되었다면 "토착인들의 권리와 감정과 관심에 우리가 너무 무심하다, 배타적이다, 주의를 기울이지 않는다는 것에서 비롯된 반란들과 다른 문제들을 다루지 않아도 되었을 것이다"라고 주장한다.[4] 어떤 면에서 브룩의 입장은 보기보다는 덜 진보적이다. 그는 혼혈들이 불가피하게 퇴행한다는 주장은 반박한다. 그러나 새로운 혼혈 식민지인들을 번식시키자는 그의 주장은 여전히 더 효과적인 식민주의 형식을 제안하는 것이다. 이 견해는 20세기 초 사라와크에서는 영향력이 있었을지 모르지만, 모런트 만 이후의 시기에는 식민부도 영국의 일반 대중도 이전의 여유있는 실천으로 되돌아 갈 분위기가 아니었다. 사실 영국 식민 정책의 임무는 영국과 식민지인들 사이의 혼합을 막으려는 노력에 초점이 맞춰

Ethno-Climatology"; 열대 지방에서 백인의 퇴행에 대해서는 다음을 참조. Stepan, "Biological Degeneration: Races and Proper Places," in Chamberlain and Gilman, *Degeneration*, 99-104.

4) Brooke, *Ten Years in Saráwak*, II, 331-8. 다음을 참조. Reece, "A Suitable Population": Charles Brooke and Race-Mixing in Sarawak," 식민화를 위한 "인종적 상호결혼 혹은 교배"의 이점들은 다음에서 논의됨. Ripley, *The Races of Europe*, 569-70.

졌다.[5]

　미국에서도 아말감화 개념은 이 시기에 적극적으로 논의되고 있었다. 그 것은 1864년 남북전쟁 중간에 있었던 그 중요한 선거의 중심 쟁점이 되었다. 인류학회는 그해 런던과 뉴욕에서 출판된 익명의 팜플렛 때문에 격노했다. 그것의 제목은『흑백혼합: 미국 백인과 니그로에게 적용된 인종들의 융합 이 론』*Miscegenation: The Theory of the Blending of the Races Applied to the American White Man and Negro*이 었다.[6] "miscegenation"[흑백혼합]이라는 단어는 처음 이 책과 더불어 도입되었 고, 이 말이 즉시 유행하기 시작하였다는 사실로 이 책의 강력한 영향력을 측정할 수 있다. 저자들은 이 용어에 대한 짧은 정의로 시작하면서 *miscegen, miscegenate, miscegenetic, melaleukation, melaleukon, melaleuketin* 같은 대부분 새로 만든 단어들을 제시한다(마지막 세 용어는 그리스어 melas[검은]와 leukos[하얀]에서 나와 melamigleukation 즉 "인종들의 결합"으로 나아간다[vii]). 이 전략은 "아말감화"라는 관습적인 용어보다 현실에서 일어나는 인종적 섞임의 더 특정한 의미, 즉 미 국연방의 회복을 위한 용어로도 사용될 수 있는 단어를 만들어내고자 하는 것이었다.『흑백혼합』은 인종들의 섞임의 결과가 불가피한 쇠락이라고 주 장했던 노예제 찬성 인류학자들인 모턴, 노트와 글라이든의 명제에 대한 대 담하고 오만한 공격으로 구성되어 있다. 저자들은 대신 널리 알려져 있는 또 다른 주장을 환기시킨다. 즉 다윈이『인간의 유래』에서 인용한 것으로, "문명 화된 인종들"과의 이종교배는 "원주민 인종"을 더 번식력 있게 만든다는 주 장이다.[7]『흑백혼합』에서 저자들은 흑백혼합이 고비노와 그를 옹호하는 미 국인들이 주장했던 것처럼 퇴행을 만들어내기보다는 전적으로 이로운 결과

---

5)　다음을 참조. Hyam, "Chastity and the Colonial Service," *Empire and Sexuality*, 157-81.

6)　Croly and Wakeman, *Miscegenation*. 추가 언급은 본문에서 함.

7)　*The Decent of Man*(1871)에서 Darwin은 자주 인용되는 다음의 예를 든다. "타히티인들과 영국인들의 혼혈 자손들이 Pitcairn섬에 정착했을 때 그들은 너무 빠르게 증가해서 섬은 곧 포화상태가 되었다. 그래서 1856년 6월 그들은 Norfolk섬으로 옮겨진다. 그 때 그들은 60쌍의 부부와 134명의 아이들로 총 194명이었다. 여기서도 그들은 역시 너무 빠르게 증가해서 1859년에 16명이 Pitcairn섬으로 되돌 아갔지만, 1868년 1월에 그 수가 300명이었다"(295). 특별한 "hybrid vigour" 개념은 이 시기 아주 흔 하다(e.g. Quatrefages, *The Human Species*, 87).

를 가져오리라 주장한다. 이 경우 미국인들에게 예상되는 현재의 퇴보를 멈추게 하고 그들의 다산성과 활력을 증가시켜 새롭고 우수한 인종으로 만들어낼 수 있다는 것이었다.

> 미국 인종의 힘과 활력은 전적으로 앵글로-색슨 조상들에게서가 아니라 미국인들을 구성하는 다양한 세계 각국의 사람들에게서 나온 것이다. 미국인을 지구 상에서 가장 훌륭한 인종으로 만들기 위해 필요한 것은 신의 섭리에 따라 이 대륙에서 우리 옆에 자리를 잡은 흑인 요소들을 우리 혈통에 접붙이는 것이다….
> 　우리는 노란 피부에 검은 머리를 가진 사람이 되어야 한다. 요컨대 가장 만개한 문명의 결과를 이루려면 우리는 잡종이 되어야 한다. (18, 28)

이 주장을 증명하기 위해 저자들은 남북전쟁에서 남부연합의 뛰어난 군사적 성공이라는 현상을 예로 든다. 그들은 그 현상의 근거를 추적한다.

> 악명 높은 사실은… 지난 3세대 동안 남부의 부유하고 교육받은 지도층들이 노예가 된 인종과 피를 섞어왔다는 사실이다. 이러한 불법적인 결합들은 비록 법도 양심도 인가한 바 없고 그래서 도덕적으로는 품위를 떨어뜨리는 것임에도, 남부인들의 활력을 강화시키고 정신력을 증가시키는 데 도움이 되었다. 모든 좋은 가문의 노예소유자들의 특징인 감정적 힘, 열렬한 웅변과 강렬함은 가장 매력적이고 지적인 여자노예들과 그들의 친밀한 관계 때문이다. (52)

저자들은 여자노예들이 노예제에서 해방되었을 때 이런 강요된 관계를 지속하고 싶어 할지 결코 묻지 않는다. 그들의 목표는 백인 남부인이다. 「남부 백인 딸들의 마음 속 이야기」Heart Histories of the White Daughters of the South라는 놀랄 정도로 솔직한 장에서 저자들은, 자메이카 농장주들이 이전에 그렇게 했던 것처럼 노예 해방이 흑인 남자와 백인 여자 사이의 성적 대혼란을 야기할 것이라고 위협하는 남부인들의 전략을 반복해 언급한다. 남부 남자들이 혼종이라는 비난이 충분하지 않을 경우, 저자들은 "남부 미녀"의 기반을 더 도전적인 조롱조의 용어로 설명한다.

남부 여성들도 열대 인종과 어울리려는 그 이상한 매혹에 무관심하지 않다. 정반대로 귀족적인 노예소유주 어머니와 딸들은 매일 검은 남성 노예들과 접촉하면서 이상한 기쁨으로 가슴이 설렌다⋯.

이것이 남부 여성들이 노예제라는 그 끔찍한 야만성에 이상하게 열중하는 숨겨진 이유다. 그녀는 자유가 주어지면 유색인 남성과 영원히 분리되지만 노예제가 그를 옆에 잡아 두게 되리라는 것을 안다. 남부 여성이 그것을 부인하는 것은 쓸데없는 일이다. 그녀는 흑인 남성을 사랑한다. 그녀가 입는 의상은 그를 기쁘게 하기 위해서다. 남부 여성 의상의 두드러진 특징들은 어떠한가? 왜 그렇게 밝은 색채들인가—노란색과 분홍을 입는 성향, 검은 피부와 매력적인 대조를 이루지만 금발 머리와 흰 피부의 화장과는 어울리지 않는 그 눈부신 황금색 장식들. 그렇다. 우리의 북부 도시와 휴양지에서 그렇게 밝은 옷과 어울리지 않는 색깔을 입고 다니는 남부 미녀는 빛나는 머리의 거대한 장식 하나하나와 물결치는 드레스 주름의 노란 색조 하나하나로 이렇게 선언한다. "나는 흑인 남자를 사랑한다." (54-5)

『흑백혼합』에 대한 『인류학 평론』의 한 논평에서 저자는 이 장이 "우리가 인용하기에 너무 무례하다. 우리는 단지 뮬라토나 뮬라트리스만 그렇게 음탕하고 말도 안 되는 말을 꾸릴 수 있으리라 믿는다"고 말한다.[8]

사실 팸플릿 전체가 가짜였다. 격렬하게 노예제 폐지를 반대하는 두 명의 뉴욕 저널리스트인 데이비드 크롤리David Croly와 조지 웨이크만George

---

8) *Anthropological Review*, II (1864), 120-1.

Wakeman이 쓴 것이었다.[9] 1864년 선거에서 민주당 전략은 북부와 남부를 아말감화하고 노예를 해방시키는 링컨의 두 원칙의 숨은 의미와 비밀스러운 의제가 흑인과 백인의 인종적 아말감화를 가져오려는 것이라고 주장하는 것이었다. 여기에는 노예제 폐지론자들이 자신들이 해방시키고자 하는 노예들에게 성적 욕망을 가졌다는 암시가 따라온다.[10] 당대의 「흑백혼합 무도회」The Miscegenation Ball라는 제목의 만화에는 링컨의 뉴욕 본부에 있는 공화당 지도자들이 지나치게 아첨하는 흑인 여성과 춤을 추는 모습이 그려지고 있다.[11] 『흑백혼합』은 인종적 아말감화라는 추정된 프로그램을 명시적으로 언급함으로써 그에 대한 반대에 불을 붙이기 위해 만들어진 것이었다. 이 전략은 링컨이 선거에서 질 정도의 효과는 없었지만 선거에서 흑백혼합의 문제가 두드러지게 등장한 것으로 보아 유효했던 전략임을 분명하다. 일련의 대항 팜플렛들이 뒤를 이었는데, 이것들은 물론 『흑백혼합』이 이미 명시적으로 언급했던 것의 끔찍함을 강조할 뿐이었다. L. 씨맨Seaman이라는 적절한 이름의 저자가 쓴 『흑백혼합이란 무엇인가! 링컨 씨가 재선되었으니 무슨 일이 일어날까』What Miscegenation is! What we are to Expect Now that Mr Lincoln is Re-elected 라는 짧은 팜플렛은 백인 소녀에게 키스하는 희화화된 흑인 "삼보" 인물을 표지에 담아 메시지를 전한다.[12] 악명 높은 인종주의자인 뉴욕 편집장 J.H. 밴 에브리에는 익명으로 『서브지네이션*: 인종들의 정상적 관계에 대한 이론: 흑백혼합에 대한 대답』Subgenation: The Theory of the Normal Relations of the Races: An Answer to Miscegenation을 출판하는데, 『인류학평론』조차도 그것을 "천 년의 떠벌림"으로 무시한다.[13]

*
Van Evrie가 인종 간의 위계를 나타내기 위해 만든 단어. "낮은"이라는 의미의 sub와 "인종"이라는 의미의 genus를 조합하여 우월한 인종에 대한 열등한 인종의 자연스럽고 일반적인 관계를 의미한다.

---

9) The National Union Catalogue도 E.C. Howell을 익명의 *Miscegenation*의 저자로 보지만, 이는 잘못이다. 이 팜플렛에 의해 야기된 논란에 대한 자세한 설명은 다음을 참조. Kaplan, "The Miscegenation Issue in the Election of 1864."

10) Cf. Pratt, "Eros and Abolition," in *Imperial Eyes*, 86-107.

11) Wood, *Black Scare* (193쪽 맞은편 그림 3)에 다시 실려 있다.

12) Seaman, *What Miscegenation is!* 표지 그림은 Henriques, *Children of Caliban*에 있다(84쪽 맞은편 그림 1).

13) *Anthropological Review*, II (1864), 288.

『흑백혼합』의 출판 이후 팜플렛과 카툰 전쟁에서 양편 모두 헌트Hunt의 『자연에서의 니그로의 자리』The Negro's Place in Nature를 두드러지게 인용하는데, 그 전쟁에서 실제로 몇몇 운동가들은 새로운 미국인 인종의 이름으로 인종적 아말감화를 적극적으로 옹호했다. 의심할 바 없이 그것은 미국인들이 근본적으로 튜턴족이라고 주장하는 노트같은 사람들에 대한 반응이었다. 예를 들어 노예해방론자 M.D. 콘웨이Conway는 "흑인들과 백인들의 섞임은 좋다…. 나는 그러한 조합이 순전한 앵글로-색슨족보다 더 완전한 인물이 생겨날 것이라고 믿는다." 미국은 새로운 국민성을 필요로 하지 않는다. 그보다는 "우리는 새로운 인종을 길러야한다"[14]고 그는 주장했다. 콘웨이는 비꼬듯 다음과 같이 첨언한다.

> 흑백혼합이 이미 되돌릴 수 없는 남부 사회의 현실이라는 것을 기억하는 것이 좋을 것이다. 인정만 받지 못하고 있을 뿐이다…. 피의 섞임은 매우 광범위하게 이루어져 왔다. 두 혈통의 결연에 대한 혐오는 목사와 행정관 정도에 국한되어 있을 뿐이라는 것을 이 남부인들은 증명한다.

인종적 융합의 한 형태로서 그 유명한 미국적 정체성의 "용광로" 모델이 주창된 것은 남부 분리주의와 앵글로-색슨족의 우수성을 주장하는 인종차별주의의 맥락에서다. 이 모델은 분명 자유주의적 모델이지만 서로 다른 민족적 정체성을 보유하는 모델이 선호되면서 의심을 받는다. 그런데 역설적으로 후자는 남부 분리주의자들의 입지에 더 가까이 간다.

하지만 많은 자유주의자들도 인종적 합병이 어디까지 허용되어야 할지에 대해서는 제한을 두고 있었다. 1863년 링컨 대통령은 미국자유민 조사위원회American Freedmen's Inquiry Commission를 설립하여 새롭게 해방된 노예들의 상태를 보고하게 했다. 이듬해인 "흑백혼합 선거"의 해에 위원회 일원인 로버트 데일 오웬Robert Dale Owen은 『노예제의 부당함, 노예해방의 옳음, 미국의 아

---

14) Conway, *Testimonies Concerning Slavery*, 75-7.

프리카 인종의 미래』*The Wrong of Slavery, the Right of Emancipation, and the Future of the African Race in the United States*(1864)를 출판한다. 사회 통합의 옹호자인 오웬은 새롭게 해방된 노예들을 분리된 지역에 정착시키는 것은 피해야 한다고 주장했다.

> 왜냐하면 그러한 분리는 감정을 멀어지게 하고 인종에 대한 편견을 강화할 것이기 때문이다. 그들의 거주지나 농장이 백인들의 것과 섞이면 그들은 잘 살 것이다. 국가적 편견의 모서리를 깎아 내고 그들을 분리된 이질적인 인종으로 간주하는 감정을 약화시킬 것이기 때문이다.[15]

하지만 여기서 중요한 단어는 늘 그렇듯이 "섞임"이다. "아말감화"에 대한 다음 장에서 오웬은 통합의 한계를 처방한다.

> 어떤 사람은 그러한 상호섞임의 결과로 인종들 사이의 아말감화가 도입될 것이라고 생각할 것이다. 다른 이들은 그러한 아말감화가 그 문제의 자연스럽고 적절한 해결이라고 생각한다. 나는 이것도 저것도 믿지 않는다.

오웬은 그의 위원회의 증언에 기대어 "혼혈 인종은 신체적 힘과 건강이 흑인이든 백인이든 순수한 인종보다 열등하다"고 주장한다. 위원회의 한 일원은 캐나다에서 혼혈 인종 도망자들의 상태를 조사했다.

> 그는 그들이 대체로 림프성 체질임을 알아냈다. 얼굴과 목의 일부가 흐물흐물한 외양, 스펀지 같은 잇몸과 반짝이는 이빨에서 연주창*이나 갑상선 기질의 특징을 보인다. 일반적으로 결핵성 질환의 발병률이 높다.
> 성 캐서린의 의사 맥Dr Mack은 증언했다. "혼혈 인종은 가장 건강이 나쁘고, 순수한 흑인은 가장 건강하다. 그들이 가장 많이 걸리는 질병은 폐병이다. 폐결핵에 실제 걸리지 않은 경우엔 기관지염과 폐렴이 있다. 나

*
림프샘의 결핵성 부종인 갑상샘종이 헐어서 터진 부스럼

---

15) Owen, *The Wrong of Slavery*, 212.

는 그들이 섞였을 때 멸종한다고, 이러한 경향이 그들을 완벽하게 소멸시킬 것이라고 생각한다. 순수한 흑인들은 살아남을 것이다."

다음에 나오는 출생과 사망에 관한 표는 혼혈 인종 인구가 감소됨을 보여 준다(그러한 사람들이 살고 있는 물리적, 경제적 조건에 대한 논의는 없다). 뮬라토의 감소된 생식력도 인용된다. 그러므로 오웬의 입지는 그의 전반적인 자유주의적인 정치학에도 불구하고, 흑인과 백인의 성적 접촉의 퇴행적 결과에 대해서는 노트의 입장과 본질적으로 똑같다. 그의 결론은 이렇다.

이 두 인종의 아말감화는 그 자체로 양쪽에 치명적인 신체적 해악이다. 여론이 단념시켜야 하고 부모로서 자손들에게 온전한 건강과 신체적 안녕을 위한 최선의 조건을 물려주는 것을 의무로 여기는 모든 사람들이 피해야 하는 실천이다. 하지만 이것은 법률의 합법적 영역 너머에 있다.[16]

그렇다고 의원들이 다른 인종들 사이의 성관계와 흑백혼합을 불법화하는 주법들을 심리하여 통과시키지 않았던 것은 아니다. 한 때는 50개 주들 중 40개나 되는 주가 인종 간 결혼을 금지했다.[17](보아스는 만약 그런 법들이 "니그로 피의 유입으로부터 백인종"을 보호하려고 의도된 것이라면 그것들은 잘못된 생각이라고 날카롭게 지적한다. 왜냐하면 "아주 드문 예외를 제외하고는 백인들과 니그로들 사이의 결합은 백인 남자들과 니그로 여자들 사이의 결합이기" 때문이다[18]). 이러한 무자비한 논리에도 불구하고 유사한 법들이 1920년대 영국에서 발의되었었다.[19] 미국에서는 1967년에 와서야 그러한 법들이 위헌이라고 선언되었다.

오웬이 캐나다 도망자들의 질병에 대한 신체적 묘사를 상세하게 묘사하

---

16) Ibid, 213, 218-19. "자연적 소멸" 테제를 포함한 노예 해방의 결과에 대한 당대의 토론에 대해서는 다음을 참조. Haller, *Outcasts from Evolution*, 40-68, 203-10.

17) Day, *Sexual Life between Blacks and Whites*, 12.

18) Boas, *The Mind of Primitive Man*, 276-7.

19) 다음을 참조. Rich, *Race and Empire*, 127-8.

는 방식은 흑백혼합의 개념이 백인의 상상력에 일으키는 두려움과 매혹에 대한 징후이다. 우리가 보아온 것처럼, 19세기 과학자들은 특히 그러한 적대적인 집착들과 양가적 환상들에 쉽게 빠지는 듯하였다. 예를 들어, 스위스계 미국인 민족주의자인 루이 아가시의 반응을 살펴보자. 하버드의 동물학 교수이며 『인류의 유형들』에 글을 쓴 아가시는 미국자유민 조사위원회에 초대되어 미국에서 해방된 노예들을 위한 전망에 대해, 특히 그들이 백인과 아말감화할 것인지, 뮬라토들이 풍요롭게 후손들을 재생산할 것인지 혹은 노트의 주장대로 멸종할 것인지에 대해 말하도록 요청받았다. 그는 인종들의 지리학적 분포에 대한 자신의 이론에 따라, 백인들은 북부로 가고 흑인들은 남부로 감으로써 흑인들과 백인들이 자연스럽게 분리될 것이라고 주장한다. 그는 허약하고 생식력이 없는 뮬라토들은 멸종할 것이라고 주장했다. 노트의 주장을 되풀이하면서 아가시는 자신도 자신의 과학적인 인종이론을 완전히 확신하지 못하고 있음을 알게 된다. 그는 아말감화의 가능성이라는 압도적인 악몽을 생각하지 않을 수 없다.

> 문명화된 공동체에서 근친상간이 성품의 순수성에 대한 죄인 것처럼 혼혈의 출생은 자연에 대한 죄다… 아말감화 개념은 우리의 어려움에 대한 자연스러운 해결을 제시하기는커녕 내가 가장 반감을 느끼는 개념이다. 나는 그것을 모든 자연적 감성의 왜곡이라고 여긴다… 모든 노력을 다해 우리의 더 나은 본성과 더 고귀한 문명과 더 순수한 도덕성의 진보에 적대적인 것을 막아야 한다.

하지만 스티븐 굴드Stephen Gould가 말하듯, 만약 인종들 사이의 이종교배가 그렇게 혐오스럽다면, 인종 간 성관계가 그렇게 끔찍하다면, 도대체 왜 미국에 혼종 인구가 존재하는지, 그것도 왜 그렇게 거대한 수로 존재하는지 아가시는 설명해야 했다. 아가시는 남성을 황인 여성과 흑인 여성에게 끌어당기는 고비노의 자기 파괴적인 문명화 본능을 사실로 가정하기보다는 현실적으로 접근한다. 그는 그 문제를 해결하기 위해 "혼혈" 하녀들의 헐거운 도덕성을 비난하고 거기에 젊은 백인 신사들의 순진함을 더한다. 아가시는 남자들이 "유색인" 혼혈 인종 하녀의 백인성에 끌리는 반면, 그녀의 흑인성은 하녀와 주인 둘 다의 억제를 느슨하게 한다고 주장한다. 하지만 아가시가 주장한 백인과 흑인 사이의 본래적 혐오를 고려한다면 이러한 "유색인" 하녀들은 어떻게 태어났을까? 혐오는 늘 욕망의 흔적을 담고 있다. 혼혈 하인과의 연애놀이의 영향으로 백인 남부 남성들이 순수 흑인 여성들을 더 좋아하게 되었다고 아가시는 말한다. "이것이 백인 남성의 더 나은 본능을 둔하게 하여 점점 더 자극적인 상대spicy partners를 찾게 만든다. 방종한 젊은 남자들이 순수 흑인들을 그렇게 부르는 것을 들었다."[20] 이 지점에서 아가시는 말할 수 없는 것을 말하고, 그렇게 많은 인종이론들이 왜 그토록 끈질기게 절대적인 분리에 기반을 두어야 했는지 보여준다. 즉 백인 여성이 진실로 "흑인 남성을 사랑한다"고 선언하고 싶어 한다는 두렵고 달콤한 환상과 흑인 여성들에 대한 백인 남성의 성적 욕망의 선언이다. 다시 한 번 우리는 고비노에서처럼 인종주의의 핵심에 있는 양가적인 욕망의 추동을 발견한다. 즉 충동적인 리비도적 매혹과 혐오가 똑같은 강조로 부인되고 있다. 조던Jordon의 말처럼, 영국 식민주의자들만 "인종 간 성적 결합에 대한 욕망과 혐오 사이의 타협할 수 없는 갈등의 밀고 당김에 사로잡혀 있었던" 것은 아니었다. 이 양가성은 아가시 본인의 『브라질 여행』Journey in Brazil에 잘 예시되어 있다. 거기서 아가시의 "잡종" 혼혈에 대한 혐오—"잡종개들처럼 혐오스러운 잡종군중"—는 서아프리카 출신의 "잘생긴 건장한 니그로들"에 대해 그의 부인이 느끼는 매혹과 짝을 이룬다. 그는 부인이 거리와 시장에서 전혀 질리지 않고 그들을 본다고 쓰고 있다.[21]

---

20) 링컨위원회 3명 회원 중 한명인 Samuel Howe에게 보낸 1963년 8월 9일자 편지는 Gould, *The Mismeasure of Man*, 48-9에 인용되어 있다. Howe에게 보낸 Agassiz의 4통의 편지는 1895년 그의 아내가 출판한 권위 있는 Agassiz의 편지들 모음집에서 삭제되어있다. 다음도 참조. Stanton, *The Leopard's Spots*, 189-91.

21) Jordan, *White over Black*, 137; Agassiz, *A Journey in Brazil*, 298, 82.

하얀 권력, 하얀 욕망

> 열대 기후의 가장 미묘한 생리적 영향 중 하나는 성기관의 과도한 흥분이다. 도덕적으로 미발달된 비굴한 원주민들과 같이 있을 때 나이가 어린 경우에도 성기관은 과도해진다.
> 윌리엄 Z. 리플리William Z. Ripley, 『유럽의 인종들』The Races of Europe[22]

오랫동안 권위를 인정받았던 에드워드 롱의 영향력 있는 책 『자메이카의 역사』는 위에서 언급한 성적 모순의 징후적 사례를 제시한다. 현대 해설자들은 습관적으로 아프리카인들에 대한 공공연한 인종차별적인 감성의 표현들 때문에 롱을 인용한다("인간 중 가장 끔찍한 존재로서, 그들은 거의… 인간인 척도 안 한다"). 많은 19세기 해설자들이 흑인과 백인은 분리된 종이며 뮬라토들은 생식력이 없다는 그의 주장을 긍정적으로 인용한 것과 마찬가지다. 폴 프라이어Paul Fryer가 지적하듯이 영국에서 노예해방의 예상된 결과를 검토하면서 인종적 "오염"의 유령을 불러낸 것은 롱과 같은 서인도제도 농장주들을 위해 선전하는 사람들이다("오염"이라는 개념은 타키투스Tacitus에까지 멀리 거슬러 갈 수 있으며, 우리가 보았듯이 1860년대에 미국에서 남부연합 선전자들이 다시 환기시킨 개념이다). 롱은 다음과 같이 쓴다.

> 몇 세대 더 지나가면 영국의 피는 이러한 섞임으로 많이 오염될 것이다. 우연들과 삶의 부침들로 혼합물은 너무나 광범위하게 퍼져나가 중간계급까지, 그리고 나서는 상류계급까지 도달하게 되고, 마침내 전 국민이 피부 색깔과 정신의 저급함에 있어서 포루트갈인들과 스페인의 무어인들을 닮게 될 것이다. 이것은 유독하고 위험한 궤양으로서 마침내 모든 가족이 전염될 정도로 그 해로움을 멀리 그리고 넓게 퍼뜨릴 우려가 있다.[23]

---

22) Ripley, *The Races in Europe*, 562.

23) Edward Long, *Candid Reflections Upon the Judgement lately awarded by the Court of King's Bench… On What is Commonly Called the Negro Cause, by a Planter* (London, 1772), 48-9. Fryer, *Staying Power*, 157-8에 인용되어있다. 이에 해당하는 20세기의 근심에 대해서는 다음을 참조. Rich, "The 'Half-

프라이어Fryer가 붙여준 "영국 인종차별주의의 아버지"라는 이름이 롱에게 합당한 근거는 정말로 이런 것들이다.[24] 동시에 롱의 해설들은 그의 인종차별주의가 이제는 익숙한 구조가 된 성적 매혹과 혐오 구조 안으로 얼마나 끈질기게 시소놀이 하듯 드나드는지 드러낸다. 『자메이카의 역사』에서 이런 현상은 또 발생한다. 롱은 아프리카 여성들이 "원숭이나 바분처럼 리비도적이고 수치를 모른다"는 주장을 불필요하게 확장시켜 그들이 "이런 동물들을 자주 포옹하는 것"을 실제로 인정한다고 주장한다.[25] 여기서 주목할 만한 것은, 거의 모든 점에서 그러하듯, 롱이 자신의 인종차별주의적 견해를 혐오스러운 섹슈얼리티에 대한 언급을 통해 표현하기를 좋아한다는 것이다. 하지만 그런 묘사들을 하는 정도는 양가감정을 보여주는데, 그 양가성은 "나 자신으로 말하자면, 나는 백인과 니그로가 두 개의 서로 다른 종이라고 믿을 만한 **지극히 강력한** 이유가 있다고 생각한다"고 하는 그의 말에서도 들을 수 있다("인종 차이의 크고 의미심장한 요소들"과 "진짜로 자연스러운 인종의 집단화에 대한 민족학자들의 놀랍고도 의미심장한 개념들"에 대한 아널드의 말과 비교해보자).[26] 이러한 위협적이고 혐오스럽게 보이지만 분명하게 매혹적인 환상들의 뒷면은 롱이 자메이카에서 백인 농장주들과 흑인 여자들 사이의 성적 관계를 논하는 다른 곳에서 등장한다. 그 자신이 이런 현상을 너무 잘 알고 있음이 분명하다. 그는 식민지에서 백인 남성들이 "흑인 여자들에 대한 분별없는 애착"에 너무 빠져서 백인 여자들과 결혼하기를 거부한다고 말한다.

> 이러한 실천의 결과로 〔백인〕 노처녀의 수가 토착민들의 여성 수에 비해 더 많다…. 이 작은 공동체에는 대영제국의 다른 영토에서보다는 거주민들의 비율이 적절하지만, 수많은 다른 피부색의 사생아 후손들이 더해지

Caste' Pathology" in *Race and Empire*, 120-44; Dover, *Half-Caste*.

24) Fryer, *Staying Power*, 70. 다른 한편 Curtin은 이 제목을 Knox에게 준다(*The Image of Africa*, 377).

25) Long, *History of Jamaica*, II. 383.

26) Ibid., II, 336; Arnold, *Culture and Anarchy*, 141, *On the Study of Celtic Literature*, 300 (나의 강조).

고 있다. 관습적으로 욕망의 제한이 없는 이곳에서 유럽인들은… 너무도 쉽게 옆길로 빠져 모든 종류의 관능적인 즐거움을 마음껏 즐긴다. 이 때문에 흑인이나 황색의 쿼쉐바*quasheba*들을 희구하고 그들로부터 황갈색 종이 생산된다.

*
일요일에 태어난 흑인 여아의 요일 이름. 예전에 크레올 문화에서 흑인 전통에 따라 태어난 아이의 성과 요일에 따라 다른 이름을 가졌다. 일요일에 태어난 흑인 남아는 Quashee이다. 자메이카 등 서인도제도의 흑인 여자 노예를 통칭하는 말로 쓰이기도 하였다.

롱은 자신의 요점을 말한다. 백인 남성이 흑인 여성을 선호하여 백인 여성을 거부한다는 것이다. "여기서는 지위, 품성, 신분을 가리지 않고 많은 남자들이 결혼의 상호적 사랑에서 나오는 순수하고 합법적인 지복을 나누기보다는 이러한 음탕한 관계에 방탕하게 빠지고 싶어 한다."[27] 하이엄은 이 마지막 고백을 인용하며 직설적으로 논평한다.

에드워드 롱에 의하면 영국 남성은 서인도제도에서 너무 쉽게 흑인 여성과 결합하려는 경향이 있다. 백인 여성이 부족해서도 아니고… 결혼으로 인한 부담이나 비용 때문도 아니다. 흑인 육체의 성적 매력 때문이다.[28]

피터 닐슨Peter Neilson은 1830년대에 미국을 여행하면서 "많은 백인 남성이 흑인 여성에 대해 놀라운 선호를 드러낸다"고 말한다.[29] 몇몇 사람에게

---

27) Long, *History of Jamaica*, II. 327-8. 이 맥락에서 19세기 동안 전 세계의 가슴을 다 드러낸 벌거벗은 여성들의 사진들을 풍부하게 보여주는 대중 인류학. "에스노포르노"ethno-porn라고 명명할 수 있는 것이 발달하고 인기있었다는 것은 분명 징후적이다(다음을 참조. Alloula, *The Colonial Harem*; Hammerton, *Peoples of All Nations*; Hutchinson, Gregory and Lydekker, *The Living Races of Mankind*; Joyce and Thomas, *Women of All Nations*; Redpath, *With the World's Peoples*). Hammerton의 *People of All Nations*에 대한 Sir Arthur Keith의 소개글은 다른 인종들을 다른 종으로 묘사하고 인종적 편견이 자연적인 혐오적 본능이라고 주장하면서도 호색적인 독자에게 "성 본능은 가장 강한 인종적 장벽도 무너뜨릴 것이다"(xx)라고 경고한다.

28) 다음을 참조. Hyam, *Empire and Sexuality*, 92; 203-6. Cf. Alloula, *The Colonial Harem*; Beckles, "Prostitutes and Mistresses" in *Natural Rebels*, 141-51. Genovese, "*Miscegenation*" in *Roll Jordan Roll*, 413-31; Gilman, "Black Sexuality and Modern Consciousness" in *Difference and Pathology*, 109-27; Henriques, *Children of Caliban*, 98-110, 120-1; Schipper, "L'homme blanc et la femme noire," in *Le Blanc et l'Occident*, 30-2. Fanon의 "The Woman of Colour and the White Man," in *Black Skin, White Masks* (41-62)은 백인 남성에 대한 흑인 여성의 욕망에만 초점을 맞추어 집중하고 있지만, 흥미롭게도 흑인 여성에 대한 백인 남성의 욕망은 아무 문제없이 당연한 것으로 가정한다.

29) Neilson, *Recollections of a Six Years Residence*, 297, Henriques, *Children of Caliban*, 72에 인용되어있다.

"흑인 남성과 백인 여성의 관계"nutmegging는 분명 관습적인 권력관계의 에로 틱한 전복을 포함한다는 점에서 매력적이다. 롱은 "백인 한량들"이 "검은 미녀"를 쫓아다닐 때 어떻게 "주인의 권위도 더 절대적인 큐피드의 제국에 고개를 숙여야 하는지" 설명한다.[30] 다른 이들에게는, 의심할 바 없이 이들이 대다수인데, 노예소유주와 노예 사이를 통제하는 권력관계가 성애화되었다. 백인 남성 폭력의 피해자로 노예서사에 나타나는 흑인 여성의 증언에 더하여, 오늘날에는 토머스 시슬우드Thomas Thistlewood의 사적 일기도 있다. 만 쪽에 달하는 그의 일기는 자신의 노예들과의 종종 가학적인 성생활을 자세하게 기록하고 있다.[31] 어느 쪽이든 "흑인 육체"에 대한 백인의 욕망은 일반적으로 강간이나 강요된 착취를 통해 수행되면서 카리브해 지역과 아메리카 대륙에 혼혈 인종 인구들을 성장시켰다. 동시에, 백인 남성의 욕망과 거부라는 양가감정의 축은 눈에 띄게 이념적인 거짓 위선을 통해 구현되었다. 흑인 여성들은 성적 대상으로 구성되었고 그들 자신이 피해자로서 욕망의 대상이 되는 경험을 하였지만, 그들은 자신들을 성적으로 매력없는 존재로 보도록 교육받았다.[32]

가야트리 차크라보르티 스피박은 사티Sati, 즉 과부-화장 관습을 불법화하려는 제국주의 기획의 맥락에서 "제국주의적 주체와 제국주의의 대상 사이의 관계는 어쨌든 애매모호하다"고 말한다. 스피박은 이것의 특징을 "백인 남성이 갈색 남성에게서 갈색 여성을 구하려 한다"고 간결하게 설명한다.[33] 사티의 불법화는 분명 갈색 남성으로부터 백인 여성을 구하는 백인 남성들을 적법화하는 더 관습적인 서사의 이면이다. 스피박은 그녀의 문장이 들뢰

30) Long, *History of Jamaica*, II. 415. Cf. 뉴올리언즈의 성 정치학에 대해 다음을 참조. Henriques, *Children of Caliban*, 66-8.

31) Hall, *In Miserable Slavery*. 백인 남성 폭력의 피해자로서의 흑인 여성들에 대해 다음을 참조. hooks, "Sexism and the Black female Experience" in *Ain't I a Woman*, 15-49; Henriques, *Children of Caliban*, 62-3, 96-8; Hernton, *Sex and Racism in America*, 123-68; and Walvin, "Sex in the Slave Quarters," in *Black Ivory*, 214-29.

32) 다음을 참조. hooks, "Continued Devaluation of Black Womanhood" in *Ain't I a Woman*, 51-86, and Morrison, *The Bluest Eye*.

33) Spivak, "Can the Subaltern Speak," 297, 296.

즈적 집단 환상의 특징을 보인다는 것은 부인하지만, 그것은 여전히 이 백인 남성의 달콤하고 용감한 행위에서 갈색 여성은 누구를 위해 구원되고 있는 가라는 질문을 야기한다. 의심할 바 없이 대답은 백인 남성들 자신들을 위해 서다.

자메이카에서의 또 하나의 징후적 사례는 서인도제도 상인이면서 의회 일원인 브라이언 에드워즈Bryan Edwards의 예일 것이다. 『서인도제도 영국 식민지의 시민적, 상업적 역사』History, Civil and Commercial, of the British Colonies in the West Indies(1973)에서 에드워즈는 이렇게 인정한다.

> 유색인 [여성은]… 보통 지위와 조건을 막론하고 모든 백인 남성의 정부가 되곤 한다. 이 사실을 숨기거나 부정하기에는 너무 악명이 높다…. 의심할 바 없이 이 점에서 많은 백인들의 행위는 모든 품위와 예의범절을 위반하고 있다.[34]

이러한 도덕주의적인 언급(1793년에 선교단체와 노예제반대 로비의 압력이 시작되었다는 신호일 것이다)에도 불구하고 에드워즈는 흑인 창녀fille de joie와의 결혼은 결코 생각할 수 없다고 말하면서 내연관계 관습의 많은 측면을 옹호한다.[35] (테니슨은 「락슬리 홀」Locksley Hall에서 피부가 거무스름한 여성과의 결혼을 생각이라도 했으니 어느 정도는 칭찬받을 만하다.) 하지만 그는 서인도제도에서 백인 남성이 흑인 여성을 욕망하는 일반적인 이유에 대해 롱보다 더 완곡하게 언급한다. 그는 직접적으로 해설하기보다는 [그림 4]의 삽화와 함께 아이삭 틸Issac Teale의 시 「흑담비색 비너스: 송시」The Sable Venus; An Ode(1765)를 인용하면서 그의 글을 끝낸다. 그는 이 시가 "서인도제도의 검은 흑담비색과 샤프론색* 미녀들의 성품과

*
농황색

---

34) Edwards, *History of The West Indies*, II, 21-2.

35) 19세기 초에 대농장 주인들의 성적 습관은 점점 더 선교사들과 반노예제 압력단체로부터 도덕적 비난을 받게 된다. 반노예제 단체들은 자신들의 캠페인에서 백인들의 "방탕함"을 강조했다. C. Hall, "Missionary Stories: Gender and Ethnicity in England in the 1830s and 1840s" in *White, Male and Middle-Class*, 207-54. Hall은 1833년 노예제 폐지 후 선교사들이 같은 비판을 하기 시작했다고 지적한다.

〈그림 4〉 "흑담비색 비너스의 항해, 앙골라에서 서인도제도까지" 브라이언 에드워즈,
『서인도제도 영국식민지의 시민적, 상업적 역사』(1793)

그들의 정부들의 어리석음"을 묘사할 것이라고 말한다.[36] 이 독특한 시는 인
종적 환상에 나타나는 욕망의 성적 경제에 대한 초기 발언이다.

>*Alba ligustra cadunt, caccinia nigra leguntru.* Virgil
>
>〔하얀 쥐똥나무 꽃들은 떨어지게 두고, 검은 월귤 열매들을 딴다.
>
>(『목가』*Eclogues* 2:18)〕

>나는 오랫동안 내 흥겨운 리라를 버려두었지만,
>
>어느 날 그것을 켜면서,
>
>　　헬리콘 산을 향해 길을 잡았다;
>
>모든 뮤즈들이 회합을 빛내고 있었고,
>
>아폴로도 자리를 하고 있었다,
>
>　　그날은 우연히 콘서트가 열리는 날.

---

36) Edwards, *History of The West Indies*, II, 26. Brathwaite은 *Creole Society*, 179에서 Teale를 언급한다.

에라토가 웃음으로 나를 맞이하며;
왜 그렇게 집에만 머무느냐 물었다;
　　나는 나의 잘못을 인정했다;
하지만 이제는 사랑의 흑담비색 여왕이,
나의 감사를 증명하겠다 결심하고는,
　　내게 노래를 청하였다.

귀부인들은 유난히 수줍어 보였고,
아폴로는 속을 알 수 없는 장난스러운 미소를 지었지만,
　　한마디도 그들은 하지 않았다;
나는 응시했다 – 그래 침묵은 동의지,–
나는 정중히 인사를 하고는 갔다;
　　내 의무는 보답을 받지 않았던가?

나의 가슴으로 오라, 상냥한 불이여,
부드러운 소리와 활기찬 생각들을 불어 넣어주오;
　　나의 주제는 흔하지 않으니까:
그렇게 서서히 사라지는 오비드의 노래도,
그렇게 마음을 녹이는 사포의 열렬한 혀도,–
　　더 우아하지는 않은 듯하다 나의 것만큼,

밝은 아침의 광선은 달콤하다,
밤의 어두운 그늘도 아름답다;
　　풍요로운 앙골라의 해변에서,
검은 색조의 옷을 입은 미녀의,
매혹하는 불 둘러보는 눈이,
　　그대 파포스 정자에 작별인사를 하는 동안.

오 흑담비색 여왕이여! 그대의 온화한 영토를

나는 찾노라. 그리고 그대의 부드러운 지배를 구애하노라,

    그토록 위안이 되고, 부드럽고 달콤한 것;

그곳에서는 차오르는 사랑, 진지한 기쁨,

상냥한 쾌락, 준비된 즐거움을 초대하고,

    구매하지 않은 황홀을 만나네.

재잘거리는 프랑코인, 자부심 있는 스페인,

이중적인 스코틀랜드인, 시끄러운 아일랜드인,

    그리고 시무룩한 영국인이 고백하네,

기쁘게 사랑한다고 그대의 지배를,

그리고 여기, 옮겨진 충성이 대가를 지불하네,

    그대의 왕좌가 자애로우니.

동에서부터 서까지, 두 개의 인도 너머로

그대 왕홀이 지배한다; 우리가 발견하는 그대의 힘

    두 열대로 느낀다;

그 지역을 금빛으로 물들이는 불타는 태양,

그대 왕좌의 승리만을 기다린다,

    불타는 벨트를 정확히 따라 돌면서.

그대, 탁 트인 이 거대한 영토,

자메이카의 섬, 그대의 새로운 정복지,

    그대의 고향 해안을 처음 떠났을 때

아침은 눈부셨고, 미풍은 부드러웠으며,

넘치는 기쁨으로 굽이치는 바다는

    아름다운 부담을 지고 있었노라.

상아로 만든 탈 것, 새겨진 무늬는
선명한 색조의 갖가지 조개껍질;
　　왕좌는 금으로 윤이 났지;
신중한 동양, 그들의 불이 보낸,
장난꾸러기 미풍이 그녀 가슴에 부채질 하고,
　　아가씨 주변을 맴돌며 나부낀다.

날개달린 물고기, 자줏빛 자취를 따라
마차를 끌었다; 몸에 밴 우아함으로,
　　그들 푸른색 고삐를 그녀가 인도한다:
이제 날아오른다, 이제 헤엄친다;
이제 물결 너머로 가볍게 스치듯 지나가고,
　　파도 아래로 쏜살같이 움직인다.

바위와 만에 나타나는 갖가지 새,
바다가 고향인 갖가지 비늘달린 것,
　　대해를 넘어 무리지어 왔다:
돌고래는 수천의 색조를 보여주고,
범고래는 어마어마한 크기를 자랑하며,
　　그녀를 따라 뛰어 논다.

그녀의 피부는 까마귀 깃털을 넘어서고,
그녀의 숨결은 오렌지 꽃향기,
　　그녀의 눈은 열대의 빛:
부드럽도다 그녀의 입술은 비단결 솜털처럼,
온화하도다 그녀의 모습은 저녁의 태양처럼
　　코브르* 강을 금빛으로 비추는.

*
자메이카 강 이름

가장 아름다운 팔다리가 그녀의 몸을 이룬다,
그녀의 자매인 비너스가 선택한 바로 그런 것,
　　피렌체에서 목격된 그녀;
하지만 완전히 똑같지, 백색인 것만 빼고,
차이가 전혀 없지, 없어 – 밤에는 없지,
　　그 아름다운 아가씨들 사이에.

타고난 편안한 평온함으로 그녀는 앉아 있었다,
우아한 매력으로 완벽했고,
　　모두의 마음을 그녀는 얻었다:
거짓된 옷이 결함은 가릴 수 있지만
진정한 아름다움은 어떤 외부의 도움도 구하지 않는다:
　　양초가 태양을 밝힐 수 있으랴?–

넓은 고대의 바다를 지배하는 힘.
바로 그였지, 그들은 말한다, 파도를 잠잠하게 한 것은,
　　마차가 달리는 것을 보시오:
뱃사람의 모습을 한,
전사의 대장,
　　그녀에게 말했다 그의 영혼 전부를.

그녀는 미소지었다 친절하고 동의하는 눈빛으로:–
미인은 늘 용기에 대한 상이었으니;
　　그는 탁한 구름을 일으켰다:
트리톤들이 소리를 내고, 사이렌들이 노래를 한다,
돌고래가 춤을 추고, 물결구름이 고리를 만든다,
　　그리고 기쁨이 모든 무리를 가득 채운다.

축복 받으시오 부드러운 포옹의 후손은!
사랑 받으시오 곱슬머리 인종의 지배자여!
　　그대의 활이 강하다 해도, 사랑하는 소년이여,
흑과 백이 섞인 그들의 화살들은,
즐거움의 깃털로 날개를 달고,
　　그것들의 촉엔 기쁨이 묻어 있다.

하지만, 그녀의 발걸음이 물가에 닿았을 때,
강탈당한 땅은 거친 환희로 휩싸였고,
　　모든 지역으로부터 그들이 왔다
산, 계곡, 평야, 그리고 숲 하나하나가
그들의 애정을 보여주고자 열정적으로 서둘렀다;-
　　어서 오시오 아가씨.

포트-로얄이 크게 외쳤다
흥겨운 세인트 이아고가 군중을 보냈다,
　　진지한 킹스톤도 적지는 않았지:
어중이 떠중이는 없었다 - 나는 그렇게 들었다,
몇몇 훌륭한 사람들도 행렬에 있었다 -
　　누구인지 뮤즈는 말하지 않겠지만.

흑담비색의 흥겨운 여신이 미소 짓는다!
여전히 감사하는, 이 아름다운 섬을
　　그대의 보호로 축복하소서!
여기에 그대의 영원한 왕좌를 단단히 고정시키소서;
여기는 그대를 흠모하는 모든 이가, **단 하나**
　　단 하나의 신을 고백하는 곳.

나로 말하면, 더 이상은 내가
키프로스 왕좌에 대한 충성을 고백하지 않아도,
　　변덕스러운 것은 아니다.
은혜를 모르는 일이 될 것이다, 무시한다면
더 우월한 친절을 나는 기쁘게
　　감사한 마음을 느낀다.

그러니, 장난끼 어린 여신이여! 변하지 마시오,
새로운 아름다움들을 헛되이 시도하지 마시오
　　그대의 모습이 어떤 것이든,
그대가 할 수 있는 어떤 모습이라도 시도해보시오,
나는 그대를 따라 그 모든 것을 통과하리
　　그렇게 나는 확고하고, 그렇게 진실되다.

그대가 온화한 피바에서 미소 짓고,
기교 있는 베네바에서 현혹하고,
　　바람난 밈바에서 입을 삐죽거리고;
활기 넘치는 쿠바의 눈에 흥겹게 보이고,
진지한 쿼쉐바에서 심각해 보여도,
　　나는 그래도 그대를 찾아내리라.

그렇게 나는 노래했다; 너무 흥겨웠을까
그런 날의 주제로는,
　　그리고 젊은이에게 더 적합하였을지도:
그 노래가 너무 주제넘어 보였다면,
그대는 알리라 그 운없는 주제를 택한 이가 누구인지,

사랑하는 브라이언, 진실을 말해주오.

『오루노코』*Oroonoko*에서 애프라 벤*Aphra Behn*은 "밤의 여왕" 이모인다*Imoinda*를 다음과 같이 묘사한다.

미인이여, 그녀를 진실로 묘사하려면 그녀가 고귀한 남성에 해당되는 여성이라고만 말하면 된다. 우리의 젊은 **마르스**에 해당되는 아름다운 검은 **비너스**다. 그처럼 그녀의 자태는 너무나 매력적이고 미덕은 고결하다. 나는 백 명의 백인 남자들이 그녀 때문에 한숨을 쉬고 그녀 발치에 천 개의 맹세를 하지만 아무 소용없이 실패하는 것을 보아왔다.[37]

「흑담비색 비너스」를 인용하면서, 그리고 시의 끝에 그 자신이 그 "외설적인" 주제를 선택했노라 밝히면서, 에드워즈는 자신 같은 백인 남성의 만족을 모르는 변덕스러운 욕망이 계속 변화하는 흑인 육체를 맛보기를 갈망한다고 고백한다. "그대가 할 수 있는 어떤 모습이라도 시도해 보시오 / 나는 그대를 따라 그 모든 것을 통과하리…. 사랑하는 브라이언, 진실을 말해주오." 에드워즈는, 분명 아무런 자의식 없이, 황홀경에 빠져 욕망하는 식민주의자들의 숭배를 받기 위해 의기양양하게 앙골라에서 자메이카까지 마차를 모는 보티첼리적인 검은 비너스에 대한 이 환상을 따라가면서, 노예무역을 역사적으로 설명한다. 매년 대서양 너머로 수송된 아프리카인들의 수를 자세하게 보여준다. 인종의 문화적 구축은 늘 그런 혼종화된 성적담론과 경제담론들의 타락한 결합에 의해 연료를 공급받아왔다.

---

37) Behn, *Oroonoko*, 9. Cf. Hulme, "Inkle and Yarico" in *Colonial Encounters*, 224-63.

7. 식민주의와 욕망하는 기계

식민담론 분석은 1978년 에드워드 사이드의 『오리엔탈리즘』*Orientalism*에 의해 문학이론과 문화이론의 학구적인 하위 학문 분야로 시작되었다.[1] 식민주의에 대한 연구가 그 이전에 없었다는 말이 아니라, 사이드가 문화 비평가들의 식민주의 연구를 담론적 작동 쪽으로 전환시켜, 식민주의와 제국주의 역사와 문화 연구를 위해 발전되었던 지식 형식과 언어 사이에 밀접한 관계가 있음을 보여주었다는 뜻이다. 이는 인문학과 사회과학의 여러 학문 분야를 가로지르며 문학 텍스트, 여행 글쓰기, 비망록, 학문적 연구 등에서 사용되었던 개념과 재현들이 식민주의의 다양한 이데올로기적 실천을 이해하기 위한 수단으로 분석될 수 있다는 것을 의미한다. 오리엔탈리즘이 담론적 구성으로 발전되었던 방식, 그 언어와 개념적 구조가 말할 수 있는 것과 진실이라고 인정된 것 양쪽 모두를 결정했던 방식에 대한 사이드의 푸코적 강조는 3가지 주된 이론적 함의를 가진다. 첫째, 사이드는 푸코의 담론 개념이 의식의 형식과 경험된 물질적 실천 둘 다로서의 이데올로기 작동에 대해 어떤 대안적인 길을 제공했는지 보여주었다. 만약 담론이 "개인들이 그들의 삶의 실제 조건과 가지는 상상적 관계의 재현"이라는 알튀세르*Althusser*의 이데올로기 정의와 유사하다면, 문화적 구성은 역사적으로 결정된다는 알튀세르 주장의 함의를 사이드가 확장시켰다고 볼 수 있다.[2] 『오리엔탈리즘』은 이렇게 정통 마르크스주의 문화 비평의 경제적 요소에 경의를 표하는 방식으로 전통적인 자기비하에 도전한다. 서양이 동양으로 확장하는 것은 분명 경제적

---

1) Said, *Orientalism*. 추가 언급은 본문에서 함. Said, Bhabha, Spivak의 작업에 대한 확장된 논의는 나의 *White Mythologies* 7장-9장을 참조.

2) Althusser, *Lenin and Philosophy*, 153.

요인에 의해 결정되었지만, 사이드는 오리엔탈리즘의 권능을 부여하는 문화적 구성이 단지 경제적인 요인에 의해서만 결정되는 것은 아니라고 주장함으로써, 문화적 영역에 어느 정도의 자율성을 구축한다.

서양의 문학적, 학문적 지식과 유럽의 식민주의 역사 사이의 공모에 대한 지형도의 두 번째 함의는, 그것이 편견 없고 객관적인 듯한 학계의 분과학문들이 실제로는 식민지를 종속시키고 통치하는 실제 형식들을 생산하는 도구로 공모했던 방식들을 강조한다는 점이다. 『오리엔탈리즘』은 정치학과 지식 사이의 공모성에 관해 강력한 증거를 제공했다. 최근에 그 주제는 마틴 버널의 『블랙 아테나』(1987)로 인해 확대되었다. 『블랙 아테나』는 비정치적인 듯한 학문인 고전의 객관적이라고 가정된 역사 연구들이 실제로는 문화적이고 정치적인 역사(이 경우는 인종주의와 유럽중심주의의 역사)에 의해 결정되었던 방식을 현재로서는 가장 자세하게 그리고 가장 포괄적으로 보여주었다. 버널의 책은 식민담론의 경계를 규정하는 기존의 매개변수들을 분과학문들의 역사에까지 폭넓게 확대할 필요가 있다고 시사한다. 『블랙 아테나』는 모든 서구의 지식이 직접적이든 간접적이든 식민담론의 형식이라는 훨씬 더 불온한 가능성을 제시한다.

이것은 사이드의 저서에서 가장 논란이 되는 세 번째 주장과 연결되어 있는데, 오리엔탈리즘의 담론적 구성은 자기생성적이며 그것의 추정상의 대상인 "오리엔트"의 현실과 거의 관계가 없다는 주장이다. 여기서 중요한 점은 타자에 대한 서양의 지식이 오리엔탈리스트 담론 전체 체제의 일부로 구성되었다고 볼 수 있다는 점이다. "그러한 텍스트들은 지식만이 아니라 그것들이 기술하는 듯한 바로 그 실재도 **창조**할 수 있다(94). 이 지식은 현실과 필연적인 관계가 전혀 없다. 바로 이러한 이유로 오리엔트에 대한 서양의 구성에는 다른 **대안**이 없다. "진짜" 오리엔트가 없다. 오리엔트 자체가 오리엔탈리스트의 개념이기 때문이다. 사이드에 의하면 오리엔탈리즘은 단지 "일종의 오리엔트에 대한 서양의 투사이며, 오리엔트에 대한 지배 의지"다(95). 이것이 그의 명제 중 가장 논란이 되는 부분이며 비평가들이 가장 받아들이기 어려워하는 것이다.

동시에 그것은, 최악의 경우, 역사적 특정성의 결핍을 어느 정도 허용하는 것이기도 했다. 만약 오리엔탈리스트 담론이 현실에 대해 아무것도 말할 수 없는 서양 환상의 한 형식이고, 그것의 결정론적인 문화적 압력 때문에 서양 사람들이 그것을 사용할 수밖에 없다면, 그렇다면 식민주의의 역사적 조건이라는 실재를 언급할 의무를 저버려도 상관없게 된다. 식민담론에 대한 그러한 분석은 우리가 식민담론의 환상성에 대해 많은 것을 배워왔음에도 정의상 그런 담론이 기술하고 분석하고 통제하도록 되어 있는 현실적 조건들에 대해 분석가들이 탐문하지 않도록 억제하는 경향이 있었음을 의미한다. 재현 문제에 대한 사이드의 강조는 최선의 상태에서는 그러한 재현이 놓치거나 배제한 리얼리티에 대한 관심으로 균형이 맞추어져 있다. 억압된 "타자의 목소리"뿐 아니라 서발턴의 역사도 지배받고 주변화된 서발턴 집단의 객관적 역사와 식민주의와 지배의 영향에 대한 주관적 경험 두 차원에서 다루는데, 후자의 영역은 현대의 식민비판을 수립한 프란츠 파농이 아주 철저하게 탐색한 영역이다.[3] 그러므로 사이드가 가장 생산적으로 수정한 작업은 재현의 문제에 집중되어 있으며, 그것은 대항역사들이나 식민주체들과 그들의 주관성의 형식에 가해진 식민주의의 영향에 대한 분석으로 매개되어 있다.

호미 K. 바바는 『오리엔탈리즘』에 나타난 사이드 주장의 전체화하는 면에 즉각적으로 도전하여, 사이드가 담론 생산을 통해 서양의 분명한 의도가 늘 실현되었다고 너무 쉽게 가정한다고 주장했다.[4] 바바는 오리엔탈리스트 지식이 도구적이었으며 늘 성공적으로 실천되었다는 사이드의 주장에 초점을 맞췄다. 이론적인 용어로 말하자면, 바바는 사이드의 푸코적 분석에 정신분석을 더하는 것이었고, 그는 사이드 안에 이미 그것이 있음을 찾아냄으

---

3) Fanon, *The Wretched of the Earth*, and *Black Skin, White Masks*; Memmi, *The Coloniser and Colonised*; Nandy, *The Intimate Enemy*.

4) Bhabha, "Difference, Discrimination, and the Discourse of Colonialism," 200.

로써 이 작업을 깔끔하게 한다. 바바는 사이드가 오리엔탈리즘이 두 갈등적 차원에서 작동할 가능성을 간단하게 그러나 발전되지 않은 방식으로 설정한 순간에, 의미심장하지만 두드러지지 않은 방식으로 정신분석을 환기시켜 "명시적" 오리엔탈리즘, 즉 의식적인 오리엔트에 대한 "과학적" 지식들과 "잠재적" 오리엔탈리즘, 즉 환상적 욕망의 무의식적 확신을 구별한 순간에 주목한다. 바바의 뛰어난 기여는 두 차원이 상당히 융합되어 있으며 그것들이 작동될 때 서로 분리될 수 없다는 것을 강조함으로써 이 개념이 함의하는 바를 발전시킨 것이다. 그는 모든 종류의 식민담론이 어떻게 도구적으로 지식을 구성하는지 보여주었을 뿐 아니라, 어떻게 환상과 욕망의 양가적 프로토콜에 따라서 작동하는지도 보여주었다. 바바에게 핵심 단어는 양가성이다. 그는 그것을 정신분석에서 취하는데, 정신분석에서 처음에 양가성은 어떤 한 대상에 대한 욕망과 그 반대를 향한 욕망 사이에서의 지속적인 동요(혹은 "한 대상, 사람 혹은 행위에 이끌리면서 동시에 그것에 반발하는 것")를 설명하기 위해 발전되었다. 바바는 양가성을 그의 분석의 구성적 핵심으로 만듦으로써 사실상 개념적 차원에서의 정치적 역전을 수행하였다. 즉 변두리적인 것(경계선, 주변적인 것, 분류할 수 없는 것, 의심스러운 것)이 애매모호하고, 불명확하고, 불확정적인 양가성이 되었으며, 그런 양가성이 중심의 특징이 되었다.

  바바는 계속해서 식민담론 생산의 핵심에 놓여 있는 구성적 양가성, 즉 비유럽적 맥락에 등장함으로써 더 두드러지는 양가성의 개념을 확장시킨다. 그는 일련의 분석을 통해 유럽의 식민담론이(그것이 정부의 포고령이든, 현지 공무원들의 보고서 혹은 선교에 대한 보고든) 그것이 가지고 있던 권력과 권위의 입지로부터 효과적으로 탈중심화되는 방식들을 보여준다. 우리가 이미 보아온 것처럼 바바는 권위가 식민적 맥락에서 혼종화되고 그 자체가 다른 문화들과의 대립 속에서 여러 층위를 이루고 있음을 발견할 때 이러한 탈중심화가 일어남을 보여준다. 이러한 현상은 아주 종종 더 적대적이고 도전적인 이질적 주변 환경의 기준에 비추어 볼 때 너무나 분명하게 나타나는 권위의 모순들과 애매모호함을 피식민인들이 이용함으로써 발생한다. 서구 문화가 다른 맥락

안으로 번역되었을 때 어떤 다른 종류의 인식틀에 들어가는지 보여주는 사례는 인도 힌두인들에게 기독교 성찬 예배를 가르치려는 기독교 선교사들에 대한 바바의 묘사에서 찾아볼 수 있다. 채식주의자인 힌두인들은 예수의 몸을 먹고 그의 피를 마신다는 개념에 공포로 반응하고, 선교사들은 이에 아주 당황한다. 어느새 백인 영국 문화 자체가 스스로에게 비우호적인 것이 되고, 영국인 선교사들은 식인적 뱀파이어가 된다.[5] 사이드가 잘못 관련짓기 misrelation가 오리엔탈리즘의 철자 순서 바꾸기 식의 비밀임을 보여준다면, 바바는 진동oscillation이 식민주의자의 비밀임을 보여준다.

이와 대조적으로 가야트리 차크라보르티 스피박은, 사이드와 달리, 저널 『서발턴 연구』Subalterm Studies의 기준을 둘러싸고 구성된 것과 같은 대항지식들의 가능성을 강조하는 데 관심을 가지고 있다.[6] 오늘날 반식민 역사가가 바라는 것은 서발턴 역사를 복구해서 식민화시키는 학계와 토착 지배 엘리트의 기존의 설명 둘 다를 다시 쓰는 것이다. 그것은 배제된 자들, 목소리 없는 자들, 이전에는 기껏해야 식민적 지식과 환상의 대상이기만 했던 사람들의 역사다. 스피박은 식민적 폭력과 주체성의 부정이 주체성에 미치는 영향들을 분석하고자 한다. 스피박은 진보적 역사 기술도 빠질 수 있는 함정들과 아포리아들*을 강조하면서, 오늘날에도 수정주의 역사가조차 지속적으로 무시하는 역사의 사례들, 특히 토착 서발턴 여성들의 역사에 특별한 관심을 집중시킨다. 그런 여성들은 오늘날 흔히 "이중의 식민화"로 불리는 것에 종속된다. 즉, 우선은 가정 영역에서 남자들의 가부장제에 종속되고, 그리고는 공적 영역에서 식민적 권력의 가부장제에 종속된다.[7] 이 때문에 가부장제와 식민주의가 점점 더 비교되어 왔다. 스피박은 서발턴 여성은 남성중심주의적인 식민 지배자와 토착 지배자 양쪽 모두에 의해 늘 지식의 대상으로 간주되면서 쓰여지고 논의되고 심지어 그들을 위한 법도 제정되었지만, 스스

*
하나의 명제에 대해
증거와 반증이 동시에
존재하므로 그 진실성을
확립하기 어려운 상태

---

5) Bhabha, "Signs Taken for Wonders," 145-6.

6) Spivak, *In Other Worlds*; *The Post-Colonial Critic*; *Outside in the Teaching Machine*; "Can the Subaltern Speak?"; Guha, "On Some Aspects of the Historiography of Colonial India."

7) Holst-Peterson and Rutherford, *A Double Colonization*.

로 말할 수 있는 어떤 담론적 입지도 허락받은 적이 없었다고 주장한다.[8] 그래서 서발턴 여성은 기록보관소에 부재하곤 한다. 그녀의 역사를 쓰는 일은 특별한 복구 노력을 포함한다. 혹은 토니 모리슨의 『빌러비드』*Beloved*처럼 허구의 경우 역사적 상상력이라는 특정한 노력이 필요하다.

식민주의뿐 아니라 현재의 이해 형식들도 생산하는 배제의 종류에 이렇게 스피박이 초점을 맞추는 것은 서양의 지식 형식이 동양에 가하는 지속적인 인식적 폭력에 관한 그녀의 더 전반적인 관심을 전형적으로 보여준다. 스피박이 현대의 학계, 특히 페미니스트 실천이 배제하거나 간과한 소수자 집단의 대의를 상당히 성공적으로 옹호했다는 사실도 중요하다. 가차없이 질문하는 그녀의 전형적인 작업 특성에 어울리게 스피박은 최근에 "주변성" 범주 자체가 학계에서 점점 상품화되고 있음을 탐문한다.[9] 하지만 자신의 작업에서 스피박은, 지속적인 이론적 조절을 통해 정치적으로 중요한 의제들인 젠더, 계급, 인종들을 병치시키고, 혼종화시키고 혼합하는 자신의 방법을 통해, 주변성의 교란을 현대 학계의 추정들에 관한 주된 흐름 한 가운데를 눈부시게 통과하여 그것들을 인식할 수 없는 한계까지 밀어낸다.

이런 입지의 여러 측면들은 다수의 다른 비평가들에 의해 정교하게 발전되었지만, 사이드와 바바와 스피박이 식민담론 분석의 성삼위일체를 구성하면서 그 분야에 중심적인 존재인 것은 사실이다. 이 분야를 연구하는 분석자들은 상당히 아니 깜짝 놀랄 정도로 성장해왔다. 하지만 이들은 사이드 등이 수립한 이론적 매개변수들을 더 발전시키기보다는 새로운 기록보관용 자료들을 점점 더 생산하곤 했다. 찬드라 탈파드 모한티Chandra Talpade Mohanty, 베니타 패리Benita Parry, 혹은 아이자즈 아마드Aijaz Ahmad와 같은 비평가들이 중요한 도전을 하였는데, 이들은 식민담론 분석의 텍스트주의와 이상주의를 비판하

---

8) Cf. *Orientalism*에서 Said의 언급: "플로베르가 이집트 창녀를 만남으로써 동양여성에 대한 광범위하게 영향력 있는 모델이 만들어졌다. 그녀는 자신에 대해 한마디도 하지 않았다. 그녀는 감정, 존재, 역사를 표현하지 않았다. 그가 그녀를 대변하고 표현하였다"(6).

9) Spivak, "Theory in the Margin."

고, 그것이 유물론적 역사 탐색을 희생시키며 발생한다고 주장한다.[10] 이런 반대 중 많은 부분은 상당히 타당하다. 하지만 그것들이 일종의 범주적 실수를 포함하고 있다고도 주장할 수 있다. 식민주의의 담론적 구성에 대한 탐구는 다른 분석 형태(그것이 역사적이건, 지리적, 경제적, 군사적, 정치적 분석이건)를 대체하거나 배제하려고 하지 않기 때문이다. 그리고 분명 그런 종류의 식민주의 연구들이 상당히 있다. 식민담론 분석이 기여한 바는, 식민주의에 대한 모든 관점은 식민주의 자체의 것이기도 했던 공통의 담론적 매개를 공유하고 다루어야 한다고 강조함으로써, 다른 연구를 위한 의미 있는 구조틀을 제공한 것이다. 즉 식민주의를 구연하고 강제하고 묘사하고 분석하는 데 사용되는 언어는 투명하지도, 순수하지도, 비역사적이지도 않으며, 단순히 도구만도 아니다. 식민담론 분석은 그러므로 식민주의의 아주 다양한 텍스트들을 단순한 기록이나 "증거" 이상의 어떤 것으로 볼 수 있으며, 식민주의가 단지 군사나 경제 활동만 포함하는 것이 아니라 지식의 형식들에 스며들어가 있는 방식들을 강조할 수 있다. 그 지식 형식들은 도전받지 않는다면 계속해서 우리가 그것을 통해 식민주의를 이해하려고하는 바로 그 형식들이 될 것이다. 포스트식민주의 비평언어의 많은 부분이 가지는 "소격효과"alienation effect에 대한 궁극적인 설명이 여기에 있다. 바로 이 이유 때문에 포스트식민주의의 주된 임무는 자신의 과도한 역사 때문에 고통받는 서양의 이야기를 분석하는 "비판적인 서양 민족지학"의 생산이 되어야 한다.[11]

점차 증가하는 사이드에 대한 공격의 열기 밑에 깔려있는 메시지는 그의 작업보다는 그의 영향력에 더 관련이 있고, 자료적 관점보다는 이론적 관점에서 일반적 방법과 실천으로서의 식민담론 분석이 기이하게 침체될 위험에 놓였으며, 그 접근방식에서 그리하여 식민담론 분석이 탐구의 차원에서 생산할 수 있는 것에서 연구 대상인 식민담론처럼 물화될 위험에 도달했다

---

10) Mohanty, "Under Western Eyes"; Parry, "Problem in Current Theories of Colonial Discourse"; Ahmad, *In Theory*.

11) 다음을 참조. Bhabha, "The Postcolonial Critics" 54.

는 인식과 더 관계가 있다. 우리는 식민담론 연구가 제기한 이론적 문제들에 관하여 어떤 막다른 골목 같은 것에 도달했다. 이는 발전된 방법론들의 문제에 대해 만족하고 있거나 무시하고 있음을 의미한다. 다른 말로 하면, 우리는 우리 자신의 가정들이 가지는 한계들과 경계들에 대해 질문하기를 멈추었다. 식민담론 안에 갈등하는 구조들이 작동한다는 것을 우리가 이제는 인정하고 있다는 것은 사실이다. 하지만 바로 이 텍스트적 양가성으로 인해 우리는 뒤로 물러서서 식민담론 자체를 하나의 전체로 재고하지 못하게 된다. 분명히 문제들은 남아있고, 그것들을 포착하기는 쉽지 않다. 어느 정도까지 이 "식민담론" 자체가 적합한 일반적 범주일까? 식민주의 담론들과 식민주의에 대한 담론들의 총체성을 다루는 방법에 일종의 이상주의가 연루되어 있다는 비난을 피하기는 어렵다. 만약 이 점이 아직도 분명하지 않다면, 그것은 그 분야에서 일하는 사람들에게 인도가 지배적인 관심의 대상이 되면서 식민주의 역사가 두드러지게 지리적이고 역사적인 동질성을 지니게 되었으며, 그리하여 당연히 그들이 하는 작업에서도 그렇게 되었기 때문이다. 하지만 현대의 식민주의가 유럽이나 유럽에서 비롯된 강대국들에 의해 이루어졌다는 사실 하나로 식민주의의 담론이 모든 곳에서 비슷하게 작동했으며, 식민담론 분석의 이론적 패러다임들도 모두에게 똑같이 잘 적용된다고 보아도 좋은가? 모든 인간이 근본적으로 같으며 인종은 동일하다는 평등주의적 계몽주의 가정에 기반을 두고 식민지 민족들을 프랑스 문명에 동화시키고자 고안된 프랑스 식민주의의 이데올로기와 절차들은 차이와 불평등이라는 가정에 기반을 둔 영국의 간접지배 정책들과 아주 다르다. 또한 독일인이나 포르투갈인들의 정책과도 아주 다르다. (오늘날에도, 르 몽드지의 날씨에는 세제르의 마르띠니끄처럼, 본토 프랑스의 일부이며 그래서 유럽연합의 일부인 과들루프Guadeloupe*의 수도 푸엥타삐뜨흐Point-à-Pitre의 기온이 나온다.) 많은 국가들이 19세기 초에 독립을 성취한 남아메리카는 1947년에야 영국이 떠난 인도의 식민주의와는 아주 다른 식민주의 역사를 가진 지역의 가장 분명한 사례 중 하나다. 북아일랜드와 팔레스타인에 존재하는 것과 같은 현대의 식민주의 형식들은 더 복잡하다. 이러한

*
서인도제도의
소(小)앤틸리스제도
북부에 있는 섬

이질성은 역사적 차이에 관한 의문을 제기한다. 우리는 식민담론이 모든 공간을 건너서, 그리고 모든 시간을 건너서 동일하게 작동한다고 가정할 수 있는가? 요약하자면, 일반적인 이론적 망, 개별적이고 특수한 식민적 사례들을 분석하는 포괄적인 틀을 제공하는 그런 이론적 망이 있을 수 있는가?

최근에 "제3세계" 뿐만 아니라 "서양" 범주 자체도 동질화하려는 반유럽중심적 글쓰기 경향에 대해 불안이 증가하고 있는데, 그러한 글쓰기를 하는 저자들은 물론 자신들이 바로 그 "서양"의 산물인 경우가 아주 흔하다. 하지만 그런 반대에 직면해서 우리는 이런 "서양," "식민주의" 혹은 "신식민주의" 심지어 "식민담론"까지 포함하여 점점 더 문제가 되는 보편적 범주들이 흔히 제3세계 이론가들의 산물임을 상기할 필요가 있다. 파농, 은크루마 Nkrumah, 사이드 같은 제3세계 이론가들은 분석과 저항 둘 다를 위한 대상을 구성하기 위해 그러한 범주들을 보편적 범주로 발명해야 했다.[12] 어떤 차원에서는 식민주의 형식들 대부분이 결국은 그 마지막 분석에서는 식민주의다. 즉, 외적인 힘으로 한 민족을 강제로 지배하는 것이다. 실용적인 정치적 용어로, 식민주의 통치의 분리-지배 정책에 대적하기 위해 보편적 공격대상을 구성할 필요가 있었다. 독립투쟁 동안은, 어떤 이유로건 식민주의적 억압으로 고통 받는 모든 사람과 제휴하는 것은 긴급한 일이기도 하였다. 특히 유럽, 북아메리카 그리고 아시아의 식민주의적 강대국들이 서로 맹렬하게 투쟁하고 있을 때 그러하다. 그러한 투쟁들은 부분적으로는 식민주의적 대본의 상연이다. 파농은 식민주의 자체가 얼마나 "분리주의적이며 지역주의적"인지, 분리주의와 정적주의를 재강화하기 위해 고안된 테크닉인지 지적한다.[13] 오늘날 그 지리적이고 역사적인 차이들을 강조하는 사람들은 실제로 식민주의 자체의 분리 전략들을 무비판적으로 반복하고 있는 것일 수 있다. 하지만 포스트식민 시대의 이 시점에서 우리가 식민 역사의 작동과 결과들을 이해하려 한다면, 식민주의의 동질화를 그것의 역사적이고 지리적인

---

12) Fanon, *The Wretched of the Earth*; Nkrumah, *Neo-Colonialism*.

13) Fanon, *The Wretched of the Earth*, 74.

특정한 세부들과 대립시켜 볼 필요도 있다. 모든 식민담론 이론의 문제는 그것이 두 차원을 모두 유지할 수 있는지, 두 차원을 모두 정당하게 다룰 수 있는지이다.

이제는 우리가 연구를 위해 소재를 선택하면서 부여하는 강조와 우선권들 안에서 서양의 가정, 가치평가 그리고 제도적 분리가 어느 정도로 작동하는지 고려해 볼 때가 되었다. 예를 들어, 영국에서 라틴아메리카에 대한 작업은 다른 식민담론 분석과 구별되어 별도로 기능하는 경향이 있다. 영국이 대단한 역사적 역할을 하지 않은 영역이기 때문이다. 그래서 스페인학 분과 안의 라틴아메리카 연구자들의 영역으로 남겨져 있다. 또한 인도에 대한 작업은 상당하지만 아프리카는 비교적 간과된다.[14] 영국에서 이러한 상황은 분명 고등 교육을 받는 영국계 아시아인들의 수가 더 많기 때문에, 아프리카와 아시아 출신의 학자들과 대학원생의 수가 상당히 다르기 때문에 시작되었다. 그럼에도 인도에 더 큰 관심을 줌으로써 영국은 제국의 여러 부분에 부여했던 서로 다른 가치평가들을 영속시키는 듯하다. 영국인에게서 가장 큰 경제적, 문화적, 역사적 관심을 받았던 것은 늘 인도였다. 같은 방식으로 오늘날 인도는 분명히 자랑스러운 장소로서의 입지를 유지하고 있으며, 식민담론 분석이라는 왕관의 보석이다.

안티-오이디푸스: 자본주의의 지리정치학

이론적 관점에서 볼 때 이런 상황이 발생하는 이유는 다른 문학이나 다른 대륙을 위한 분석적 패러다임들이 『오리엔탈리즘』 담론 모델에 도전할 정도로 강력하지 않기 때문이다. 정말로 오늘날에는 "오리엔탈리즘"이란 용

---

14) 하지만 최근에 다음과 같은 아프리카에 대한 우수한 책들이 나왔다. Appiah, *In My Father's House*; Boahen, *African Perspectives on Colonialism*; Curtin, *The Image of Africa*; Hobsbawm and Ranger, *The Invention of Tradition*; Mudimbe, *The Invention of Africa*; Ngugi, *Decolonizing the Mind*; Schipper, *Beyond the Boundaries*; Soyinka, *Myth, Literature and the African World*; Vaughan, *Curing Their Ills*.

어를 "식민주의" 자체와 동의어로 사용하는 문화 비평가들이 흔하다. 사이드 책의 문제는 그것의 역사적이고 이론적인 주장이 너무 설득력 있어서 다른 대안을 허용하지 않는 듯하다는 것이다. 『뉴욕 타임즈』*New York Times*지가 지적하듯, "그의 사례는 단지 설득력만 있는 것이 아니라 결론적이다." 담론으로서의 오리엔탈리즘이 오리엔트에 대한 포괄적인 표상과 지식의 형식을 구성했음을 그가 눈부시게 보여준 이후, 우리는 계속 그 분명하게 헤게모니적인 표면의 틈새들을 찾고 있다. 여기서 중요한 것은 사이드의 명제에 반박하는 듯한 개별 사례들을 만들어내는 것으로는 충분하지 않다는 것이다. 그의 명제가 이미 그런 가능성은 포함하고 있다. 그래서 나는 다른 방향을 탐색해 보고자 한다. 사이드의 주장을 더 밀고 나가보려 한다.

데이비드 트로터David Trotter는 최근에 식민담론 개념이 식민주의를 "저자 없는 텍스트"a text without an author로 이해한다고 강조했다. 즉 개별 텍스트들은 늘 작가가 있지만 식민담론 자체는 저자가 없는 의미화 체제라는 것이다. 식민주의는 일종의 기계가 된다. 동시에 애덤 스미스의 경제적이고 역사적인 기계들처럼 식민주의도 결정론적이고 법칙이 지배하는 과정이다. 그래서 그것의 작동은 역사적이고 경제적인 기계들의 작동에 결부되어 있다.[15] 식민주의자들 자신이 식민적 권력의 작동을 기계로 상상하곤 했다. 사이드는 「종속 인종들의 통치」The Government of Subject Races(1908)에 대한 크로머 경의 에세이를 인용하는데, 그 안에서 그는

권력의 자리를 서양 안에 상상하고 그곳으로부터 동양을 향하여, 모든 것을 껴안는 거대한 기계, 중심의 권위를 받들면서도 그것에 의해 명령을 받는 기계를 방사한다. 그 기계의 가지들이 동양에서 빨아들인 것, 즉 인적 재료, 물질적 부, 지식 등등은 그 기계에 의해 처리되어 더 많은 권력으로 전환된다.[16]

---

15) Trotter, "Colonial Subject"; Meek, *Social Science and the Ignoble Savage*, 220-1.

16) Said, *Orientalism*, 44, Cromer, *Political and Literary Essays*, 1908-1913, 35 인용; cf. Inden, "Science's

혹은, 그 이미지를 나중에 다소 왜곡되게 뒤집은 전형적인 방식으로, 식민주의자들은 그 기계에 대한 저항조차 그 기계의 효력을 나타내는 것이라고 주장한다. 예를 들어, 루가드 경은 루카스의 「통일 제국」United Empire(1919)에 나오는 아주 흥미로운 혼성 메타포를 긍정적으로 인용한다. "제국만큼 민주주의에 그렇게 강하게 호소하는 것은 없다. 그것이 세계가 지금까지 보아온 가장 위대한 민주주의의 엔진이기 때문이다…. 그것은 전 세계를 자유와 민주주의로 감염시킨다."[17]

내가 들뢰즈와 과타리Deleuze and Guattari의 작업을 고려하고자 하는 맥락은 바로 기계로서의 제국이라는 널리 퍼진 개념의 맥락에서다. 나는 그들이 사이드의 패러다임에 대안이라고 할 수 있는 어떤 것을 제시한다기보다는, 환상의 형식만이 아니라 양가적 욕망의 형식으로서의 식민주의 작동에 대한 관련되어 있지만 다른 사유방식을 제안한다고 말하고 싶다. 우선적으로 『안티-오이디푸스』는 식민분석을 탈중심화 시켜, 동양에서 벗어나 더 지구적 표면으로 나아가게 하는 장점이 있다.[18] 그것은 또한 명백하지만 중요한 두 개의 문제에 우리의 관심을 되돌린다. 담론적 구성에 대한 오늘날의 강조 속에서 흔히 상실되곤 하는 이 두 문제는 식민주의의 결정론적 추진체로서 자본주의의 역할과 식민화 과정에 포함된 물리적 폭력이다. 이론적 관점에서 들뢰즈와 과타리 주장의 매력은 철학, 정신분석, 인류학, 지리학, 경제학 등등을 모두 하나의 상호작용적 경제 안으로 불러 들여 이것들이 자본주의의 식민화 작동에 얽혀있음을 보여준다는 데 있다.

나는 먼저 들뢰즈와 과타리의 『안티-오이디푸스』Anti-Dedipus가 포스트식민 이론에서 논의되지 않는 점을 지적하고 싶다. 『천 개의 고원』A Thousand Plateaus에서의 소수자들에 대한 공식화들이 최근에 새로운 급진적 민주주의 개념을 논하는 맥락에서 점점 인용되기는 하지만 포스트식민 논의에서 상당한

Imperial Metaphor—Society as a Mechanical Body," in *Imagining India*, 7-22.

17) Lugard, *The Dual Mandate*, 608.

18) Deleuze and Guattari, *Anti-Oedipus*. 추가 언급은 본문에서 함. Deleuze와 Guattari의 작업에 대한 최근의 설명은 다음을 참조. Bogue, *Deleuze and Guattari* 그리고 Massumi, *A User's Guide*.

영향력을 획득한 것은 그들의 에세이 「소수 문학이란 무엇인가?」What is Minor Literature?뿐이다.[19] 의심할 바 없이 이 나라에서 『안티-오이디푸스』의 폭넓은 수용을 방해한 주요 원인은 이 책이 정말로 상당히 어렵다는 점이다(하지만 왜 이 책의 어려움인가?). 하지만 그 기본 패러다임은 비교적 단순하며, 라이히Reich 에게서 끌어낸 것이다. 욕망의 흐름, 즉 들뢰즈와 과타리가 탈주체화된 방식으로 부르는 욕망하는 기계가 우리 사회의 오이디푸스 컴플렉스 메커니즘을 통해 억압되어왔다는 것이다. 오이디푸스 삼각형은 권위와 봉쇄의 구조를 만들고, 그 구조는 가족 안에서만 아니라 가족을 통해 사회 전반의 차원에서 작동한다. 그러므로 프로이트의 오이디푸스 콤플렉스 "발견"은 그의 가장 혁신적인 통찰이다. 하지만 그는 그것을 자본주의 사회에서 이데올로기적으로 억압하는 기본적인 수단으로 인정하기보다는 모든 개인이 통과해야하는 정상적인 발달 형태로 간주함으로써 그 통찰을 즉각 억압한다. 이러한 설명에서, 치료하는 제도로서의 정신분석은 자본주의를 위해 치안을 유지하는 대행자다. 아마도 이 분석적 제도에서 이익을 얻는 사람들만 이 주장에 반박하려 하겠지만, 억압에 대한 들뢰즈와 과타리의 묘사가 자연과 문화, 자연적인 것과 인위적인 것을 대립시킨다는 점에서 라이히적 혹은 로렌스적이라고까지 할 단순성을 지니고 있는 것은 사실이다. "분열증문화"schizoculture를 욕망의 생산을 위한 형식으로 그리고 정신분석과 자본주의가 부과한 질병들을 치유하기 위한 형식으로 만병통치약처럼 선호하는 것은 의심할 바 없이 많은 독자들에게 실망을 안겨준다. 하지만 이런 문제에도 불구하고 『안티-오이디푸스』를 포스트식민 비평의 맥락에서 재고해볼 좋은 이유들이 있다고 나는 주장한다.

　　중요한 것은 들뢰즈와 과타리가 사회적인 욕망 이론을 생산하는 방식이다. 그것은 주류 정신분석의 문제적 대립인 정신적-사회적 대립을 잘라낸

---

19) Deleuze and Guattari, "What is Minor Literature?"; *A Thousand Plateaus*; JanMohamed and Lloyd, *Minority Discourse*. Spivak이 "Can the Subaltern Speak?"(272-6)에서 Deleuze의 작업에 대해 한 명민한 논의 참조.

다. 프로이트가 자신의 오이디푸스적 통찰을 억압했던 중요한 이유는 욕망의 생산과 가장 넓은 의미의 사회적 생산 사이의 긴밀한 연계를 보지 못했기 때문이다. 이러한 분리는 이후 대부분의 정신분석을 규정하는 특징이 되었다. 들뢰즈와 과타리는 자신들의 유명한 스피노자적 "기관 없는 신체"body without organs를 통해 이 관계를 복구해낸다. "기관 없는 신체"는 짝짓기와 이접disjunction 운동 안에서 욕망이 달라붙는 (사회적) 신체를 구성하고, 또한 "증식하는 신체로서의 자본, 더 많은 돈을 생산하는 돈"이라는 보이지 않는 신체도 생산하며, 그리고 "욕망의 생산 전 과정을 기록하기 위한 [거대한] 표면"인 지구 그 자체의 총체성까지도 생산한다.[20] 욕망은 이 달걀 같은 표면의 격자들 위의 이접의 지점들과 강렬함의 지대들zones of intensity을 따라 수평으로 흐른다. "주체"는 중심에 있기는커녕 욕망하는 기계들의 처리 과정의 "잉여에 불과한 것으로," 홈 패인 정신적 공간들과 경도와 위도로 정의된 신체들의 유목적 파생물로 생산된다. "개인이든 집단이든 우리는 다른 박자로 행진하고 본질이 다른 선들, 자오선들, 측지선들, 회귀선들, 그리고 지대들에 의해 횡단된다."[21]

들뢰즈와 과타리는 이렇게 물질성과 의식 사이의 관습적인 인식론적 구별을 깨뜨리고자 한다. 그들의 작업의 전반적인 목표는 "한편의 실재의 사회적 생산과 다른 한편의 단지 환상에 불과한 욕망하는 생산" 사이의 어떤 변별도 부인하는 것이다. 그들은 "사회적 영역은 욕망에 의해 즉각적으로 투자되며, 그리고 그것은 역사적으로 결정된 욕망의 생산이다"라고 주장한다(28-9). 욕망은 개인적 산물이 아니라 사회적 산물이다. 그것은 사회의 하부구조에 골고루 스며든다. 들뢰즈와 과타리가 이러한 입장을 유지할 수 있는 것은 그들이 이미 섹슈얼리티를 "정치적 경제의 리비도적 무의식"으로 정의하면서 주체로부터 욕망을 분리시켰기 때문이다. 이러한 움직임은 사회 영역에

---

20) Deleuze and Guattari, "Balance Sheet—Program for Desiring Machines," 132; *Anti-Oedipus*, 11.

21) Deleuze and Guattari, *A Thousand Plateaus*, 260, 202.

서의 욕망의 역학을 분석하기 위한 새로운 가능성을 열어 놓는다.[22] 인종차별주의는 아마도 우리가 욕망의 형식을, 그리고 그것의 반테제인 혐오를, 사회적 생산으로 즉각적으로 포착할 수 있는 가장 좋은 예일 것이다. "그래서 환상은 결코 개인적인 것이 아니다. 그것은 **집단 환상**이다."[23]

식민담론은 그런 집단 환상의 또 다른 예를 제공하며 우리는 『안티-오이디푸스』가 식민주의와 관련된 문제에 맞닿는 다른 방식들을 볼 수 있다. 이것은 지구의 표면이나 몸체에 욕망의 흐름들을 새겨 넣는 지리공간적 모델에 따라 자본주의를 이론화할 때 가장 잘 드러난다. 지구적 자본주의의 작동은 여기서 "지도제작법"cartography의 형태로 특징지어진다.[24] 들뢰즈와 과타리의 용어에서 사회적 생산은 기입으로 즉 글쓰기 기계로 작동한다.

> 사회체에 부과된 가장 중요한 기능은 늘 욕망의 흐름을 코드화하고 새기고 기록하며, 모든 흐름을 적절하게 억제하고 통제하여 하나의 길로 흐르게 하는 일이었다… 하지만 **자본주의 기계**는… 자신이 완전히 새로운 상황에 놓여 있음을 발견한다. 즉 그것은 흐름들을 탈코드화하고 탈영토화하는 임무에 직면한다. (33)

자본주의가 독재군주국 같은 이전의 역사적 형식들과 다른 점은 그것이 단지 욕망을 코드화해서 통제하지 않는다는 점이다. 자본주의는 이중의 움직임을 통해 작동해야 하는데, 이는 무엇보다도 이미 발전되어온 제도들과 문화들을 폐기해야하기 때문이다. 자본주의가 기본적으로 필요로 하는 것은 자본의 탈영토화된 부와 탈영토화된 노동자의 노동 능력 사이의 만남을 조

---

22) Deleuze and Guattari, "Balance Sheet—Program for Desiring Machines," 133.

23) *Anti-Oedipus*, 30; cf. 욕망을 결핍으로 그래서 실재의 환영적 더블로 보는 전통적 논리에 대한 공격, 25.

24) 지도과 투사도들에 대한 Deleuze와 Quattari의 설명에 대해서는 특히 다음을 참조(*A Thousand Plateaus*, 12-1).

절하는 것이다.[25] 생산과 노동을 포함한 모든 것을 돈이라는 추상적 가치로 환원시키면, 자본주의는 흐름들을 탈코드화하고 사회체를 "탈영토화" 할 수 있게 된다. 보편적인 교환 형식을 획득한 후에는 재영토화한다. 국가들, 국민들, 가족들 같은 "모든 종류의 잉여적이고 인위적이며 상상적인 것, 혹은 상징적인 영토들을 만들거나 회복시킨다."

> 한편으로는 흐름들을 탈코드화하거나 탈영토화하고, 다른 한편으로는 그것들을 폭력적이고 인위적으로 재영토화하는 이중의 움직임이 있다. 자본주의 기계가 흐름들로부터 잉여 가치들을 추출하기 위해 흐름들을 탈코드화하고 공리화하면 할수록, 정부 관료제와 법과 질서의 세력 같은 그것의 부수적 장치들은 더욱 더 최선을 다해 재영토화한다. 잉여 가치의 더 많은 부분의 처리에 몰두한다. (34-5)

이렇게 자본주의의 작동을 영토적 글쓰기 기계로 묘사하는 것은 산업화의 역사적 발전에 특히 적절할 뿐 아니라, 식민화와 문화말살과 문화변용의 폭력적인 물리적, 이념적 과정을 비교적 정확하게 묘사하고 있다. 점령하는 권력 장치의 필요에 따라 토착 사회의 영토와 문화적 공간은 교란되고 분해되고 그리고 재기입된다. 이러한 탈코드화하고 재코드화하는, 탈영토화하고 재영토화하는 구조들은 반테제적인 범주들이 동시에 존재하는 로제Roget의 『유의어 사전』Thesaurus처럼 작동한다. 지구의 영토와 문화들에 대한 그것들의 파도 같은 반복적 움직임은 식민화 과정에 대해 역동적인 모델을 제공하며, 식민주의의 역사적인 물리적 과정과 그것의 이념적 작동 모두를 기술할 수 있는 이점도 가지고 있다. 그것이 땅에서 신체를 분리시키는 것이든, 문화들을 파괴하고 재구성하는 것이든, 새로운 학문분과의 타당성에 따라 지식을 만들어내는 것이든 그러하다. 이러한 방식으로 들뢰즈와 과타리가 지리를 쓰는 형식으로서의 식민주의 작동이 중요한 자본주의 이론을 생산했다고 주

---

25) Deleuze and Guattari, "Balance Sheet—Program for Desiring Machines," 133.

장될 수 있다. 그러므로 그 개념을 비록 간략하게나마 가장 효과적으로 받아들인 사람이 지리학자라는 사실은 놀라운 일이 아니다. 『포스트모더니티의 조건』Condition of Postmodernity(1989)에서 데이비드 하비David Harvey는 다음과 같이 주장한다.

> 자본의 축적은 사회적 권력의 지리적 기반을 재형성함으로써 그것을 지속적으로 탈구축한다. 다르게 말하면, 권력관계들을 재구성하려는 모든 투쟁은 그것들의 공간적 기반을 재조직하려는 투쟁이다. "왜 자본주의가 한 손으로 탈영토화한 것을 끊임없이 다른 손으로 재영토화하고 있는지" 우리가 더 잘 이해할 수 있는 것은 바로 이러한 맥락에서다.[26]

들뢰즈와 과타리가 그렇게 효과적으로 설명한 것이 바로 자본주의와 식민주의와 공간성 사이의 이런 연결고리다. 동시에, 파농은 역사적인 것과 현실적인 것, 땅과 신체를 식민주의적으로 통제하는 실천들, 권력관계를 수립하는 폭력적인 기입 형태들에 관해 필요한 보충 관점을 제공해 준다. "문화 말살 기획"에 대한 파농의 설명이 『안티-오이디푸스』의 이론적 패러다임과 식민적 노예상태 하의 토착인들이 경험하는 메커니즘의 설명에 영감을 주었음은 분명하다.

> 이를 위해 그것의 참조 체계들이 붕괴되어야 한다. 몰수, 강탈, 침략, 표적 살인 등이 문화적 패턴의 약탈과 혹은 최소한 그런 약탈의 조건과 짝을 이룬다. 사회적 전경의 구조가 파괴되고, 가치들이 무시되고 박살나

---

26) Harvey, *The Condition of Postmodernity*, 238. 이것은 *Anti-Oedipus*의 전체화하는 관점의 문제를 강조한다. 즉, 소수자들, 탈중심화 등등에 대한 강조에도 불구하고 지구적인 이론인 척 하면서 지속적으로 주장하는 보편적인 지위는 역사적 특정성을 앞에서는 늘 유지되기 어렵다. Harvey는 자본주의 과정에 대한 Deleuze와 Guattari 설명의 겉으로 보기에 명백한 절대주의가 지역의 저항 형식들의 지속적인 권력 투쟁들을 담아내기 위해 어떻게 수정될 수 있는지 보여준다. 하지만 그는 "보편적인 파편화된 공간의 조정에 미치는 자본의 권력과 자본주의의 전지구적인 역사적 시간의 행진"은 항상 최종적인 승리를 얻을 것"이라는 관찰로 끝낸다(239).

고 텅 비게 된다.[27]

동시에 파농은 자본주의와 식민주의의 개입과 "식민지 영토에서 불타오르는" 반동적인 "폭력 세력들"이 공모하게 하는 식민주의적 강제라는 폭력의 변증법적 효과를 강조한다.

식민 세계의 질서를 지배했던 폭력, 원주민의 사회 형식을 파괴하기 위해 쉴 새 없이 북을 두드렸던 폭력, 경제와 의복 관습과 외적 삶의 참조 체계들을 가차없이 붕괴시켰던 폭력, 바로 그 똑같은 폭력이, 원주민이 자신이 역사를 구현하겠다고 결정하고 금지된 영역으로 파도처럼 밀려들어가는 그 순간에, 원주민 자신의 것으로 주장되고 접수될 것이다.[28]

식민주의자의 영역을 파괴하는 연료는 토착인의 주체성에 가해졌던 바로 그 식민적 폭력이다. 사회적인 것과 주체적인 것의 이러한 절합 안에서 우리는 파농과 들뢰즈와 과타리 사이의 유사성을 더욱 발견한다. 들뢰즈와 과타리는 "오이디푸스 콤플렉스의 분석적 제국주의"(23)라고 자신들이 불렀던 것을 통해 지리적인 것을 정신적인 것에 다시 연결시킨다. 다시 한 번 그들은 식민주의를 유럽 문명의 비정상적인 파생물로 보는 통념을 뒤집는다. 그들은 가족과 국가 사이의 연결고리가 정신에 대한 내적, 이념적 영토화의 형식을 통해 획득되며, 그러한 영토화가 사회적 영역의 질문과 딜레마를 개인의 문제로 돌린다고 말한다. 프로이트는 가족생활의 신경증을 "가족이 표상하는 사회의 결과로서가 아니라 그 고통을 겪는 아이들의 정신적 생산으로" 해석하기 위해 오이디푸스 신화를 사용함으로써 이 거래에 참여한다.[29] 이질적인 것은 이렇게 정신적 재코드화의 운동 속에서 길들여진다. "오이디

---

27) Fanon, "Racism and Culture," in *Toward the African Revolution*, 41, 43.

28) Fanon, *The Wretched of the Earth*, 51, 31.

29) Deleuze and Guattari, "What is Minor Literature?," 28 n.3.

푸스는 늘 다른 수단으로 추구되는 식민화다. 그것은 내부 식민지다… 그것은 우리의 내밀한 식민적 교육이다." 오이디푸스는 단순히 정신적, 성적, 사회적 성숙으로 가는 길에서 모든 인간이 통과해 지나가는 정상적인 구조가 아니다. 그것은 가족, 정당, 국가, 법, 교육 체계, 병원, 정신분석 자체 등 억압적인 사회 구조의 인위적인 재영토화들 안에 욕망의 흐름을 부호화하고, 가두고, 기입하는 수단이다. 오이디푸스 콤플렉스가 자본주의 작동 외부에 있는 보편적인 현상이 아니라는 것을 보임으로써 식민적 공간이 정신분석의 주장을 교란시키는 효과는 식민주의의 정치학만큼이나 정신분석의 정치학의 문제이지만, 오이디푸스가 한계경우limit-case로서 이데올로기적 재영토화의 형식이라는 사실을 증명하는 토대를 제공하기 때문에 이론에도 중요하다.[30] 오이디푸스 콤플렉스의 구조가 식민적 상황에서 출현하는 것은 강요된 문화적이고 정치적인 형식들을 통해 식민적 주체가 구축되었기 때문이며, 그 형식들이 정신적 실재의 조건으로 내면화되고 규범적인 사회적 경험을 위한 토대로 재생산되었기 때문이다. 들뢰즈와 과타리는 이러한 과정이 서구의 주체들에게도 똑같이 작동한다고 주장한다. 메트로폴리탄-식민지의 관계가 다시 한 바퀴 돌아서 국내에서든 해외에서든 전 지구적 식민주의가 자본주의의 역사적 구조가 된다.[31]

들뢰즈와 과타리의 영토화 개념은 식민주의 맥락에서 특히 중요하며, 세 가지 함의를 더 포함한다. 첫째는 식민주의가 무엇보다도 땅의 물리적 전유, 다른 문화의 경작을 위한 땅의 포획을 수반한다는 것을 상기시킨다. 그래서 문화적 식민화가 단순히 담론적 작동이 아니라 문화적(이 단어의 모든 의미에서) 공간의 포획이라는 사실을 전경화한다. 세계의 지도를 제작하려는 시도들의 초기 사례들은 공간적 확장을 끊임없이 지속시키는 전지구적 욕망이 어떻게 식민주의를 추진하였는지 보여준다. 이것은 불가피하게 서로 다른 단계들을

---

30) Deleuze and Guattari, *Anti-Oedipus*, 94, 169.

31) Cf. William Pietz, "The phonograph in Africa," in Attridge, Bennington and Young, *Post-Structuralism and the Question of History*, 267-8.

거쳐 움직였다. 우선, 공간이 무역의 토대를 이룬다. 무역은 자급자족적인 봉건적 사회를 서로 떨어져 있는 문화들 사이의 무역에 기반을 둔 도시문화로 변화시킨다. "상업과 경작"의 식민주의는 열대의 농작물을 기르기 위해 땅을 찾고, 인구 잉여에서 기인한 식민주의는 이주를 위해 더 온화한 땅을 필요로 한다. 마지막으로 제국주의적 공간이 있다. 이 공간은 문화 자체의 확장적인 본성에 대한 믿음 때문에 요구되었고, 이 믿음은 1880년대 이후 그 유명한 아프리카 "쟁탈전"에 불을 지폈던 견해다.[32] 이 순간들 각각은 경제적, 문화적, 사회적 공간화에 대한 식민주의적이거나 제국주의적인 선전의 역학으로서의 들뢰즈와 과타리의 영토화, 탈영토화, 재영토화 정의로 분명하게 표현될 수 있다.

영토화의 두 번째 함의는 땅과 국가 사이의 관계로 살펴볼 수 있다. 국가 기관은 흔히 "원시주의"를 극복한 "문명"이 도래했음을 나타내는 기호로 간주되었다. 엥겔스가 지적하듯이, 국가는 무엇보다도 영토적 개념이다.[33] 그래서 우리는 흔히 식민주의에서 땅을 사유재산의 형태로 인식하는 사회와 그렇지 않은 사회 사이의 갈등을 본다. 어떤 차원에서는 식민주의는 땅을 재산으로 보는 새로운 개념을 들여오고, 그와 더불어 불가피하게 땅의 전유와 인클로저enclosure*를 들여온다. 이것은 경제적 역할과 정체성을 부과하는 더 큰 체계로 발전해간다. 『안티-오이디푸스』 2권인 『천 개의 고원』에 나타나는 들뢰즈와 과타리의 후기 개념인 "유목주의"nomadism가 여기서 중요하다. 유목주의는 국가에 대한 간접적인 대항의 형태로 작용한다. 들뢰즈와 과타리는 독자들에게 자신들의 사회와 지식 체계들 안에서 "비-문화와 저개발의 지점들, 제3세계들의… 지대들"을 발견하라고 요구한다.[34] 유목주의는 봉건주의와 자본주의 이전의 사회 형태를 나타내는 것이면서 동시에 현재의 지형에서 사용될 수 있는 어떤 전략적 전술을 설명한다. 영토들을 횡단하는 움

*
공유지를 사유지로 하기 위해 울타리를 둘러치는 일

---

32) 다음을 참조. Kern, *The Culture of Time and Space*, 234-40. Cf. Noyes, *Colonial Space*.

33) Engels, *Origin of the Family, Private Property, and the Sate*, 208.

34) Deleuze and Guattari, *A Thousand Plateaus*, 27.

직임이라는 개념을 그 이름에서 시사하듯 유목주의는 다양체multiplicity의 전략들을 통해 헤게모니적 통제의 어떤 주장에도 횡적으로 저항하는 형식들을, 해석과 재부호화를 좌절시키기 때문에 재영토화가 될 수 없는 탈영토화의 형식들을 포함한다. 테러리즘은 힘을 주장하는 만큼이나 해석에 저항하기 위해 고안된 정치적 활동의 극단적인 예일 것이다. 하지만 유목주의는 문화적이고 영토적인 경계선을 분해시켜 동시대의 사회적 코드를 위반하는 모든 활동을 포함한다.[35] 동시에, 들뢰즈와 과타리는 그러한 대항전략에 너무 빨리 도달한다. 남부the South의 민족들에게 강요된 뿌리 뽑힘을 상기하면, "유목주의"가 혁신적인 대항자본주의 전략이라는 개념에 우리는 동의할 수 없다. 유목주의는 차라리 자본주의 자체의 특징적인 잔혹한 양식이다.[36]

탈영토화의 세번째 양식은 파농이 간디에 반대하여 그토록 효과적으로 강조하였던 식민주의의 특징, 즉 폭력을 부각시킨다. 식민화는 폭력 행위를 통해 시작하고 또 폭력행위를 통해 스스로를 영속시키며, 식민화된 사람들에게서 그에 답하는 폭력을 불러낸다.[37] 여기서 자본주의는 의미화의 파괴자이며, 모든 것을 돈의 힘으로 야콥슨적인 등가성equivalence의 체계로, 상품화로 환원시키는 자다. 이것은 어느 정도 역사적 특정성을 허용한다. 왜냐하면 식민주의는 문자 그대로 대농장으로서의 영토화와, 신체의 상품화와 국제 무역을 통한 신체들의 교환에 관련된 노동의 수요 사이의 강제된 공생을 통해 작동했기 때문이다. 상업은 한 사회의 모든 것을 보편적 등가성의 체계로, 다른 조건으로 측정되는 가치로 환원시킨다. 그리하여 메타포라는 언어학적 형태에 따라 작업하는 문화적 탈코드화 작동을 수행한다. 동시에, 문자 그대로 신체들과 교환하여 제공된 상품들은 흔히 철, 구리, 천과 같은 것으로 현지에서 이미 획득 가능한 품목들이다. 그러한 무역은 토착 산업을 파괴하

---

35) Deleuze and Guattari, "What is Minor Literature?," 13-14를 보라.

36) Cf. "Can the Subaltern Speak?"(272-4)에서 Deleuze 입지의 한계에 대한 Spivak의 해설.

37) Fanon의 *Wretched of the Earth*에서 폭력의 역할은 해설자들에 의해 지속적으로 가치절하 되고 있다. Todorov가 지적하듯 폭력은 아주 흔히 de Toqueville같은 식민주의자들 자신들에 의해 선언되었다 (*Nous et les autres*, 231).

고 의존적인 형식들을 창조함으로써 생산을 탈영토화시키고 재영토화시키는 결과를 가져왔다.

　이 모든 것은 『안티-오이디푸스』가 담론뿐 아니라 식민주의의 억압적 지리정치학을 통해 사유하는 수단을 제공하는 방법들을 보여준다. 욕망하는 기계는 식민적 실천이 식민적 통제를 받는 영토와 민족들에게 신체적으로 정신적으로 기입되는 폭력적인 방식을 명확하게 발화할 수단을 제공한다. 역사적 분석 형식을 대변하는 것으로서의 『안티-오이디푸스』가 가지는 문제점은 그 자체가 어렵다는 것과는 별도로, 탈코드화decoding, 재코드화recoding, 초코드화overcoding의 과정이 문화들이 서로와의 관계 속에서 상호작용하고 쇠락하고 시간에 따라 발전하는 복잡한 방식들을 제대로 평가하지 않는 문화적 전유 형식이라는 점이다. 탈코드화와 재코드화는 한 문화를 다른 문화에 아주 단순하게 접붙이는 것을 의미한다. 우리는 이 모델을 양피지적인 기입과 재기입의 형식으로 수정할 필요가 있다. 즉 문화들이 단순히 파괴되기보다는 서로의 위에 쌓여 층을 이룬다는 것을 인정하는 역사적 패러다임으로, 발생하는 투쟁들 자체가 서로서로의 겹침을 증가시킬 뿐이며 그것들이 점점 더 불확실해지는 조각이음patchwork 정체성들로 전이된다는 것을 인정하는 그런 역사적 패러다임으로 수정할 필요가 있다. 더하여, 탈영토화와 재영토화가 함의하는 바와는 대조적으로, 영국과 같은 식민주의적 강대국들은 흔히 한 문화를 지우거나 파괴하기보다는 간접 지배라는 편의를 위해 그것 위에 식민적 상부구조를 접붙이고자 했다는 점도 알아야 한다. 원래의 토착문화를 학문적 분석의 대상으로 만들어 동결시키면서 새로운 제국적 문화의 틀을 부과했지만, 이것이 새로운 미메시스mimesis 를 생산하는 단순한 과정은 아니었다. 식민 담론의 분석이 보여주는 것은 문화적 산포의 어떤 형식도 결코 일방적인 과정이 아니라는 것이다. 권력관계가 관련되어 있다 해도 그러하다. 문화는 고향을 떠나서는 절대 완벽히 반복되지 않는다. 모든 수출된 문화는 다른 곳의 이질성 안으로 녹아들면, 미쳐 날뛰고 파열하거나 의미 없는 것으로 변질될 우려가 있다.

하지만 무엇보다도 『안티-오이디푸스』가 제공하는 것은 식민역사의 물리적 지리정치학을 이론화하는 방식인데, 이것은 동시에 논쟁적인 욕망서사이기도하다. 욕망하는 기계는 포괄적인 이론적 패러다임을 제공하면서 동시에 식민주의가 강제로 모아 부자연스럽게 통합시킨 공약수 없는 경쟁하는 역사들의 구체성도 허용한다. "구조와 질서들을 횡단하고 섞고 전복시키며… 늘 탈영토화의 과정을 추진하는" 단절과 흐름, 연결과 해체의 연속적 과정에 포획된 욕망하는 기계들의 박동보다 영토와 신체들의 이접적 연결에 대한 이 부인되면서도 강박적인 이야기를 더 잘 포착하는 것은 없다.[38] 식민역사의 욕망하는 기계가 남긴 억압적인 유산은 억지로 묶여진 혼종 민족들을 지칭하는 오늘날의 인종 범주들이라는 여파에 새겨져 있다. 흑인계 영국인, 영국계 아시아인, 케냐계 아시아인, 영국계-인도인, 인도계-영국인, 인도계-카리브인, 아프리카계-카리브인, 아프리카계-미국인, 중국계-미국인 등등. 이 이산적인 이중의 이름들은 백인과 흑인 사이의 어떤 횡단도 부인되었던 역사를 증언한다. 오늘날의 정치적 용어로는 백인과 흑인의 어떤 산물도 언제나 흑인으로 분류되어야 한다. 과거의 인종적 범주에도 같은 일반적 규칙이 적용되었었지만 그렇게 단순하지 않았다. 흑백교배의 흔적들은 비밀스럽지만 집착적인 흥미와 관심으로 추적되었고 분류법적 열정으로 표시되었었다. 그것을 통해 우리는 식민 욕망의 독특한 민족지학을 엿볼 수 있다.

식민 욕망; 인종이론과 부재하는 타자

19세기에 영국과 식민지 사이의 문화적 관계는 대체로 푸코가 권력의 주권 모델이라고 부른 것을 통해 숙고되었다(전파론의 기본 가정). 하지만 우리는 인종적 흑백혼합의 문제들에 대한 끝없는 토론 속에서 식민 욕망의 다채로운 형식들에 의해 연료를 공급받는 그 권력관계의 취약한 부분을 볼 수 있

---

38) Deleuze and Guattari, "Balance Sheet—Program for Desiring Machines," 123.

다. 예를 들어, 프레드릭 매리어트Frederick Marryat의 피터 심플Peter Simple은 자신의 성적 선호를 선언하기 전에 바베이도스에서 가장무도회에 참석한 사람들을 구별한다.

> 백인과 흑인의 자손은 뮬라토, 즉 반반이다. 백인과 뮬라토의 자손은 쿼드룬, 즉 사분의 일 흑인이다. 이들이 주된 참석자들이다. 나는 쿼드룬과 백인은 머스티mustee, 즉 팔분의 일 흑인을 낳고, 머스티와 백인은 머스타피나mustafina, 즉 십육분의 일 흑인을 낳는다고 믿는다. 그 이후에는 하얗게 세척되어 유럽인으로 간주된다… 쿼드룬은 분명 모든 인종 중에서 가장 잘생겼다. 몇몇 여성들은 정말로 아름답다… 아름다운 내 조국 여성들의 비난을 감수하면서 나는 인정한다. 전에는 결코 그렇게 많은 아름다운 모습과 얼굴을 본 적이 없었다고.[39]

하지만, 우리가 보아온 것처럼, 변증법적 매혹과 혐오로 구성된 그런 욕망은 그와 더불어 욕망하는 식민기계의 풍요로운 다산성이라는 위협을 가져온다. 그로 인해 식민적으로 작동하는 문화는 바바의 용어로 백인이지만 아주 백인은 아닌 여러 형태로 길을 벗어난 사람들을 생산함으로써 혼종화되고 소외되고 그것의 유럽적 기원에 잠재적인 위협이 된다.[40] 19세기에는 문명화된 상태에서 퇴화되는 이러한 위협적인 현상이 "탈문명화"decivilization 과정으로 논의되었다. 흑백혼합이라는 소위 탈문명화 행위를 얼마나 집착적으로 자세히 분석했는지는 표2에서 한눈에 볼 수 있다. 이 표는 원래 독일의 요한 폰 추디Johann von Tschudi의 『페루 여행』Travels in Peru에서 출판되었던 것으로 이후 인종에 대한 인류학적 설명에서 널리 재생산되었다. 노트와 글라이든의

---

39) Frederick Marryat, *Peter Simple* (1834), II, 195-7, Brantlinger, *Rule of Darkness*, 59-60에 부분적으로 인용됨. 모든 사람이 피부색의 밝음과 어두움의 명암에 얼마나 관심을 기울이는지에 대한 Marryat의 관찰의 주요 부분은 해설자들에 의해 반복해서 되풀이되며 Dollimore가 지적하듯이, "종속된 집단들, 계급들, 인종들 사이에서 차별이 정신적으로 내면화되고 사회적으로 영속된다"는 방식을 선명하게 보여준다(*Sexual Dissidence*, 344).

40) Bhabha, "Of Mimicry and Man," 132.

〈표 2〉 페루의 "잡종성"에 관한 추디의 표. 브라운의 「인간의 인종들」(1873–9)에 실림

다음처럼 23개의 혼종이 판정될 수 있고 이름이 지어졌다는 것보다 스페인계-아메리카인의 잡종성을 더 잘 보여주는 것은 없을 것이다.

부모들		자식들	부모들		자식들
아버지 와 father and	어머니 mother		아버지 father 와 and	어머니 mother	
백인 white	니그로 negro	물라토 mulatto	니그로 Negro	퀸테라 quintera	물라토(다소 검음) mulatto (rather dark)
"	인디언 Indian	메스티차 mestiza	인디언 Indian "	"	치노-오스쿠라 chino-oscura
인디언 Indian	니그로 negro	치노 chino	"	"	메스티조-클레로(흔히 아주 이름다움) mestizo-claro (frequently very beautiful)
백인 White	물라토 mulatto	쿠아르테론 cuarteron			
"	메스티차 mestiza	크레올(옅은 갈색피부) creole (pale-brownish complexion)			
"	치노 chino	치노-블랑코 chino-blanco	"	치노 chino	치노-콜라 chino-cola
"	쿠아르테로나 cuarterona	퀸테로 quintero	"	삼바 zamba	삼바-클레로 zambo-claro
"	퀸테라 quintera	백인 white	"	치노-콜라 chino-cola	인디언(곱슬머리) Indian (with frizzly hair)
니그로 Negro	인디언 Indian	삼보 zambo	"	퀸테라 quintera	메스티조(다소갈색) mestizo (rather brown)
"	물라토 mulatto	삼보-니그로 zambo-negro	물라토 Mulatto	삼바 zamba	삼보(불품없는 인종) zambo (a miserable race)
"	메스티차 mestiza	물라토-오스쿠라 mulatto-oscura			
"	치노 chino	삼보-치노 zambo-chino	"	"	치노(다소 투명한 피부) chino (rather clear complexion)
"	삼바 zamba	삼보-니그로(완전 검음) zambo-negro (perfectly black)	"	"	치노(다소 검음) chino (rather dark)

아메리카에서 물라토, 쿼드룬, 옥토룬이라는 용어는 흔히 혼인 피를 1/2, 1/4 또는 1/8 가지고 있음을 나타내는 데 사용된다. 그 이상을 가리키는 명명법은 없으나, 경험 많은 관찰자들은 훨씬 더 작은 양도 간파할 수 있다. 인디언 피가 1/201 섞인 사람은 보통 half-caste, 혹은 더 일반적으로는 half-blood라고 불린다. 하지만 이 용어는 백인 피가 다소 섞였음을 나타내기 위해 아주 모호하게 사용된다.

『인류의 유형들』, 혹은 여기서처럼 로버트 브라운Robert Brown의 4권짜리 개괄서 『인류의 인종들』The Races of Mankind 등이 그 예다.[41]

남아메리카는 늘 인종적 혼종화의 퇴행적 결과를 보여주는 주된 예로 인용되었다 "누구라도 스페인계 아메리카 영토에 눈을 돌려 스페인인, 흑인, 인디언, 그리고 그들의 혼혈 후손들 사이에서 어떤 사악하고 잔인하고 퇴행적인 잡종들이 생산되었는지 보게 하라"고 에드워드 롱은 말한다. "그들은 인간의 본성에 대한 수치다"라고 녹스는 덧붙이면서 남아메리카의 퇴행적인 인종적 혼합의 영속적인 변혁들을 비난한다. 이는 스펜서와 히틀러가 충실하게 반복한 관찰이다.[42] 1987년에 출판된 알바르Alvar의 『히스파노아메리카의 메스티자 어휘사전』Lexico del mistiza en hispanoamérica에 의하면, 서로 다른 조합의 혼혈 인종을 표현하는 스페인어 단어가 128개가 있다.[43] 그러한 도표그리기는 노예제가 있었던 모든 나라에서 중요했다. 라틴아메리카에서는 1776년의 레알 프라그마티카Real Pragmática* 이래 제국 국가는 스페인 백성의 결혼을 통제하는 법을 제정했다.[44] 서인도제도에서는 법으로 혼혈 인종 사람들이 투표를 할 수 없게 했고, 2,000파운드 이상의 재산을 상속할 수 없게 했다. 그리고 물론 미국도 같은 관습을 공유하여 8분의 1에서부터 32분의 1까지의 다양한 아프리카 혈통 즉 3세대부터 5세대까지 거슬러 올라가 흑인과 백인 사이의 경계를 결정했고 법으로 이를 인정했다.[45] 하지만 분간할 수 없을 정

*
스페인의 아메리카 식민지에서 자녀들이 결혼 전에 부모의 허락을 받게 하고, 부모의 뜻에 따르지 않을 경우 상속권을 박탈할 수 있게 하는 법으로서, 인종, 재산, 명성 등에서 열등한 배우자와 결혼하는 것을 막기 위해 제정된 법

41) Tschudi, *Travels in Peru*, 114; Nott and Gliddon, *Types of Mankind*, 455; Brown, *The Races of Mankind*, II, 6. Tschudi의 표는 W. B. Stevenson의 1825년 목록의 개정이며 교정으로서 여기에는 평가적인 설명은 없고, Pratt, *Imperial Eyes*, 152에 재수록 되어 있다. Cf. W. Lawrence의 혼종성에 관한 논의와 표. *Lectures*, 252-63.

42) Long, *History of Jamaica*, II. 327; Knox, *The Races of Men*, 505; Spencer, *Principles of Sociology*, I, 592; Hitler, *Mein Kampf*, 260.

43) Alvar, *Lexico del mistiza en hispanoamérica*. 더 이상의 분석은 다음을 참조. Mörner, *Le Métissage dans l'histoire de l' Amerique Latine*.

44) Susan M. Socolow, "Acceptable Partners," in Lavrin, *Sexuality and Marriage in Colonial Latin America*, 210-13. Cf. François Bourricaud, "Indian, Mestizo and Cholo as Symbols in the Peruvian System of Stratification," in Glazer and Moynihan, *Ethnicity*, 350-87; and Stepan, "*The Hour of Eugenics*."

45) *The Classification of Mankind* (1852)에서 P. A. Browne은 머리카락에 대한 과학적 분석에 기반해서 인간 혼종성의 정도들에 대한 자세한 표와 명명법을 만들어낸다(다음을 참조. Stanton, *The Leopard's Spots*).

도로 백인이 된 이후 세대를 위해서도 더 많은 테스트들이 고안되어 숨겨져 있는 흑인성의 은밀한 흔적을 추적하고자 했다. 윌리엄 로렌스 경에 의하면,

1/3백인

> 유럽인과 터서론Tercerons*은 쿼터론Quarterons이나 쿼드룬Quadroons(옥하본 ochavones, 옥타본octavones, 또는 알비노alvinos)을 낳는데 이들은 백인과 구별되지 않는다. 하지만 그들은 적어도 자메이카에서는 유럽인이나 백인 크레올과 같은 법적 특권을 부여받지 못한다. 비록 더 이상 보이지는 않지만 여전히 검은 혈통의 오염이 있기 때문이다. 때때로 고조모의 독특하게 강한 냄새의 잔재가 그것을 드러낸다고 말해진다.[46]

만약 후각 신경이 그러한 악취 나는 단서들을 간파할 만큼 충분히 섬세하지 않다면, E.B. 타일러는 그의 말처럼 "니그로 후손의 흔적들이 극도로 세밀하게 주목되는" 미국 남부에서 사용되는 더 단순한 시각적 테스트를 언급한다.

> 혼혈인들은 규칙적으로 뮬라토, 쿼드룬, 그리고 옥토룬에 이르기까지 분류되었을 뿐 아니라, 섞임이 너무 약해서 훈련되지 않은 눈에는 갈색 피부만 보일 때에도, 대중 만찬 테이블에 감히 앉은 침입자는 그의 손을 보이라고 요청받고 손톱 뿌리의 엷은 검은색으로 아프리카의 흔적이 간파된다.[47]

이 방법이 실패한다면, 인류학회장인 제임스 헌트는 미국 남부연합의 여성 특파원의 말을 인용하여 그녀가 알려준 방법을 제시한다.

백인의 몸에 아프리카 피가 한 방울이라도 있다면 그것이 머리가죽에 드

---

46) Lawrence, *Lectures*, 254.

47) Tylor, *Anthropology*, 3.

러날 것이라는 것은 증명된 사실이다. 근접성이 크면 클수록 색조는 더 진하고 넓이도 더 넓다. 몸의 다른 부분 어디에도 아주 작은 오염조차 없다 해도, 이 부분은 아무리 오랜 시간이 지나도 지워지지 않는다. 남부 연맹의 법정에서 그것은 자연법처럼 의심의 여지가 없는, 결코 실패하지 않는 테스트로 인정된다.[48]

그런 집착적인 탐색은 아메리카 대륙에만 국한된 것은 아니다. 인도에서 1901년 정부 인구조사는 "카스트는 두 인종 유형인 백인과 흑인 사이의 상호작용에 의한 결과다"라는 사회다원주의 원칙에 따라 허버트 H. 리슬리에 의해 고안되었고, 그 결과로 인도 사람들은 사회적 서열에 따라 경쟁적으로 배열된 2,378개의 주요 카스트와 부족으로 분류되었다.[49]

흑백혼합에 대한 인류학적 논의에서 주목할 만한 것은 추디의 표가 재생산될 때마다 그의 가치평가적인 해설이 늘 포함된다는 것이다. 즉 서로 다른 비율로 섞인 인종의 아이들에 대한 그 흥미로운 묘사들은 점점 더 제2열을 보충하면서 서로 다른 인종의 정신적이고 신체적인 특질들과 그들의 섞임에 대해 당대가 강조한 영향력을 보여준다(그렇게 철저한 분류화에도 불구하고 추디는 그 표에서 백인 어머니와 "인디언" 혹은 "니그로" 아버지와의 짝짓기의 가능성은 결코 언급하지 않는다. 이는 의심할 바 없이 징후적이다. 또한 진행과정 전체는 이론적으로는 되돌릴 수 없다). 우리는 흑백혼합 즉 "잡종성"에 대한 이 표를, 브라운이 말하듯, 문화적 융합의 정교한 이행등급에 대한 분석적인 설명으로서만이 아니라 욕망의 집착적인 표만들기로도 읽을 수 있다. 퇴행의 과정으로 간주된 문화적 융합은 19세기의 문화 보급의 "전파" 모델을 융합의 혼란으로 조롱했고, 민족지학의 다원발생론 학파와 진화론자 모두를 전복했으며, 이를 넘어서서 서양 문명의 진보 패러다임 전체를 폐기할 위협을 담고 있다. 여기 인종적 차이를 퇴행으

---

48) Hunt, *The Negro's Place in Nature*, viii.

49) 다음을 참조. Inden, *Imagining India*, 58-66.; cf. Ballhatchet, *Race, Sex and Class under the Raj*. 나는 이 맥락에서 인도의 인구조사에 나의 관심을 끌어준 Gauri Viswanathan에게 감사한다.

로 보는 이론들은 19세기 말의 증가하는 문화적 비관주의와 합해졌고, 도시 인구들만이 아니라 세계 자체, 즉 서양의 인구가 퇴행하고 있다는 주장과 융합되었다. 흑백혼합의 새로운 인종적 분화가 정복과 흡수와 불가피한 쇠락의 서사를 드러내는 역사적 궤도를 따라갔다. 빅토리아인들에게 인종과 성은 역사가 되었고, 역사는 인종과 성을 말했다.

흔히 서양의 역사기술은 서양에만 역사를 허용하는 문제가 있다고 일반적으로 시사되곤 했다. 하지만 실제로는, 어떤 점에서는 이것이 사실인 반면, 은밀한 다른 역사가 19세기에 비서양에게 **부여되었다**. 그것은 역사적 문헌학에 의해 생산된 역사였으며, 강한 인종이 약한 인종을 흡수하는 결과를 가져오는 종족 이주와 정복의 파노라마적 서사를 통해 언어의 발전과 전파를 말하는 역사였다. 아리안 정체성도 이산을 통해서, 식민화와 동일시된 이주를 통해서 구성되었다. 이러한 인도유럽어족의 다원적, 이산적 서사는 유럽의 제국적 확산에 자연법적 지위, 그것의 흡수에 관한 이야기, 그리하여 언어적, 인종적 섞임의 이야기를 하였지만, 동시에 암묵적으로 유럽의 제국주의적 문명의 부패, 퇴폐와 퇴행도 예언하였다.

그것은 결국 탈식민화가 필요하다는 주장을 낳았다. 예를 들어 C.L. 템플은Temple (영국이 이후의 나이지리아가 될 곳을 합병한 지 15년밖에 안 된 1918년에 출판된) 『토착 인종과 지배자들』Native Races and Their Rulers에서 역사가 "정복된… 인종을 기다리는 세 가지 운명"을 보여주는데, "정복하는 인종에 흡수되거나 정복하는 인종을 흡수하는 것이 보통의 결과다. 자신의 자유를 다시 찾기도 하고, 혹은 드물지만 소멸하기도 한다." 템플은 아프리카인들은 소멸할 것 같지 않다는 논리를 편다(너무나 다산적이라고. 물론 나치 이데올로기의 일부가 된 것이 바로 이 세 번째 사항이었다). 하지만 그는 또한 "유럽인들과 아프리카 검은 피부 인종들 사이의 융합은 전혀 고려 사항이 아니"라고 말한다. 그래서 템플은 아프리카인들에 대해 "그렇다면 그들의 미래는 어떨 것인가?"라고 묻고는, "역사적으로 유추해보면 우리는 단 하나의 결론에 도달한다. 즉 그들은 언젠가 그들의 자유를 되찾을 것이다"라고 대답한다.[50] 인종적 융합의 두려움이 제국 자체의 불가피한 붕괴를 그려보는 극단적인 입지로 데려갔던 것이다. 40년 후 제국은 사라졌다.

최근 분과학문들 전체가 관심을 가지고 있는 문제는 "타자"the Other의 배제와 재현에 관한 문제, 타자성alterity의 내부/외부 개념에 관한 문제, 혹은 인류학자들이 무력하게는 아니지만 고통스럽게 협상한 자아-타자 관계의 어려움에 관한 문제다.[51] 식민주의자와 피식민자, 자아와 타자의 이분법적 알레고리들에 대한 우리의 논의는 오늘날의 인종 정치학이 흑과 백 사이의 상대적인 양극화를 통해 작업하는 방식들을 반영한다. 이 가차 없는 헤겔적인 변증법화는 인종, 인종적 차이 그리고 인종적 정체성에 관한 20세기의 설명의 특징이다. 하지만 나는 식민주의 담론의 역사적 특정성을 이해하기 위해서는 인종을 구별하는 다른 형식들이 이 모델과 나란히 동시적으로 작동했음을 인정해야 한다고 주장한다. 이를 이해하지 못한다면 우리는 우리 자신의 범주들과 정치학을 그 차이를 알아차리지 못한 채 과거에 부과하여 과거의 타자성을 오늘날의 동일성으로 만드는 위험에 빠진다. 이에 따르는 손실은 단지 역사의 지식을 잃은 것만이 아니라, 혼종성의 경우처럼, 그 타자성이 얼마나 많이 우리의 현재를 형성했으며 또한 얼마나 비밀스럽게 여전히 우리의 현재에 대해 알려주는지 끝까지 알지 못하게 될 수도 있다.

브라운의 섬세하게 등급화된 표는 빅토리아 시대의 인종차별주의와 그것과 연계되어 있는 식민주의가 동일자와 타자의 헤겔적 변증법의 패러다임을 따라서만 작동한 것이 아니라 다양성과 비평등성의 규범/일탈 모델을 따라서도 작동했다고 말해준다.[52] 들뢰즈와 과타리는 인종과 "얼굴성"faciality에 대한 분석에서 그것을 바로잡고, 그리스도의 얼굴이 백인 자신과 같은 것으

---

50) Temple, *Native Races and Their Rulers*, 23.

51) 이 패러다임에 대한 비판적인 분석은 다음을 참조. Beer, "Speaking for the Others"and *Forging in Missing Link*, 8; Bhabha, "The Commitment to Theory," 16; Fabian, *Time and the Other;* Said, "Representing the Colonized"; Spivak, "Can the Subaltern Speak?," 280.

52) Canguilhem이 *The Normal and the Pathological*에서의 이 모델의 분기에 대해 분석한 것을 보라.

로 동일시되었다고 주장한다.

> 만약 그 얼굴이 실제로 그리스도, 즉 평균적인 보통의 백인이라면, 그렇
> 다면 최초의 일탈들, 최초의 분기유형들은 인종적이다. 즉 황인, 흑인이
> 다…. 백인이 주장하는 유럽중심적 인종주의는 결코 누군가를 배제하거
> 나 누군가를 타자로 지명하면서 작동된 것이 아니다…. 인종주의는 백인
> 얼굴에서 일탈된 정도를 결정함으로써 맞지 않는 특징들을 점점 기이해
> 지고 낙후되는 흐름들 속에 통합시키려는 노력을 통해 작동한다…. 인종
> 주의 관점에서 보면 외부는 없다. 바깥에는 아무도 없다. 단지 우리처럼
> 되어야 하는 사람과 그렇게 되지 못한 범죄를 저지른 사람만 있을 뿐이
> 다.[53]

19세기에 인종적 차이를 구성한 것은 흑인과 백인 사이의 근본적인 이
분법적 분리만이 아니다. 인종적 차이는 존재의 사슬에 대한 진화론적 사회
인류학의 역사화된 양식을 통해서도 구축되었다.[54] 이렇게 인종주의는 동일
자-타자 모델을 따라서도, "정상성의 측정"과 백인 표준에서의 "일탈의 정
도"를 통해서도 작동되었는데, 이러한 방식을 통해서 인종적 차이는 퇴행성,
기형화, 발생학적 발달의 정지 같은 성적·사회적 형태들과 동일시되었다.[55]
하지만 이중 어느 것도 혼혈 인종의 경우처럼 악마화된 것은 없었다. 들뢰즈
와 과타리가 지적하듯이 인종은 "그것의 순수성에 의해서가 아니라 지배 체
제가 그것에 부여하는 비순수성에 의해 정의된다. 인종의 진짜 이름은 사생
아와 혼혈이다."[56] 통제할 수 없는 "정자 경제"spermatic economy의 소비가 식민

---

53) Deleuze and Guattari, *A Thousand Plateaus*, 178.

54) Cf. Stepan, *The Idea of Race in Science*, 12 ff.

55) Cf. Stepan, "Biological Degeneration: Races and Proper Places," in Chamgerlain and Gilman, *Degeneration*, 97-120.

56) Deleuze and Guattari, *A Thousand Plateaus*, 379. Stepan은 *The Idea of Race in Science*에서 다음과 같
이 지적한다. "인종 혼혈은 보통 나쁘다는 것이 과학에서 오래 지속된 개념이었다…. 사실 1930년
대가 되어서야 의견이 바뀌어 뮬라토 인구들이 다른 인구들처럼 생물학적으로 적합하다고 간주되

적 산포의 진짜 작업이다. 인종적 프론티어의 경계 영토들을 더 소유적으로 단속하게 하면서 질리안 비어Gillian Beer의 용어로 "경계선들을 지우고" 인종들 사이의 불변하는 차이에 대한 주장을 무화시키는 것은 역설적으로 비백인에 대한 백인의 바로 그 욕망이며 그들의 결합이 증식시키는 산물들이다.[57]

19세기에 식민주의가 이론적으로 초점화되고 재현되고 정당화된 것이 인종의 범주를 통해서였다면, 많은 문화적 상호작용이 실천된 것도 인종적 관계를 통해서였다. 1840년대 이래로 인종 이데올로기, 민족학의 옷을 입은 기호학적 체계, "인종학"은 필연적으로 이중의 논리에 따라 작동했다. 그 논리는 백인들과 비백인들 사이의 차이들을 강제하고 단속하면서 동시에 그들 사이의 접촉의 산물에 물신적으로 초점을 맞추었다. 식민주의는 언제나 욕망의 기계에 갇혀 있다. "그 기계는 욕망이며, 그것의 역사는 욕망의 투자를 드러낸다."[58] 인종에 대한 과학적 설명 안에 끝없이 반복적으로 들어가 있는 중심 가정과 강박적인 환상은 비백인 인종들의 통제할 수 없는 성적 충동과 그들의 무한한 다산성이다. 그렇게 매혹적인 것은 단순히 다른 섹슈얼리티의 힘 그 자체만은 아니다. 즉 맬서스의 『인구론』의 후기판본에서, 맥레넌McLennan의 『원시 결혼』Primitive Marriage의 포로로 잡혀서 결혼하는 환상들에서, 혹은 스펜서의 『사회학 원리』Principles of Sociology의 「이성 간의 원시적 관계」 Primitive Relations of the Sexes와 「문란함」Promiscuity에 관한 장에서 그토록 호색적으로 상상되었던, 음탕한 원시적인 섹슈얼리티의 "문란함," "불법적인 성교," "과도한 방탕"만이 아니었다.[59] 인종들 사이의 양도할 수 없는 차이들을 꾸준하

었다"(105-6). Dover의 Half-Caste (1937)는 이 강력한 인종적 신화에 가장 실질적인 공격을 가한다. Franz Boas도 이러한 태도를 변모시키는 데 적절한 역할을 했음을 인정받아야한다. 1911년에 그는 다음과 같이 쓴다. "이런 의견에서 보면 니그로 문제에 관련된 가장 중요한 실제적 문제는 뮬라토들과 다른 혼혈들 — 그들의 신체적 유형들, 그들의 정신적 도덕적 자질들, 그리고 그들의 활력과 관계되어 있다. 이 문제에 관한 많은 문헌을 세심하게 추려보면, 심각한 비판을 받지 않을 만한 것은 거의 없다"(The Mind of Primitive Man, 277).

57) "정자 경제"에 대해서는 다음을 참조. Barker-Benfield, "The Spermatic Economy: A Nineteenth-Century View of Sexuality," cited in Hyam, Empire and Sexuality, 57; Beer, Arguing with the Past, 74.

58) Deleuze and Guattari, Anti-Oedipus, 38.

59) Malthus, Principle of Population, 156, 195, 146; McLennan, Primitive Marriage; Spencer, The Principles

게 결코 누그러짐 없이 주장하는 인종이론들이 보여주듯이, 버지니아 울프 Virginia Woolf의 표현을 빌려, 한계가 없는 "달콤한 풍요로움"이라는 이 독특한 전망은 인종들 사이의 열광적인 끝없는 성교, 짝짓기, 융합, 접합에 대한 관음증적 묘사를 통해서만 의미를 가졌다. 그러한 인종이론은 그 핵심에서 인간 공장으로서의 욕망하는 기계라는 주마등 같은 환상들을 투사했다. 즉 수없이 다채로운 인종 간 교배의 변종들을 생산하는 통제할 수 없는 열광적 간음이라는 맬서스적인 환상으로서, 그 환상 속에서 흑백혼합된 자손들은 스스로 계속 잡종성*mélange*을 증가시키고 이 잡종후손들은 또 끝없이 다양한 혼종후손들을 스스로 다음처럼 번식시킨다.

> half-blood, half-caste, half-breed, cross-breed, amalgamate, intermix, miscegenate; alvino, cabre, cafuso, castizo, cholo, chino, cob, creole, dustee, fustee, friffe, mamaluco, marabout, mestee, mestindo, mistizo, mestize, emtifo, misterado, mongrel, morisco, mule, mulat, mulatto, mulatta, mulattress, mustafina, mustee, mustezoes, ochavon, octavon, octoroon, puchuelo, quadroon, quarteron, quatralvi, quinteron, saltatro, terceron, zambaigo, zambo, zambo preto …

19세기 인종이론들은 자아와 타자 사이를 본질화시키는 차이화로만 구성되었던 것이 아니다. 그것들은 성관계를 갖는 사람들, 끝이없고 간음적이고, 우연적이며, 불법적인, 인종 간 성관계를 갖는 사람들에 대한 매혹에 관한 것이기도 하다.

　하지만 이러한 에로틱한 혼합의 모델은 직접적인 성의 문제만도 아니며 심지어 문화만의 문제도 아니었다. 그것은 많은 면에서 그것이 대체한 더 오래된 상업적 담론을 보존하고 있었다. 왜냐하면 식민주의가 가져온 성적교환의 형식들은 그 자체가 식민적 관계의 기반을 구성했던 경제적 교환의 양

---

of Sociology, I, 621-97.

식들을 비추는 거울이면서 결과이기 때문이다. 작은 무역 전초기지와 방문 노예선들과 더불어 시작하여 확장된 재산의 상호교환은 상품만큼이나 몸의 교환의 기원이었다. 아니 상품으로서의 몸의 교환의 기원이었다. 결혼이라는 인습적 관계의 패러다임이 그러하듯이 경제적 교환과 성적 교환은 아주 처음부터 밀접하게 관련되어 서로 짝을 이루고 있다. "상업"이라는 단어의 의미들의 역사는 상품의 교환과 성관계에서의 몸의 교환 둘 다를 포함한다. 그러므로 성적이며 문화적인 확산의 폭력적이고 적대적인 권력관계를 포착하는 성적 교환과 그로부터의 혼혈산물이, 식민주의의 열렬한 경제적, 정치적 거래를 이해하는 주된 패러다임이 되어야 마땅하다. 우리 자신의 인종차별주의 형식들이 왜 그토록 밀접하게 섹슈얼리티와 욕망과 얽혀 있는지 이제야 비로소 설명이 가능할 듯하다. 그러나 서양의 학계에 있는 사람들이 적어도 식민 유산의 다른 측면에서처럼 이러한 식민주의의 혼종상업hybrid commerce에서 스스로를 가까스로 해방시켰다고 말하는 것은 포스트식민 문화이론의 환상이다.

역자후기

저자 로버트 J.C. 영은 영국의 옥스포드 대학과 미국의 뉴욕 대학에서 영문학, 비평이론, 비교문학 등을 가르치면서, 백인성, 영국성, 포스트식민 담론, 문화이론 등에 관한 저서들을 꾸준히 출판하고 있는 포스트식민 문화이론가다. 현재 국내에는 그의 저서 『백색 신화』(*White Mythologies: Writing, History and the West*, 1990 / 제2판 2004)와 『포스트식민주의 또는 트리컨티넨탈리즘』(*Postcolonialism: An Historical Introduction*, 2001)이 각각 2008년(제2판), 2005년에 번역되어 널리 소개되었으며, 이 책은 로버트 영의 *Colonial Desire: Hybridity in Theory, Culture and Race*(1995)를 우리말로 옮긴 것이다. 1900년에 출판된 『백색 신화』가 서양이론의 유럽중심주의를 사르트르, 알튀세르, 푸코, 제임슨, 사이드, 바바, 스피박 등 이론가들의 논의를 토대로 비판하면서 포스트식민 연구의 자리를 만들고자 시도했다면, 2001년에 출판된 『포스트식민주의 또는 트리컨티넨탈리즘』은 유럽중심주의를 트리컨티넨탈(남부의 세 대륙, 즉 아시아, 아프리카, 남아메리카)의 입장에서 비판하면서 "이론적 차원을 넘어서서 세계의 불평등한 구조를 변혁하기 위한 실천적 연대를 모색하는 정치적 운동"(425)[1]으로서의 트리컨티넨탈 포스트식민주의를 제안한다. 영국의 정체성 문제를 화두로 위의 두 책 사이에 출판된 『식민 욕망: 이론, 문화, 인종의 혼종성』은 현재 부각되는 문화이론의 핵심 개념인 "혼종성" 개념을 중심으로 이론과 실천이, 문화와 정치가, 욕망과 권력이 어떻게 서로 얽히고 공모하며 갈등하는지 그 변증법적 역학을 구체적인 역사적 자료를 통해 세심하게 추적한다는 점에서 흥미롭다.

로버트 영 자신이 한국어판 서문에서 말하듯이, 『식민 욕망』은 아시아,

---

1) 로버트 J.C. 영, 『백색신화』, 김용규 역. 부산: 경성대 출판부, 2008.

아프리카, 카리브해 등 유럽의 식민지 출신 이민자들이 유럽 내에 자신들의 정치적 문화적 정체성을 주장하기 시작한 20세기 말 포스트식민 시대에 유럽 제국주의 시대인 19세기의 인종과 문화이론에 대해 쓴 책이다. 두 시대는 서양인들의 제3세계로의 진출과 제3세계인들의 유럽으로의 진출이 두드러진 시대이며, 문화적, 인종적, 민족적 만남과 충돌에 의한 혼종성이 긴급하고 중요한 문제로 부각된 시기다. 19세기에 혼종성은 생리학적, 진화론적 관점에서 인종 간 차이를 논하는 개념으로 활발하게 다루어진 것과 달리 20세기 말의 혼종성은 문화적 현상을 묘사하기 위해 부활하였지만, 로버트 영은 19세기에 혼종의 생리학적 지위를 결정한 것이 문화적 요소들이었던 것처럼 문화적 혼종성에 초점을 맞추는 현대의 사유도 과거의 인종화된 공식들과 완전히 단절된 것은 아니라고 강조한다.

로버트 영에게 혼종성의 중심 역학은 변증법적 역학이다. 영이 찾아내고 분석한 인종적 혼종성에 대한 많은 이론들과 재현들은 인종 간 성적 "매혹과 혐오"라는 양가적 축을 따라 작동한다. 인종 간에 성을 매개로 작동하는 "매혹과 혐오" 역학은 "사람들과 문화들이 서로 섞이고 합쳐지며 그 결과 스스로를 변모시키는" 매혹과 "서로 다른 요소들이 구별된 채 남아 있고 서로 대화적으로 대립되어 있는" 혐오라는 문화적 상호작용의 변증법이기도 하다. "함께 가져와 융합하지만 동시에 분리를 유지하는 이중 상태"로서 분석한 바흐친의 언어적 혼종성도 연합과 적대라는 상반된 움직임을 수반하는 혼종성의 예이며, "식민 권위의 단일한 목소리가 타자의 흔적을 기입하고 노출시켜 식민 권력의 작동을 약화시키고 식민 권위 자체가 이중의 목소리로 되어 있음을 드러내는" 호미 바바의 혼종성도 토착문화와 식민문화 사이의 문화정치학적 상호작용을 강조한다. "혼종성 자체가 혼종성의 예"라는 로버트 영의 말은 이런 맥락에서 이해할 수 있다. 혼종성의 변증법에 대한 영의 설득력 있는 강조는 과거와 현재, 지배자와 피지배자, 주체와 타자 등 이분법적 구조를 담고 있는 기존의 포스트식민 담론 자체에 "호의적이지만 비판적으로" 개입하는 지점이면서 동시에 문화들의 접촉과 침입, 융합과 분리가 발생하는 복잡한 문화적 상호작용의 역학 과정을 이해할 수 있는 모델의 제시다.

이 책의 매력 중 하나는 "혼종성"이라는 최근 문화이론에서 부각되는 개념을 국내에는 잘 알려져 있지 않지만 당대에는 많은 영향을 미쳤던 18~19세기의 서양 인종이론가, 문화이론가, 민족지학자, 민족학자, 두개학자, 인류학자, 식민문학가 등의 저서들과 논의들을 구체적으로 소개하면서 각 저자들과 저서들이 어떤 이론을 어떤 맥락에서 구성하는지 당대의 이론적, 문화적, 정치적 지형도를 세심하게 그려주고 있다는 점이다. 추상적인 이론과 개념들이 어떻게 구체적인 역사적 현장과 맥락에서 피와 살이 있는 현실의 사람들과 집단들의 필요와 욕망에 의해 구성되어왔는지 증거들을 제시하며 설득력 있게 보여주는 영의 연구방법은 서양의 학문적 지식이 유럽의 식민주의 역사에 얼마나 깊고 넓게 공모해왔는지, 그리고 지금도 서양의 학계와 문화와 얼마나 끈질기게 자신이 생성된 바로 그 역사와 장면을 지우고 침묵하고 있는지 효과적으로 폭로하는 방법이기도 하다. 이런 점에서, 서양의 식민 욕망이 추동한 인종과 문화이론들과 문화적, 인종적 "혼종성"을 계보학적으로 탐색하는 이 책은 영이 포스트식민주의의 주된 임무로 설정한 "비판적인 서양 민족지학"이면서 동시에 지식생산 자체에 대한 메타담론이기도 하다. 타자에 대해서는 잘 알 수 없다 해도 적어도 "우리 자신"에 대해서는 연구할 수 있는 자료들이 있으므로, 편견 없고 객관적인 듯한 과학과 학문들이 의식적인 혹은 무의식적인 현실의 정치학과 욕망에 영합해온 역사를 밝은 눈으로 간파하고 맑은 마음으로 반성하라는 영의 주장은 학문하는 사람이라면 누구나 귀하게 듣고 실천해야 할 문제의식이다.

이 책을 번역하면서 가장 곤혹스러웠던 일 중 하나는 특정한 단어의 의미가 시대에 따라 변화하거나 혹은 그 과정에서 복합적인 의미층을 형성한 경우다. 특히, "nation"은 역자들에게 특별한 어려움을 준 단어였다. "nation"이라는 단어가 한국어로 국가, 국민, 민족 등 여러 의미를 가지고 있기 때문만이 아니라, 헤르더, 아널드, 고비노 같은 저자들이 이 여러 의미들 중 과연 어떤 의미로 이 단어를 사용하고 있는지 맥락마다 고민해야 했고, 때로는 한 저자가 같은 단어를 여러 의미로 혹은 여러 의미들을 함께 담고 있는 단어로 사용하고 있다고 느껴지는 경우도 종종 있었기 때문이다. 로버트 영 자신도 역자에게 보낸 한 메일에서, "어떤 사람이 'nation'이라는 말을 사용할 때 그가 어떤 의미로 사용하는지 정확히 알기는 어렵다. 'nation'이라는 말 속에 그 모든 다른 의미들이 포함되어 있기 때문이다. 다만 말할 수 있는 것은, 19세기에 'ethnic people in collective of a nation-state'라는 의미를 강하게 전달하고 싶은 사람은 'race'를 쓰곤 했고(즉, 'race'와 'nation'을 혼용해 썼고), 'nation-state'로서의 'nation'은 프랑스혁명과 더불어 왔으며, 'nation'이 'a people'이나 'a state'만이 아니라 'their common culture'로도 정의되어야 한다는 개념을 발전시킨 사람은 헤르더였다"고 해명해주었을 정도다. 주변 분들의 도움을 받아 각각의 맥락에서 최대한 적절한 의미를 나타내는 번역어를 찾기 위해 고심하며 선택한 언어들이지만, 잘못이 있다면 그것은 전적으로 역자들의 몫이다.

　도움을 주신 분들이 안 계셨다면 이 책의 번역은 가능하지 않았을 것이다. 특별히 번역문과 원문을 대조하며 꼼꼼히 읽어주고, 격렬하게 논쟁하며 세심하게 지적해준 '탈식민 독회' 세미나 선생님들께 깊은 감사를 드린다. 작고 큰 도움을 마다하지 않으셨던 탈경계인문학연구단 선생님들께도 이 자리를 빌려 감사를 드린다. 촉박한 일정에도 세심하게 작업해주신 출판사 사장님과 편집자분들께도 고마움을 표하고 싶다. 그리고 항상 옆에서 지켜봐 주고 응원해준 가족들에게 무한한 사랑과 감사를 드린다.

2013년 5월
이경란, 성정혜 씀

참고문헌

Adams, E. D., *Great Britain and the American Civil War*, 2 vols (London: Longman, 1925).

Adams, H. G., *God's Image in Ebony: Being a Series of Biographical Sketches, Facts, Anecdotes, &c., Demonstrative of the Mental Powers and Intellectual Capacities of the Negro Race* (London: Partridge and Oakey, 1854).

Adorno, Theodor W., *Prisms*, trans. Samuel and Shierry Weber (Cambridge, Mass.: MIT Press, 1981).

Agassiz, Louis, "The Diversity of Origin of Human Races," *Christian Examiner*, 49 (1850), 110-45.

———— and Agassiz, Mrs Louis, *A Journey in Brazil* (London: Trübenr, 1868).

Ahmad, Aijaz, *In Theory: Classes, Nations, Literatures* (London: Verso, 1992).

Alloula, Malek, T*he Colonial Harem* (Manchester: Manchester University Press, 1987).

Althusser, Louis, *Lenin and Philosophy, and Other Essays* (London: New Left Books, 1971). [알뛰세, 루이. 『레닌과 철학』. 이진수 역. 서울: 백의, 1991.]

Alvar, Manuel, *Lexico del mistiza en hispanoamérica* (Madrid: Ediciones cultura hispānica, 1987).

Anderson, Benedict, *Imaginary Communities: Reflections on the Origin and Spread of Nationalism* (London: Verso, 1983).

Anon., "The Physiological Characters of Races of Mankind Considered in their Relations to History: Being a Letter to M. Amédée Thierry, Author of the History of the Gauls," *Phrenological Journal and Magazine of Modern Science*, 10 (1835), 97-108.

————, "The New System of Colonization - Australia and New Zealand," *The Phrenological Journal and Magazine of Modern Science*, 11, n.s. 1 (1838), 247-60.

Anthias, Floya and Yuval-Davis, Nira, *Racialized Boundaries: Race, Nation, Gender, Colour and Class and the Anti-Racist Struggle* (London: Routledge, 1992).

Appadurai, Arjun, ed., *The Social Life of Things: Commodities in Cultural Perspctive* (Cambridge: Cambridge University Press, 1986).

Appiah, Kwame, *In My Father's House: Africa in the Philosophy of Culture* (London: Methuen, 1992).

Arato, Andrew, ed., *The Essential Frankfurt School Reader* (Oxford: Blackwell, 1978).

Armistead, Wilson, *A Tribute for the Negro: Being a Vidication of the Moral, Intellectual, and Religious Capabilities of the Coloured Portion of Mankind* (Manchester: Irwin, 1848).

Arnold, Matthew, *Culture and Anarchy* [1869], ed. J. Dover Wilson (Cambridge: Cambridge University Press, 1932). [아놀드, 매슈. 『교양과 무질서』. 윤지관 역. 서울: 한길사, 2006.]

————, *The Note-Books of Matthew Arnold*, eds H. F. Lowry, K. Young and W. H. Dunn (London:

Oxford University Press, 1952).

—————, *Democratic Education*, ed. R. H. Super (Ann Arbor: University of Michigan Press, 1962).

—————, *Lectures and Essays in Criticism*, ed. R. H. Super (Ann Arbor: University of Michigan Press, 1962).

—————, *Culture and Anarchy, with Friendship's Garland and Some Literary Essays*, ed. R. H. Super (Ann Arbor: University of Michigan Press, 1965).

—————, *Dissent and Dogma*, ed. R. H. Super (Ann Arbor: University of Michigan Press, 1968).

—————, *God and the Bible*, ed. R. H. Super (Ann Arbor: University of Michigan Press, 1970).

—————, *Culture and Anarchy and Other Writings*, ed. Stefan Collini (Cambridge: Cambridge University Press, 1993).

Arnold, Thomas, *Introductory Lectures on Modern History, with the Inaugural Lecture delivered in Dec., 1841* (Oxford: Parker, 1842).

Ashcroft, Bill, Griffiths, Gareth and Tiffin, Helen, *The Empire Writes Back: Theory and Practice in Post-Colonial Literatures* (London: Routledge, 1989). [애쉬크로포트, 빌 외 공저. 『포스트 콜로니얼 문학이론』. 이석호 역. 서울: 민음사, 1996.]

Attridge, Derek, Bennington, Geoff and Young, Robert, eds, *Post-Structuralism and the Question of History* (Cambridge: Cambridge University Press, 1987).

Avebury, John Lubbock, *The Origin of Civilization and the Primitive Condition of Man: Mental and Social Condition of Savages* [1870], 6th edn (London: Longmans, Green, 1902).

Bachman, John, *The Doctrine of the Unity of the Human Race Examined on the Principles of Science* (Charleston: Canning, 1850).

—————, "An Investigation of the Cases of Hybridity in Animals on Record, considered in reference to the Unity of the Human Species," *Charleston Medical Journal*, 5 (1850), 168-97.

—————, "A Reply to the Letter of Samuel George Morton, M.D., on the Question of Hybridity in Animals considered in reference to the Unity of the Human species," *Charleston Medical Journal*, 5(1850), 466-508.

—————, "Second Letter to Samuel G. Morton, M.D., on the Question of Hybridity in Animals, considered in reference to the Unity of the Human Species," *Charleston Medical Journal*, 5 (1850), 621-60.

Baker, John R., *Race* (London: Oxford University Press, 1974).

Bakhtin, M. M., *The Dialogic Imagination: Four Essays*, trans. Caryl Emerson and Michael Holquist (Austin: University of Texas Press, 1981). [바흐찐, 미하일. 『장편소설과 민중언어』. 전승희, 서경희, 박유미 공역. 서울: 창작과 비평사, 1988.]

Balhatchet, K., *Race, Sex and Class under the Raj: Imperial Attitudes and Policies and Their Critics, 1793-1905* (London: Weidenfeld & Nicolson, 1980).

Banton, Michael, *Racial Theories* (Cambridge: Cambridge University Press, 1987).

Barkan, Elazar, *The Retreat of Scientific Racism: Changing Concepts of Race in Britain and the United States between the World Wars* (Cambridge: Cambridge University Press, 1992).

Barker, Fancis, Hulme, Peter, Iversen, Margaret and Loxley, Diana, eds, *Europe and Its Others*, 2 vols (Colchester: University of Essex, 1985).

Barker-Benfield, G. J., "The Spermatic Economy: A Nineteenth-Century View of Sexuality," in M. Gordon, ed., *The American Family in Social-Historical Perspective*, 2nd edn (New York: St Martin's Press, 1978), 374-402.

Barrell, John, *The Infection of Thomas de Quincey: A Psychopathology of Imperialism* (New Haven: Yale University Press, 1991).

Barzun, Jacques, *Race: A Study in Modern Superstition* (London: Methuen, 1938).

Bauman, Zygmunt, *Modernity and Ambivalence* (Cambridge: Polity Press, 1991).

————, *Intimations of Postmodernity* (London: Routledge, 1992).

Beckles, Hilary McD., *Natural Rebels: A Social History of Enslaved Black Women in Barbados* (London: Zed Books, 1989).

Beddoe, John, *A Contribution to Scottish Ethnology* (London: Lewis, 1853).

————, *The Races of Britain: A Contribution to the Anthropology of Western Europe* (Bristol: Arrowsmith, 1885).

Beer, Gillian, *Darwin's Plots: Evolutionary Narrative in Darwin, Gorge Eliot, and Nineteenth-Century Fiction* (London: Routledge & Kegan Paul, 1983). [비어, 질이언. 『다윈의 플롯』. 남경태 역. 서울: 휴머니스트, 2008.]

————, *Arguing with the Past: Essays in Narrative from Woolf to Sydney* (London: Routledge, 1989).

————, "Speaking for the Others: Relativism and Authority in Victorian Anthoropological Literature," in Robert Fraser, ed., *Sir James Frazer and the Literary Imagination: Essays in Affinity and Influence* (Basingstoke: Macmillan, 1990), 38-60.

————, *Forging the Missing Link: Interdisciplinary Stories* (Cambridge: Cambridge University Press, 1992).

Behn, Aphra, *Oroonoko: or, the Royal Slave. A True History* [1688] (New York: Norton Library, 1973).

Belzoni, G., *Narrative of the Operations and Recent Discoveries within the Pyramids, Temples, Tombs, and Excavations, in Egypt and Nubia; and of a Journey to the Coast of the Red Sea, in Search of the Ancient Berenice; and another to the Oasis of Jupiter Ammon* (London: Murray, 1820).

————, *Description of the Egyptian Tomb, Discovered by G. Belzoni* (London: Murray, 1821).

Bendyshe, T., "On the Extinction of Races," *Journal of the Anthropological Society of London*, 2 (1864), xcix-cviii.

Benjamin, Walter, *Illuminations*, trans. H. Zohn (London: Fontana, 1973). [벤야민, 발터. 『문예비평과 이론』. 이태동 역. 서울: 문예출판사, 1987.]

Bennett, Tony, *Outside Literature* (London: Routledge, 1990).

Bernal, Martin, *Black Athena: The Afroasiatic Roots of Classical Civilization Volume I. The Fabrication of Ancient Greece 1785-1985* (London: Free Association Books, 1987). [버낼, 마틴. 『블랙 아테나 1 (날조된 고대 그리스, 1785~1985): 서양 고전 문명의 아프리카 아시아적 뿌리』. 오흥식 역. 서울: 소나무, 2006.] [cf. 버낼, 마틴. 『블랙 아테나 2: 고고학 및 문헌 증거: 서양고전 문명의 아프리카 아시아적 뿌리』. 오흥식 역. 서울: 소나무, 2012.]

Bhabha, Homi K., "Difference, Discrimination, and the Discourse of Colonialism," in Francis

Barter, Peter Hulme, Margaret Iversen and Diana Loxley, eds., *The Politics of Theory* (Colchester: University of Essex, 1983), 194-211.

————, "Of Mimicry and Man: The Ambivalence of Colonial Discourse," *October*, 28 (1984), 125-33. [바바, 호미.「모방과 인간」.『문화의 위치: 탈식민주의 문화이론 / 수정판』. 나병철 역. 서울: 소명출판, 2012. 195-212.]

————, "Signs Taken for Wonders: Questions of Ambivalence and Authority under a Tree Outside Delhi, May 1817," *Critical Inquiry*, 12:1 (1985), 144-65. [바바, 호미.「경이로 받아들여진 기호들」.『문화의 위치: 탈식민주의 문화이론 / 수정판』. 나병철 역. 서울: 소명출판, 2012. 231-70.]

————, "The Commitment to Theory," *New Formations*, 5 (1988), 5-23. [바바, 호미.「이론에의 참여」.『문화의 위치: 탈식민주의 문화이론 / 수정판』. 나병철 역. 서울: 소명출판, 2012. 65-102.]

————, "The Postcolonical Critic," *Arena*, 96 (1991), 47-63.

————, ed., *Nation and Narration* (London: Routledge, 1990). [바바, 호미, 편저.『국민과 서사』. 류승구 역. 서울: 후마니타스, 2011.]

Bhattacharyya, Gargi, "Cultural Education in Britain; From the Newbolt Report to the National Curriculum," in Robert Young, ed., *Neocolonialism* (*Oxford Literary Review*, 13) (1991), 4-19.

Biddiss, Michael, *Father of Racist Ideology: The Social and Political Thought of Count Gobineau* (London: Weidenfeld & Nicolson, 1970).

Bitterli, Urs, *Cultures in Conflict: Encounters Between European and non-European Cultures, 1492-1800* (Cambridge: Polity Press, 1989).

Blankaert, Claude, "On the Origins of French Ethnology. William Edwards and the Doctrine of Race," in Geoge W. Stocking Jr, ed. *Bones, Bodies, Behavior. Essays on Biological Anthropology* (Madison: University of Wisconsin Press, 1988), 18-55.

Bloch, Ernst, et al, *Aesthetics and Politics: Debates Between Bloch, Lukács, Brecht, Benjamin and Adorno* (London: Verso, 1977).

Blumenbach, J. F., *The Anthropological Treatises of Johann Friedrich Blumenbach [1775-95]*, ed. and trans. T. Bendyshe (London: Anthropological Society, 1865).

Boahen, A. Adu, *African Perspectives on Colonialism* (Baltimore: Johns Hopkins University Press, 1987).

Boas, Franz, *The Mind of Primitive Man* (New York: Macmillan, 1911).

————, *Anthropology and Modern Life* (London: Allen & Unwin, 1929).

————, *Race, Launguage and Culture* (New York: Free Press, 1940).

Bogue, Ronald, *Deleuze and Guattari* (London: Routledge, 1989). [보그, 로널드.『들뢰즈와 가타리』. 이정우 역. 서울: 새길, 1995.]

Bolt, Christine, *Victorian Attitudes to Race* (London: Routledge & Kegan Paul, 1971).

Bongie, Chris, *Exotic Memories: Literature, Colonialism, and the Fin de Siècle* (Stanford: Stanford University Press, 1991).

Boswell, James, *Boswell's Life of Johnson, Together with Boswell's Journal of a Tour to the Hebrides and Johnson's Diary of a Journey into North Wales* [1791], ed. George Birkbech Hill, rev. L. F. Powell, 6 vols (Oxford: Clarendon Press, 1934).

Bracken, H.M., "Essence, Accident and Race," *Hermathena*, 116 (1973), 81-96.

Brantlinger, Patrick, *Bread and Circuses: Theories of Mass Culture as Social Decay* (Ithaca: Cornell University Press, 1983).

———, *Rule of Darkness: British Literature and Imperialism, 1830-1914* (Ithaca: Cornell University Press, 1988).

Brathwaite, Edward, *The Development of Creole Society in Jamaica 1770-1820* (Oxford:Clarendon Press, 1971).

Bristow, Joseph, *Empire Boys: Adventures in a Man's World* (London: Harper-Collins, 1991).

Broca, Pierre Paul, *On the Phenomena of Hybridity in the Genus Homo* [1860], trans. C. Carter Blake (London: Anthropological Society, 1864).

Brontë, Emily, *Wuthering Heights* [1847], ed. William M. Sale (New York: Norton, 1972). [브론테, 에밀리. 『폭풍의 언덕』. 이덕형 역. 서울: 문예출판사, 2012.]

Brooke, Charles, *Ten Years in Saráwak*, 2 vols (London: Tinsley, 1866).

Brown, Robert, *The Races of Mankind: Being a Popular Description of the Characteristics, Manners and Customs of the Principal Varieties of the Human Family*, 4 vols (London: Cassell, Petter & Gilpin, [1873-9]).

Browne, Peter A., *The Classification of Mankind, by the Hair and Wool of their Heads, with the Nomenclature of Human Hybrids* (Philadelphia: Jones, 1852).

Buchan, John, *The African Colony: Studies in Reconstruction* (Edinburgh: Blackwood, 1903).

Buenzod, Janine, *La Formation de la pensée de Gobineau et l'Essai sur l'inegalité des races humaines* (Paris: Nizet, 1967).

Bunsen, Christian Charles Josias, "On the Results of the Recent Egyptian Researches in Reference to Asiatic and African Ethnology, and the Classification of Languages," *Reports of the British Association*, 17 (1848), 254-99.

———, *Outline of the Philosophy of Universal History, applied to Language and Religion*, 2 vols (London: Longman, Brown, Green, and Longmans, 1854).

———, *God in History, or the Progress of Man's Faith in the Moral Order of the World* [1857-8], trans. S. Winkworth, 3 vols (London: Longmans, Green, 1868-70).

Burleigh, Michael and Wippermann, Wolfgang, *The Racial State: Germany 1933-1945* (Cambridge: Cambridge University Press, 1991).

Burnouf, Emile, *The Science of Religions* [1872], trans. J. Liebe (London: Sonnenschein, Lowrey, 1888).

Burrow, J. W., *Evolution and Society. A Study in Victorian Social Theory* (Cambridge:Cambridge University Press, 1966).

Busia, Abena P. A., "Miscegenation as Metonymy: Sexuality and Power in the Colonial Novel," *Ethnic and Racial Studies*, 9:3 (1986), 360-72.

Cairns, David and Richards, Shaun, *Writing Ireland: Colonialism, Nationalism and Culture* (Manchester: Manchester University Press, 1988).

Callaway, Helen, *Gender, Culture, and Empire* (London: Macmillan, 1987).

Campbell, John, *Negro-Mania: Being and Examination of the Falsely Assumed Equality of the Various Races of Men; Demonstrated by the Investigations of Champollion, Wilkinson* and Others, together with a Concluding Chapter, Presenting a Comparative Statement of the Condition of the Negroes in the West Indies Before and Since Emancipation (Philadelphia: Campbell & Power, 1851).

Canguilhem, Georges, *The Normal and the Pathological*, trans. C. Fawcett (New York: Zone Books, 1989).

Carey, John, *The Intellectuals and the Masses: Print and Prejudice among the Literary Intelligentsia, 1880-1939* (London: Faber & Faber, 1992).

Carlyle, Thomas, "The Nigger Question" [1849], in *Critical and Miscellaneous Essays*, 5 vols (London: Chapman and Hall, 1899), IV, 348-83.

———, "Shooting Niagara - And After" [1867], in *Critical and Miscellaneous Essays*, 5 vols (London: Chapman and Hall, 1899), V, 1-48.

Castle, Terry, *Masquerade and Civilization: The Carnivalesque in Eighteenth Century Culture and Fiction* (Stanford: Stanford University Press, 1986).

Césaire, Aimé, *Discourse on Colonialism* [1955], trans. Joan Pinkham (New York: Monthly Review Press, 1972). [세제르, 에메. 『식민주의에 대한 담론』. 이석호 역. 서울: 그린비, 2011.]

Chamberlain, J. Edward and Gilman, S., *Degeneration: The Dark Side of Progress* (New York: Columbia University Press, 1985).

Chambers, Robert, *Vestiges of the Natural History of Creation* (London: Churchill, 1844).

Cheyette, Brian, *Constructions of 'the Jew' in English Literature and Society: Racial Representation, 1875-1945* (Cambridge: Cambridge University Press, 1993).

Clark, Kenneth, *Civilisation: A Personal View* (London: British Broadcasting Corporation and John Murray, 1969).

Clifford, Hugh, *Studies, in Brown Humanity: Being Scrawls and Smudges in Sepia, White, and Yellow* (London: Richards, 1898).

———, *German Colonies: A Plea for the Native Races* (London: Murray, 1918).

Clifford, James, *The Predicament of Culture: Twentieth-Century Ethnography, Literature, and Art* (Cambridge, Mass.: Harvard University Press, 1988).

Coetzee, J. M., *White Writing: On the Culture of Letters in South Africa* (New Haven: Yale University Press, 1988).

Colley, Linda, *Britons: Forgiving the Nation, 1707-1837* (New Haven: Yale University Press, 1992).

Colls, Robert and Dodd, Phillip, eds, *Englishness: Politics and Culture 1880-1920* (London: Croom Helm, 1987).

Comaroff, Jean and John, *Of Revelation and Revolution: Christianity, Colonialism, and Consciousness in South Africa* (Chicago: University of Chicago Press, 1991).

Conway, M. D., *Testimonies Concerning Slavery*, 2nd edn (London: Chapman and Hall, 1865).

Coon, Carleton S., *The Origin of Races* (London: Cape, 1963).

Cope, E. D., *The Origin of the Fittest. Essays on Evolutions* (London: Macmillan, 1887).

———, "Two Perils of the Indo-European," *The Open Court*, 3 (1980), 2052-4, 2070-1.

Court, Franklin E., *Institutionalizing English Literature: The Culture and Politics of Literary Study, 1750-1900* (Stanford: Stanford University Press, 1992).

Cowling, Mary, *The Artist as Anthropologist: The Representation of Type and Character in Victorian Art* (Cambridge: Cambridge University Press, 1989).

Craft, William, *Running a Thousand Miles for Freedom, or, the Escape of William and Ellen Craft from Slavery* (London: Tweedie, 1860).

Crawfurd, J., "On the Classification of the Races of Man," *Transactions of the Ethnological Society of London*, n.s., 1(1861), 354-78.

———, "On the Supposed Infecundity of Human Hybrids or Crosses," *Transactions of the Ethnological Society of London*, n.s., 3 (1865), 356-62.

Croly, D. G. and Wakeman, G., *Miscegenation: The Theory of the Blending of the Races Applied to the American White Man and Negro* (London: Trübner, 1864).

Cromer, Evelyn Baring, *Political and Literary Essays, 1908-1913* (London: Macmillan, 1913).

———, *Political and Literary Essays, Third Series* (London: Macmillan, 1916).

Crosby, Alfred W., *Ecological Imperialism: The Biological Expansion of Europe, 900-1900* (Cambridge: Cambridge University Press, 1986). [크로스비, 앨프리드 W. 『생태제국주의』. 안효상, 정범진 공역. 서울 : 지식의 풍경, 2000.]

Curtin, Philip, *Two Jamaicas: The Role of Ideas in a Tropical Colony 1830-65* (Cambridge, Mass.: Harvard University Press, 1955).

———, *The Image of Africa. British Ideas and Action 1780-1850* (Madison: University of Wisconsin Press, 1964).

Darwin, Charles, *The Origin of Species by Means of Natural Selection, or the Preservation of the Favored Races in the Struggle for Life* [1859], ed. J. W. Burrow (Harmondsworth: Penguin, 1968). [다윈, 찰스. 『종의 기원』. 송철용 역. 서울: 동서문화사, 2013.]

———, *The Descent of Man and Selection in Relation to Sex* [1871] (London: Murray, 1901). [다윈, 찰스. 『인간의 유래와 성선택』. 이종호 역. 서울: 지식을만드는지식, 2012.]

Davin, Anna, "Imperialism and Motherhood," *History Workshop*, 5, 1978, 9-65.

Davis, J. B. and Thrunam, J., *Crania Britannica. Delineations and Descriptions of the Skulls of the Aboriginal and Early Inhabitants of the British Isles: With Notices of their Other Remains*, 2 vols (London: printed for the subscribers, 1865).

Day, Beth, *Sexual Life Between Blacks and Whites: The Roots of Racism* (London: Collins, 1974).

DeLaura, David J., *Hebrew and Hellene in Victorian England: Newman, Arnold, and Pater* (Austin: University of Texas Press, 1969).

Deleuze, Gilles and Guattari, Félix, *Anti-Oedipus: Capitalism and Schizophrenia*, vol. I [1972], trans. Robert Hurley, Mark Seem and Helen Lane (New York: Viking, 1977). [들뢰즈, 질과 펠릭스 가타리. 『앙띠 오이디푸스: 자본주의와 정신분열증 / 개정판』. 최명관 역. 서울: 민음사, 2000.]

———, "Balance Sheet - Program for Desiring Machines" [1973], *Semiotext(e)*, 2:3 [6] (1977), 117-35.

———, "What is Minor Literature?" in *Kafka: For a Minor Literauture* [1975], trans. Dana Polan (Minneapolis: University of Minnesota Press, 1985), 16-27. [들뢰즈, 가타리. 『소수 집단의 문학을 위하여: 카프카론』. 조한경 옮김. 서울: 문학과지성사, 1992.]

———, *A Thousand Plateaus: Capitalism and Schizophrenia*, vol. II [1980], trans. Brian

Massumi (London: Athlone, 1988). [들뢰즈, 질과 펠릭스 가타리. 『천개의 고원』. 김재인 역. 서울: 새물결, 2001.]

De Lepervanche, Marie and Bottomley, Gillian, eds, *The Cultural Construction of Race*, Sydney Studies in Society and Culture, no. 4 (Sydney: Sydney Association for Studies in Society and Culture, 1988).

De Quincey, Thomas, *Confessions of an English Opium-Eater, and Other Writings*, ed. G. Lindop (Oxford: Oxford University Press, 1985).

Derrida, Jacques, *Of Grammatology* [1967], trans, Gayatri Chakravorty Spivak (Baltimore: Johns Hopkins University Press, 1976). [데리다, 자끄. 『그라마톨로지』[전면 개정판]. 김성도 역. 서울: 민음사, 2010.]

―――――, *Writing and Difference* [1967], trans. Alan Bass (London: Routledge & Kegan Paul, 1978). [데리다, 자크. 『글쓰기와 차이』. 남수인 역. 서울: 동문선, 2001.]

―――――, *Margins - Of Philosophy* [1972], trans. Alan Bass (Chicago: University of Chicago Press, 1982).

Dickens, Charles, "The Perils of Certain English Prisoners" [1857], in *Works*, The Charles Dickens Library, 18 vols (London: The Educational Book Co., [1910]), 16, 133-218.

―――――, *Letters*, ed. Walter Dexter, 3 vols (London: Nonesuch Press, 1937-8).

Dike, Charles, *Greater Britain: A Record of Travel in English-Speaking Countries during 1866 and 1867*, 2 vols (London: Macmillan, 1868).

Diop, Cheikh Anta, *Nations nègres et culture* (Paris: Editions africaines, 1955).

―――――, *The African Origin of Civilization: Myth or Reality?* [1955, 1967], trans. M. Cook (Westport: Hill, 1974).

Disraeli, Benjamin, *Tancred, or the New Crusade* [1847], Bradenham edn, vol. 10 (London: Peter Davis, 1927).

Dollimore, Jonathan, *Sexual Dissidence: Augustine to Wilde, Freud to Foucault* (Oxford: Clarendon Press, 1991).

Donald, James and Rattansi, Ali, *'Race,' Culture and Difference* (London: Sage/Open University, 1992).

Dover, Cedric, *Half-Caste* (London: Secker & Warburg, 1937).

Dubois, W. E. B., *The World and Africa* (New York: Kraus-Thompson, 1976).

Edwards, Bryan, *The History, Civil and Commercial, of the British Colonies in the West Indies*, 2 vols (London: Stockdale, 1793).

Edwards, W. F., *Des caractères physiologiques des races humaines, considérés dans leur rapports avec l'istoire, lettre à M. amédée Thierry, auteur de l'histoire des Gaulois* (Paris: Jeune, 1829).

―――――, *Recherches sur les langues Celtiques* (Paris: Imprimerie royale, 1844).

―――――, "De l'influence éciproque des races sur le caractère national," *Mémoires de la Société d'ethnographie*, 2 (1845), 1-12.

Elias, Norbert, *The Civilizing Process: The History of Manners* [1939], vol. Ⅰ, trans. Edmund Jephcott (Oxford: Blackwell, 1978). [엘리아스, 노버트. 『문명화 과정: 매너의 역사』. 유희수 역. 서울: 신서원, 1995.]

Eliot, George, *Middlemarch* [1871-2], ed. W. J. Narvey (Harmondsworth: Penguin, 1965). [엘리엇, 조지. 『미들마치』. 한애경 역. 서울: 지식을만드는지식, 2009.]

Eliot, T. S., *Notes towards the Definition of Culture* [1948] 2nd edn (London: Faber& Faber, 1962). [엘리엇, T. S. 『문화의 이론』. 김용권 역. 서울: 을유문화사, 1958.]

Ellis, Henry Navelock, *A Study of British Genius* (London: Hurst & Blackett, 1904).

Ellmann, Richard, *Oscar Wilde* (London: Hamish Hamilton, 1987).

Engels, Friedrich, *The Origin of the Family, Private Property, and the State* [1884] (Harmondsworth: Penguin, 1985). [엥겔스, 프리드리히. 『가족, 사유재산, 국가의 기원』. 김대웅 역. 서울: 두레, 2012].

Fabian, Johannes, *Time and the Other: How Anthropology Makes Its Object* (New York: Columbia University Press, 1983).

————, *Language and Colonial Power: The Appropriation of Swahili in the Former Belgian Congo 1880-1938* (Cambridge: Cambridge University Press, 1986).

————, *Time and The Work of Anthropology. Critical Essays 1971-1991* (Chur: Harwood, 1991).

Ferguson, *Subject to Others: British Women Writers and Colonial Slavery, 1670-1834* (New York: Routledge, 1992).

Fanon, Frantz, *Black Skin, White Masks* [1952], trans. Charles Lam Markmann (London: Pluto, 1986). [파농, 프란츠. 『검은 피부, 하얀 가면』. 이석호 역. 서울: 인간사랑, 1998.]

————, *The Wretched of the Earth* [1961], trans. Constance Farrington (Harmondsworth: Penguin, 1967). [파농, 프란츠. 『대지의 저주받은 사람들』. 남경태 역. 서울: 그린비, 2010.]

————, *Toward the African Revolution. Political Essays* [1964], trans. Haakon Chevalier (Harmondsworth: Penguin, 1970).

Faverty, Frederic E., *Matthew Arnold, the Ethnologist* (Evanston: Northwestern University Press, 1951).

Foster, R. F., *Modern Ireland 1600-1972* (London: Allen Lane, 1988).

Foucault, Michel, *The Birth of the Clinic: An Archaeology of Medical Perception* [1963], trans. A. M. Sheridan (London: Tavistock, 1973). [푸코, 미셸. 『임상의학의 탄생: 의학적 시선에 대한 고고학 / 개정판』. 홍성민 역. 서울: 이매진, 2006.]

————, *The History of Sexuality, Volume One: An Introduction* [1976], trans. Robert Hurley (London: Allen Lane, 1979). [푸코, 미셸. 『性의 역사』. 이규현 외 공역. 파주: 나남, 2004.]

————, "The Subject and Power," Afterword to Herbert L. Dreyfus and Paul Rabinow, *Michel Foucault: Beyond Structuralism and Hermeneutics* (Brighton: Harvester Press, 1982), 208-26.

Frederickson, George M., *The Image of the Black in the White Mind* (New York: Harper & Row, 1971).

Freeman, Edward Augustus, *The History of the Norman Conquest of England: its Causes and its Results*, 6 vols (Oxford: Clarendon Press, 1867).

Fryer, Paul, *Staying Power: The History of Black People in Britain* (London: Pluto Press, 1984).

Gall, Fanz Joseph, *Vorlesungen über die Verrichtung des Gehirns* (Berlin: Selpert, 1805).

Galton, Fancis, *Hereditary Genius: An Inquiry into its Laws and Consequences* (London: Macmillan, 1869).

Gates, Henry Louis, Jr, *The Signifying Monkey: A Theory of African-American Literary Criticism* (New York: Oxford University Press, 1988).

Genovese, Eugene D., *Roll Jordan Roll: The World the Slaves Made* (New York: Pantheon Books, 1974).

Gibbons, Luke, "Race Against Time: Racial Discourse and Irish History," in Robert Young, ed., *Neocolonialism (Oxford Literary Review*, 13) (1991), 95-117.

Gilman, Sander L., *Difference and Pathology: Stereotypes of Sexuality Race and Madness* (Ithaca: Cornell University Press, 1985).

Gilroy, Paul, "There Ain't No Black in the Union Jack": *The Cultural Politics of Race and Nation* (London: Hutchinson, 1987).

Glazer, Nathan and Moynihan, Daniel P., eds, *Ethnicity: Theory and Experience* (Cambridge, Mass: Harvard University Press, 1975).

Glennie, J. Stuart, "The Aryan Cradle-Land," *Nature*, 42 (1890), 544-5.

Gliddon, George R., *Ancient Egypt. A Series of Chapters on Early Egyptian History, Archaeology, and other Subjects, Connected with Hieroglyphical Literature* [1843], 12th edn (Philadelphia: Peterson, 1848).

Gobineau, Joseph Arthur comte de, *Essai sur l'inegalité des races humaines*, 4 vols (Paris: Firmin Didot, 1853-5).

————, *The Moral and Intellectual Diversity of Races, with Particular Reference to their Respective Influence in the Civil and Political History of Mankind. With an analytical introduction and copious historial notes, by H. Hotz. To which is added an Appendix containing a summary of the latest scientific facts bearing upon the question of the unity or plurality of species. By J. C. Nott, M. D., of Mobile* (Philadelphia: Lippincott, 1856).

————, *The Inequality of Human Races* [vol. I], trans. Adrian Collins (London: Heinemann, 1915).

Goldberg, David Theo, *Racist Culture: Philosophy and the Politics of Meaning* (Oxford: Blackwell, 1993).

————, ed., *Anatomy of Racism* (Minneapolis: University of Minnesota Press, 1990).

Gossett, Thomas F., *Race: The History of an Idea in America* (Dallas: Southern Methodist University Press, 1963).

Gould, Stephen Jay, *The Mismeasure of Man* (Harmondsworth: Penguin, 1984).

Grant, James, *First Love and Last Love: A Tale of the Indian Mutiny*, 3 vols (London: Routledge, 1868).

Green, William A., *British Slave Emancipation: The Sugar Colonies and the Great Experiment 1830-1865* (Oxford: Clarendon Press, 1976).

Guha, Ranajit, "On Some Aspects of the Historiography of Colonial India," *Subaltern Studies: Writings on South Asian History and Society*, vol. I, ed. Ranajit Guha (Delhi: Oxford University Press, 1982), 1-8.

Haggard, Rider, *King Solomon's Mines* [1885], ed. Dennis Butts (Oxford: Oxford University Press, 1989). [해거드, 라이더. 『솔로몬 왕의 보물』. 서울: 해성이앤피, 2012.]

————, *She* [1887], ed. Daniel Karlin (Oxford: Oxford University Press, 1991).

Hall, Catherine, *White, Male and Middle-Class: Explorations in Feminism and History* (Cambridge: Polity Press, 1992).

Hall, Douglas, ed., *In Miserable Slavery, Thomas Thistlewood in Jamaica, 1750-1786* (London: Macmillan, 1989).

Hall, Stuart, "Culture Identity and Diaspora," in Jonathan Rutherford, ed., *Identity: Community, Culture, Difference* (London: Lawrence & Wishart, 1990), 222-37.

─────, "New Ethnicities," *Black Film British Cinema*, ICA Documents, 7 (1988), 27-31.

Haller, John S., *Outcasts from Evolution: Scientific Attitudes of Racial Inferiority, 1859-1900* (Urbana: University of Illinois Press, 1971).

Hammerton, J. A., *Peoples of All Nations. Their Life Today and the Story of Their Past. By Our Foremost Writers of Travel, Anthropology, and History*, 7 vols (London: Educational Book Co., [1922]).

Harris, Marvin, *The Rise of Anthropological Theory* (London: Routledge & Kegan Paul, 1968).

─────, *Cultural Materialism: The Struggle for a Science of Culture* (New York: Random House, 1979). [해리스, 마빈. 『문화유물론: 문화과학의 정립을 위하여』. 유명기 역. 서울: 민음사, 1996.]

Harvey, David, *The Condition of Postmodernity* (Oxford: Blackwell, 1989). [하비, 데이비드. 『포스트모더니티의 조건』. 구동회, 박영민 공역. 서울: 한울, 2009.]

Henriques, Louis Fernando M., *Children of Caliban Miscegenation* (London: Secker & Warburg, 1974).

Herder, Johann Gottfried, *Outlines of a Philosophy of the History of Man* [1784-91], trans. T. Churchill (London: Johnson, 1800). [헤르더, J.G. 『인류의 역사철학에 대한 이념』. 강성호 역. 서울: 책세상, 2002. *헤르더 원본의 15장만 번역한 것.]

─────, *J. G. Herder on Social and Political Culture*, ed. F.M. Barnard (Cambridge: Cambridge University Press, 1969).

Hernton, Calvin C., *Sex and Racism* (London: André Deutsch, 1969).

Herbert, Christopher, *Culture and Anomie: Ethnographic Imagination in the Nineteenth Century* (Chicago: University of Chicago Press, 1991).

Hiller, Susan, ed., *The Myth of Primitivism: Perspectives on Art* (London: Routledge, 1991).

Hirsch, William, *Genius and Degeneration: A Psychological Study* (New York: Appleton, 1896).

Hitler, Adolf, *Mein Kampf* [1925-6], trans. Ralph Manheim (London: Hutchinson, 1969). [히틀러, 아돌프. 『나의 투쟁』. 이명성 역. 서울: 홍신문화사, 2006.]

Hobsbawm, E. J. and Ranger, Terence, eds, *The Invention of Tradition* (Cambridge: Cambridge University Press, 1983). [홉스봄, 에릭 외. 『만들어진 전통』. 박지향, 장문석 공역. 서울: 휴머니스트, 2004.]

Hodgkin, Thomas, "On Inquiries into the Races of Men," *Reports of the British Association*, 11 (1842), 52-5.

─────, "Varieties of Human Race. Queries respecting the Human Race, to be addressed to Travellers and others. Drawn up by a Committee of the British Association for the Advencement of Science, appointed in 1839," *Reports of the British Association*, 11 (1842), 332-9.

─────, and Cull, Richard, "A Manual of Ethnological Inquiry; being a series questions concerning the Human Race, prepared by a Sub-Committee of the British Association for the Advancement of Science, appointed in 1851 (consisting of Dr Hodgkin and Richard Cull), and adapted for the use of travellers and others in studying the Varieties of Man," *Reports of the British Association*, 22 (1853), 243-52.

Holland, Henry, "Natural History of Man," *Quarterly Review*, 86 (1850), 1-40.

Holst-Peterson, K. and Rutherford, A., eds, *A Double Colonization: Colonial and Post-Colonial Women's Writing* (Oxford: Dangaroo Press, 1985).

Honan, Park, *Matthew Arnold: A Life* (London: Weidenfeld & Nicolson, 1981).

hooks, bell, *Ain't I a Woman. Black Women and Feminism* (Boston: South End Press, 1981).

————, *Black Looks: Race and Representation* (London: Turnaround, 1992).

Hope, Thomas, *An Essay on the Origin and Prospects of Man*, 3 vols (London: Murray, 1831).

Hopkins, Gerard Manley, *Further Letters of Gerard Manley Hopkins, Including His Correspondence with Coventry Patmore*, ed. Claude Colleer Abbott, 2nd edn (London: Oxford University Press, 1956).

Horsman, Reginald, *Race and Manifest Destiny: The Origins of American Racial Anglo-Saxonism* (Cambridge, Mass: Harvard University Press, 1981).

————, *Josiah Nott of Mobile, Southerner, Physician, and Racial Theorist* (Baton Rouge: Louisiana State University Press, 1987).

Hotze, Henry, *Analytical Introduction to Count Gobineau's Moral and Intellectual Diversity of Races* (Mobile: n.p., [1856]).

————, "The Distinction of Race," *The Index*, 1 (23 October 1862), 413-14.

————, *Three Months in the Confederate Army*, ed. Richard P. Harwell (University, Alabama: University of Alabama Press, 1952).

Hulme, Peter, *Colonial Encounters: Europe and the Native Caribbean, 1492-1797* (London: Methuen, 1986).

Hunt, James, "On Ethno-Climatology; or, the Acclimatization of Man," *Reports of the British Association*, 31 (1862), 129-50.

————, *On The Negro's Place in Nature* (London: Anthropological Society, 1863).

————, "President's Address," *Journal of the Anthropological Society of London*, 2 (1864), lxxx-xciii.

————, "President's Address," *Journal of the Anthropological Society of London*, 4 (1866), lix-lxxxi.

Huston, Nancy, "Erotic Literature in Postwar France," *Raritan*, 12:1 (1992), 29-45.

Hutchinson, H. N., Gregory, J. W. and Lydekker, R., *The Living Races of Mankind. A Popular Illustrated Account of the Customs, Habits, Pursuits, Feasts and Ceremonies of the Races of Mankind Throughout the World*, 2 vols (London: Hutchinson, [1900-1]).

Huxley, T. H., *Six Lectures to Working Men "On Our Knowledge of the Causes of the Phenomena of Organic Nature"* [1863], in *Collected Essays* (London: Macmillan, 1893-5), II, 303-475.

————, "Emancipation Black and White" [1865], *Collected Essays* (London: Macmillan, 1893-5), III, 66-75.

————, "On the Natural Inequality of Men" [1890], *Collected Essays* (London: Macmillan, 1893-5), I, 290-335.

Huyssen, Andreas, *After the Great Divide: Modernism, Mass Culture, Postmodernism* (Bloomington: Indiana University Press, 1986).

Hyam, Ronald, *Britain's Imperial Century 1815-1914: A Study of Empire and Expansion* (London: Batsford, 1976).

————, *Empire and Sexuality: The British Experience* (Manchester: Manchester University Press, 1990).

Imhoff, Gérard, "L'Idée de 'dégénération' chez Blumenbach et Gobineau," *Etudes Gobiniennes*, 5 (1971), 193-202.

Inden, Ronald, *Imagining India* (Oxford: Blackwell, 1990).

The Index, A Weekly Journal Of Politics, Literature, and News; Devoted to the Exposition of the Mutual Interest, Political and Commercial, of Great Britain and the Confederate States of America, 5 vols (1 May 1862-12 August 1865).

James, G. G. M., *Stolen Legacy: The Greeks were not the Authors of Greek Philosophy, but the People of North Africa: Commonly Called the Egyptians* (New York: Philosophical Library, 1954).

Jameson, J. F., "The London Expenditures of the Confederate Secret Service," *The American Historical Review*, 35 (1930), 811-24.

JanMohamed, Abdul R., "The Economy of Manichean Allegory: The Function of Racial Difference in Colonialist Literature," *Critical Inquiry*, 12:1 (1985), 59-87.

————, and Lloyd, David, eds, *The Nature and Context of Minority Discourse* (New York: Oxford University Press, 1990).

Janzen, John M., *The Quest for Therapy in Lower Zaire* (Berkeley: University of California Press, 1978).

Jenkins, Brian, *Britain and the War for the Union*, 2 vols (Montreal: McGill Queen's University Press, 1980).

Jones, Greta, *Social Darwinism and English Thought: The Interaction between Biological and Social Theory* (Brighton: Harverster Press, 1980).

Jones, Iva G., "Trollope, Carlyle, and Mill on the Negro: An Episode in the History of Ideas," *Journal of Negro History*, 52 (1967), 185-99.

Jordan, W. D., *White Over Black: American Attitudes Toward the Negro, 1550-1812* (Chapel Hill: University of North Carolina Press, 1968).

Joyce, T. Athol and Thomas, N. W., eds, *Women of All Nations. A Record of Their Characteristics, Habits, Manners, Customs, and Influence*, 2 vols (London: Cassell, 1908).

Joyce, James, *Ulysses* [1922] (London: Bodley Head, 1960). [조이스, 제임스. 『율리시스』. 김종건 역. 서울: 생각의 나무, 2007.]

Kaplan, Sydney, "The Miscegenation Issue in the Election of 1864," *Journal of Negro History*, 34:3 (1949), 274-343.

Kern, Stephen, *The Culture of Time and Space, 1880-1918* (London: Weidenfeld & Nicolson, 1983).

Kiernan, V.G., *The Lords of Human Kind: European Attitudes to the Outside World in the Imperial Age* (London: Weidenfeld & Nicolson, 1969).

Kingsley, Frances E., ed., *Charles Kingsley, His Letters and Memories of His Life*, 3 vols (London: Macmillan, 1901).

Kipling, Rudyard, *Kim* (London: Macmillan, 1901). [키플링, 러디어드. 『킴』. 하창수 역. 파주: 북하우스, 2007.]

Kirk-Greene, Anthony, "Colonial Administration and Race Relations: Some Research Reflections and Directions," *Ethnic and Racial Studies*, 9:3 (1986), 275-87.

Knight, Richard Payne, *The Progress of Civil Society: A Didactic Poem* (London: Nicol, 1796).

Knox, Robert, *The Races of Men: A Fragment* (London: Renshaw, 1850).

————, *The Races of Men: A Philosophical Enquiry into the Influence of Race over the Destinies of Nations*, 2nd edn (London: Renshaw, 1862).

Kroeber A. L. and Kluckhohn, Clyde, *Culture: A Critical Review of Concepts and Definitions*, Papers of the Peabody Museum of American Archaeology and Ethnology, Harvard University, 47:1 (Cambridge, Mass.: Harvard University Press, 1952).

Kuper, Adam, *The Invention of Primitive Society: Transformations of an Illusion* (London: Routledge, 1988).

Kureishi, Hanif, *My Beautiful Laundrette and The Rainbow Sign* (London: Faber & Faber, 1986).

LaCapra, Dominick, ed., *The Bounds of Race: Perspectives on Hegemony and Resistance* (Ithaca: Cornell University Press, 1991).

Lambropoulos, Vassilis, *The Rise of Eurocentrism. Anatomy of Interpretation* (Princeton: Princeton Universtiy Press, 1993).

Latham, R. G., *The Natural History of the Varieties of Man* (London: Van Voorst, 1850).

————, *The Ethnology of the British Colonies and Dependencies* (London: Van Voorst, 1851).

————, *Descriptive Ethnology*, 2 vols (London: Van Voorst, 1859).

Lavrin, Asuncion, ed., *Sexuality and Marriage in Colonial Latin America* (Lincoln: University of Nebraska Press, 1989).

Lawrence, D.H., *The First Lady Chatterley* (Harmondsworth: Penguin, 1973). [로렌스, D. H. 『채털리 부인의 연인』. 이인규 역. 서울 : 민음사, 2003.]

Lawrence, William, *Lectures on Physiology, Zoology, and the Natural History of Man, Delivered to the Royal College of Surgeons* [1819], 3rd edn (London: Smith, 1823).

Lee, Richard, "The Extinction of Races," *Journal of the Anthropological Society of London*, 2 (1864), xcv-xcix.

Leiris, Michel, *Race and Culture* (Paris: Unesco, 1951).

Lémonon, Michel, "A propos de la diffusion du Gobinisme en Allemagene," *Etudes Gobiniennes*, 2 (1967), 261-7.

————, "Les Débuts du Gobinisme en Allemagne," *Etudes Gobiniennes*, 3 (1968-9), 183-93.

————, "La Première recension de *l'Essai* en Allemagne: Gobineau et Ewald," *Etudes Gobiniennes*, 4 (1970), 189-96.

————, "Les Débuts du Gobinisme en Allemagne," *Etudes Gobiniennes*, 5 (1971), 149-54.

Lenin, V.I., *Imperialism, the Highest Stage of Capitalism* [1917] (Peking: Foreign Languages Press, 1965).

Lévi-Strauss, Claude, *The View from Afar*, trans. Joachim Neugroschel and Phoebe Hoss (Harmondsworth: Penguin, 1987). [레비스트로스, 클로드. 『가까이 그리고 멀리서: 클로드 레비스트로스 회고록』. 송태현 역. 서울: 강, 2003.]

————, *Structural Anthropology*, vol. II, trans. Monique Layton (London: Allen Lane, 1977). [레비스트로스, 클로드. 『構造人類學』. 김진욱 역. 서울: 종로서적, 1983.]

Lewis, Percy Wyndham, *The Lion and the Fox: The Role of the Hero in the Plays of Shakespeare* [1927] (London: Methuen, 1951).

Lloyd, David, *Nationalism and Minor Literature: James Clarence Mangan and the Emergence of Irish Cultural Nationalism* (Berkeley: University of California Press, 1987).

Long, Edward, *Candid Reflections upon the Judgement Lately Awarded by the Court of King's Bench, in Westminster-Hall, on what is commonly called the Negro Cause, by a Planter* (London: Lowndes, 1772).

————, *The History of Jamaica. Or, General Survey of the Antient and Modern State of that Island; with Reflections on its Situation, Settlements, Inhabitants, Climate, Products, Commerce, Laws, And Government*, 3 vols (London: Lowndes, 1774).

Lonsdale, Henry, *A Sketch of the Life and Writings of Robert Knox, the Anatomist* (London: Macmillan, 1870).

Lorimer, Douglas A., *Colour, Class, and the Victorians: English Attitudes to the Negro in the Mid-Nineteenth Century* (Leicester: Leicester University Press, 1978).

Lucas, John, *England and Englishness: Ideas of Nationhood in English Poetry 1688-1900* (London: Hogarth Press, 1991).

Lugard, Frederick John D., *The Dual Mandate in British Tropical Africa* (Edinburgh: Blackwood, 1922).

Lyell, Charles, *Principles of Geology. Being an Attempt to Explain the Former Changes of the Earth's Surface, by Reference to Causes Now in Operation*, 2 vols (London: Murray, 1830).

————, *The Geological Evidences of the Antiquity of Man, with remarks on Theories of the Origin of Species by Variation* (London: Murray, 1863).

McLennan, J. F., *Primitive Marriage: An Inquiry into the Origin of the Form of Capture in Marriage Ceremonies* (Edinburgh: Black, 1865). [맥레난, J.F. 『혼인의 기원: 원시사회의 약탈혼』. 김성숙 역. 서울: 나남, 1996.]

Macleod Ray and Lewis, Milton, *Disease, Medicine and Empire: Perspectives on Western Medicine and the Experience of European Expansion* (London: Routledge, 1988).

Mahaffy, J. P., *Social Life in Greece from Homer to Menander* (London: Macmillan, 1874).

Majeed, Javed, *Ungoverned Imaginings. James Mill's "The History of British India" and Orientalism* (Oxford: Clarendon Press, 1992).

Malthus, T. R., *An Essay on the Principle of Population; or, A View of its Past and Present Effects on Human Happiness; with an Inquiry into our Prospects respecting the Future Removal or Mitigation of the Evils which it Occasions* [1798], 6th edn, 2 vols (London: Murray, 1826). [맬서스, T.R. 『인구론』. 이서행 역. 서울: 동서문화사, 2011.]

Marcuse, Herbert, *Eros and Civilization: A Philosophical Inquiry into Freud* [1955], 2nd edn (Boston: Beacon Press, 1966). [마르쿠제, 허버트. 『에로스와 문명 : 프로이트 이론의 철학적 연구』. 김인환 역. 파주: 나남, 2004.]

————, *Negations: Essays in Critical Theory*, trans Jeremy J. Shapiro (London: Free Assocation Books, 1988).

Marryat, Frederick, *Peter Simple*, 3 vols (London: Saunders and Otley, 1834).

Marx, Karl and Engels, Friedrich, *On Colonialism*, 4th edn (Moscow: Progress Publishers, 1968). [마르크스, 칼과 엥겔스 프리드리히. 『식민지론』. 주익종 역. 서울: 녹두, 1989.]

Massumi, Brian, *A User's Guide to 'Capitalism and Schizophrenia': Deviations from Deleuze and Guattari* (Cambridge, Mass.: MIT Press, 1992).

Mayes, Stanley, *The Great Belzoni* (London: Putnam, 1959).

Meek, Ronald L., *Social Science and the Ignoble Savage* (Cambridge: Cambridge University Press, 1976).

Memmi, Albert, *The Coloniser and the Colonised* (London: Souvenir Press, 1974).

Mercer, Kobena, "Diaspora Culture and the Dialogic Imagination: The Aesthetics of Black Independent Film in Britain," in MbyeB. Cham and Claire Andrade-Watkins, eds, *Blackframes: Critical Perspectives on Black Independent Cinema* (Cambridge, Mass: MIT Press, 1988), 50-61.

Mill, J.S., "The Negro Question," *Fraser's Magazine* 41(1850), 25-31.

————, *Dissertations and Discussions, Political, Philosophical, and Historical*, reprinted chiefly from the Edinburgh and Westminster Reviews, 4 vols (London: 1859-75).

————, "The Slave Power," *Westminster Review*, 22 (1862), 489-510.

————, *Mill on Bentham and Coleridge*, ed. F. R. Leavis (Cambridge: Cambridge University Press, 1950).

Miller, Christopher L., *Theories of Africans: Francophone Literature and Anthropology in Africa* (Chicago: University of Chicago Press, 1990).

Milnes, Richard Monckton, *The Events of 1848, Especially in Their Relation to Great Britain. A Letter to the Marquis of Lansdowne* (London: Ollivier, 1849).

Mitchell, Timothy, *Colonising Egypt* (Cambridge: Cambridge University Press, 1988).

Mohanty, Chadra Talpade, "Under Western Eyes: Feminist Scholarship and Colonial Discourse," *Boundary*, 2 Spring/Fall 1984, 71-92.

Moore, W. J., *Health in the Tropics; or, Sanitary Art Applied to Europeans in India* (London: Churchill, 1862).

Morgan, Lewis Henry, *Ancient Society: Researches in the Lines of Human Progress from Savagery through Barbarism to Civilization* [1877] (New York: Meridian Books, 1963). [모건, L.H. 『고대사회』. 최달곤, 정동호 공역. 서울: 현암사, 1978.]

Mörner, Magnus, *Le Métissage dans l'histoire de l'Amerique Latine* (Paris: Fayard, 1971).

Morrison, Toni, *The Bluest Eye* [1970] (London: Chatto & Windus, 1979). [모리슨, 토니. 『가장 푸른 눈』. 신진범 역. 서울 : 들녘, 2003.]

————, *Beloved* (London: Chatto & Windus, 1988). [모리슨, 토니. 『빌러비드』. 김선형 역. 서울 : 들녘, 2003.]

Morton, Samuel George, *Crania Americana; or, A Comparative View of the Skulls of Various Aboriginal Nations of North and South America: To which is prefixed an Essay on the Varieties of the Human Species* (London: Simpkin, Marshall, 1839).

————, "Observations on Egyptian Ethnography, Derived from Anatomy, History, and the Monuments," *Transactions of the American Philosophical Society, held at Philadelphia, for Promoting Useful Knowledge*, n.s., 9 (1846), 93-159, also published as *Crania Aegyptica, or Observations on Egyptian Ethnography, derived from Anatomy, History, and the Monuments* (London: Madden, 1844).

————, "Hybridity in Animals and Plants, Considered in Reference to the Question of the Unity of the Human Species," *American Journal of Sciences and Arts*, n.s., 3 (1847), 39-50, 203-12.

————, "Account of a Craniological Collection with Remarks on the Classification of Some Families of the Human Race," *Transactions of the American Ethnological Society*, 2 (1848), 215-22.

————, "Letter to the Rev. John Bachman, D.D., on the Question of Hybridity in Animals Considered in reference to the Unity of the Human Species," *Charleston Medical Journal*, 5 (1850), 328-44.

————, "Additional Observations on Hybridity in Animals, and on Some Collateral Subjects; being a Reply to the Objections of the Rev. John Bachman," *Charleston Medical Journal*, 5 (1850), 755-805.

————, "Notes on Hybridity, designed as a supplement to the memoir on that subject in the last number of this Journal," *Charleston Medical Journal*, 6 (1851), 145-52.

Mosse, George L., *Nationalism and Sexuality: Respectability and Abnormal Sexuality in Modern Europe* (New York: Fertig, 1985). [조지, L. 모스. 『내셔널리즘과 섹슈얼리티: 근대 유럽에서의 고 결함과 비정상적 섹슈얼리티』. 서강여성문학회 역. 서울: 소명출판, 2004.]

Mudimbe, V. J., *The Invention of Africa* (Chicago: Chicago University Press, 1988).

Mueller-Vollmer, Kurt, ed., *The Hermeneutics Reader* (Oxford: Blackwell, 1985).

Mumford, Lewis, *The City in History: Its Origins, Its Transformations, and Its Prospects* (London: Secker & Warburg, 1961). [멈포드, 루이스. 『역사 속의 도시: 그 기원, 변형과 전망』. 김영기 역. 서울: 명보문화사, 1993.]

Nandy, Ashis *The Intimate Enemy, Loss and Recovery of Self Under Colonialism* (Delhi: Oxford University Press, 1983). [아쉬스, 난디. 『친밀한 적: 식민주의 시대의 자아의 상실과 재발견』. 이옥순 역. 서울: 신구문화사, 1993.]

Neilson, Peter, *Recollections of a Six Years' Residence in the United States of America, Interspersed with Original Anecdotes, Illustrating the Manners of the Inhabitants of the Great Western Republic* (Glasgow: Robertson, 1830).

Newman, Gerald, *The Rise of English Nationalism: A Cultural History 1740-1830* (London: Weidenfeld, 1987).

Ngugi, Wa Thiong'o, *Decolonizing the Mind* (London: Currey, 1981).

Nkrumah, Kwame, *Neo-Colonialism. The Last Stage of Imperialism* (London: Heinemann, 1965).

Nordau, Max, *Degeneration* (London: Heinemann, 1895).

Nott, Josiah C., "The Mulatto a Hybrid - Probable Extermination of the Two Races if the Whites and Blacks are Allowed to Intermarry," *American Journal of the Medical Sciences*, n.s., 6 (1843), 252-6.

————, *Two Lectures on the Natural History of the Caucasian and Negro Races* (Mobile: n.p., 1844).

————, "The Negro Race," *Popular Magazine of Anthropology*, 3 (1866), 102-18.

————, and Gilddon, George R., *Types of Mankind: or, Ethnological Researches, Based upon the Ancient Monuments, Paintings, Sculptures, and Crania of Races, and upon their Natural, Geographical, Philological, and Biblical History: illustrated by Selections from the unedited papers of Samuel George Morton, M.D., and by additional contributions from Prof. L. Agassiz, L.L.D., W. Usher, M.D.; and Prof. H.S. Patterson, M.D.* (London: Trübner, 1854).

————, *The Indigenous Races of the Earth, or, New Chapters of Ethnological Enquiry* (Philadelphia: Lippincott, 1857).

Noyes, John, *Colonial Space: Spatiality in the Discourse of German South West Africa 1884-1915* (Chur: Harwood, 1992).

Oates, Stephen B., "Henry Hotze: Confederate Agent Abroad," *The Historian*, 27(1965), 131-45.

Olender, Maurice, *The Languages of Paradise: Race, Religion, and Philology in the Nineteenth Century* (Cambridge, Mass.: Harvard University Press, 1992).

Owen, Robert Dale, *The Wrong of Slavery, the Right of Emancipation, and the Future of the African Race in the United States* (Philadelphia: Lippincott, 1864).

Owsley, Frank Lawrence, *King Cotton Diplomacy. Foreign Relations of the Confederate States of America*, 2nd edn, rev. H. C. Owsley (Chicago: Chicago University Press, 1959).

Parker, Andrew, Russo, Mary, Sommer, Doris and Yaeger, Patricia, eds, *Nationalisms and Sexualities* (London: Routledge, 1992).

Parry, Benita, "Problems in Current Theories of Colonial Discourse," *Oxford Literary Review*, 9 (1987), 27-58.

Paulhan, Jean, "A Slave's Revolt: An Essay on *The Story of O*," in Pauline Réage, *The Story of O* [1954] (London: Corgi Books, 1972), 161-73.

Paulin, Tom, *Minotaur: Poetry and the Nation State* (London: Faber & Faber, 1992).

Pick, Daniel, *The Faces of Degeneration: A European Disorder 1848-1918* (Cambridge: Cambridge University Press, 1989).

Pickering, Charles, *The Races of Man and Their Geographical Distribution* (London: Bohn, 1849).

Policakov, Léon, *The Aryan Myth. A History of Racist and Nationalist Ideas in Europe*, trans. Edmund Howard (London: Chatto, Heinemann for Sussex University Press, 1974).

Pouchet, Geroges, *The Plurality of the Human Race*, trans. H. J. C. Beavan (London: Anthropological Society, 1864).

Pratt, Mary Louis, *Imperial Eyes: Travel Writing and Transculturation* (London: Routledge, 1992).

Price, Thomas, *An Essay on the Physiognomy and Physiology of the Present Inhabitants of Britain, with reference to their Origin, as Goths and Celts. Together with Remarks on the Physiognomical Characteristics of Ireland, and Some of the Neighbouring Continental Nations* (London: n.p., 1829).

Prichard, James Cowles, *Researches into the Physical History of Man* (London: Arch, 1813).

————, *Researches into the Physical History of Man*, reprint of 1813 edn, ed. George W. Stocking (Chicago: Chicago University Press, 1973).

————, *The Natural History of Man; Comprising Inquiries into the Modifying Influence of Physical and Moral Agencies on the Different Tribes of the Human Families* (London: Baillière, 1843).

————, *The Natural History of Man; Comprising Inquiries into the Modifying Influence of Physical and Moral Agencies on the Different Tribes of the Human Families*, 4th edn, ed. and enlarged by Edwin Norris, 2 vols (London: Baillière, 1855).

————, "On the Relations of Ethnology to Other Branches of Knowledge," *Journal of the Ethnological Society of London*, 1 (1848), 310-29.

Pye, Henry James, *The Progress of Refinement, A Poem. In Three Parts* (Oxford: Clarendon Press, 1783).

Quatrefages de Bréau, Jean Lois Armand de, *Unité de l'espèce humaine* (Paris: Hachette, 1861).

————, *Rapport sur les progrès de l'anthropologie* (Paris: Imprimerie impériale, 1867).

————, "The Formation of the Mixed Human Races," *Anthropological Review*, 7 (1869), 22-40.

————, *The Human Species* (London: Kegan Paul, 1879).

Rae, Isobel, *Knox, the Anatomist* (Edinburgh: Oliver & Boyd, 1964).

Ratzel, Friedrich, *The History of Mankind*, trans. A. J. Butler, introduction by E.B. Tylor, 3 vols (London: Macmillan, 1896-8).

Redpath, John Clark, *With the World's People. An Account of the Ethnic Origin, Primitive Estate, Early Migrations, Social Evolution, and Present Conditions and Promise of the Principal Families of Men, together with a Preliminary Enquiry on the Time, Place and Manner of their Beginning*, 8 vols (Cincinnati: Jones, 1911).

Reece, R. H. W., "A 'Suitable Population': Charles Brooke and Race-Mixing in Sarawak," *Itinerario*, 9:1 (1985), 67-112.

Renan, Joseph Ernest, *The Poetry of the Celtic Races, and Other Studies* [1854], trans W. G. Hutchison (London: Scott, 1896).

————, *Studies of Religious History* [1857] (London: Heinemann, 1893).

————, *The Life of Jesus* [1863] (London: Trübner, 1864), [르낭, 에르네스뜨. 『예수의 생애 / 개정판』. 최명관 역. 서울: 창, 2010.]

————, "What is a Nation?" [1882], trans. Martin Thom, in Homi K. Bhabha, ed., *Nation and Narration* (London: Routledge, 1990), 8-22. [르낭, 에르네스트 .「국민이란 무엇인가?」.『국민과 서사』. 호미 바바 편. 류승구 역. 서울: 후마니타스, 2011. 21-42.]

————, *The Future of Science, Ideas of 1848* [1890] (London: Chapman and Hall, 1891).

————, *Oeuvres complètes*, ed. H. Psichari, 10 vols (Paris: Calmann-Levy, 1947-64.)

Reuter, E. B., *The Mulatto in the United States; Including a Study of the Role of Mixed-Blood Races Throughout the World* (Boston: Badger, 1918).

————, *Race Mixture* (New York: Whittlesey House, 1931).

————, *Race and Culture Contacts* (New York: McGraw Hill, 1934).

Rich, Paul B., *Race and Empire in British Politics* (Cambridge: Cambridge University Press, 1986).

Ripley, Williams Z., *The Races of Europe: A Sociological Study* (London: Kegan Paul, Trench, 1900).

Ross, Robert, ed., *Racism and Colonialism* (The Hague: Martinus Nijhoff, for Leiden University Press, 1982).

Rushdie, Salman, *Imaginary Homelands: Essays and Criticism 1981-1991* (London: Granta, 1991).

Russell, G. W. E., ed., *Letters of Matthew Arnold 1848-1888*, 2 vols (London: Macmillan, 1895).

Sack, Robert David, *Conceptions of Space in Social Thought: A Geographic Perspective* (London: Macmillan, 1980).

Said, Edward W., *Orientalism: Western Representations of the Orient* (London: Routledge & Kegan Paul, 1978). [사이드, 에드워드. 『오리엔탈리즘 /개정증보판』. 박홍규 역. 서울: 교보문고, 2007.]

————, *The World, the Text and the Critic* (Cambridge, Mass.: Harvard University Press, 1983).

————, "Representing the Colonized: Anthropology's Interlocutors," *Critical Inquiry*, 15:2(1989), 205-25.

————, *Culture and Imperialism* (London: Chatto & Windus, 1993). [사이드, 에드워드. 『문화와 제국주의』. 박홍규 역. 서울: 문예출판사, 2005.]

Samuel, Raphael, ed., *Patriotism: The Making and Unmaking of British National Identity*, 3 vols (London: Routledge, 1989).

Sartre, Jean-Paul, *Anti-Semite and Jew* [1946], trans. George J. Becker (New York: Schocken Books, 1948).

————, *Critique of Dialectical Reason: 1. Theory of Practical Ensembles* [1960], trans. Alan Sheridan-Smith (London: Verso, 1976).

Schipper, Mineke, *Le Blanc et l'Occident* (Assen: Van Gorcum, 1973).

————, *Beyond the Boundaries: African Literature and Literary Theory* (London: Allison & Busby, 1989).

Seaman, L., *What Miscegenation is! What we are to Expect Now that Mr Lincoln is Re-elected* (New-York: Waller & Willets, 1885).

Sekora, J., *Luxury: the Concept in Western Thought, Eden to Smollett* (Baltmore: Johns Hopkins University Press, 1977).

Semmel, Bernard, *The Governor Eyre Controversy* (London: MacGibbon & Kee, 1962).

————, *The Liberal Ideal and the Demons of Empire: Theories of Imperialism from Adam Smith to Lenin* (Baltimore: Johns Hopkins University Press, 1993).

Shiach, Morag, *Discourse on Popular Culture: Class, Gender and History in Cutlural Analysis, 1730 to the Present* (Cambridge: Polity Press, 1989).

Showalter, Elaine, *Sexual Anarchy: Gender and Culture at the Fin-de-siècle* (London: Bloomsbury, 1991).

Sinfield, Alan, *Literature, Politics and Culture in Postwar Britian* (Oxford: Blackwell, 1989).

Smith, Charles Hamilton, *The National History of the Human Species, its Typical Forms, Primaeval Distribution, Filiations and Migrations* (Edinburgh: Lizars, 1848).

Smyth, Thomas, *The Unity of the Human Races Proved to be the Doctrine of Scripture, Reason, and Science: with a Review of the Present Position and Theory of Professor Agassiz* (Edinburgh: Johnstone and Hunter, 1851).

Snowden, Frank M., Jr, *Before Color Prejudice: The Ancient View of Blacks* (Cambridge, Mass.: Harvard University Press, 1983).

Southey, Robert, *Poems of Robert Southey*, ed. Maurice H. Fitzgerald (London: Oxford University Press, 1909).

Soyinka, Wole, *Myth, Literature and the African World* (Cambridge: Cambridge University Press, 1976).

Spencer, Herbert, "A Theory of Population, Deduced from the General Law of Animal Fertility," *Westminster Review*, 57, n.s., 1 (1852), 468-501.

————, *The Principles of Biology*, 2 vols (London: Williams & Norgate, 1864-7).

————, *Essays, Scientific, Political and Speculative*, 2 vols (London: Williams & Norgate, 1868).

————, *The Principles of Sociology*, vol. I (London: Williams & Norgate, 1876).

Spivak, Gayatri Chakravorty, *In Other Worlds: Essays in Cultural Politics* (New York: Methuen, 1987). [스피박, 가야트리. 『다른 세상에서 / 개정판』. 태혜숙 역. 서울: 여이연, 2008.]

————, "Can the Subaltern Speak? Speculations on Window Sacrifice," in Cary Nelson and Lawrence Grossberg, eds, *Marxism and the Interpretation of Culture* (London: Macmillan, 1988), 271-313. [스피박, 가야트리 외 공저. 『서발턴은 말할 수 있는가: 서발턴 개념의 역사에 관한 성찰들』. 태혜숙 역. 서울: 그린비, 2013.]

————, *The Post-Colonial Critic: Essays, Strategies, Dialogues*, ed. Sarah Harasym (New York: Routledge, 1990). [스피박, 가야트리. 『스피박의 대담: 인도 캘커타에서 찍힌 소인』. 새러 하라쉼 편. 이경순 역. 서울 : 갈무리, 2006.]

————, "Theory in the Margin: Coetzee's *Foe* reading Defoe's *Crusoe and Roxana*," in Jonathan Arac and Barbara Johnson, eds, *Consequences of Theory: Selected Papers from the English Institute* (Baltimore: Johns Hopkins University Press, 1991), 154-80.

————, *Outside in the Teaching Machine* (New York: Routledge, 1993). [스피박, 가야트리. 『교육 기계 안의 바깥에서: 초국가적 문화 연구와 탈식민 교육』. 태혜숙 역. 서울: 갈무리, 2006.]

Sprinker, Michael, '*A Counterpoint of Dissonance*': The Aesthetics and Poetry of Gerard Manley Hopkins (Baltmore: Johns Hopkins University Press, 1980).

Stallybrass, Peter and White, Allon, *The Politics and Poetics of Transgression* (London: Methuen, 1986).

Stanton, William, *The Leopard's Spots: Scientific Attitudes Toward Race in America 1815-59* (Chicago: Chicago University Press, 1960).

Stember, C. H., *Sexual Racism: the Emotional Barrier to an Integrated Society* (New York: Elsevier, 1976).

Stepan, Nancy, *The Idea of Race in Science: Great Britain 1800-1960* (London: Macmillan, 1982).

————, '*The Hour of Eugenics*': Race, Gender and Nation in Latin America (Ithaca: Cornell University Press, 1991).

Stephan, Kathy, *Robert Knox M.D., F.R.S.E.* (Edinburgh: History of Medicine and Science Unit, 1981).

Stocking George W. Jr., "What's in a Name? The Origins of the Royal Anthropological Institute: 1837-1871," Man, 6 (1971), 369-90.

————, Race, Culture, and Evolution: Essays in the History of Anthropology, rev. edn (Chicago: University of Chicago Press, 1982).

————, Victorian Anthropology (New York: Free Press, 1987).

Stoker, Barm, Dracula [1897] (Harmondsworth: Penguin, 1979). [스토커, 브람. 『드라큘라』. 레슬리 S. 클링거 주석. 김일영 역. 서울: 황금가지, 2013.]

Strangford, Viscount, Original Letters and Papers of the late Viscount Strangford, upon Philological Subjects, ed. Viscountess Strangford (London: Trübner, 1878).

Street, Brian, The Savage in Literature: Representations of 'Primitive' Society in English Fiction, 1858-1920 (London: Routledge & Kegan Paul, 1975).

Suleri, Sara, The Rhetoric of English India (Chicago: Chicago University Press, 1992).

Talbot, Eugene S., Degeneracy: Its Causes, Signs, and Results (London: Scott, 1898).

Temperley, Howard, British Anti-Slavery 1833-70 (London: Longman, 1972).

Temple, C. L., Native Races and Their Rulers: Sketches and Studies of Official Life and Administrative Problems in Nigeria(Cape Town: Argus, 1918).

Tennyson, Alfred Lord, The Poems of Tennyson, ed. C. Ricks (London: Longman, 1969).

Thierry, Amédée, Histoire des Gaulois, depuis les temps les plus reculés jusqu'à l'entière soumission de la Gaule à la domination romaine (Paris: Sautelet, 1828).

Thierry, Augustin, Histoire de la conquête de l'Angleterre par les Normands: de ses causes, et de ses suites jusaqu'à nos jours, en Angleterre, en Ecosse, en Irlande et sur le continent, 3 vols (Paris: Didot, 1825).

Thornton, A. P., The Imperial Idea and Its Enemies: A Study in British Power, 2nd edn (Basingstoke: Macmillan, 1985).

Todorov, Tzvetan, Nous et les autres: La réflexion française sur la diversité humaine (Paris: Seuil, 1989).

Topinard, Paul, Anthropology [1876] (London: Chapman and Hall, 1878).

Torgovnick, Marianna, Gone Primitive: Savage Intellects, Modern Lives (Chicago: Chicago University Press, 1990).

Trilling, Lionel, Matthew Arnold (London: Allen & Unwin, 1939).

Trollope, Anthony, The West Indies and the Spanish Main (London: Chapman and Hall, 1859).

————, North America [1862] (Harmondsworth: Penguin, 1992).

Trotter, David, "Colonial Subjects," Critical Quarterly, 32:3 (1990), 3-20.

Tschudi, J. J. von, Travels in Peru, During the Years 1838-1842 on the Coast, and in the Sierra, across the Cordilleras and the Andes, into the Primeval Forests, trans. Thomasina Ross (London: Bogue, 1847).

Tylor, Edward B., Primitive Culture: Researches into the Development of Mythology, Philosophy, Religion, Art, and Custom, 2 vols (London: Murray, 1871).

————, Anthropology: An Introduction to the Study of Man and Civilization (London: Mamillan, 1881).

US War Dept., *Official Records of the Union and Confederate Navies in the War of Rebellion*, 2nd series, 3 vols (Washington, 1920-2).

Van Amringe, W. F., *An Investigation of the Theories of the Natural History of Man, by Lawrence, Prichard, and others, founded upon Animal Analogies: and an Outline of a New Natural History of Man, founded upon History, Anatomy, Physiology, and Human Analogies* (New York: Baker & Scribner, 1848).

Van Evrie, J. H., *Subgenation: The Theory of the Normal Relations of the Races: An Answer to 'Miscegenation'* (New York: Bradburn, 1864).

Vaughan, Megan, *Curing Their Ills: Colonial Power and Africa Illness* (Oxford: Blackwell, 1991).

Viswanathan, Gauri, *Masks of Conquest: Literary Study and British Rule in India* (London: Faber, 1990).

Vogt, Carl, *Lectures on Man: His Place in Creation, and in the History of the Earth* [1863], trans. James Hunt (London: Anthropological Society, 1864).

Voloshinov, V. N., *Marxism and the Philosophy of Language* [1929] (New York: Seminar Press, 1973).

Wagner, Roy, *The Invention of Culture*, rev. edn (Chicago: Chicago University Press, 1980).

Waitz, Theodor, *Introduction to Anthropology* [1859], trans. J. Frederick Collingwood (London: Anthropological Society, 1863).

Wakelyn, Jon L., *Biographical Dictionary of the Confederacy* (Westport: Greenwood Press, 1977).

Wallace, A. R., "The Origin of Human Races and the Antiquity of Man Deduced from the Theory of 'Natural Selection'," *Journal of the Anthropological Society of London*, 2 (1864), clvii-clxxxvii.

————, "Anthropology," *Reports of the British Association*, 36 (1867), 93-4.

Walvin, James, *Black Ivory: A History of British Slavery* (London: Harper Collins, 1992).

————, ed., *Slavery and British Society 1776-1846* (London: Macmillan, 1982).

Ward, J. R., *British West Indian Slavery, 1750-1834: The Process of Amelioration* (Oxford: Clarendon Press, 1988).

Weeks, Jeffrey, *Sex, Politics and Society. The Regulation of Sexuality since 1800* (London: Longman, 1981).

Whately, Richard, *Miscellaneous Lectures and Reviews* (London: Parker, Son, & Brown, 1861).

White, Hayden V., *Tropics of Discourse: Essays in Cultural Criticism* (Baltimore: Johns Hopkins University Press, 1978).

Williams, Raymond, *Culture and Society, 1780-1850* (London: Chatto & Windus, 1958). [윌리엄스, 레이먼드. 『문화와 사회 1780-1950』. 나영균 역. 서울: 이화여자대학교출판부, 1988.]

————, *The Country and the City* (London: Chatto & Windus, 1973). [윌리엄스, 레이먼드. 『시골과 도시』. 이현석 역. 파주: 나남, 2013.]

————, *Keywords: A Vocabulary of Culture and Society* [1976], rev. edn (London: Fontana Press, 1983). [윌리엄스, 레이먼드. 『키워드』. 김성기, 유리 공역. 서울: 민음사, 2010.]

————, *Culture* (London: Fontana, 1981).

Williamson, Joel, *New People: Miscegenation and Mulattoes in the United States* (New York:

Free Press, 1980).

Wills, Clair, *Improprieties: Politics and Sexuality in Northern Irish Poetry* (Oxford: Clarendon Press, 1993).

Wolf, Eric, R., *Europe and the People Without History* (Berkeley: University of California Press, 1982).

Wood, Forrest G., *Black Scare: The Racist Response to Emancipation and Reconstruction* (Berkeley: University of California Press, 1968).

Wood, J.G., *The Natural History of Man, Being an Account of the Manners and Customs of the Uncivilized Races of Men*, 2 vols (London: Routledge, 1868).

Wurgaft, Lewis D., *The Imperial Imagination* (Middletown: Wesleyan University Press, 1983).

Yeats, W. B. *Collected Poems* (London: Macmillan, 1950).

Young, Robert J. C., *White Mythologies: Writing History and the West* (London: Routledge, 1990). [로버트 J.C. 영. 『백색신화 : 서양이론과 유럽중심주의 비판』. 김용규 역. 부산 : 경성대학교 출판부, 2008.]

————, "The Idea of a Chrestomathic University," in Richard A. Rand, ed., *Logomachia: The Conflict of the Faculties* (Lincoln: Nebraska University Press, 1992), 97-126.

————, "Black Athena: The Politics of Scholarship," *Science as Culture*, 19 (1994), 274-81.

————, "Egypt in America: Black Athena and Colonial Discourse," in Ali Rattansi and Sallie Westwood, eds, *Racism, Modernity and Identity* (Cambridge: Polity Press, 1994), 150-69.

Young, Robert M., *Mind, Brain and Adaptation in the Nineteenth Century: Cerebral Localization and its Biological Context from Gall to Ferrier* (Oxford: Clarendon Press, 1970).

————, *Darwin's Metaphor: Nature's Place in Victorian Culture* (Cambridge: Cambridge University Press, 1985).

부록 1: 국내 관련 논문 및 저역서 목록

『식민 욕망』의 2-4장에서 주요하게 언급되는 이론가들에 대해 국내에서 출판된 논문과 저역서들 일부다.
국내에서 이들이 수용되고 연구된 방향에 대한 이해를 돕고자 한다.

J. G. 헤르더 (Johann Gottfried Herder, 1744-1803)

김연신. 「문화적 자기진술로서의 18세기 지식인 여행기 연구 – 헤르더와 레씽의 여행기를 중심으로」. 『독일언어문학』 57호 (2012): 369-93.

김연신. 「헤르더의 문학관: 국민문학과 세계문학 사이에서」. 『괴테연구』 22호 (2009): 121-39.

김대권. 「1769년 여행일지: "tot"와 "Lebendig"의 개념을 중심으로 살펴본 헤르더의 자아개혁과 시대개혁에 대한 이념」. 『獨逸文學』 107호 (2008): 54-75.

김완균. 「J.G. 헤르더의 "민족 Nation" 개념 이해」. 『獨語敎育』 39호 (2007): 183-207.

김대권. 「18세기 언어이론과 헤르더의 언어철학」. 『獨逸文學』 85호 (2003): 433-56.

김성대. 「헤르더의 언어기원론 연구」. 『獨語敎育』 23호 (2002): 135-82.

조우호. 「문학: 헤르더의 역사인식과 마이네케의 역사주의 – 독일문화에 나타난 문화사 연구 시론」. 『독일어문학』 15호 (2001): 247-72.

김완균. 「헤르더와 괴테, 그리고 "세계문학 Weltliteratur"」. 『괴테연구』 12호 (2000): 173-206.

J. A. 고비노 (Joseph Arthur Gobineau, 1816~1882)

김중현. 「고비노 작품 속의 아시아 여인– 『아시아 이야기』를 중심으로」. 『프랑스학연구』 43집 (2008): 35-53.

신응철. 「인종주의와 문화: 고비노 읽기, 칸트와 니체 사이에서」. 『니체연구』 8호 (2005): 121-47.

김응종. 「오리엔탈리즘과 인종주의-토크빌과 고비노의 논쟁을 중심으로」. 『담론 201』 6호 (2003): 197-220.

에른스트 르낭 (Joseph Ernest Renan, 1823-1892)

정승우. 「역사적 '예수' 담론과 오리엔탈리즘, 그리고 팍스 아메리카나」. 『신약논단』 12권 2호 (2005): 433-60.

김희영. 「계몽주의와 프랑스적 정체성: 보편성의 개념을 중심으로」. 『외국문학연구』 10호 (2002): 303-39.

신행선. 「에르네스트 르낭(Ernest Renan)의 "인종"과 인종주의」. 『西洋史論』 73호 (2002): 5-28.

매슈 아널드 (Matthew Arnold, 1822-1888)

이효석. 「아널드의 교양 개념의 문화정치학적 함의와 '열린' 교양의 가능성」. 『새한영어영문학』 54권 제2호 (2012): 63-86.

김기순. 「영국사에 대한 새 전망: 아널드, 글래드스턴, 아일랜드 자치」. 『영국연구』 14호 (2005): 189-214.

김태철. 「마음의 자신과의 대화: 매슈 아널드의 모더니티 인식」. 『외국문학연구』 17호 (2004): 123-43.

윤지관. 『근대사회의 교양과 비평: 매슈 아놀드 연구』. 서울: 창작과비평사, 1995.

아놀드, 매슈. 『삶의 비평 : 매슈 아놀드 문학비평선집』. 윤지관 역. 서울: 민지사, 1985.

미하일 바흐친 (Mikhail Bakhtin, 1895-1975)

이강은. 『미하일 바흐친과 폴리포니아』. 서울: 역락, 2011.

최진석. 「바흐친 연구의 현재성과 그 전화(轉化)에 관하여」. 『러시아연구』 21권 1호 (2011): 107-34.

김수환. 「"영향"에서 "대화"로: 문화상호작용과 글로컬리티」. 『人文硏究』 57호 (2009): 201-28.

이강훈. 「번역이론과 언어의 대화성」. 『世界文學比較硏究』 26호 (2009): 181-200.

이노신 . 「미하일 바흐찐의 대화이론에 대한 분석적 비평」. 『영어영문학연구』 34권 3호 (2008): 103-22.

게리 솔, 모슨, 캐릴 에머슨 공저. 『바흐친의 산문학』. 오문석, 차승기, 이진형 공역. 서울: 책세상, 2006.

바흐친, 미하일. 『말의 미학』. 김희숙, 박종소 공역. 서울: 길, 2006.

이용권. 「바흐찐 언어이론의 다면적 고찰」. 『슬라브어연구』 11호 (2006): 351-70.

바흐찐, 미하일. 『도스또예프스끼 창작론』. 김근식 역. 서울: 중앙대학교 출판부, 2003.

바흐찐, 미하일. 『프랑수아 라블레의 작품과 중세 및 르네상스의 민중문화』. 이덕형, 최건영 공역. 서울: 아카넷, 2001.

바흐찐, 미하일. 『장편소설과 민중언어』. 전승희 외. 서울: 창작과비평사, 1998.

이석구. 「제임스 조이스와 바흐찐의 대화주의: 담론과 주체의 문제」. 『제임스조이스저널 』 2호 (1996): 19~40.

여홍상 외. 『바흐친과 문화 이론』. 여홍상 편. 서울: 문학과지성사, 1995.

김욱동 외. 『바흐친과 대화주의 』. 김욱동 편. 서울: 나남, 1990.

바흐찐, 미하일, V. N. 볼로쉬노프 공저. 『마르크스주의와 언어철학』. 송기한 역. 서울: 한겨레, 1988.

부록 2. 주요 저서 연대표

1784-91
Herder, Johann Gottfried
Outlines of a Philosophy of the History of Man

1813
Prichard, James Cowles
Researches into the Physical History of Man

1821
Belzoni, G.
Description of the Egyptian Tomb, Discovered by G. Belzoni

1829
Edwards, W.F.
Des caractères physiologiques des races humaines

1927
Lewis, Percy Wyndham
The Lion and the Fox

1925-6
Hitler, Adolf
Mein Kampf

1885
Beddoe, John
The Races of Britain

1871
Darwin, Charles
The Descent of Man and Selection in Relation to Sex

1955
Césaire, Aimé
Discourse on Colonialism

1958
Williams, Raymond
Culture and Society, 1780-1850

1972
Deleuze, Gilles and Guattari, Felix
Anti-Oedipus

1976
Williams, Raymond
Keywords

1992
Bauman, Zygmunt
Intimations of Postmodernity

1991
Bauman, Zygmunt
Modernity and Ambivalence

1990
Hall, Stuart
"Culture Identity and Diaspora"

1988
Spivak, Gayatri Chakravorty
"Can the Subaltern Speak?"

식민 욕망: 이론, 문화, 인종의 혼종성

1847

Disraeli, Benjamin

Tancred, or the New Crusade

1850

Knox, Robert

The Races of Men

1853-5

Gobineau, Joseph Arthur
comte de

*Essai sur l'inegalité des races
humaines*

1854

Renan, Joseph Ernest

*The Poetry of the Celtic Races,
and Other Studies*

1871

Tylor, Edward B.

Primitive Culture

1869

Arnold, Matthew

Culture and Anarchy

1860

Broca, Pierre Paul

*On the Phenomena of Hybrid-
ity in the Genus Homo*

1859

Darwin, Charles

The Origin of Species

1978

Said, Edward W.

Orientalism

1980

Deleuze, Gilles and Guattari,
Felix

A Thousand Plateaus

1981

Bakhtin, M. M.

The Dialogic Imagination

1983

Anderson, Benedict

Imaginary Communities

1987

Bernal, Martin

Black Athena

1987

Stocking, George W. Jr.

Victorian Anthropology

1984

Bhabha, Homi K.

"Of Mimicry and Man:
The Ambivalence of
Colonial Discourse"

1983

Bhabha, Homi K.

"Difference, Discrimination,
and the Discourse
of Colonialism"

찾아보기

식민 욕망: 이론, 문화, 인종의 혼종성

밀 J.S. 60, 66, 68, 78, 80, 96, 107, 141, 199

지은이

로버트 J.C. 영
Robert J.C. Young

로버트 영은 오늘날의 문화이론이 겉으로 드러낸 의도와 달리 혼종성처럼 과거에 문화와 인종을 정의하는 데 사용되었던 주요 개념과 용어들을 상당수 반복하고 새롭게 사용하고 있다고 주장한다. 영은 최근의 이론의 패러다임들과 문화와 문명과 인종 차이에 관한 19세기의 저술들 사이의 연결고리들을 추적한다. 문화는 불편한 싱크레티즘을 통해 작동해왔으며 서구 문화 자체 안에 서구 문화에 대한 저항을 기입하는 내부의 불협화음을 그 안에 담고 있다고 말해진다. 영은 "영국성"이 불확실하다기보다는 덜 고정적이고 덜 안정적인 것, 차이와 타자성에 대한 욕망으로 분열되어 있는 것이었다고 강조한다.

동시에, 인종화된 사고는 영국 문화에서 결코 주변적이었던 적이 없었다. 심지어 "과학적인" 인종이론들조차 늘 문화적 차이에 관한 이론들이었다. 인종과 문화는 맨 처음부터 함께 발전하였다. 그리고 영은 빅토리아 시대의 인종이론의 중심에서 식민 욕망을 발견한다. 섹슈얼리티와 생식력과 혼종성에 대한 강박을, 흑백혼합과 인종 간 위반에 관한 은밀한 매혹을 발견한다.

로버트 J.C. 영은 옥스퍼드 대학교 영문학 및 비평이론 교수를 역임하고, 현재 뉴욕대학 영문학 및 비교문학 석좌교수로 있다. 저서로는 _Colonial Desire_ (1995) 외에도 _White Mythologies: Writing History and the West_ (1990, 『백색 신화』, 김용규 역, 2008), _Postcolonialism: An Historical Introduction_ (2001, 『포스트식민주의 또는 트리컨티넨탈리즘』, 김택현 역, 2005), _The Idea of English Ethnicity_ (2008) 등이 있으며, 포스트식민주의 계열의 국제적 잡지인 _Interventions_ 의 책임편집자이다.

옮긴이

이경란

이화여자대학교 영어영문학과를 졸업하고 동대학원에서 미국 여성소설 연구로 영문학 박사학위를 받았다. 현재 이화여자대학교 이화인문과학원에서 HK연구교수로 재직 중이며, 경계와 문학, 혼종성과 문화번역 등에 관심을 가지고 있다. 저서로는 『젠더와 문학』, 『미국이민소설의 초국가적 역동성』(공저) 등이 있고, 최근 논문으로는 「'문화번역'과 포스트식민 이주서사 자메이카 킨케이드의 『루시』」, 「아메리카 '자유 기획' 서사와 역사 생산: 조지 래밍의 『망명의 즐거움』과 미셸 클리프의 『자유 기획』」, 「제시카 하게돈의 『드림 정글』에 나타난 포스트식민 공간의 오리엔탈리즘」 등이 있다.

성정혜

이화여자대학교 영어영문학과를 졸업하고 동대학원에서 살만 루시디에 대한 연구로 영문학 박사학위를 받았다. 현재 한국 성서대학교에서 영어를 가르치고 있으며, 이주민의 목소리 내기와 역사 다시 쓰기에 관심을 가지고 있다. 최근 논문으로는 「익숙함과 낯섦의 긴장: 『딕테』의 상호텍스트성」, 「혼종성에 강요된 수치 없음과 수치: 『수치』에 나타난 동질화의 폭력」 등이 있다.